Niederösterreich

Mit Wachau, Waldviertel, Weinviertel und Mostviertel

Gunnar Strunz

Trescher Verlag

1., Auflage 2011

Trescher Verlag
Reinhardtstr. 9
10117 Berlin
www.trescher-verlag.de

ISBN 978-3-89794-170-0

Herausgegeben von Detlev von Oppeln und
Bernd Schwenkros

Reihenentwurf und Gesamtgestaltung:
Bernd Chill
Gestaltung, Satz und Bildbearbeitung:
Martina Sailer
Lektorat: Hinnerk Dreppenstedt
Stadtpläne und Karten: Martin Kapp,
Johann Maria Just

Gedruckt auf chlorfrei gebleichtem Papier

Printed in Germany

Essays

Vorwort

Obwohl Österreich zu den beliebtesten Urlaubsländern Europas zählt und gleichzeitig ein relativ kleines Land ist, sind einige seiner Regionen vom Tourismus weitgehend unberührt geblieben. Dazu zählen auch große Teile Niederösterreichs. Allein die Wachau, eine der meistbesuchten Regionen Österreichs, stellt eine Ausnahme dar. Den meisten Besuchern aber dürfte unbekannt sein, dass sie zu Niederösterreich gehört.

Dabei hat dieses flächenmäßig größte Bundesland einen erstaunlichen Reichtum an ganz unterschiedlichen Kulturlandschaften aufzuweisen. Zu Niederösterreich gehören die rauhen Hochlande des Waldviertels, die milden Ebenen des Weinviertels, das idyllische Mostviertel, die großartigen Canyons des Ötschermassivs und auch die weltverlorenen Hügel der Buckligen Welt. Niederösterreich besitzt alles, was Österreich überhaupt auszeichnet: Berge und Flüsse, Burgen und Dome. Vor allem ist es sein historisches Kernland, wovon zahlreiche Bauten noch heute künden.

Das Gebiet spielte auch in der europäischen Geschichte keine unwichtige Rolle: Die Römer errichteten an der Donau Kastelle und Bürgerstädte, die Kreuzfahrerheere zogen auf dem Fluss gen Osten, Im Mittelalter bildeten zumindest die östlichen Landesteile, ähnlich wie die Steiermark, die Grenzmark des Heiligen Römischen Reiches Deutscher Nation gegen Ungarn und das Bollwerk gegen die immer wieder hereindringenden Türken. Die historische Einteilung des Lands in vier Viertel ließ aber seine Bewohner, anders als die Steirer, sich immer zunächst als Waldviertler, Weinviertler, Mostviertler und Industrieviertler fühlen, wodurch die Vielfalt des Brauchtums eine weit mannigfaltigere als in anderen Bundesländern wurde. Und in den abgelegenen, von keinen Durchgangsstraßen durchzogenen Ecken des Waldviertels konnte sich die bäuerliche Tradition mangels fremder Einflüsse so bewahren wie vielleicht nirgendwo im Land. So sind viele niederösterreichische Regionen neben manchen steirischen sicherlich die urwüchsigsten Österreichs.

Doch sind aktuelle Reisebücher über dieses sehr sehenswerte Land selten. Der vorliegende Reiseführer schließt diese Lücke und verknüpft Informationen zu Geschichte, Geographie und Kultur mit Tipps für die aktive Freizeitgestaltung, gibt zahlreiche Reiseinformationen und möchte darin ein praktisches Gebrauchsbuch sein. Die schier überwältigende Fülle an Naturschönheiten und architektonischen Sehenswürdigkeiten des Landes ließ eine ausführliche Beschreibung aller Attraktionen nicht zu. Wir mussten uns daher in manchen Punkten auf die herausragenden Sehenswürdigkeiten innerhalb der langen Reihe der Schlösser, Burgen und Kirchen, Klöster, Städte und Dörfer bescheiden.

Dieses Buch möge allen Interessierten ein informativer Begleiter beim Erkunden von Österreichs vielfältigstem Bundesland und seinen Regionen sein.

Weinstöcke und Kellergasse in Prellenkirchen (Industrieviertel)

Hinweise zur Benutzung

Im Kapitel Das Wichtigste in Kürze finden sich die grundlegenden Reiseinformationen. Das Kapitel Land und Leute erläutert Geographie, Geologie und Klima, Geschichte und gegenwärtige Strukturen, Kultur und Brauchtum sowie die regionalen Kulinaria Niederösterreichs.

Der Reiseteil berücksichtigt die traditionelle Gliederung Niederösterreichs in vier Viertel entlang gut befahrbarer, logischer Routen und beschreibt darin die einzelnen Landschaften, die Städte und anderen Ortschaften mit ihren Sehenswürdigkeiten, Museen sowie Freizeitangeboten. Besonderes Gewicht wurde auf die Darstellung von touristisch besonders attraktiven Wanderwegen und Panoramapunkten gelegt. Wichtige Informationen zu Unterkunftsmöglichkeiten und Gastronomie stehen in den blauen Informationskästen am Ende des jeweiligen Unterkapitels. Die Preise für die Hotels und Gasthöfe sind überwiegend in Euro pro Person und Nacht mit Frühstück angegeben und folgen den österreichischen Gebräuchen, die sich darin von den üblichen Zimmerpreisen beispielsweise in Deutschland unterscheiden. Die Reisetipps von A bis Z sowie die Literatur- und Internethinweise , die eine vertiefende Vorbereitung ermöglichen, beschließen das Buch.

Jeder Region sowie allen größeren Orten sind Karten oder Stadtpläne zugeordnet, die eine Erkundung ermöglichen. Doch bei allen empfohlenen Wanderungen wird dringend auch der Erwerb der jeweiligen erwähnten Wanderkarten empfohlen oder die angegebenen Tourismuseinrichtungen aufzusuchen, die oft gutes kostenloses Material anbieten. Entsprechende Hinweise finden sich in den jeweiligen Kapiteln.

Zeichenlegende

- Allgemeine Informationen, touristische Einrichtungen
- Unterkünfte
- Zelt- und Campingplätze
- Restaurants, Jausen
- Cafés
- Einkaufsmöglichkeiten, Souvenirs
- Bars, Nachtclubs
- Museen und Galerien, sonstige Sehenswürdigkeiten
- Feste, Veranstaltungen
- Nachtleben
- Radwege, Fahrradverleih
- Wandermöglichkeiten, Literaturempfehlungen für Wanderer
- Wintersportmöglichkeiten
- Kur- und Heilbäder
- Freibäder
- Schmalspur- und Nostalgieeisenbahnen
- Golfplätze
- Surfschulen, Surfmöglichkeiten
- Einkaufsmöglichkeiten
- Zoos, Tierparks

Entfernungstabelle Niederösterreich und österreichische Landeshauptstädte

	Amstetten	Bregenz	Eisenstadt	Gmünd	Graz	Horn	Innsbruck	Klagenfurt	Krems	Linz	Mariazell	Mistelbach	Salzburg	St. Pölten	Villach	Wien	Wiener Neustadt	Zwettl
Amstetten		545	183	129	186	122	352	235	82	64	92	177	176	66	268	126	174	89
Bregenz	545		704	633	600	655	193	510	626	507	595	721	374	610	486	670	675	607
Eisenstadt	183	704		196	175	138	511	298	132	246	141	106	362	123	335	50	31	186
Gmünd	129	633	196		291	58	440	379	97	126	179	143	264	124	456	143	203	40
Graz	186	600	175	291		269	407	133	229	237	117	253	264	194	170	191	146	40
Horn	122	655	138	58	269		462	360	40	148	152	85	286	72	393	85	145	48
Innsbruck	352	193	511	440	407	462		322	433	314	402	528	181	417	287	477	482	414
Klagenfurt	235	510	298	379	133	360	322		320	253	208	376	223	285	37	316	267	353
Krems	82	626	132	97	229	40	433	320		145	112	94	257	32	353	79	137	54
Linz	64	507	246	126	237	148	314	253	145		155	240	138	129	330	189	237	100
Mariazell	92	595	141	179	117	152	402	208	112	155		188	259	77	241	137	112	139
Mistelbach	177	721	106	143	253	85	528	376	94	240	188		352	117	409	53	^113	136
Salzburg	176	374	362	264	264	286	181	223	257	138	259	352		241	188	301	339	238
St. Pölten	66	610	123	124	194	72	417	285	32	129	77	117	241		318	66	114	86
Villach	268	486	335	456	170	393	287	37	353	330	241	409	188	318		353	302	430
Wien	126	670	50	143	191	85	477	316	79	189	137	53	301	66	353		53	133
Wiener Neustadt	174	675	31	203	146	145	482	267	137	237	112	113	339	114	302	53		193
Zwettl	89	607	186	40	40	48	414	353	54	100	139	136	238	86	430	133	193	

Das Wichtigste in Kürze

Anreise

Mit dem Auto: Führerschein, Fahrzeugschein, grüne Versicherungskarte sind mitzuführen. Niederösterreich erreicht man von Deutschland her über die A 1 Salzburg–Wien, von Böhmen über die Staatsstraße 38 Jihlava–Znojmo oder über die Autobahn Prag–Brünn–Wien.

Mit dem Flugzeug: Niederösterreich ist mit dem Flugzeug am besten über den Wiener Flughafen Schwechat zu erreichen, der von allen größeren deutschen Städten sowie von Zürich, Basel und Genf direkt angeflogen wird (www.vien16naairport.at).

Mit der Bahn: Die wichtige Bahnstrecke der Westbahn Wien–Salzburg–München verläuft mitten durch Niederösterreich, von Norden her verläuft die alte Nordostbahn aus Prag und Brünn über das Weinviertel ins Land, und von Süden her ist mit der Südbahn über den Semmering das Land auf einer vielbefahrenen Strecke zugänglich. Auch von der Slowakei (Bratislava) wie von Budapest her bestehen ausgezeichnete Bahnverbindungen nach Wien und damit mitten nach Niederösterreich hinein (www.oebb.at, Bahnverbindungen auch unter www.bahn.de).

Einreise

Das Schengen-Land Österreich ist ausschließlich von Ländern umgeben, die ihrerseits das Schengener Abkommen unterzeichnet haben. Deshalb finden an den Staatsgrenzen keine Kontrollen mehr statt. Dennoch empfiehlt es sich, stets ein gültiges Personaldokument mitzuführen, wobei Kinder im Pass der Eltern eingetragen sein sollen oder aber einen eigenen Kinderausweis besitzen müssen.

Geld

Abhebungen sind mit EC- oder Kreditkarte an allen Bankautomaten möglich, die meisten Tankstellen, Unterkünfte und Geschäfte akzeptieren Kreditkarten. Ausnahmen: manch abgelegene Gebiete des Wald- und Weinviertels.

Individuell oder organisiert?

Die Reiseveranstalter haben Nieder österreich außerhalb der Wachau noch nicht entdeckt. Doch die touristische Infrastruktur ist überall so gut ausgebaut, dass man immer kompetente Tourismusämter, Unterkünfte, Lokale usw. vorfindet. Für Individualisten ist Niederösterreich bestens geeignet.

Informationen vor Reisebeginn

Niederösterreich-Werbung GmbH, Niederösterreichring 2, Haus C, 3100 St. Pölten, Tel. 027 42/90 00, www.niederoesterreich.at.

Austria-Info Urlaubsservice, Postfach 83, 1043 Wien, Tel. 01 80/210 18 18, www.austria.info.

Österreich Werbung Deutschland, Klosterstr. 64, 10179 Berlin, Tel. 030/ 2191 48 13, ww.austria.info.

Österreich Werbung Wien, Margaretenstr. 1, 1040 Wien, Tel. 01/58 86 60, www.austria.info.

Klima und Reisezeit

Der Vielfalt der Landschaften entsprechen in Niederösterreich große Klimaunterschiede. Die Alpenregionen bieten bis Anfang April noch gute Bedingungen für Wintersportler, und bis auf die Tiefebenen im Osten ist es auch im Sommer nirgendwo zu heiß für Erkundungen. Beste Zeit für Wanderungen sind Mai, September und die erste Oktoberhälfte.

Öffentliche Verkehrsmittel
Viele lokale Bahnstrecken, insbesondere im Wald- und Weinviertel, sind in den letzten Jahren abgebaut worden. Doch ist das ganze Land über die großen Linien der Westbahn, der Südbahn und vielen noch vorhandenen Regionalstrecken und den überall existierenden Buslinien gut erreichbar. Freilich werden manche ländlichen Gebiete nur wenige Male täglich angefahren. Bei einem umfangreicheren Besuchsprogramm empfiehlt sich daher die Benutzung des eigenen Wagens.

Preisniveau
Das Preisniveau entspricht in etwa dem in deutschen ländlichen Bereichen. Die Preise für Übernachtungen beginnen beispielsweise ab 20 €/Person. Die südliche Umgebung von Wien ist wegen der zahlreichen Kurorte teurer als der Rest des Landes. In Teilen des Waldviertels liegt das Preisniveau dagegen unter dem deutschen.

Unterkünfte
Es gibt eine Fülle von Übernachtungsmöglichkeiten: Hotels in allen Preiskategorien, Gasthöfe, Pensionen und Privatquartiere. Wie im ganzen Land wird der Zimmerpreis meist pro Person und nicht für das ganze Zimmer angegeben. Oft muss man insbesondere bei kleineren Gasthöfen und Privatunterkünften einen Zuschlag zahlen, wenn man weniger als drei Tage bleibt. Campingplätze gibt es nicht in allen Landesteilen.

Wichtige Telefonnummern
Internationale Vorwahl Österreich: 0043, Vorwahl nach Deutschland aus Österreich: 0049.
Internationaler Notruf (funktioniert ohne SIM-Karte oder Münzeinwurf): 112.
Polizei: 133.
Feuerwehr: 122.
Krankenwagen (›Rettung‹): 144.
Bergwacht/Bergrettung: 140.
Auto-Pannenhilfe: 120 (ÖAMTC), 123 (ARBÖ).
Deutschlandweit einheitliche Nummer für die Sperrung Sperren von EC- und Kreditkarten: 0049/116116 bzw. 0049/30/40504050.

Die bedeutendsten Sehenswürdigkeiten

■ **UNESCO-Weltkulturerbe**
Die Wachau und die Altstädte von Krems und Stein (ab S. 77)

■ **Natur**
Das Ötschermassiv und seine Canyons im südlichen Mostviertel (S. 275)
Das Weinviertel um Poysdorf (S. 235)
Der Nationalpark Thayatal (S. 197)
Die Hohe Wand in den Wiener Alpen (S. 346)
Der Wienerwald um Mödling (S. 327)

■ **Architektur**
Dom und Georgskirche in Wiener Neustadt (S. 337)
Stift Lilienfeld (Mostviertel) (S. 290)
Drosendorf (S. 191)
Stift Altenburg (S. 206)
Retz im Weinviertel (S. 227)
Stift Klosterneuburg (S. 121)
Loisium Langenlois (S. 219)
Hinweis: Melk wird oft als die wichtigste Sehenswürdigkeit Niederösterreichs gepriesen, aber wegen der Besuchermassen zu fast allen Zeiten kann der Besuch anstrengend sein.

Ausführliche Informationen bieten die Reisetipps von A bis Z ab S 370.

O Heimat, dich zu lieben,
getreu in Glück und Not.
Im Herzen steht´s geschrieben
als innerstes Gebot.

Wir singen deine Weisen,
die dir an Schönheit gleich,
und wollen hoch dich preisen,
mein Niederösterreich.

Hymne Niederösterreichs,
erste Strophe

Land und Leute

Niederösterreich im Überblick

Regierungsform: Bundesland in der Bundesrepublik Österreich.

Verwaltungsstruktur: 21 Bezirke mit vier Statutarstädten (kreisfreie Städte), 32 Gerichtsbezirke mit 573 Gemeinden, davon 75 mit Stadtrecht.

Hauptstadt: St. Pölten (51 000 Einwohner), nächstgrößere Städte: Wiener Neustadt (40 000), Krems (24 000), Amstetten (23 000)

Fläche: 19 178 Quadratkilometer.

Einwohnerzahl: 1 607 180 (Herbst 2009), das entspricht 83 Menschen pro Quadratkilometer.

Nachbarländer: Niederösterreich grenzt im Nordwesten und Norden an die Tschechische Republik, im Osten an die Slowakei, im Südosten an das Burgenland, im Süden an die Steiermark und im Westen an Oberösterreich.

Länge der Grenzen: 790 Kilometer Gesamtlänge, davon 414 Kilometer Außengrenze zu Tschechien und der Slowakei.

Höchste Gipfel: Schneeberg (2076 Meter), Scheibwaldhöhe (1943 Meter) im Raxmassiv, Ötscher (1893 Meter).

Niedrigstgelegener Punkt: Gemeinde Berg nahe der slowakischen Grenze bei Bratislava (139 Meter).

Größter See: Stausee Ottenstein (gut 4,3 Quadratkilometer, künstliches Gewässer), der größte natürliche See ist der Lunzer See am Ötscher (0,69 Quadratkilometer).

Das Landeswappen

Die Flagge Niederösterreichs

Wichtige Flüsse: Donau, Thaya, March, Kamp, Traisen, Ybbs.

Religion: 79,3 Prozent römisch-katholisch, 3,3 Prozent evangelisch, 3,2 Prozent islamisch, 10,8 Prozent ohne Bekenntnis.

Nationalparks: Thayatal, Donauauen.

Wanderwege: Gesamtlänge 15 000 Kilometer.

Wirtschaft: 10 Prozent der Beschäftigten arbeiten in der Land- u. Forstwirtschaft, 30 Prozent in der Industrie und 60 Prozent im Dienstleistungsbereich. Das Wirtschaftswachstum von 3,6 Prozent (2007) lag zuletzt über dem Landesdurchschnitt (3,2 Prozent). Zusammen mit der Steiermark hat Niederösterreich die höchste Wachstumsrate Österreichs. Die Arbeitslosenquote lag 2009 bei durchschnittlich 6,9 %.

Zeitzone: MEZ.

Feiertage (österreichweit einheitlich): Neujahrstag (1. Januar), Heilige Drei Könige (6. Januar), Joseftag (19. März), Ostermontag, 1. Mai, Christi Himmelfahrt, Pfingstmontag, Maria Himmelfahrt (15. August), Nationalfeiertag (26. Oktober), Allerheiligen (1. November), Allerseelen (2. November), Maria Empfängnis (8. Dezember), Christtag (25. Dezember), Stefanitag (26. Dezember).

Eine Annäherung

In Niederösterreich finden sich alle Charakteristika Österreichs in schönster Form vereinigt: Berge, Ströme, Äcker, Dome. Wie oft zu lesen, ist Niederösterreich die Quintessenz Österreichs. Seine Alpengipfel reichen zwar ›nur‹ bis auf 2000 Meter empor, sind aber keineswegs weniger spektakulär als ihre höheren Geschwister in Salzburg und Tirol. Die Donau legt 373 Kilometer innerhalb des Landes zurück und bildet dabei Österreichs großartigste Flusslandschaften aus. Auch ist Niederösterreich das am stärksten landwirtschaftlich geprägte Bundesland. Über 40 Prozent der Landesfläche sind Ackerland, weitere 40 Prozent der Fläche von Wäldern bedeckt, die dem Waldviertel, der dichtest bestandenen Region, sogar den Namen gegeben haben. Mit 550 Burgen, Burgruinen und einer schier unübersehbaren Fülle von Stiften, Kirchen, Kapellen weist Niederösterreich die größte derartige Dichte in Mitteleuropa auf. Auch die landesweit größte Konzentration an historischen Hammerschmieden findet sich hier. Eine ganze Region, die Eisenwurzen, trägt ihren Namen von der traditionellen Metallherstellung. Und die Fülle an Landschaften, die sich in Niederösterreich finden, sucht in Mitteleuropa ihresgleichen. Aus diesem Grund lässt sich über Niederösterreich kaum zusammenhängend schreiben, stets muss zwischen den vier seit alters bestehenden einzelnen Landesvierteln – und selbst innerhalb derer – genau differenziert werden.

Von den nebelverhangenen, winddurchtobten und bis in den Mai schneeverhangenen Regionen des Waldviertels, das ganz unmerklich in die weiten, sanft gewellten Auen des Weinviertels übergeht; von der weiten Donauaue, die teils von lieblichsten Weinhängen gesäumt ist, teils in archaischen Urwäldern ausgebreitet ist und von den nördlichsten, bis zu 2000 Meter hohen Ausläufern der Kalkalpen flankiert wird, bevor diese rasch in den unübersehbaren Weiten der pannonischen Ebene untergehen, wird eine Fülle großartiger Panoramen entfaltet. Allein Waldviertel, Weinviertel und Wachau, die ja fast unmerklich ineinander übergehen, lassen den Autor Hanns Straub in Begeisterung verfallen: »Drei grundverschiedene Landschaften sind hier aneinandergerückt, die eine den Reiz der anderen steigernd, eine jede aber ihre Eigenart und Eigenständigkeit behauptend; käme da ein neuer Paris die Donau herabgefahren und sollte seinen Apfel verschenken – könnte er sich wohl entscheiden?« Die Schönheit des Lands bewirkte, dass immer wieder Dichter, Musiker und Maler hierher kamen; Grillparzer, Schnitzler, Altenberg, Beethoven, Schubert und Schönberg genossen neben vielen anderen vor allem die Regionen um Wien.

Die geologischen Formen bewirken diese große Variationsbreite. Granite und Gneise, teils bis zu einer Milliarde Jahre alt, prägen das Waldviertel, den Untergrund des Weinviertels bilden viel jüngere Sedimentgesteine, gerade 20 Millionen Jahre alt. Den Süden des Mostviertels wie den Wienerwald und die Wiener Alpen prägen überwiegend die Kalke der nördlichen Kalkalpen.

In den vergangenen Jahren hat sich das Land in touristischer Hinsicht sehr zu seinem Vorteil verändert. Die Winzer haben sich kompromisslos der Qualität verschrieben, und überall findet sich eine vorzügliche Gastronomie: In kleinste

Dörfer wallfahren mittlerweile die Gourmets aus Wien. Und neben all die Kirchen, Burgen und historischen Innenstädte sind Freizeitangebote und Sportmöglichkeiten aller Disziplinen getreten; auch kleine Städte besitzen Schwimmbäder, auch kleinere Hotels bieten Wellnesspakete an, Wanderwege gibt es ohne Zahl und Radwege im Überfluss.

Dennoch ist Niederösterreich als Urlaubsziel bislang recht unendeckt geblieben. Das rührt wohl daher, dass es, abgesehen vom Handelsweg der Donau, in weiten Teilen immer Grenzland war. Im Mittelalter war der undurchdringliche Nordwald des späteren Waldviertels und das damals noch dicht baumbestandene Weinviertel der natürliche Schutz gegen Böhmen. Im Süden blieben die Berglandschaften um das Ötschermassiv Reichtung Steiermark weitgehend unpassierbar, nur an wenigen Stellen konnte die Eisenstraße, über die Erz aus dem Steirischen in die Hütten am Ybbsfluss gebracht wurde, die Alpen überqueren. Eine Fülle von wehrhaften Burgen am Ostsaum des Lands zeugt von der Wachsamkeit gegenüber den Feinden aus dem Osten, den Ungarn und später den Türken. Zwar nahm das Habsburgerreich im Laufe der Zeiten Böhmen und Ungarn unter seine Fittiche, auch war nach 1683 der Islam bis auf weiteres von den Toren Europas vetrieben, doch nach Ende des Ersten Weltkriegs lag Niederösterreich nicht mehr mitten in der k.u.k. Monarchie, sondern an der Grenze zu den neuen Staaten Ungarn und Tschechoslowakei. Und nach 1945 verlief hier der Eiserne Zaun, gerieten Wald- und Weinviertel, an der Grenze zum kommunistischen Machtbereich gelegen, ins Abseits, wurden geradezu zu Notstandsgebieten, in denen nur eine besondere Zonenrandförderung die wirtschaftlichen und sozialen Probleme etwas abfedern konnte. Seit 1990 liegt Niederösterreich –wieder – in

Stift Altenburg gehört zu den herausragenden Sehenswürdigkeiten Niederösterreichs

der Mitte Europas. Aber vielleicht war die Zeit bisher zu gering, um als eine der bedeutenden und die Besucher bereichernden Kulturlandschaften Europas erkannt zu werden.

Die vier Viertel – Wald-, Wein-, Most- und Industrieviertel –, die das Land seit dem 15. Jahrhundert unterteilen, sind in ihren Bezeichnungen teils recht irreführend. Die Wachau liegt im Waldviertel, die Thermalregion im Süden von Wien wie der Wienerwald gehören zum Industrieviertel, und die schneebedeckten Kalkklippen von Ötscher und Hochkar befinden sich im Mostviertel. Nicht nur das ganze Land ist sehr inhomogen, auch seine vier Teile sind alles andere als eindeutig zu charakterisieren. Jedes dieser vier Viertel hatte und hat unzählige unterschiedliche Facetten, mit denen man es klassifizieren kann. Vielleicht konnte sich daher im Land nie eine allseits akzeptierte Hauptstadt organisch entwicklen; man ließ sich seit der Babenbergerzeit von Wien regieren. Dieser Zustand fand erst 1986 mit der Wahl St. Pöltens zur Landeshauptstadt ein Ende – sehr zur Trauer der Landesbeamten, die die Kaiserstadt Wien verlassen und ihr neues Domizil am St. Pöltener Traisenstrand aufschlagen mussten. Doch sind Wien und Niederösterreich ohnehin nicht voneinander zu trennen. Denn wenn Niederösterreich das Kernland Österreichs ist, dann ist Wien der Kern Niederösterreichs.

Den Niederösterreicher als solchen gibt es nicht. Einen Versuch der Charakterisierung hat dennoch ein Reiseführer 1976 unternommen: »Er ist ein Gemütsmensch; er liebt seine Heimat, versucht auch in schlechten Zeiten Optimist zu sein, er liebt den Gesang, gutes Essen und guten Wein, und ist – wenn es die Situation verlangt – nach außen hin fortschrittlich, auch progressiv, im Innern aber stets vom Althergebrachten überzeugt und in der Tradition verwurzelt. Der niederösterreichische Bauer besitzt ein hohes Maß an Persönlichkeit. Im Wesen ist er einfacher als etwa der Bewohner der westlichen österreichischen Länder oder der Schweiz, doch besitzt er Würde und einen großen Gerechtigkeitssinn. Fremden ist er aber zumeist zurückhaltend, oft sogar mißtrauisch.« Mindestens der letzte Punkt entspricht nicht mehr der Realität, und womöglich die zutreffendste Beschreibung hat der Wiener Autor Armin Thurnher, Waldviertelbewohner aus Leidenschaft, geliefert: »Leben und leben lassen«.

Die Niederösterreich-Card

Bei einen Aufenthalt in Niederösterreich sollte man unbedingt die Niederösterreich-Card erwerben. Mit ihr hat man bei gut 250 touristischen attraktiven Zielen – beispielsweise Klöster, Kirchen, Museen, Seilbahnen, Schwimmbäder – freien Eintritt, bei anderen zumindest gibt es bei Vorlage der Karte einen größeren Rabatt. Man erhält die Niederösterreich-Card zum Preis von 45 Euro in jedem Tourismusbüro zusammen mit einer Broschüre, die alle Partnereinrichtungen auflistet. Sie ist 365 Tage gültig, jeweils vom 1. April bis zum 31. März, rentiert sich schon bei Kurzaufenthalten, ist allerdings nicht übertragbar. Doch zusätzlich erspart man mit ihr bei Fahrten zu über 80 niederösterreichischen Bahnhöfen 30 Prozent des regulären Ticketpreises (www.niederoesterreich-card.at).

Geographie und Geologie

Niederösterreich nimmt die nordöstliche Ecke Österreichs ein. Es wird im Westen von Oberösterreich, im Norden von der Tschechischen Republik, im Osten von der Slowakei, im Südosten vom Burgenland und im Süden von der Steiermark begrenzt. Mit einer Fläche von exakt 19177,78 Quadratkilometern ist es Österreichs größtes Bundesland.

Landschaften

Traditionell wird das Land in vier Viertel eingeteilt. Der nordwestliche Teil ist das Waldviertel, der nordöstliche das Weinviertel. Beide sind durch den Hügelzug des Manhartsbergs voneinander getrennt und wurden daher auch ›Viertel unter dem Manhartsberg‹ (Weinviertel) und ›Viertel ober dem Manhartsberg‹ (Waldviertel) genannt. Das Donautal, das Niederösterreich in West-Ost-Richtung durchzieht, gehört genau genommen zu keinem der vier Viertel. Die beiden südlichen Viertel sind das Mostviertel und das Industrieviertel. Als Trennungseinheit zwischen beiden wird der Wienerwald angesehen; daher spricht man auch vom ›Viertel ober dem Wienerwald‹ (Mostviertel) und dem ›Viertel unter dem Wienerwald‹ (Industrieviertel). Die Bezeichnung Industrieviertel entstammt keineswegs dem 20. Jahrhundert, sondern entstand schon um 1750, als in jener Region südlich von Wien erste metall- und textilverarbeitende Fabriken entstanden. Heute wird der Name zumindest im Tourismus wenig verwendet. Jenes industrialisierte Gebiet nimmt nur einen ganz geringen Raum des Industrieviertels ein, so dass sich in Niederösterreich selbst immer mehr der Name ›Wiener Alpen durchsetzt.

Auch spektakuläre Landschaften hat das Land zu bieten

Niederösterreich ist landwirtschaftlich geprägt. 42 Prozent der Fläche sind Ackerland, 40 Prozent (!) Waldfläche, 11 Prozent Wiesen, 1,7 Prozent Almen und Weiden und immerhin 2 Prozent sind als Weingärten ausgewiesen.

Erdgeschichtliche Entwicklung

Landschaftlich weisen die vier Viertel große Unterschiede auf, was im wechselndem geologischen Aufbau und dessen komplizierten Strukturen begründet ist. Die Alpen in Niederösterreich sind größtenteils den Nördlichen Kalkalpen zuzurechnen. Die Sedimentgesteine, die hier vorkommen – Kalke, Dolomite, Sande, Mergel, Schiefer –, wurden während der langen Zeitspanne vom Oberperm (vor etwa 260 Millionen Jahren) bis in das Alttertiär (vor etwa 60 Millionen Jahren) als mehrere Kilometer dickes Gesteinspaket abgelagert. Die Kalkgesteine von Hochkar und Ötscher beispielsweise entstanden dabei aus gewaltigen Korallenriffen, die vor 220 Millionen Jahren in flachen Bereichen eines Vorläufermeers des heutigen Mittelmeers existierten. Diese sogenannte Tethys war anfangs eine riesige Bucht des damals weltumspannenden Ur-Pazifik, die den Superkontinent Pangäa in seiner Mitte nahezu abschnürte und dabei aus ihm zwei große Landmassen formte: Laurasia im Norden und Gondwana im Süden. Beide waren aber noch über eine schmale Landbrücke verbunden. In den Schelfbereichen lebte dem damaligen Klima entsprechend eine artenreiche Fauna und Flora. Deren kalkige Überreste, Schalen und anderes, sanken auf den Grund des Meers, häuften sich an und verfestigten sich. Zuweilen wurde dieses Material mit sandigen und tonigen Verwitterungsprodukten vermischt, die vom Festland durch die Flüsse in das Schelfmeer geschwemmt wurden. Nach dem Zerbrechen Pangäas zum Beginn des Mesozoikums vor 250 Millionen Jahren änderte sich zunächst wenig an diesen Vorgängen. Aber vor etwa 150 Millionen Jahren begann auch die Südhälfte Pangäas, Gondwana, auseinanderzufallen. Teile davon, das spätere Afrika wie auch Indien, drängten dabei nordwärts gegen Laurasia und ließen dabei die Rest-Tethys immer mehr zusammenschrumpfen. Bei dieser Bewegung wurden die Sedimente der Tethys zusammengestaucht, verfaltet und auch in Decken übereinandergeschoben, wobei auch ältere – festländische – Gesteine Laurasias, die nicht aus der Tethys stammten, hineingerissen wurden. Diese Aufschiebung dauerte in ihrer Hauptaktivität bis etwa vor 15 Millionen Jahren an, ist aber auch heute noch zu beobachten.

Während des ganzen Faltungsvorgangs wurde der nördlichste Teil der Tethys von deren südlichem Rest getrennt. So entstand ein neuer, von Ost nach West gerichteter Meeresarm, die sogenannte Paratethys (auch Molassemeer genannt). Die Verwitterungsprodukte aus dem jungen Alpengebirge wie die vom nördlich gelegenen Festland der Böhmischen Masse wurden hier hineinverfrachtet. Vor etwa 35 Millionen Jahren drang der Atlantik von Westen her ein und erweiterte die Paratethys, die bis zum Kaukasus reichte. Dennoch erfolgte kaum ein Strömungsaustausch mit der Rest-Tethys. Während dort ein reiche Korallenfauna erwuchs, existierte im engen und tiefen Trog der Paratethys nur ein eintöniges Leben.

Im unteren Miozän, vor etwa 23 bis 18 Millionen Jahren, verbreiterte sich die Paratethys nochmals und vereinigte sich zum Teil wieder mit der Rest-Tethys. Es entstand ein breites Meeresband, das sich bis nach Zentralasien erstreckte. In Wechselwirkung mit veränderten warmen Meeresströmungen kam es zu einem Temperaturanstieg. Im tropischen Klima der Epoche entwickelten sich in der Paratethys tropische Mollusken in großer Zahl, die in Niederösterreich um Eggenburg vorkommen. Die Geologen nennen daher jene Epoche des Miozäns nach den fossilführenden Horizonten nahe einer niederösterreichischen Stadt Eggenburgium. Nur wenige Millionen Jahre später zog sich die Paratethys weit ostwärts zurück, so dass ihr westliches Ufer etwa bei Wien lag. Westlich davor befand sich Festland. Der Verlauf der späteren Donau war darin schon vorgezeichnet, nur floss der Fluss damals westwärts, weiter an Schwarzwald und Vogesen vorbei und strömte durch das spätere Rhonetal der Tethys zu.

Vor etwa 13 Millionen Jahren wurde die Paratethys dann vollständig vom Restmeer abgeschnitten und zum isolierten Binnenmeer, das sich immer weiter nach Osten zurückzog und letzlich im Westen nur einen Brackwassersee, den Pannonischen See, zurückließ. Durch weitere Hebung der Alpen wurde der Verlauf jener Urdonau unterbrochen, es entstand im südlichen Bayern eine Wasserscheide und die erste Donau, die nach Osten floss. Sie mündete in den Pannonischen See östlich des späteren Wien. Vor neun Millionen Jahren verschwand jedoch auch dieser. Die heutige Ausdehnung des Pannonischen Beckens zeigt noch die Lage des alten Sees an. Die Bildung der Braunkohlelagestätten und Ölvorkommen im Wiener Becken ist auf die tropischen Sümpfe mit reicher organischer Substanz am Rand der Paratethys und des Pannonischen Sees zurückzuführen.

Verwitterung und Erosion bohrten nach der Auffaltung an manchen Stellen großflächige ›Löcher‹ – tektonische Fenster – in die Deckenstapel, wodurch sich tiefer liegende Formationen, beispielsweise jene erwähnten älteren kontinentalen

Die geologische Struktur Österreichs

Gesteine, untersuchen lassen. Der höchst komplizierte Gebirgsbau der Alpen ist jener Deckenbildung zuzuschreiben. Das heutige Mittelmeer ist der letzte Rest jener Tethys, die Alpen bilden den aufgefalteten ehemaligen Boden dieses Meeres. Aus den in der Tethys abgelagerten Gesteinen, aus ihr angrenzenden Festlandsfragmenten und aus kontinentalen Gesteinen des Paläozoikums, die bei der Gebirgsbildung (Orogenese) mit in Mitleidenschaft gezogen wurden, erwuchs so in den letzten 100 Millionen Jahren eine gewaltige Faltengebirgskette, die sich von den Pyrenäen über die Alpen, Karpaten, Kleinasien und dem Kaukasus bis zum Himalaya erstreckt.

Im Mostviertel laufen die letzten Ausläufer der Nördlichen Kalkalpen bis auf knapp 1900 Meter Höhe auf, nördlich sind sanft geschwellte Hügel zwischen 300 und 400 Meter Höhe vorgelagert, die sich allmählich in die Donauniederung herabsenken. Traisen- und Ybbstal gliedern das Mostviertel in Nord-Süd-Richtung. Das Industrieviertel weist mit dem Schneeberg (2076 Meter) den höchsten Berg Niederösterreichs auf. Während der Auffaltung dieses Alpenteils drangen mineralreiche Lösungen nach und ließen die Erzvorkommen der steirischen, ober- und niederösterreichischen Eisenwurzen entstehen.

Die Kalkalpen senken sich nordöstlich zu ihrem weitesten Ausläufer, dem Wienerwald herab, der im Schöpfl knapp 900 Meter hoch wird. An der Donau endet der Wienerwald und mit ihm die ganze gewaltige Alpenkette, die sich geologisch erst jenseits der March, in den Kleinen Karpaten bei Bratislava fortsetzt. Wienerwald und Wiener Alpen fallen verhältnismäßig schroff nach Südosten zum Steinfeld hin ab. Dieses ist eine breite Ebene auf etwa 250 Meter Höhe und bildet den westlichsten Ausläufer des großen pannonischen Beckens, das sich weit bis nach Ungarn sowie Serbien und Kroatien hineinzieht. Geologische Grenze des Wienerwalds im Südosten ist die Thermenlinie, eine Schwächezone der Erdkruste, entlang der mineralreiche Wässer aufsteigen und entlang der die berühmten Kur- und Badeorte Baden und Vöslau entstanden. An der Grenze zum Burgenland erhebt sich das Leitha-Gebirge auf knapp 450 Meter Höhe, gleichsam die allerletzte Regung der Alpen vor dem großen Tiefland. Die Hainburger Berge kurz vor der Grenze gehören schon zum inneren Kristallin der Kleinen Karpaten.

Wichtigstes strukturelles Element Niederösterreichs ist das Donautal, an das sich nach Norden Wald- und Weinviertel anschließen. Das Waldviertel erhebt sich als weites Hochland bis knapp über 1000 Meter. Die höchste Erhebung ist mit 1063 Metern der Tischberg an der böhmischen Grenze. Geologisch gehört das Waldviertel zur sogenannten Böhmischen Masse, einer vor allem aus Graniten und Gneisen bestehenden sehr alten und unveränderten geologischen Einheit, die weite Teile Böhmens bildet und zum Teil vor etwa einer Milliarde Jahren entstand. Nahe Drosendorf fand man im 1,3 Milliarden Jahre alten Dobra-Gneis die ältesten Gesteine Österreichs überhaupt. Die Böhmische Masse war Teil des uralten Superkontinents Rodinia, der zu jener Epoche existierte.

Die Wachau wie der Dunkelsteiner Wald zählen geologisch noch zum Waldviertel. Der Manhartsberg gehört überwiegend zum sogenannten Moravikum, einer jüngeren Einheit, die vor etwa 700 bis 500 Millionen Jahren entstand und ebenfalls Granite und Gneise enthält.

Das Weinviertel wird überwiegend der sogenannten Molasse-Einheit zugerechnet. Das sind Ablagerungen, die während der Auffaltung der Alpen in deren nördlichem Vorland aus erodierten Alpengesteinen entstanden. Die Leiser Berge, die mit knapp 500 Metern Höhe das zentrale Weinviertel beherrschen, gehören zur Waschberg-Zone, einem kompliziert zusammengesetzten Überschiebungs- und Faltenkomplex innerhalb der Molasse. Der östliche Teil des Weinviertels ist Teil des Wiener Beckens, geologisch der Molasse verwandt, doch nicht vor dem Gebirge, sondern ›intramontan‹ abgelagert. Das Marchfeld, eine weite Niederung mit gerade 150 Metern Höhe, ist Teil des pannonischen Beckens.

Gewässer

Niederösterreich wird fast ausschließlich über die Donau und damit zum Schwarzen Meer entwässert. Nur die Lainsitz im äußersten Waldviertel fließt über die Moldau und die Elbe in die Nordsee. Die Donau ist mit 373 Kilometern Länge auf niederösterreichischem Territorium dessen längster Fluss. Die wichtigsten linken Nebenflüsse der Donau sind Kamp, Krems, March und Thaya, die bedeutendsten rechten sind Enns, Ybbs, Erlauf, Melk, Pielach, Traisen, Pitten und Leitha. Das Land besitzt fast keine Seen. Der größte mit gerade mal 4,3 Quadratkilometern ist der künstliche Stausee von Ottenstein im Waldviertel, der größte natürliche See ist mit nur 0,7 Quadratkilometern der Lunzer See nahe des Ötschermassivs. Und der nächstgrößere See, der Erlaufsee, hat sogar nur 0,56 Quadratkilometer und liegt dazu noch zur Hälfte in der Steiermark.

Am Obersee bei Lunz

Tier- und Pflanzenwelt

Die Tier- und Pflanzenwelt ist von Region zu Region wegen der deutlichen klimatischen Unterschiede sehr unterschiedlich. In den südlichen gebirgigen Landesteilen und im Waldviertel herrschen Mischwälder vor, in den heute vom Ackerbau dominierten tiefer gelegenen Gebieten des Alpenvorlands, des Weinviertels und des Wiener Beckens sind vor allem Eichen-Hainbuchen-Wälder heimisch. Im Wienerwald sind ausgedehnte Buchenbestände charakteristisch; die Schwarzföhren im Raum Mödling-Vöslau und im Steinfeld sind eine Besonderheit.

Wegen der warmen Böden in den Weinanbaugebieten sind hier Eidechsen und einige kleinere Schlangenarten wie etwa Schling- und Glattnatter zu Hause, Steinadler lassen sich mit etwas Glück in den Wiener Alpen beobachten. Kaiseradler wie auch die sehr scheue Wildkatze sind – wieder – im Nationalpark Thayatal heimisch, der sonst in Mitteleuropa selten gewordene Luchs ist vor allem im Waldviertel und im nahen Südböhmen sowie in den alpinen Regionen Niederösterreichs anzutrefffen. In Waidhofen im Waldviertel gibt es die Waldrapp-Initiative, die diesen vom Aussterben bedrohten Vogel retten will und dabei die größte Waldrappvoliere der Welt eingerichtet hat.

Klima und Reisezeit

Niederösterreich besitzt ein Übergangsklima zwischen dem rauhen und feuchten ›atlantischen‹ Klima und dem kontinentalen Klima. Im Waldviertel und auch im Mostviertel dominiert das ozeanische Klima mit den scharfen Westwinden, die jährlichen Regenmengen liegen zwischen 800 und 1000 Litern pro Quadratmeter. Daher sind die Sommer hier oft kühler als anderswo in Österreich. Im Winter sind das Waldviertel und das südliche Mostviertel schneesicher, Temperaturen um minus 10 Grad sind keine Seltenheit. Entlang der Donau herrschen mildere Bedingungen, schon Anfang April sind Temperaturen um 17 Grad nicht selten. Auch der Herbst ist an der Donau milder.

Die Tieflande im Osten zeigen typisch kontinentales Klima, das trocken und warm ist und sich durch große Kontraste auszeichnet. Die Temperatur kann im Mai zwischen 10 und 30 Grad schwanken und im August durchaus auf 35 Grad steigen. Das Wiener Becken, das Hügelgebiet des Weinviertels und das pannonische Becken werden nur von geringen Niederschlägen geprägt, im Marchfeld erreicht das Jahresmittel nur 550 Liter. Wer nicht Wintersport betreiben will, sollte das Land unabhängig vom Wetter zwischen Mai und Mitte Oktober bereisen; außerhalb dieser Zeit sind viele touristische Attraktionen, Museen und Freizeiteinrichtungen geschlossen. Großartig ist der Herbst in der Wachau. wie überhaupt die erste Herbsthälfte im ganzen Land einlädt.

Die Wintersportsaison beginnt meist Ende November und dauert bis Anfang April an. Daher sollte man im Alpengebiet in den Lagen oberhalb 1200 Metern nicht vor Mitte Mai zu Wanderungen aufbrechen, denn Schneereste liegen oft noch bis zum Juni, auch Lawinen können noch drohen. Meist ist jedoch bis Mitte Oktober auch in den höheren Lagen das Wandern noch möglich.

Bevölkerung und Siedlungsformen

Mit rund 1 600 000 Bewohnern leben 19 Prozent der österreichischen Bevölkerung in Niederösterreich; es ist damit nach Wien das zweitbevölkerungsreichste Bundesland. Seit 1991 ist die Bevölkerungszahl um rund 5 Prozent gestiegen. Diese Zunahme ist allerdings ungleich verteilt, insbesondere in abgelegenen Regionen des Waldviertels erfolgte sogar eine starke Landflucht. Grund für das Wachstum waren Zuwanderungen aus anderen Bundesländern und dem Ausland. Die Arbeitslosenquote beträgt im Landesdurchschnitt 3,4 Prozent (ganz Österreich 3,8 Prozent), der Anteil von Ausländern an der Bevölkerung 6,3 Prozent.

Die wirtschaftlich und industriell wichtigsten Regionen befinden sich an der Thermenlinie, der Bäderregion am Ostsaum des Wienerwalds, und zwischen Wiener Neustadt und Wien. Dabei weist der Bezirk Mödling das stärkste Steueraufkommen Niederösterreichs auf, was zum großen Teil von der Vermögenskraft der in diesem Gebiet ansässigen Bürger herrührt. Allgemein gilt aber in Niederösterreich großenteils, daß die Wirtschaftskraft einzelner Regionen umgekehrt proportional zu deren Entfernung von Wien ist. Daher strebt die Landesregierung danach, gleichmäßig neue Betriebe in allen Bezirken anzusiedeln.

Im Jahr 2001 bekannten sich 79,3 Prozent der Bevölkerung zum römisch-katholischen Glauben (1961: 94,1 Prozent), 3,3 Prozent waren evangelisch, 3,2 Prozent islamisch und 10,8 Prozent (1961: 2,1 Prozent) konfessionslos. Für die Katholiken spielt die Kirche immer noch eine bedeutende Rolle, allerdings nicht unbedingt durch strenge Glaubensvorschriften, sondern durch ihre Präsenz im alltäglichen Leben Österreichs, besonders im sozialen und karitativen Bereich. Viele Österreicher, besonders aus den städtischen Gebieten, gestehen ein, sich von den theologischen Inhalten bereits vor längerer Zeit verabschiedet zu haben. Eine bedeutende Rolle spielt die katholische Kirche in der Betreuung von Kindern, Jugendlichen, Senioren und sozial Schwachen. Die großen kirchlichen Familienereignisse wie Taufe und Hochzeit werden immer noch kirchlich gefeiert, wenn auch manche Täuflingseltern oder Brautpaare nicht zugeben möchten, dass man vor allem auf die traditionelle ›Show‹ nicht verzichten will, um damit dem unausgesprochenen Codex der ländlichen Dorfgemeinschaft Genüge zu tun. Die immer noch gepredigte strenge Sexualmoral beeindruckt die Jugendlichen kaum noch.

In Niederösterreich liegen die meisten Städte (74) aller Bundesländer. Innerhalb der Siedlungsformen überwiegen im Alpenvorland und in den Niederungen die Straßendörfer, im Gebirge die Weiler und die Einzelhofsiedlungen. Vierseithöfe stehen im Waldviertel, im Voralpen-, Semmering- und Wechselgebiet, Vierkanter im oberösterreichischen Grenzraum (Mostviertel), Dreiseithöfe gibt es im Tullnerfeld, Wienerwald und Waldviertel, vielfach mit Laubengängen auch im Weinviertel. In den großen Weinbaugemeinden des mittleren und des westlichen Weinviertels ist in geschlossenen Häuserzeilen das Zwerchhaus anzutreffen. Charakteristisch für die Weinbaugebiete sind die meist in Löß-Hohlwegen angeordneten Weinkeller (Kellergassen). Im Wiener Becken, längs des Gebirgsrands und im Bereich der Talaustritte sind auch kleinere Orte stark urbanisiert.

Geschichte Niederösterreichs

Große Teile Niederösterreichs waren viele Jahrhunderte Grenzland, was die Entwicklung der Region deutlich prägte. Illyrer, Kelten, Römer, Slawen, asiatische Steppenvölker, Baiern, Ungarn und Böhmen versuchten sich des Gebiets zu bemächtigen. Von 976 bis 1246 regierten hier die Babenberger, in einem kurzen Interregnum bis 1278 waren die Ungarn und Böhmen Herrscher im Land, von 1278 bis 1918 war es habsburgisches Territorium. Jahrhundertelang verheerten die Türken auf ihrem Expansionsdrang nach Mitteleuropa die Region, aber auch innere Kämpfe wie die Glaubenskriege des 16. und 17. Jahrhunderts hinterließen Verwüstungen. Demgegenüber waren viele Epochen von großer kultureller Blüte gepärt, wovon unzählige architektonische und industrielle Denkmale zeugen.

Die Vorzeit

Das Donaugebiet wie das Weinviertel waren wegen der günstigen Klimabedingungen schon prähistorisch besiedelt, wie Funde von verschiedenen Steinwerkzeugen und der berühmten ›Venus von Willendorf‹ zeigen, einer 11 Zentimeter hohen und etwa 25 000 Jahre alten Kalksteinfigur. Aus der Zeit vor etwa 15 000 bis 20 000 Jahren stammen Höhlenfunde der Kremser Gegend, die Herdanlagen, Pfeilspitzen und aus Bergkristall gefertigte Pfeilspitzen beinhalten. Bis etwa 5000 v. Chr. wurde dann auch der östliche Donauraum um Hainburg vom Menschen erobert.

Die Illyrer kamen um 800 v. Chr. vermutlich aus dem Norden in das Gebiet des späteren Österreich. Diese Epoche wird auch als Hallstattkultur bezeichnet, benannt nach der wichtigsten Fundstätte im Salzkammergut. Aus der Hallstattkultur stammt etwa der Grabhügel von Goßmugl im südlichen Weinviertel. Die Kelten erreichten gegen 400 v. Chr. das Land und legten befestigte Höhlendörfer und Höhenburgen an. Wallburgen der Kelten gibt es im Kamptal, am Manhartsberg, den Leiser Bergen im Weinviertel und bei Hainburg. Um 150 v. Chr. entstand der keltische Staat Noricum, das erste politische Gebilde auf dem Territorium des späteren Österreich. Seine Hauptstadt Virunum lag vermutlich bei Klagenfurt in Kärnten.

Die berühmte ›Venus von Willendorf‹

Die Reste des Amphitheaters in Carnuntum

Die Römerzeit

Etwa um die Zeitenwende geriet die Region unter römische Herrschaft, nachdem es Kaiser Augustus gelungen war, sein Imperium nach Norden bis zur Donau auszudehnen. Im Römerreich entstanden im östlichen Alpengebiet zwei große Verwaltungsprovinzen: Noricum im Westen und Pannonia im Osten des heutigen Niederösterreich. Das Keltenzentrum Virunum wurde als Hauptstadt für Noricum übernommen, für Pannonia wurde Carnuntum die Hauptstadt und, nachdem es um 70 n. Chr. zu einem großen befestigten Kastell ausgebaut worden war, zum wichtigsten römischen Ort an der Donau überhaupt. Dies war strategisch von großer Bedeutung, da es den Römern nicht gelang, über die Donau hinaus nach Norden vorzudringen und der Fluss daher Grenze gegen die wilden Völker im Norden blieb. Um ihn zu sichern, erbaute man von Carnuntum aus eine große Zahl von Kastellen donauaufwärts bis in die spätere Passauer Gegend, darunter auch Vindobona, das spätere Wien.

Gegen Ende des 1. Jahrhunderts versuchten germanische Stämme wie die Markomannen und Quaden mehrfach den Donauraum zu erobern, wurden aber nach immer wieder aufflackernden Grenzkämpfen um 180 von Kaiser Marc Aurel nach 14-jährigem Krieg besiegt. Marc Aurel gelang es, die Markomannen, die weit über die Donau bis ins spätere Italien vorgedrungen waren, zurückzuschlagen. Marc Aurel starb 180 n. Chr. in Vindobona und wird daher immer als erste bedeutende Persönlichkeit der Stadtgeschichte Wiens benannt. Im Jahr 193 wählte man in Carnuntum den Feldherrn Septimius Severus zum römischen Kaiser. Über hundert Jahre später wurde in Carnuntum nochmals Geschichte geschrieben, als 308 bei einer Konferenz unter Kaiser Diokletian dessen künftige Nachfolge und eine Verwaltungsreform des Römerstaats verabschiedet wurde. Doch um die Mitte des 4. Jahrhunderts gelang es germanischen

Stämmen, Carnuntum zu zerstören; es wurde bedeutungslos. Nun kamen Goten und Langobarden ins Land und verwüsteten es nochmals. Um das Jahr 400 war die Römerherrschaft im Donauraum beendet.

Von der Völkerwanderung bis zum Beginn der Babenbergerzeit

Mit der Völkerwanderung im 6. und 7. Jahrhundert strömten die Baiern (Bajuwaren) in den Westen Niederösterreichs, im Osten ließen sich die Langobarden nieder. Doch zwischendurch machten ihnen slawische Völker und die Awaren aus den Steppen Mittelasiens das Land streitig, wobei aber die Awaren die Beherrscher der Slawen waren. Die Slawen stellten sich daher unter die Obhut der Baiern, was den Awaren nicht gefiel und Kriege zwischen allen Beteiligten provozierte, bis 791 Karl der Große in seiner Eigenschaft als Tributherr der Baiern die Awaren schlug und aus dem Land vertrieb. Nun setzte erstmals die Christianisierung des Donauraums ein, insbesondere von Passau ausgehend. In St. Pölten entstand das erste Kloster des späteren Niederösterreich, dem innerhalb der nächsten 150 Jahre viele weitere folgten. Karl der Große befriedete den Ostsaum seines Herrschaftsgebiets und gründete die ›karolingische Mark‹ als dessen östlichste Teilregion. Fränkische, schwäbische und baierische Siedler kolonisieren das Land, die alten Römerkastelle entstanden als Handelsorte neu. Doch zu Beginn des 10. Jahrhunderts kam mit den Ungarn ein starker Feind ins Land und vernichtete 907 in der Gegend des späteren Bratislava ein baierisches Heer. Bis 955 bestimmten die Ungarn die Geschicke des Donaulands. Erst nach der berühmten Schlacht auf dem Lechfeld bei Augsburg, in der Otto der Große (912–973) die Ungarn besiegte, war deren Macht gebrochen. Die gesicherten und erneut befriedeten Reichsgrenzen konnten wieder nach Osten vorgeschoben werden. Der Nachfolger Ottos des Großen, Kaiser Otto II. (955–983), gab 976 die ›Ostmark‹ (Marchia orientalis) dem Grafen Leopold (Luitpold) von Babenberg (um 940–994) zu Lehen und verlieh ihm den Titel eines Markgrafen. Denn Luitpold hatte den Kaiser im Kampf gegen Herzog Heinrich von Baiern, der einen Aufstand gegen Otto angeführt hatte, unterstützt. Unklar ist bis heute, woher die Babenberger ursprünglich kamen, da sie sich zu Lebzeiten niemals selber so bezeichnet haben. Die Bezeichnung

Otto der Große, idealisierte Darstellung von Lucas Cranach d.Ä. (um 1535)

wurde von dem Chronisten Otto von Freising eingeführt, einem Sohn Leopolds des Heiligen. Vielleicht stammten sie aus dem fränkischen Raum um Bamberg; diese These ist bei vielen Historikern allerdings nicht akzeptiert. Mit den Babenbergern begannn eine Zeit der großen kulturellen und wirtschaftlichen Blüte. Die Babenberger haben die österreichischen Lande wesentlich geprägt.

Die Schlacht auf dem Lechfeld, Darstellung aus dem Hochmittelalter

Unter den Babenbergern

Melk, wo sich eine alte Grenzfestung der Ungarn befand, wurde nach 976 zur Hauptstadt der ›Marchia orientalis‹ erklärt. In einer Urkunde, in der Kaiser Otto III. (980–1002) im Jahre 996 eine Schenkung eines kleinen Landstrichs an der unteren Ybbs an das Kloster Freising bestätigte, wurde die Mark als ›ostarrichi‹ bezeichnet, womit erstmals der Begriff ›Österreich‹ in der Geschichte gegenwärtig wird. Dieses ›ostarrichi‹ wurde 1043 in seinen Ausmaßen genau definiert, als man im Osten die Leitha als Grenze gegen Ungarn festsetzte, eine Grenze, die in Abwandlungen bis 1919 Bestand hatte. Die Herrschaft über das Land vererbte sich innerhalb der Familie weiter. Als bedeutendster Babanberger wird oft Leopold III. (1073–1136) angesehen. Er war besonders kaisertreu, verheiratete sich mit der Tochter des Kaisers Heinrich IV. und konnte damit in den höheren Adel aufsteigen. Leopold gründete 1108 Stift Klosterneuburg, das er zu seinem Herrschaftssitz machte, und 1133 Stift Heiligenkreuz; er wurde wegen seines frommen Wesens 1485 heiliggesprochen und später der Schutzpatron Österreichs. Leopold III. ist in Klosterneuburg begraben.

Nach Leopolds Tod übernahm sein Sohn Leopold IV. das Markgrafenamt. Er war auch mit dem Herzogtum Baiern belehnt, starb aber bereits nach fünf Jahren. Sein Bruder Heinrich (1107–1177) mit dem Beinamen ›Jasomirgott‹ (angeblich rief er ständig aus ›ja, so mir Gott helfe‹) verlegte 1145 die Residenz von Klosterneuburg nach Wien. Unter seiner Ägide wurden in Wien der Stephansdom in seiner ersten Form und das Schottenkloster vollendet. Leopold IV. starb 1176 in Melk, nachdem er mit seinem Pferd durch eine morsche Brücke durchgebrochen war. Sein Grab in der Wiener Schottenkirche ist nicht mehr aufzufinden. Mit seinem Sohn Leopold V. (1157–1194) gerieten die Babenberger in die internationale Politik. Als Teilnehmer an den Kreuzzügen begann Leopold V. in Palästina einen Streit mit dem englischen König Richard Löwenherz und nahm diesen auf seiner Heimreise nach England in Wien gefangen, um ihn nur gegen eine gigantische Lösegeldzahlung wieder frei zu lassen. Mit dem Geld gründete er zahlreiche neue Orte im Land, darunter Wiener Neustadt, und kurbelte Österreichs Wirtschaft an. Einer Legende nach soll der ›Bindenschild‹, das rot-weiß-rote Wappen Österreichs, wie folgt entstanden sein: Als Leopolds weißer Waffenrock während der Belagerung Akkons 1191 voll Blut geworden war und er daraufhin seinen breiten Gürtel abnahm, war ein weißer, von Blut nicht durchtränkter

Ottokar, König von Böhmen

Leopold III. erbaut die Stiftskirche zu Klosterneuburg, Bild von Rueland Fruehauf d.J. (1505)

Streifen entstanden. Da Leopolds Banner – vermutlich schwarzer Panther auf silbernem Grund – während der Schlacht verloren ging, soll ihm Kaiser Heinrich VI. das Recht erteilt haben, die rot-weiß-roten Farben als neues Banner zu tragen. Leopold konnte durch einen Erbfolgevertrag 1192 sein Territorium mit dem Erwerb der Steiermark vergrößern. Er starb durch einen Sturz vom Pferd und ist im Stift Heiligenkreuz beigesetzt.

Die Nachfolge trat Heinrichs Bruder Leopold VI. (1176–1230) an, auch der ›Glorreiche‹ genannt. Unter ihm erreichte das Babenbergerreich seinen Zenit. Er gründete das Kloster Lilienfeld, doch ist seine Regierungszeit besonders als Epoche der schönen Künste bekannt. Wien wurde unter ihm ein bedeutendes kulturelles Zentrum, besonders des Minnesangs. Auf Leopold folgte 1230 sein Sohn Friedrich II. (1210–1246) nach. Er wurde der ›Streitbare‹ genannt, da er in ständigen Fehden mit den Kuenringern stand, die ihn nicht als Lehensherr anerkannten. Zudem musste er sich erneut der Ungarn erwehren, und es erwuchsen ihm in den Böhmen neue, bisher unbekannte Feinde. Für Friedrich II. verhängnisvoll wurden die Auseinandersetzungen mit Kaiser Friedrich II. (1194–1250), von dem er ständig die Erhebung Österreichs zu einem Königreich forderte. Friedrich der Streitbare fiel 1246 in der Schlacht an der Leitha im Kampf gegen den Ungarnkönig Béla IV. Damit waren die Babenberger im Mannesstamm ausgestorben. Erbberechtigt waren aber Friedrichs Schwestern Margarethe und seine Nichte Gertrud. Margarethe wurde schnell daher vom mährischen Markgraf Ottokar geheiratet, Gertrud musste ihre Hand dem Ungarnkönig geben, wodurch die Gefahr heraufwuchs, dass das Land zerrissen werden würde. Der Vertrag von Ofen 1254 regelte dann nach jahrelangen Wirren, dass die Steiermark an Ungarn fallen sollte, Rest-Österreich dagegen an Ottokar, der inzwischen böhmischer König geworden war. Im Heiligen Römischen Reich Deutscher Nation war aber ebenfalls eine Zeit der Wirren angebrochen. Nach dem Tod des Stauferkaisers Friedrich II. (1250) gab es bis 1273 keinen Nachfolger. Und als 1273 der unbedeutende Rudolf von Habsburg römisch-deutscher König wurde, gefiel dies Ottokar überhaupt nicht, da er selber Ansprüche auf diesen Titel erhob. Die Steiermark, die inzwischen vom Ungarnkönig an Ottokar abgetreten worden war, war inzwischen wieder mit Österreich vereinigt, doch

Ottokar musste Rudolf bekämpfen, ist dann aber am 26. August 1278 von ihm in der Schlacht bei Dürnkrut besiegt worden und fiel im Kampf. Seine Lande gingen an Rudolf von Habsburg, der Herzog von Österreich wurde; sie blieben bis 1918 im Besitz dieser Familie.

Die frühe Habsburgerzeit

Habsburgs Gegner kamen jetzt aus dem Inland: Wie vormals gegen die Babenberger, revoltierten die Kuenringer jetzt gegen die neuen Herrscher. Bis 1300 war jedoch ihre Macht gebrochen, ihre Burgen zerstört. Für einige Zeit zog Frieden im Land ein. 1365 gründete Rudolfs Urenkel, Rudolf IV. (1339–1365), die Wiener Universität, er ließ auch den Stephansdorm in seiner heutigen Form beginnen. Seine reiche Gründungstätigkeit verlieh ihm den Beinamen ›der Stifter‹.

Neben Wirren wegen der Erbfolge der österreichischen Herzöge verheerten die Hussiten, die Anhänger des 1415 in Konstanz verbrannten böhmischen Reformators Johann Hus, das Land und brandschatzten bis 1431 immer wieder seine nördliche Hälfte. Um das Land verteidigungstechnisch besser verwalten zu können, wurde Österreich – in dieser Zeit neben Oberösterreich nur Niederösterreich und die Steiermark – im Norden in vier Viertel unterteilt, die bis heute bestehen. Der Herzog und spätere König Albrecht II. (1397–1439) war fanatisch religiös, er ließ 1420/21 alle Juden aus Wien vertreiben und viele ermorden. Außenpolitisch konnte er durch Heirat nach dem Tod des Kaisers Sigismund diesen als König von Böhmen und Ungarn zumindest äußerlich beerben. Böhmen gehörte von jetzt ab zum Habsburgerreich, ohne ihm aber de facto schon einverleibt zu sein. 1439 zog Albrecht ins Feld nach Ungarn, gegen die erstmals nach Mitteleuropa vordringenden Türken, doch erfolglos. Er starb in Ungarn an der Ruhr.

Rudolf von Habsburg

Herzog von Österreich und neuer deutscher König wurde 1440 Friedrich III. (1415–1493), aus Habsburgs ›innerösterreichischer‹, steirischer Linie. Da aber noch der nachgeborene Sohn Albrechts, Ladislaus, lebte, setzten erneut Erbfolgekämpfe ein. Man teilte das Land auf: Friedrichs Bruder Albrecht VI. erhielt das Land ›ober der Enns‹ (Oberösterreich), Friedrich jenes ›unter der Enns‹ und damit das heutige Niederösterreich. Albrecht akzeptierte diese Regelung zunächst nicht, nach einer Phase politischer Unsicherheit wurde ihm 1461 dann zum Ärger Friedrichs auch Niederösterreich zugesprochen. Albrecht starb schon 1463, wodurch Friedrich zum Herrscher über ganz

Das Monogramm Friedrichs III. mit den berühmten Buchstaben ›AEIOU‹

Österreich wurde. Er war einer der bedeutendsten habsburgischen Fürsten überhaupt. In seiner Epoche wurde der Wandel zum Großreich angelegt. Mag Friedrich vielleicht wenig entschlussfreudig gewesen sein, mag er vieles einfach ›ausgesessen‹ haben – das Land blühte in seiner langen Regierungszeit und in seiner Epoche als Römischer Kaiser (ab 1452) auf. Viel wird gerätselt über sein geheimnisvolles Motto ›AEIOU‹, das er an vielen seiner Bauten anbringen ließ und dessen Sinn nie eindeutig klar wurde. Es gibt unzählige Deutungen, meist wird es als ›Alles Erdreich Ist Oesterreich Untertan‹ interpretiert.

Die Ungarn zogen 1474 wieder einmal westwärts und eroberten viele Städte, darunter auch Wien, wo König Matthias Corvinus bis 1490 residierte. Erst nach dessen Tod zogen die Ungarn wieder ab. Noch während der ungarischen Besetzung regelte Friedrich seine Nachfolge, übergab seinem Sohn Maximilian I. (1452–1519) die Macht in Österreich und zog sich nach Linz zurück. Er starb 78-jährig 1493 und wurde im Wiener Stephansdom in einem großartigen Hochgrab beigesetzt. Seit Friedrich III. sind die Herrscher des Heiligen Römischen Reiches auch die (Erz-)herzöge von Österreich.

Bedrohungen: Protestanten und Türken

Um die Wende des Mittelalters zur Neuzeit setzte in Österreich die Proto-Industrialisierung ein. In den Eisenwurzen entstand eine blühende Eisenindustrie, deren Produkte europaweit einen vorzüglichen Ruf erlangten. Maximilians Hof war in dieser Zeit gleichzeitig ein Zentrum humanistischen Lebens. Maximilian versuchte das Hergebrachte sorgfältig zu bewahren, nicht umsonst wird er oft der ›letzte Ritter‹ genannt. Habsburgs Verbindungen nach Spanien, Ungarn, Böhmen und Burgund hatten die Dynastie zur mächtigsten Familie Europas gemacht. Bei einer Doppelhochzeit 1515 in Wien wurden Ludwig und Anna – die zwei Kinder des Jagiellonenfürsten Ladislaus, der zu dieser Zeit über Ungarn und Böhmen herrschte – mit Maximilians Enkelin Maria und mit Maximilian selber verheiratet. Damit sollten die jagiellonischen Lande irgendwann habsburgischer Besitz werden. Dass dies bereits 1526 mit dem Tod des letzten Jagiellonenfürsten in der Türkenschlacht bei Mohács der Fall werden sollte, wusste zu diesem Zeitpunkt noch keiner.

Die Größe des Imperiums zwang zu dessen Teilung in eine spanische und eine österreichische Linie. Karl V., Kaiser des Heiligen Römischen Reiches, stand der spanischen vor, Ferdinand I. (1503–1576), Enkel Maximilians, war Oberhaupt der österreichischen. Doch Bürger und Stände waren nicht länger bereit, dem absolutistischen Staat wie bislang den Gehorsam erweisen. Und zu alledem kam noch eine neue religiöse Lehre dazu, der Protestantismus. Er breitete sich ab 1520 im Herzogtum Österreich aus, nachdem er in Deutschland schon viel Unruhe bewirkt hatte. Maximilian ließ ein Exempel statuieren und einige aufständische Ratsherren und Adelige 1521 in Wiener Neustadt mittels eines ›Hofgerichts‹ zum Tode verurteilen. Dennoch gewann die Lehre Luthers immer mehr Anhänger; viele adelige Familien, insbesondere im Waldviertel, liefen zu den Protestanten über, und der Protestantismus gewann in den folgenden Jahrzehnten auch unter dem einfachen Volk immer mehr Zulauf.

Außerdem standen 1529 die Türken vor Wien, nachdem sie nach der Schlacht von Mohács drei Jahre davor fast ganz Ungarn hatten besetzen können. Sultan Süleyman der Prächtige (1494–1566) versuchte Wien einzunehmen, biss sich dort fest, seine Truppen zerstören weite Teile des Landes ›unter der Enns‹. Die Eroberung Wiens gelang ihm nicht, aber bis 1532 standen die Türken im Land und richteten schwere Zerstörungen an.

All diese Wirren werden noch verstärkt duch die steigende Unzufriedenheit der Bauern mit ihren Grundbesitzern. Zwar gab es in Österreich keinen Bauernkrieg wie in Teilen Deutschlands, doch kam es 1594 im Waldviertel zu einer großen Bauernerhebung, bei der viele Klöster geplündert werden. Sie war nicht zuletzt durch die hohen Steuern hervorgerufen worden, die für die Verteidigung gegen die Türken erhoben worden waren. Das Bauernheer wurde 1595 bei St. Pölten völlig aufgerieben, 46 Rädelsführer hingerichtet. Dies war die größte soziale Revolution, die je auf niederösterreichischem Boden stattgefunden hat.

Ferdinand I. wollte den Protestantismus nicht unterdrücken, aber eindämmen, sein Nachfolger Ferdinand II. (1529–1594) tolerierte ihn gar. Das durch die glaubenspolitischen Auseinandersetzungen geschwächte Österreich zog die Feinde an: Die Heere des protestantischen ungarischen Fürsten Stefan Bocskay

Die Schlacht bei Mohács, Gemälde von Mór Than (1856)

verwüsteten 1603 das Marchfeld und den Wienerwald und verließen das Land erst 1606 wieder. 1618 kamen Protestanten aus Böhmen, dessen Adelige überwiegend Lutheraner geworden waren, über das Waldviertel ins Land und drangen bis Wien vor. 1619 starb der stets um Ausgleich bedachte Kaiser Matthias. Sein Nachfolger wurde Ferdinand II. aus der innerösterreichischen Linie, ein fanatischer Katholik und Gegner der Reformation. Er wollte Böhmen nicht den Lutheranern überlassen, die mehr Glaubensfreiheit forderten und gerade in Prag drei kaiserliche Beamte durch ein Fenster des Hradschin in den Burggraben geworfen hatten.

Vom Dreißigjährigen Krieg bis zur Frühaufklärung

Die endlosen Kämpfe zwischen Kaiserlich-Katholischen und den Protestanten richteten auch in Niederösterreich schwere Schäden an, zahlreiche Städte und Burgen wurden zerstört. Der Friede, den man 1648 in Münster und Osnabrück endlich schloss, war ein Waffenstillstand aus Erschöpfung. Mitteleuropa war ausgeblutet, es gab kaum noch kampffähige Soldaten, ganze Landstriche waren auf Jahrhunderte hinaus verheert. Auch Hungersnöte und Pestepidemien suchten in dieser Epoche Niederösterreich heim; so entvölkerte die Pest 1679 fast ganz Wien und sein Umland. Und zu allem Übel stürmten die Türken 1683 erneut an. Während die größeren Orte Widerstand leisten konnten, wurden die kleineren sämtlich niedergebrannt. Nur mit Mühe konnte Wien sich halten. Es wäre vielleicht erobert worden, wenn nicht ein polnisches Hilfsheer unter Jan III. Sobieski (1629–1696) am 12. September die Türken am Kahlenberg so geschlagen hätte, dass sie sich in völliger Auflösung rasch zurückzogen und die Türkengefahr von da an gebannt war. Der türkische Heerführer, Großwesir Kara Mustafa, wurde nach der verlorenen Schlacht am 25. Dezember 1683 auf Befehl Sultan Mohammeds IV. in Belgrad mit einer Seidenschnur erdrosselt.

Türkische Soldaten, Darstellung aus dem 16. Jahrhundert

Die gefährlichste äußere Feind war besiegt, im Innern hatte die Gegenreformation die vorlutherische Ordnung wieder hergestellt. Doch nun stürmten die Kuruzzen – aufständische Bauern verschiedener Nationalitäten und niedrige Adlige aus Ungarn, die sich von Habsburg nicht repräsentiert fühlen – unter Führung von Graf Ferenc Rákóczi (1676–1735) das östliche Niederösterreich. Kaiser Leopolds I. Politik mit ihrer antiprotestantischen Willkür, zu hohen Steuern und der Verweigerung altungarischer Adelsprivi-

Huldigung der Stände vor Kaiser Karl VI., Fresko von Joef Ferdinand Fromiller (um 1750)

legien waren die wesentlichen Auslöser. Dazu kam, dass Leopold den Türken in einem faulen Frieden gut 30 Jahre vorher einen Teil Ungarns, den sie seit 1529 besetzt hatten, ohne weiteres überlassen hatte und man sich von Habsburg verraten fühlte.

30 Jahre lang erfolgten immer wieder kleine Erhebungen, und 1703 verheerten die Kuruzzen die Umgebung Wiens, das Burgenland und die östliche Steiermark, richteten große Verwüstungen an, konnten aber Wien selbst nicht einnehmen. Mit der Eroberung der Kuruzzenhochburgen Trentschin (heute Trenčin) und Kaschau (Košice) in der heutigen Slowakei durch die kaiserliche Armee enden die Kuruzzenaufstände. Graf Rákóczi ging nach Paris ins Exil. Er ist nicht nur wegen seiner prominenten Rolle in den Freiheitskämpfen und Kuruzzenaufständen, sondern auch wegen seiner zahllosen Liebesaffären eine in Ungarn bis heute sehr populäre historische Gestalt. Ein ungarisches Nationallied ist der Rákóczi-Marsch, dessen Melodie aus Trompetensignalen der Kuruzzenarmee abgeleitet ist. Der populäre Ausruf ›Kruzitürken‹ rührt aus dieser Zeit und meint in etwa ›bei den Kuruzzen und Türken‹.

Noch unter Kaiser Leopold I. (1640–1705), aber dann unter seinem frühaufklärerischem Nachfolger Joseph I. (reg. 1705–1711) und insbesondere unter Karl VI. (reg. 1711–1740) begann der Aufschwung in jeder Hinsicht. Die Industrialisierung begann auch in Österreich mit der Einrichtung kleiner Textil- und Metallmanufakturen, und der wiedererstarkte Katholizismus ließ allenthalben im Land die Klöster großzügig im Stil der neuen Zeit umbauen und erweitern. In Klosterneuburg, Melk, Göttweig und anderen Orten wurden die Stifte mit immensen Kosten durch die bedeutendsten Architekten des Lands und der Epoche zu monumentaler Wirkung vergrößert. Die insbesondere für die einfachen Bürger überwältigende Pracht sollte allen zeigen, bei welcher Konfession der wahre Glaube liegt und was er vermag.

Das Zeitalter Maria Theresias

Maria Theresia mit Familie, Ölgemälde von Martin van Meytens (1754)

Mit dem Tod Karls VI. 1740 waren die Habsburger im Mannesstamm ausgestorben. Doch glücklicherweise hatte man rechtzeitig die sogenannte ›Pragmatische Sanktion‹ ausgehandelt, nach der die Erbfolge auch an weibliche Mitglieder des Hauses übertragen werden konnte. Dennoch waren nicht alle einverstanden, dass Karls Tochter Maria Theresia Regentin wurde. So kam es 1741 zum Österreichischen Erbfolgekrieg, in dessen Folge bayerische und französische Soldaten ins Land eindrangen. Auch der preußische König Friedrich II. beteiligte sich an dem Konflikt, da er aufgrund eines alten Erbvertrags Ansprüche auf das bis dahin habsburgische Schlesien erhob. Friedrich drang bis ins Weinviertel ein und besetzte Retz und den Manhartsberg. Nach mehrjährigen Kämpfen verlor Maria Theresia zwar Schlesien an Friedrich, konnte sich aber als Herrscherin behaupten, insbesondere als 1745 ihr Mann, Franz Stephan von Lothringen, deutscher König und römischer Kaiser wurde. Maria Theresia hat übrigens selber nie die deutsche Kaiserwürde erhalten, war zeitlebens nur die Königin von Ungarn und Böhmen. Und ein Kaiserreich Österreich gab es erst seit 1806. Dennoch wird fälschlicherweise immer wieder von der österreichischen Kaiserin Maria Theresia gesprochen. Nach dem Tod Franz Stephans führte Maria Theresia quasi kommissarisch die Regierungsgeschäfte weiter.

Unter Maria Theresia wurde Österreich zur europäischen Großmacht, Malerei und Musik erlebten eine Blütezeit, die Industrialierung erreichte in den vielen Manufakturen des Industrieviertels einen Höhepunkt. Auch wurde die allgemeine Schulpflicht eingeführt, das Strafrecht liberalisiert und die Verwaltung reformiert.

Maria Theresia starb nach 40-jähriger Regierungszeit 1780, ihr folgte ihr Sohn Joseph II. nach. Er plante tiefgreifende Reformen, da er der Meinung war, nur sie könnten den Staat erhalten. Der der Aufklärung anhängende Joseph wollte die Macht des Klerus reduzieren und hob um 1785 fast alle Klöster in Österreich auf; gleichzeitig wollte er die Bürokratie abbauen. In seiner Reformwut machte er sich sowohl die Geistlichkeit als auch die Hofbeamten zu grimmigen Feinden. Als er 1790 kaum 50-jährig starb, ließ sein Bruder, Kaiser Leopold II., fast alle seiner Reformen rückgängig machen, die Klöster wurden größtenteils ›revitalisiert‹. Leopold starb bereits 1792, ihm folgte Franz II., der noch restaurativer war und eine absolutistisch-repressive Politik betrieb.

Von der Franzosenzeit bis zur gescheiterten Revolution

Napoleon und Kaiser Franz nach der Schlacht bei Austerlitz

Napoleon Bonaparte bestimmte spätestens seit 1799 als Erster Konsul nicht nur die Geschicke Frankreichs, sondern durch seine fortwährenden Kriege und Eroberungszüge auch die zahlreicher europäischer Staaten. Schon 1800 waren Oberösterreich und das westliche Niederösterreich bis zur Erlauf besetzt, für die Bevölkerung nahm die Not durch die hohen Steuern immer mehr zu. 1805 gelang es Napoleon, ganz Niederösterreich zu besetzen. Die Franzosen plünderten Klöster und Schlösser, in der Schlacht von Austerlitz siegten sie über das verbündete österreichisch-russische Heer. In der Folge dieser Schlacht wurde wegen der vollständigen Niederlage der Koalitionsmächte das Heilige Römische Reich nach fast tausend Jahren Dauer aufgelöst, von Napoleons Gnaden entstand erstmals ein eigenes österreichisches Kaiserreich. Franz II., vormals Kaiser des Heiligen Römischen Reiches Deutscher Nation, wurde nun Kaiser Franz I. von Österreich. Doch mit der Schlacht von Austerlitz waren die Kämpfe in Österreich nicht beendet, denn man wollte Napoleon wieder aus dem Land haben. In der Schlacht von Aspern, am Stadtrand von Wien, besiegten die Österreicher unter Erzherzog Karl am 21./22. Mai 1809 die französischen Truppen. Napoleon holte zum Gegenschlag aus und schlug am 5./6. Juli 1809 die Österreicher bei Deutsch Wagram im Marchfeld. In der Folge wurde die Macht im Land zentralisiert, Niederösterreich verlor seine Selbstständigkeit, und Österreich wurde zentral von Wien aus regiert. Die Kosten und Kontributionen durch die Franzosenkriege führten 1811 zum Staatsbankrott.

Fürst Metternich, Gemälde von Thomas Lawrence (um 1825)

Mit der Niederlage Napoleons 1815 bei Waterloo und dessen Verbannung war eine Neuordnung Europas notwendig. Sie wurde auf dem Wiener Kongreß von den europäischen Mächten unter restaurativen Vorzeichen verabschiedet, Österreich blieb als eigenes Kaiserreich bestehen. Gegen 1830 hatte sich die Wirtschaft des Lands nicht zuletzt durch die fortschreitende Industrialisierung wieder etwas erholt. Fabriken und Straßen wurden neu gebaut, und nach 1840 entstanden viele Eisenbahnstrecken. Politisch allerdings waren es repressive Jahre, und europaweit brachen 1848 die Menschen aus den Gesinnungsdiktaturen ihrer Länder aus. Im Wiener Landhaus traten im März die niederösterreichischen Landstände zusammen und lösten die Revolution aus. Arbeiter zerstörten Fabriken, das Volk eroberte die Straße, Kanzler Metternich – Personifizierung der Restauration und des Polizeistaats – floh aus der Stadt.

Österreich sollte jetzt in einen konstitutionellen Staat umgewandelt werden. Eine Verfassung wurde verkündet, und Österreich entsandte Deputierte zur Nationalversammlung nach Frankfurt am Main. Der Hof dagegen zog es vor, Wien zu verlassen, und begab sich nach Innsbruck. Doch nachdem Kaiser Ferdinand am 7. September ein offizielles Gesetz über das Ende des Feudalstaats unterzeichnet hatte, beruhigte sich zunächst die Situation. Der Hof kehrte nach Wien zurück, wo die Lage jedoch noch nicht völlig beruhigt war, nicht zuletzt, weil die Aufstände der Ungarn, die sich von Habsburg um jeden Preis loslösen wollten, kaum zu befrieden waren. Der Kommandierende der kaiserlichen Armee, Fürst Windischgrätz, schlug die chaotischen Zustände mit Gewalt nieder, wobei es zu 2000 Toten kam. Kaiser Ferdinand, den die Geschichte stets als debil beschreibt, ließ zahlreiche führende Revolutionäre hinrichten. Doch seine Zeit war abgelaufen, und er trat zurück. Sein erst 18-jähriger Neffe Franz Joseph übernahm am 2. Dezember 1848 das Amt – der Beginn seiner 68 Jahre währenden Regentschaft.

Das Zeitalter Franz Josephs

Franz Josephs Epoche war anfangs sehr von repressiven Tendenzen gekennzeichnet. Kaum nachdem es ihm gelungen war, den Ungarnaufstand niederzuschlagen, bei dem zahlreiche ungarische Patrioten hingerichtet wurden, wurde er von einem Ungarn bei einem Attentat leicht verletzt. Franz Joseph war zumindest in seiner ersten Regierungsphase sehr unbeliebt. Er war kaum künstlerisch interessiert und keineswegs ein gebildeter Herrscher. So soll er in seinem ganzen Leben ein einziges Buch gelesen haben, ein Handbuch zur Infanterie-Gefechtsausbildung. 1867 sah er zur Lösung der Ungarnfrage keinen anderen Ausweg, als mit dem ›Ungarischen Ausgleich‹ einen Doppelstaat auszurufen, in dem

Kaiser Franz Joseph in jungen Jahren

den Ungarn eine weitgehende Autonomie innerhalb der nun entstandenen kaiserlich-königlichen Monarchie zugesprochen wurde. Damit gingen die innenpolitischen Spannungen ganz erheblich zurück.

Wie überall in Europa vollzogen sich in der zweiten Hälfte des 20. Jahrhunderts auch in Österreich große Veränderungen. Zahlreiche Fabriken und große städtische Mietshäuser entstanden, viele Orte wurden zu klein und ließen ihre mittelalterlichen Befestigungen abreißen. Auch innenpolitisch brachen neue Zeiten an, in der Silvesternacht 1888 gründete sich in Hainfeld die Sozialdemokratische Partei Österreichs. Das Attentat auf den Thronfolger Franz Ferdinand am 28. Juni 1914 in Sarajevo war Auslöser des Ersten Weltkriegs. Franz Joseph befehligte aufgrund seines hohen Alters die österreichischen Truppen nicht selbst, sondern überließ dies der Generalität. Als der Kaiser 86-jährig am 21. November 1916 noch mitten im Krieg verstarb, war allen Menschen seiner Zeit bewusst, dass dies das Ende einer geschichtlichen Epoche war, wenngleich Franz Josephs Großneffe Karl noch zwei Jahre als letzter habsburgischer Herrscher regierte. Mit der vollständigen Niederlage Österreichs und Deutschlands und der Revolution im November 1918 ging die jahrhundertealte Ordnung Europas und die mehrhundertjährige Herrschaft der Habsburger unter.

Der Bundesadler, seit 1920 das Bundeswappen Österreichs

Von 1918 bis zum Ende des Zweiten Weltkriegs

Die Nachkriegsordnung, so wie sie die Siegermächte in den Pariser Vorortverträgen festlegten, veränderte die politische Karte Mitteleuropas radikal. Unter anderem wurde Unterungarn selbständig, Böhmen, Mähren und Oberungarn – die heutige Slowakei – ein Teil der neu geschaffenen Tschechoslowakei. Österreich war nun auf seine Kerngebiete reduziert; einen Anschluss an Deutschland, wie manche fordern, untersagten die Sieger. Die Erste österreichische Republik war geboren, und Niederösterreich war ein Bundesland dieses föderativen Staats. Wien wurde aus Niederösterreich herausgelöst, ebenfalls zum Bundesland und gleichzeitig zur Hauptstadt der ganzen Republik. Allerdings blieb die niederösterreichische Regierung, der Landtag, in Wien; Niederösterreich hatte somit keine eigenständige Hauptstadt.

Wie in Deutschland, so waren auch in Österreich die 1920er und frühen 1930er Jahre von starken innenpolitischen Auseinandersetzungen geprägt. Kommunisten und Nationalsozialisten polarisierten das politische Klima, wirtschaftliche und soziale Probleme spitzten sich zu. 1934 nutzte Kanzler Engelbert Dollfuß

Kurt von Schuschnigg im Oktober 1936

die Schwäche des Parlaments zur Errichtung eines autoritäten Ständestaats. Obwohl er ein rechtsgerichteter Politiker war, wurde er bei einem Putsch von den österreichischen Nationalsozialisten erschossen, da er sich immer gegen den Anschluss an Deutschland ausgesprochen hatte. Sein Nachfolger Schuschnigg konnte zumindest beim Einmarsch Hitlers im März 1938 das Leben behalten. Österreich wurde als ›Ostmark‹ dem Deutschen Reich ›angeschlossen‹, das Land Niederösterreich in ›Gau Niederdonau‹ umbenannt. Krems wurde zur ›Gauhauptstadt‹, und die Geschicke des Landes lenkte bis 1945 der Gauleiter Hugo Jury (1887–1945). Im Waldviertel wurden viele Menschen umgesiedelt, da die Wehrmacht dort einen riesigen Truppenübungsplatz einrichtete. Das nördliche Burgenland wurde Teil von Niederdonau, Wiens Fläche durch Eingemeindungen ursprünglich niederösterreichischer Orte vergrößert und die Stadt zum ›Reichsgau Groß-Wien‹ befördert. Aus geostrategischen Gründen verlagerten die Machthaber einen großen Teil der kriegswichtigen Industrie ins Industrieviertel südlich von Wien; die dortige Orte erlitten durch Bombardierungen 1943/44 große Zerstörungen. Davon waren auch die Bahnknotenpunkte Amstetten und St. Pölten betroffen, und insbesondere Wiener Neustadt wurde bis zur Unkenntlichkeit verwüstet. Während der Endkämpfe und der Einnahme durch die Rote Armee litten insbesondere die Orte des östlichen Weinviertels und das Marchfeld. Hainfeld am Westrand des Wienerwalds war bei Kriegsende die am stärksten zerstörte Stadt Österreichs.

Von der Nachkriegszeit bis in die Gegenwart

Die Rote Armee besetzte 1945 zunächst Wien und danach die ganze östliche Landeshälfte Österreichs. Sie requirierte Schlösser, Klöster und andere repräsentative Gebäude als Kasernen, wodurch unermessliche Kunstschätze zerstört wurden oder – teils bis heute – verschwanden. Auch wurden viele Betriebe nach sowjetischem Muster umstrukturiert. Niederösterreichs Wiederaufbau war deshalb schwieriger als in den von den Westalliierten besetzten Landesteilen. Die soziale Situation in dem teilweise verwüsteten Land wurde durch deutsche Flüchtlinge aus Südmähren- und Böhmen verschärft, die von den kommunistischen Machthabern der ČSSR aus dem Land vertreiben wurden und im nördlichen Wald- und Weinviertel versuchten, eine neue Heimat zu finden. Viele Gedenksteine erinnern in jenen Gebieten an die Flüchtlinge aus dem Brünner und Budweiser Raum.

Erst als mit dem Staatsvertrag 1955 die Sowjetsoldaten abzogen, konnte ein geregelter Neuaufbau der Wirtschaft erfolgen, dem die Rekonstruktion der verwüsteten Klöster und Schlösser folgte. Zu den Großbaustellen der nun souveränen Zweiten Republik zählte zunächst das Donaukraftwerk Ybbs-Persenbeug, das 1959 fertiggestellt war und einen Großteil des Energiebedarfs des Lands deckte. Doch war die Lage am Eisernen Vorhang, der das Land auf zwei Seiten abschirmte, für die wirtschaftliche Entwicklung weiterhin sehr hinderlich, Waldviertel und Weinviertel konnten touristisch wegen ihrer benachteiligten Lage kaum erschlossen werden. Erst 1975 erreichte das Land (unter Landeshauptmann Andreas Maurer) eine ungefähre, vergleichbare wirtschaftliche Situation mit jenen Bundesländern, die unter westalliierter Besatzung gestanden waren. Doch damit war eine grundlegende Veränderung der Wirtschafts- und Sozialstruktur des Landes einhergegangen. Der Anteil der Landwirtschaft ging stark zurück, während der Dienstleistungs- und Industriesektor im Umland der Städte enorm anzuwachsen begann. Um die von Wien weiter entfernten Landesteile wirtschaftlich besser integrieren zu können und einen für viele unbefriedigenden status quo zu ändern, wurde nach einer Volksbefragung 1986, die der damalige Landeshauptmann Siegfried Ludwig initiiert hatte, der niederösterreichische Regierungssitz von Wien nach St. Pölten verlegt, womit das Land nach Jahrhunderten eine eigenständige Hauptstadt erhalten hat. Der Bau eines völlig neuen Regierungsviertels setzte für das ganze Land einen bedeutenden städtebaulichen Akzent. Ein Höhepunkt der ganzen niederösterreichischen Geschichte war sicherlich die Tausendjahrfeier Österreichs 1996, der 20 Jahre zuvor die Tausendjahrfeier des Beginns der Babenbergerherrschaft vorausgegangen war.

Niederösterreich zeigt sich zu Beginn des dritten Jahrtausends als eine Region, in der einerseits die Traditionen und das Bewusstein um die lange und wechselvolle Geschichte wachgehalten werden, und die andererseits mit Selbstbewusstsein und Zuversicht nach vorne schaut.

Überall im Land finden sich idyllische Einkehrmöglichkeiten

Politik, Kultur und Gesellschaft

Niederösterreich ist verwaltungstechnisch in 21 Politische Bezirke gegliedert – in Deutschland ›Kreise‹ genannt –, von denen Amstetten mit 1187 Quadratkilometern der größte und Mödling mit 277 Quadratkilometern der kleinste ist. Dazu kommen noch die vier Statutarstädte – in Deutschland kreisfreie Städte genannt – Krems, St. Pölten, Waidhofen/Ybbs und Wiener Neustadt.

Das Parlament des Bundeslands Niederösterreich ist der Landtag (56 Sitze), in dem zur Zeit die ÖVP (Österreichische Volkspartei) und die SPÖ (Sozialdemokratische Partei Österreichs) die Regierungskoalition mit 46 Sitzen stellen. In der Opposition befindet sich die FPÖ (Freiheitliche Partei Österreichs) mit 6 und die Grünen mit 4 Sitzen. Der Landtag wird alle fünf Jahre gewählt, die nächste Wahl wird im März 2013 stattfinden.

Der Regierungschef eines Bundeslands wird in Österreich Landeshauptmann genannt. In Niederösterreich hat Dr. Erwin Pröll (ÖVP) dieses Amt inne. Der beliebte und mit ›legendärer Jovialität‹ apostrophierte, charismatische Politiker wird seit 1992 immer wieder in das Amt gewählt. Der Landeshauptmann hat zwei Stellvertreter, und ihm stehen sieben sogenannte Landesräte – den deutschen Ministern entsprechend – zur Seite. Diese zusammen bilden die eigentliche Landesregierung. In den Nationalrat der Republik Österreich, das Parlament,

Niederösterreich, Viertel und Bezirke

entsendet Niederösterreich 31 (von 183) Abgeordnete, in den Bundesrat, die Ländervertretung des Parlaments, als bevölkerungsreichstes Land 12 Mitglieder von derzeit insgesamt 62 Mitgliedern.

Parteien

Seit 1918 bestimmen zwei große Parteien die österreichische Politik, die christlich-konservative ÖVP und die SPÖ. Nach ihrem Verbot zwischen 1938 und 1945 wurden sie kurz nach Kriegsende neu gegründet. Bis 1966 sowie von 1986 bis 1999 konnten sie zusammen trotz mancher parteipolitischer Differenzen in einer großen Koalition zusammen regieren. National ausgerichtete Parteien wie in der Ersten Republik die Großdeutsche sowie die FPÖ (Freiheitliche Partei Österreichs) spielten zumindest bis 1990 kaum eine Rolle. Auch die Kommunisten waren und sind landesweit bedeutungslos. Mit dem Einzug der Grünen in die Parlamente seit den 1980er Jahren begann der bürgerliche Block aufzubrechen. Die FPÖ definierte sich in dieser Zeit neu, orientierte sich stark nach rechts und konnte damit Erfolge verzeichnen. 2005 spaltete sich das BZÖ (Bündnis Zukunft Österreich) von der FPÖ ab, und manche Beobachter rechneten damit, daß die Bedeutung der rechten Parteien mit dem Unfalltod Jörg Haiders am 14. Oktober 2008 zurückgehen würde. Wie die jüngsten Wahlergebnisse zeigen, ist die FPÖ neben der SPÖ und der ÖVP und vor den Grünen die wichtigste politische Kraft in Österreich.

Literatur

Die ersten literarischen Zeugnisse aus Niederösterreich gelten auch als die ersten Dichtungen in deutscher Sprache. Es war die Nonne Ava (um 1060–1127), die in Melk oder Göttweig lebte und mittelhochdeutsche Verserzählungen geistlichen Inhalts verfasste – ›Johannes‹, ›Der Antichrist‹, ›Das Jüngste Gericht‹ –, die in der Vorauer Handschrift überliefert sind. Im Hochmittelalter, gegen 1200, trat die höfische Dichtung mit Helden- und Ritterepen in den Vordergrund, heute am bekanntesten aus dieser Zeit ist vermutlich das Nibelungenlied. Der Steirer Ulrich von Liechtenstein, der sich auch am Babenbergerhof aufhielt, verfasste mit seinem ›Frauendienst‹ erstmals eine Art Autobiographie in deutscher Sprache – wie übrigens überhaupt der ganze

Walther von der Vogelweide, Darstellung aus dem Codex Manesse (um 1300)

Franz Grillparzer, Aquarell von Moritz Michael Daffinger (1827)

Babenbergerhof im 13. Jahrhundert ein Zentrum der Literatur war. Ulrichs Werke sind kulturhistorische Zeitbilder, in die lyrische, subjektive Betrachtungen eingebunden sind. Minnesänger wie Walther von der Vogelweide (um 1170–1230) oder Neithart von Reuenthal verfassten in Klosterneuburg ihre Liebes- und Naturlyrik.

Danach und bis ins 19. Jahrhundert hinein gibt es aber kaum einen niederösterreichischen Dichter von Rang. Die meisten der bedeutenden österreichischen Schriftsteller, die in Niederösterreich in jener Zeit lebten – etwa Franz Grillparzer, Adalbert Stifter, Ferdinand von Saar, Hugo von Hofmannsthal, Anton Wildgans –, sind meist in Wien oder außerhalb des Landes geboren. Robert Hamerling, 1830 in Kirchberg im Waldviertel geboren, mag da eine Ausnahme sein, doch sind seine sentimentalen und pathetischen Epen heute vergessen. Vielleicht noch am ehesten Niederösterreicher ist der Volksdichter Ferdinand Raimund. Er verbrachte viel Zeit in Gutenstein in den Wiener Alpen, wenngleich seine Stücke meist im Wiener Milieu oder in einer undefinierten Märchenwelt angesiedelt sind.

Einige der schönsten Werke der deutschen literarischen Romantik haben Niederösterreich zum Schauplatz. Joseph von Eichendorff lässt seinen ›Taugenichts‹ in den Donaulanden um Wien spielen, auch der Roman ›Ahnung und Gegenwart‹ und die Erzählung ›Die Glücksritter‹ sind hier, aber ohne exakte Topographie, angesiedelt. Franz Grillparzer schildert in seinem Drama ›König Ottokars Glück und Ende‹ die letzten Lebensjahre dieses ungewöhnlichen Herrschers, der durch seine Niederlage auf dem Marchfeld 1278 die Herrschaft über Österreich für Habsburg freimachte. Arthur Schnitzler lässt in seinem Theaterstück ›Das weite Land‹ von 1911 beiderseitige Untreue in der Ehe eines vermögenden Wiener Fabrikanten in einer Villa am Semmering zum Thema werden. Der Lyriker Josef Weinheber (1892–1945), der durch seine spätere Nähe zur NSDAP umstritten ist, lebte in Kirchstetten am Westrand des Wienerwalds, wo er am 8. Mai 1945 angesichts des Zusammenbruchs Selbstmord beging. Er gilt trotz aller Verstrickungen als bedeutendster Lyriker seiner Epoche, da es in seinem Werk nur wenige Beispiele von nationalsozialistisches Gedankengut gibt. Seine bedeutendste Schöpfung ist der Gedichtzyklus ›Adel und Untergang‹; manche Literaturhistoriker sehen in Weinheber den letzten klassischen Lyriker deutscher Sprache. Im südlichen Waldviertel lebte Wilhelm Szabo (1901–1986), der in einer Art Anti-Heimatdichtung in naturalistischer Form die soziale Problematik des Waldviertels beschrieb, allerdings überwiegt bei ihm die Lyrik.

Die Nachkriegszeit ließ insbesondere die Wachau als Idyll verklären. Martin Costas schuf in der Handlung seines Romans ›Hofrat Geiger‹, der mehrfach verfilmt wurde, ein altes Problem um verlorene Liebe, unbekannt gebliebene uneheliche Kinder – setzte diesen Plot aber in die bukolische Landschaften der Wachau und erzielte damit einen großen Erfolg. Vielleicht die einzigen, realistischen Werke, die direkt in Niederösterreich, genaugenommen im Weinviertel, spielen und auch nur dort spielen können, sind die Polt-Romane von Alfred Komarek (geb. 1945); es handelt sich um naturalistische Milieustudien des Weinviertels. Seltsamerweise entstand weder im Waldviertel noch im Mostviertel noch im Industrieviertel irgendwann ein nennenswerter, bedeutender Roman, der sich – sei es romantisch, sei es realistisch – mit der Region auseinandersetzt oder sie zum Schauplatz seiner Handlung macht. Und Ödon von Horváths Theaterstück ›Geschichten aus dem Wienerwald‹ ist eine naturalistisch-drastische, ja trostlose Gesellschaftsstudie und hat keineswegs die Landschaft um Wien als Hintergrund.

Film

Filmhauptstadt Österreichs ist eindeutig Wien, alle anderen Regionen spielen dabei eine untergeordnete Rolle. Immerhin gibt es in Krems die Österreichische Filmgalerie, die mit ihren Programmen zum Erhalt der Kino- und Filmkultur beiträgt (www.kinoimkesselhaus.at). Innerhalb Niederösterreichs ist bei Filmproduktionen die Wachau auch heute noch die meistgewählte Kulisse. Komareks vier Polit-Romane wurden im Weinviertel mit Förderung des Landes verfilmt und sind auch in Deutschland bekannt geworden. Außerhalb Österreichs sind Produktionen, die in anderen Bereichen angesiedelt sind, aber unbekannt geblieben.

Musik

Kein Ort in Niederösterreich kann sich mit der Musikstadt Wien messen. Aus Niederösterreich selbst stammen nur wenige großen Komponisten, doch ist einer der größten Musiker aller Zeiten, Joseph Haydn, hier geboren. Er verbrachte den größten Teil seines Lebens als Kapellmeister des Fürsten Esterházy im burgenländischen Eisenstadt. In seinem späten Oratorium ›Die Jahreszeiten‹ (1801) gibt er eine herrliche Schilderung des niederösterreichischen Landlebens am Ende des 18. Jahrhunderts. Zwei große Operettenmeister, Carl Zeller (aus dem Mostviertel) und Nico Dostal (aus Klosterneuburg), sind mit weitem Abstand die nächstbedeutenden in Niederösterreich gebürtigen Musiker.

Carl Zeller (1842–1898)

Die großen Wiener besuchten aber zur Sommerfrische oft die niederösterreichische Umgebung der Stadt.

Mozart, Beethoven, Johann Strauß, Schubert und Hugo Wolf hielten sich oft in Baden, Mödling und anderen Orten der näheren Umgebung der Stadt auf. Im 20. Jahrhundert waren es insbesondere Arnold Schönberg und Anton Webern, die Mödling zu ihrem Sommeraufenthalt wählten.

Vielfältig ist das Angebot an musikalischen Darbietungen. Der Niederösterreich-Musiksommer mit unzähligen Veranstaltungen in allen möglichen instrumentalen Besetzungen findet an 30 Orten im ganzen Land statt, auch das Barockfestival St. Pölten, alljährlich im Mai, ist weitbekannt. Um nur eine Auswahl der Klassik-Veranstaltungen zu nennen:

Imago Dei, Minoritenkirche Stein (Ostern)
Klangturm St.Pölten (April-Sept.)
Niederösterreich Donaufestival, Krems (April/Mai)
Barocktage Stift Melk (Mai/Juni)
aufHORCHEN, wechselnde Orte (Juni)
Haydn-Tage auf Schloss Rohrau (Juni)
Gottfried von Einem Tage, Oberdombach bei Maissau (Juni)
Wellenklange, Lunz am See (Juli)
Glatt & Verkehrt, Krems (Juli)
Internationales Orgelfest Stift Zwettl (Juli)
More-Ohr-Less. Lunz (Juli/August)
Internationale Sommerakademie Prag-Wien-Budapest, Wien und andernorts (August)
Chopin-Festival Gaming (August)
Allegro Vivo, Waldviertel (Aug/Sept.)
Musikfestival Schloss Grafenegg (Aug/Sept.)
Klangraum Minoritenkirche Stein (Oktober)
Kontraste, Klangraum Krems (Otober)
Musik Aktuell, Musikfabrik Tulln (versch. Zeiten)
Tonkünstler Niederösterreich, versch. Orte (ganzjährig)

Architektur und Bildende Kunst

Die ältesten Architekturdenkmale stammen von den Römern, die hier, an der Nordflanke ihres Imperiums, eine ganze Reihe von Kastellen und Städte erbaut hatten. Carnuntum war dabei die größte Anlage. Die Reste dieser Zivil- und Militärstadt, die von der Zeitenwende bis ins 4. Jahrhundert bestand, lassen ein hochentwickeltes Gemeinwesen erkennen. Neben den Resten des Amphitheaters ist besonders das Heidentor das großartigste erhaltene Bauerwerk der Antike.

Romanik, Gotik, Renaissance

Das älteste erhaltene nach-antike Bauwerk stammt vom Anfang des 11. Jahrhunderts; es ist das frühromanische Oktogon der Pfarrkirche in Wieselburg. Die Romanik selber (11.–13. Jahrhundert) zeigt ihre schönsten Blüten in Stift und

Kirche von Heiligenkreuz oder dem Kapitelsaal im Stift Zwettl. Großartig sind das Äußere und die Ausstattung der Kirche von Schöngrabern bei Hollabrunn. Viele große romanische Kirchen, wie die von Klosterneuburg oder Seitenstetten, wurden aber zumindest im Barock stark verändert. Den Übergang von der Romanik zur Gotik sieht man sehr schön an der Stiftskirche von Lilienfeld und an der Pfarrkirche von Deutsch Altenburg mit ihrem gotischen Choranbau. Die meisten der vielen Karner (Beinhäuser) im Land stammen ebenfalls aus der Romanik. Bedeutende Profangebäude der Romanik – wenngleich auch meist etwas verändert – sind die Burgen von Rappottenstein, Hardegg oder Gars, wie überhaupt der ganze Wehrburgengürtel des nördlichen Wald- und Weinviertels auf diese Zeit zurückgeht. Auch das Wiener Tor in Hainburg als Wehrbau gegen die Ungarn gehört in diesen Zusammenhang.

Die junge Gotik ist besonders in den Kreuzgängen der Stifte von Heiligenkreuz und Zwettl vertreten. Mit Beginn der Habsburgerzeit gelangt die Gotik zu ihrer Blüte. Ein Glanzpunkt ist die Kartause von Gaming. Viele ältere Kirchen erhalten nun hochgotische Hallenchöre, wie es ebenfalls in Heiligenkreuz der Fall ist, das in großartiger Weise Romanik und Gotik vereinigt. Einer der ersten namentlich bekannten Baumeister im Land ist Peter von Pusika (gest. 1475), der die Spätgotik prägte. Er wirkte unter anderem an den Kirchen von Krems und Eggenburg, Wiener Neustadt und Mödling. Ein hervorragendes Werk der Spätgotik ist das Grabmal für Friedrichs III. Ehefrau Eleonore von Niklas van Leyden (um 1470) in der Neuklosterkirche von Wiener Neustadt. Die Bautätigkeit der Kirche wurde in der ersten Hälfte des 16. Jahrhundert durch die Reformation und die Türkengefahr vorläufig beendet. Ein freies Bürgertum manifestiert

Schloss Greillenstein, Arkadenhof

Johann Bernhard Fischer von Erlach, Kupferstich aus ›Entwurf einer historischen Architektur‹ (1724)

sich aber in vielen prächtigen Profanhäusern, wie man sie in Krems, in Weitra, Waidhofen/Ybbs, Langenlois und vielen anderen Städten findet. Die reiche Sgraffitoverzierung verleiht diesen Häusern etwas ganz Eigenes. Selbstbewusste protestantische Adelige ließen sich ältere mittelalterliche Burgen zu prunkvollen Anlagen, teils mit großartigen Laubenhöfen, umbauen; Beispiele dafür sind die Schallaburg, die Rosenburg oder Schloss Greillenstein.

Barock

Nach Ende des Dreißigjährigen Krieges und mit dem Sieg der Gegenreformation dominierte der Barock. Diese Zeit brachte der Architektur des Landes einen großartigen Höhepunkt, ja drückt dem Land sogar bis heute unveränderlich ihren Stempel auf. Eine Vielzahl großer Künstler baute in Österreich alle Klöster in großartigster Form um und erweiterte sie im Stil der Epoche. Berühmt sind vor allem Johann Bernhard Fischer von Erlach (1656–1723) und Lukas von Hildebrandt (1668–1745); die bedeutendsten auf niederösterreichischem Gebiet sind Jakob Prandtauer (1660–1726) und sein Neffe Josef Munggenast (1680–1741). Prandtauer schuf unter anderem mit dem Stift Melk sein größtes Werk und verlieh St. Pölten sein barockes Antlitz, Mungennasts Hauptwerke sind die Stifte Altenburg und Seitenstetten sowie die Fassade des Stifts Zwettl.

Erst in der Barockzeit spielte auch die Malerei in Niederösterreich eine eigenständige Rolle. Einer der frühesten Maler ist Martin Altomonte (1657–1745), der Zwettl und Heiligenkreuz ausstattete. Größter österreichischer Freskomaler ist

Franz Anton Maulbertsch (1724–1796), besonders vielfältig ist das Werk Paul Trogers (1698–1762), der die Decken und Kuppeln in Altenburg, Göttweig und Melk mit seiner charakteristischen Hell-Dunkel-Kunst ausstattete. Daniel Gran (1694–1757) ist ein weiterer großer Maler, der insbesondere in Lilienfeld und in Klosterneuburg wirkte. Ein besonderer Künstler ist Martin Johann Schmidt (1718–1801) aus Krems, daher auch genannt der ›Kremser Schmidt‹. Auch er beherrschte das Hell-Dunkel in besonderer Meisterschaft und führt die Barockepoche in der Malerei mit hunderten von Altarbildern gottesfürchtig, doch gleichzeitig auch diesseitig-farbsinnlich zu ihrem Abschluss.

19. Jahrhundert bis zur Gegenwart

Das 19. Jahrhundert ist für die Baukunst in Österreich mit Ausnahme des Klassizisten Josef Kornhäusl, der insbesondere Baden sein Gesicht gab, ohne Bedeutung. In der Malerei entstanden schöne ›biedermeierliche‹ Landschaftsbilder; Friedrich Gauermann (1807–1862) und besonders Ferdinand Waldmüller (1793–1865) nahmen sich die Umgebung von Wien zum Vorbild und schufen hervorragende Genrebilder. Die bereits um 1800 aufgekommene Strömung des Historismus, wie sie sich nach 1860 etwa in der Ringstraßenarchitektur Wiens manifestierte, brachte in Niederösterreich nur wenig Beispiele hervor. Das älteste davon ist die Franzensburg bei Laxenburg, weitere sind Schloss Grafenegg bei Krems und Burg Kreuzenstein bei Korneuburg. Der Jugendstil besaß in Niederösterreich kaum Vertreter, die Moderne mit ihrer Betonung der Funktionalität existiert in der Architektur in den Werken von Josef Hoffmann (Sanatorium Purkersdorf), ist aber fast nur mit diesem Beispiel vorhanden.

Der Altausseer See mit dem Dachstein, Gemälde von Friederich Gauermann (um 1827)

Die Malerei des ersten Viertels des 20. Jahrhunderts besitzt in Egon Schiele aus Tulln (1890–1918) ihren bedeutendsten Repräsentanten, der leider in seiner Zeit vor allem wegen seiner Gemälde deformierter Frauenakte verkannt und geschmäht wurde. Der aus Pöchlarn stammende Oskar Kokoschka (1886–1980) konnte sich durch alle Zeiten hindurch als äußerst vielfältiger, keiner Strömung eindeutig zuzuordnender Maler behaupten. Der aus dem südlichen Waldviertel stammende Franz Traunfellner (1913–1986) war insbesondere durch seine athmosphärisch dichten Holzschnitte von Landschaften berühmt. Von den Malern der jüngeren Generation seien der in Gutenstein wirkende Hubert Aratym (1926–2000) und der Badener Arnulf Rainer (geb. 1929) erwähnt. Für die zeitgenössische Architektur Niederösterreichs ist vor allem das Regierungsviertel (Landhausviertel) in St. Pölten zu nennen. 1996/97 nach Entwürfen von Ernst Hoffmann fertiggestellt, ist es unumstritten die bedeutendste Manifestation moderner Architektur im Land.

Berühmte Niederösterreicher

In chronologischer Form sollen hier wegen des Umfangs nur die bedeutendsten Persönlichkeiten aufgeführt werden, die in Niederösterreich geboren sind. Die Reihe beginnt mit der Nonne Ava, die zu Beginn des 12. Jahrhunderts in Melk und Göttweig die ersten Dichtungen in deutscher Sprache verfasste. Der Babenberger Markgraf Leopold III. (geb. um 1073 in Melk oder auf Burg Gars) ist gleichsam der Vater des Vaterlands. Er gründete u.a. die Stifte Klosterneuburg und Heiligenkreuz, wurde 1485 heiliggesprochen und ist seit 1663 der Landespatron von Österreich. Die großen Barockarchitekten und -maler Prandtauer, Munggenast und Troger kommen sämtlich aus Tirol, so dass sie hier nicht erläutert werden können. Der größte Musiker aus Niederösterreich ist Joseph Haydn (geb. 1732 in Rohrau). Neben Mozart und Beethoven einer der drei großen Wiener Klassiker, ist er der Begründer der Gattungen Symphonie und Streichquartett. Seine Oratorien zählen zu den größten nachbarocken Werken dieser Gattung (siehe auch Essay Seite 138). Von den hier geborenen Malern steht aber Martin Johann Schmidt aus Grafenwörth bei Krems an erster Stelle. Der ›Kremser Schmidt‹ hinterließ 1100 Altar- und Andachtsbilder, die in ganz Österreich in den Kirchen zu finden sind. Ein Musikwissenschaftler war Ludwig von Köchel (geb. 1800 in Stein). Durch sein numeriertes Verzeichnis der Werke Mozarts ist sein Name jedem Musik-

Ludwig von Köchel, der das ›Chronologisch-thematische Verzeichnis sämtlicher Tonwerke Wolfgang Amadé Mozarts‹ aufstellte

freund geläufig. Bedeutendster Dichter des Lands ist zweifellos Robert Hamerling (1830–1889), der zu seiner Zeit als Epiker und Dramatiker hochgeschätzt war, und an den im Land viele Straßen und Plätze erinnern. Wegen seines pathetischen Stils und der uns fremdgewordenen antiken Themen ist er für den modernen Leser allerdings kaum noch genießbar. Zwei große Künstler des 20. Jahrhunderts stammen aus Niederösterreich, Egon Schiele und Oskar Kokoschka (siehe Kapitel Architektur und Bildende Kunst). Zuletzt sei noch der berühmte Verhaltensforscher Konrad Lorenz zu nennen, der durch seine Experimente mit Graugänsen berühmt wurde. Er kam 1903 in Altenberg bei Tulln zur Welt.

Wichtige Festivals und Feste

Unter der Homepage des Niederösterreichischen Theaterfestes gibt es Hinweise auf viele Theateraufführungen, die den ganzen Sommer hindurch veranstaltet werden: http://theaterfest-noe.kulturportal.at.

März und April

Donau.Fisch.Wein: Heimische Süßwasserfische – Huchen, Karpfen, Stör oder Wels – stehen ab März im Mittelpunkt dieser kulinarischen Initiative der Gastronomie des Landes.
wachau GOURMETfestival: Vom 11. bis 22. März dreht sich alles um edle Weine sowie die sternen- und haubenreiche Küche; www.wachau-gourmet-festival.at.
Tag des Mostes: Am 25. April, zur Hochblüte der Birnbäume, feiern die Mostviertler den Tag des Mostes mit einer Vielzahl an Veranstaltungen. Zur Begrüßung gibt's bei den meisten Mostheurigen ein Glas Most gratis.
Weinfrühling Wachau: 101 Wachauer Winzer laden im April ein. Höhepunkt des Weinfrühlings ist die Steinfeder-Night im Schloss Spitz; www.vinea-wachau.at.

Mai und Juni

Barockfestival St. Pölten: Das Festival ist bereits ein Begriff geworden. An ausgewählten Spielorten präsentiert die ›Klangweile St. Pölten‹ Barockmusik mit hervorragenden Musikern; www.klangweile.at.
Schwaigen-Reigen: Volksmusikfestival auf den Almhütten und Schwaigen des niederösterreichischen und steirischen Wechselgebiets. Zahlreiche Musikanten, Sänger und Tänzer werden die Besucher über die Ruhe verströmenden, runden Urgesteinskuppen begleiten und in gemütlichen Hütten – bei lokalen Köstlichkeiten – zum Verweilen einladen; www.schwaigen-reigen.at.
Sonnwendfeier in der Wachau: Zahlreiche Orte entlang der Donau laden zur Sommersonnenwende mit Feuerzauber ein; www.sonnenwende.at.
Badener Rosentage: Ganz Baden präsentiert sich als Rosenstadt. Umfangreiches musikalisches Programm, Schnittrosenschau mit geführten Duftspaziergängen und Rosenmenüs vor der Orangerie inmitten des Rosariums; www.baden.at.

Juli

Marillenkirtag und Alles Marille: Marillenkirtag im Spitz, ›Alles Marille‹ in der Kremser Altstadt und in Krems-Stein.
Weitraer Bierkirtag: Zünftiges Fest rund um Weitraer Bierspezialitäten in der ältesten Braustadt Österreichs. Ziehende Musikanten spielen in den gemütlichen Biergärten auf – akustisch wie anno dazumal; www.bierkirtag.weitra.biz.
Glatt & Verkehrt: Was die Künstler, die aus aller Welt nach Krems anreisen, verbindet – egal ob sie sich traditioneller Volksmusik, dem Jazz, der Klassik oder der Avantgarde verschrieben haben – ist die Auseinandersetzung mit ihren eigenen musikalischen Wurzeln; www.glattundverkehrt.at.

August

Carnuntum Experience: Wein, Genuss, Natur und Kultur sind die Schwerpunkte der Carnuntum Experience, Höhepunkte die ›White Wine Fashion‹ und die Rubin Carnuntum Präsentation; www.carnuntum-experience.com.
Musik-Sommer Grafenegg: internationale Orchester, Solisten und Dirigenten; www.grafenegg.at.
Weinherbst Niederösterreich: unzählige Möglichkeiten an vielen Orten, ob Riedenwanderung, Weinseminar, Jazz im Weinkeller, Kellergassenfest oder anderes mehr; www.weinherbst.at.
Mostherbst: viele Veranstaltungen an der Moststraße von August bis weit in den November hinein, mit vielen Tagen der offenen Kellertüren, mit Musikalischem und Kulinarischem; www.moststrasse.at.

September

Dirndlkirtag: Was die Marille für die Wachau, ist das Dirndl für das Pielachtal. Neben zahlreichen Dirndlspezialitäten auch Dirndlweitspuck-Wettbewerbe, Dirndl-Sprints, und man bildet die längste Dirndl(kleid)kette der Welt; www.pielachtal.info.
Paradies der Blicke: Mitte September, neben Aussichtsklassikern – Hohe Wand, Semmering, Schneeberg, Rax, Bucklige Welt und Wechsel – werden auch spannende Einblicke in die Arbeit von Bauern, Handwerkern, Saftherstellern und Edelbrennern gewährt; www.wieneralpen.at.
WACHAUmarathon: Quer durch die landschaftlich einzigartige Wachau führt der WACHAUmarathon, Start in Emmersdorf, Ziel ist Krems; www.wachaumarathon.com.
Mohnkirtag: Ein Tag dreht sich in Mohndorf Armschlag alles um den Mohn; www.mohn.at.
Weinlesefest in Retz: dreitägiges Fest mit Musik, Gesang und Verköstigungen etc.: Die Winzer des Retzer Landes feiern das Bezirksweinlesefest. Mit Hauermarkt, Großheurigem, Vergnügungspark, Kellerführung. Am Sonntag gibt's den Winzerfestzug mit Gratisweinbrunnen und Riesenfeuerwerk.

Oktober

Waldviertel-Rallye: Seit 29 Jahren ein Highlight und gleichzeitig ein würdiger Saisonabschluss für die Teams, die Fahrer und vor allem die Rallyefans aus dem In- und Ausland; www.waldviertel-rallye.at.
Erdäpfelfest Geras: Das Erdäpfelfest hat sich seit dem Jahr 1997 zu einem beachtlichen Straßenfest entwickelt. Es gibt Erdäpfelschmankerln und regionale Produkte, ein breites Festprogramm mit Volkstümlichem und Traditionellem, Kunsthandwerk und ein großes Kinderprogramm; www.erdaepfelfest.at.
Abfischfest in Heidenreichstein: Der Karpfenteich wird bis auf eine kleine Fischgrube abgelassen und die Karpfen mit einem Zugnetz gefangen und mit Keschern in die Bottiche gegeben. Ein besonderes Erlebnis ist es, zuzuschauen, wenn der ›Teich kocht‹ – wie der Volksmund zu diesem Ereignis sagt. Natürlich mit kulinarischem Angebot; www.abfischfest.at.

November und Dezember

Badener Adventmeile: Die weitbekannte Adventmeile erstreckt sich über das gesamte Gebiet von Baden bei Wien; www.baden.at.
Göttlesbrunner Leopoldigang: Beim Leopoldigang in Göttlesbrunn bei Bruck an der Leitha sind die Kellertüren geöffnet, viele Winzer laden zur Verkostung; www.carnuntum.com.
Grafenegger Advent: Seit mehr als 30 Jahren ist der Grafenegger Advent einer der beliebtesten und größten Adventmärkte in Niederösterreich. Traditioneller Kunsthandwerksmarkt im Schloss, begleitet von Konzerten und Lesungen, und Laternenumzug im Schlosspark, großes kulinarisches Angebot; www.grafenegg.at.
Schmiedeweihnachtsmarkt: Vorweihnachtliches Funkensprühen in Ybbsitz, stimmungsvolle Häuser, gefüllt mit Leben und weihnachtlichem Flair. Kunsthandwerk, bäuerliche Arbeitstechniken, Schmiede aus dem In- und Ausland und kulinarische Köstlichkeiten; www.ybbsitz.at.

Die niederösterreichische Küche

Bis vor kurzem galt die Küche des Lands als vielfältig und vor allem reichhaltig, da sie im wesentlichen auf Fleischgerichten aufgebaut war. Seit einigen Jahren kocht man aber, den veränderten Ernährungsgewohnheiten entsprechend, auch leichter. Natürlich unterscheidet sich die traditionelle Küche innerhalb der einzelnen Landesviertel. Was Speisen betrifft, zeigt sich das Waldviertel dabei am Vielfältigsten. Seit langem zählen der Mohn und sein Öl zu den wichtigsten Zutaten der Waldviertler Küche. Der dort angebaute Graumohn ist geschmacklich seinen weißen und blauen Geschwistern überlegen, sein Öl hat einen erhöhten Gehalt an ungesättigten Fettsäuren und wird immer öfter zur Verfeinerung von Salaten und Saucen verwendet. Mohn ist die Basis nicht nur für Süßspeisen wie Torten und Strudel, beliebt sind etwa auch Fisch in Mohnkruste und Mohnnudeln, wobei die Nudeln selbst aus Kartoffeln gemacht sein müssen.

Das Ybbstal ist für seine hervorragenden Forellen bekannt

Um das Marchfeld und in den Donauauen sind im Herbst Nüsse, Zwetschge und Quitte wichtige Kulinaria, insbesondere zu Wildgerichten werden sie auf vielerlei Art zubereitet. Das Marchfeld ist für seinen Spargel berühmt, auf einer Anbaufläche von 280 Hektar werden jährlich etwa 1650 Tonnen geerntet. In der Wachau ist die Marille unentbehrlicher Bestandteil der Küche. An erster Stelle gibt es die berühmten Marillenknödel, teils in Kartoffel-, teils mit Quarkteig. Die Marille wird auch zu Nektar verarbeitet, oder es entsteht aus ihr der international bekannte Marillenlikör der berühmten Kremser Produzenten Bailoni und Hellerschmid mit den ebenso berühmten runden Flaschen (Steiner Landstr. 100–102, 3504 Krems/Ortsteil Stein, Tel. 027 32/822 28, www.bailoni.at).
Im Mostviertel ist, wie schon der Name sagt, der (Birnen-) Most ein wichtiger Bestandteil des Essens. Er ist schon lange kein bloßer ›Haustrunk‹ mehr, sondern findet in allen Formen nicht nur in der regional-bäuerlichen Küche Verwendung, sondern auch in der Haubenküche.

Berühmt sind auch die Waldviertler Karpfen, die durch ihre Grätenarmut bekannt sind. Sie reifen nicht nur wie sonst zwei, sondern vier Jahre in den klaren Teichen heran. Das langsame Reifen bewirkt ein festeres und geschmacklich besseres Fleisch. Man bereitet die Karpfen geräuchert, eingelegt, gebraten, blau, pochiert, als Pastete und als Suppe zu. Eigenen Kreationen ist keine geschmackliche Grenze gesetzt. Ebenso bekannt sind die Waldviertler Erdäpfel (Kartoffeln). Sie werden seit 1740 im Waldviertel angebaut, auf Geheiß Maria Theresias, die die Ernährung ihrer Bevölkerung, die zuvor meist Getreidebrei zu sich genommen hatte, verbessern wollte. Die Erdäpfel sind in ganz unterschiedlichen Formen Bestandteil der Mahlzeiten.

Verschiedene Genussregionen sind durch die Tourismusverbände in den vergangenen Jahren im Land etabliert worden. Jeder ist dabei ein besondere Delikatesse zugeordnet. Mostviertel: Birnenmost und Schafskäse (Schofkas); Wachau: Marille; Bucklige Welt: Apfelmost; Laaer Gebiet: Zwiebeln; Marchfeld:

Gemüse (Spargel); Pielachtal: Dirndl; Tullner Gebiet: Schwein; Waldviertel: Weiderind und Weidegans; Weinviertel: Wild; Ybbstal: Forelle.

Der Verein ›Niederösterreichische Wirtshauskultur‹ versucht seit 1996, das Landestypische in der Küche zu bewahren. Inzwischen sind 270 Lokale im ganzen Bundesland diesem Verein angeschlossen. Nicht jedes darf beitreten, hohe Qualitätskriterien sind zu erfüllen: Es müssen regionaltypische Speisen angeboten werden, und die traditionelle Einrichtung mit Stammtisch und Schank muss vorhanden sein. Auch müssen die Wirtsleute persönlich ihre Gäste betreuen. Ein Test-Team kontrolliert regelmäßig. Man erkennt die Wirtshauskultur-Wirtshäuser an einem grünen Schild, das am Wirtshaus selbst und am jeweiligen Ortsanfang angebracht ist (www.wirtshauskultur.at).

Wein

Niederösterreich ist eines der großen Weinanbaugebiete Europas, die Wachau mit ihren insgesamt 1400 Hektar Fläche dabei sogar Österreichs berühmtestes. Die kühlen Winde des Hochlands an der Grenze zum trockenen pannonischen Klimabereich lassen Wein von großem Aroma entstehen. Weltberühmt sind die Wachauer Rieslinge und der Grüne Veltliner, doch sind auch Chardonnay und Gelber Muskateller von hoher Qualität. Eine weitere Weinregion ist das nahe Kremstal, wo ebenfalls Riesling und Veltliner einen sehr guten Ruf besitzen, wie sie auch aus dem kleinsten Weinbaugebiet des Lands, dem Traisental (700 Hektar), bekannt sind. Im Kamptal um Österreichs größte Weinstadt Langenlois gedeihen ›pfeffrige‹ Veltliner und mehr fruchtige Rieslinge. Auch der Chardonnay von hier ist von hoher Qualität. Neben diesen Weinen ist das Gebiet um den Wagram und Klosterneuburg durch Rotweine – Zweigelt, Blauburger, Portugieser – gekennzeichnet; daneben gibt es hier mit dem ›Frühroten Veltliner‹ eine besondere Rarität. Das Weinviertel ist mit 16700 Hektar das größte Anbaugebiet in Österreich überhaupt. Doch dominiert hier ein ›pfeffriger‹ Grüner Veltliner über Zweigelt und Blauem Portugieser, die im Süden des Weinviertels angebaut werden. Im Osten des Lands, südlich der Donau, ist das Weinbaugebiet von Carnuntum durch kraftvolle Rotweine charakterisiert. Berühmt sind noch die Anbaugebiete der Thermenregion um Gumpoldskirchen und Baden. Mit dem Zierfandler und dem Rotgipfler wachsen hier vollmundige, eleganten Weißweine und um Vöslau und Soos

In der Wachau gedeihen Spitzenweine

exzellente Rotweine: Pinot noir, Blauer Portugieser. Ein besonderes Qualitätssiegel ist das Symbol ›DAC‹. Es bedeutet Districtus Austriae Controllatus und bezeichnet speziell kontrollierten Qualitätsanbau.

Bier

Als Volksgetränke dominieren der Wein den Osten des Lands und der Most den Südwesten. Die Biertradition ist überwiegend im Waldviertel zu finden, wo mit dem Bier der Zwettler Brauerei eine der großen und wohlschmeckendsten Sorten Österreichs zu Hause ist. Die Biere aus Schrems wie aus Weitra sind ebenfalls weitbekannt und viel getrunken. Weitra besitzt überhaupt eine große Brautradition und veranstaltet seit Jahrhunderten im Juli den Bierkirtag. Das Egger-Bier aus Unterradlberg bei St. Pölten ist noch ein Geheimtip, das Marchfelder Storchenbräu aus Untersiebenbrunn (www.bauersbier.at), naturtrüb und naturbelassen, ist auch viel zu wenig bekannt. Neben dem Zwettler ist das Schwechater Bier nicht nur in Niederösterreich sehr beliebt. Schwechater und Zwettler zusammen besitzen in ganz Österreich einen Marktanteil von etwa 20 Prozent. Unter www.bierguide.net sind die besten Bierlokale für fast jede Stadt Niederösterreichs aufgeführt.

In Zwettl ist eine bekannte Biermarke zu Hause

Rezepte

Alle Rezepte sind für vier Personen.

Mohn-Erdäpfelnudeln

Zutaten:
500 g Kartoffeln, 1 Ei, 80 g Grieß,
100 g Mehl, 30 g Fett, daneben Salz,
Mohn, Zucker und Fett.

Zubereitung: Die Kartoffeln kochen, schälen und durch die Presse drücken. Dann mit Grieß, Mehl, Ei, Salz und Fett zu einem weichen Teig verarbeiten. Diesen Teig zu Rollen formen, davon etwa daumenlange Stücke abschneiden und zwischen beiden Händen zu Nudeln reiben. Anschließend die Stücke auf ein Backblech legen und im Backofen backen, bis sie goldbraun werden. Dann herausnehmen und in eine Schüssel geben. Den zuvor mit Wasser verrührten Zucker zusammen mit dem gemahlenen Mohn (Menge je nach persönlichem Geschmack) und Fett über die Nudeln geben und gut durchschwenken. Dazu Sauerkraut reichen.

Erdäpfel gefüllt nach Waldviertler Art

Zutaten:
12 mittelgroße gekochte Erdäpfel,
4 EL weiche Butter,
120 g Sauerrahm,
2 EL geriebener Käse (Appenzeller o. dgl.),
Kräutersalz, frischer Majoran,
100 g Knollensellerie,
100 g Karotten,
kalt gepreßtes Olivenöl zum Ausfetten,
1–2 EL Gemüsesuppe.

Zubereitung: Backofen auf 180 Grad vorheizen. Dann die Erdäpfel schälen, einen Deckel abschneiden und vorsichtig aushöhlen. Die herausgeholte Erdäpfelmasse mit einer Gabel zerdrücken, die Hälfte der Butter, den Sauerrahm und den Käse dazugeben und mit Majoran und Kräutersalz abschmecken. Anschließend Sellerie und Karotten schälen, fein reiben und unter die Erdäpfelmasse mischen. Diese in die ausgehöhlten Erdäpfel füllen.

Eine große Auflaufform mit Öl auspinseln, die gefüllten Erdäpfel hineinsetzen und mit dem Rest der Butter belegen, die man zuvor in kleine Flöckchen zerteilt hat. Dann die Gemüsesuppe dazugeben (die Erdäpfel brauchen etwas Flüssigkeit am Boden) und das Ganze im Ofen etwa 15 Minuten bei mittleren Temperaturen ausbacken.

Zwettler Bierripperl mit Knödel und Kraut

Zutaten:
4 Schweinsrippchen,
etwas Salz, Pfeffer,
Kümmel, Thymian, Knoblauch,
Öl und Schmalz,
¼ l dunkles Bier,
Mehl zum Bestäuben.

Zubereitung: Die Rippchen rundum mit Salz, Pfeffer, Knoblauch, Kümmel und Thymian würzen. In einer Bratpfanne Öl und Schmalz erhitzen, Ripperl darin bei starker Hitze anbraten und im vorgeheizten Ofen etwa eine Stunde braten. Das Fleisch herausnehmen und warmstellen. Bratenrückstand auf dem Herd mit Mehl bestreuen, kurz durchrösten, mit dem Bier aufgießen, kurz aufkochen lassen, dabei die Bratrückstände durch Rühren lösen. Mit der Brühe aufgießen und einkochen lassen. Mit Knödeln und warmem Kraut servieren. Dazu paßt natürlich besonders gut ein frisch gezapftes Zwettler Bier.

Weinviertler Sämlingssuppe

Zutaten:
1 mittlere Fenchelknolle,
3 kleine Chalottenzwiebeln,
600 ml Hühnersuppe (wahlweise auch Gemüsesuppe),
1/8 l Sämling (Scheurebe)
125 g Creme fraîche,
1 kleiner säuerlicher Apfel,
1 Speckstreifen (Menge nach Wunsch),
Olivenöl,
Salz, weißer Pfeffer,
Butter,
4 EL Schlagsahne.

Zubereitung: Den Fenchel waschen, das Grün abzupfen und beiseite legen. Den Fenchel in sehr kleine Würfel schneiden, Zwiebeln schälen und ebenso sehr klein schneiden. Etwas Olivenöl erwärmen und zuerst die Zwiebeln goldig anschwitzen, dann den Fenchel dazugeben und mitrösten lassen. Mit dem Sämling ablöschen und die Suppe aufgießen. Anschließend aufkochen lassen, bis der Fenchel bissfest ist. Währenddessen das Fenchelgrün feinhacken, den Speck in feinste Streifen schneiden und in einer Pfanne kurz anbraten. Apfel schälen, entkernen und in kleine Würfel schneiden. Dann die Creme fraîche in die Suppe einrühren, abschmecken und die Apfelstücke hinzugeben. Mit einem Tupfer Schlagsahne anrichten, mit den gebratenen Speckstreifen und dem gehackten Fenchelgrün garnieren.

Zanderfilet auf Mangold mit weißem Tomatenschaum und Mostrisotto

Zutaten:
480 g Zanderfilet,
1/2 Zitrone,
4 EL glattes Mehl, Salz.

Für den weißen Tomatenschaum:
1 kg vollreife Tomaten, 8 Basilikumblätter,
1 EL Balsamicoessig, 2 Tropfen Tabasco,
30 g Olivenöl, 10 g Butter, Salz, Cayennepfeffer.

Für den Mostrisotto:
80 g Zwiebeln, 200 g Birnen, 1 EL Olivenöl,
200 g Risottoreis, 300 ml Birnenmost, 300 ml Gemüsefond,
40 g Parmesan, 20 g Butter, Salz, weißer Pfeffer.

Für den Mangold:
200 g Mangoldblätter, 20 g Butter,
Salz, Pfeffer.

Für die Cocktailparadeiser:
10 g Butter, 8 vollreife (oder eingelegte) Cocktailparadeiser (Cocktailtomaten).

Zubereitung: Die Zanderfilets portionieren und die Haut einige Male einritzen (ziselieren), mit Salz und Zitronensaft würzen. Danach die Hautseite bemehlen. Kurz vor dem Servieren die Zanderfilets in Olivenöl auf der Hautseite braten (muss knusprig sein).

Für den Tomatenschaum die Tomaten, Basilikum, Balsamicoessig, Tabasco, Salz und Pfeffer zusammen mixen und durch ein Passiertuch abtropfen lassen. Die abgetropfte Flüssigkeit aufkochen und auf ca. ¼ l reduzieren. Abschmecken, Olivenöl und Butter beigeben und mit dem Stabmixer schaumig aufschlagen.

Für das Mostrisotto die Birnen schneiden und mit der feingehackten Zwiebel in Olivenöl andünsten. Risottoreis beigeben und mit dem Most ablöschen, danach den Gemüsefond nach und nach beigeben und dabei ständig umrühren. Zum Schluss den feingeriebenen Parmesan und die kalte Butter einrühren, abschmecken. Der Reis sollte al dente sein.

Die Mangoldblätter putzen, waschen, kurz blanchieren, kalt abschrecken und ausdrücken. Die Butter erhitzen, den Mangold beigeben, würzen und darin schwenken.

Für die Cocktailparadeiser die Butter in einer Pfanne erhitzen und die Cocktailparadeiser darin einige Minuten auf kleiner Flamme sautieren.

Den Mangold in die Mitte des Tellers geben, das Zanderfilet darauf anrichten und mit Mostschaum umgrenzen, den Risotto und die Cocktailparadeiser daneben anrichten. Eventuell mit einem Dillsträußchen und Birnenchips garnieren.

Verlodert sind der Abendwolken
Brände,
verglüht zu Asche und verraucht
zu Ruß.
Nun wachsen schwarz die Wald-
und Weinbergwände
ins Grau der Nacht, die ohne
Sternengruß.

Die Burgen fallen heim in ihre
Zeiten,
von sagenschweren Winden
überweht,
Und alt und einsam ist des
Stromes Schreiten,
der durch das Land als blinder
Sänger geht.

Arthur Fischer-Colbrie,
Nacht über der Donau

Entlang der Donau

Die Donau ist die Lebensader Niederösterreichs. Seit Jahrhunderten strömt auf ihr der Handelsverkehr aus dem Land und in das Land, und die wichtigsten Verkehrsverbindungen laufen auch heute parallel zu ihr. 373 Kilometer Flusslauf liegen in Niederösterreich. Hinter Enns erreicht die Donau Niederösterreich von Westen, aber die Grenze verläuft hier in der Flussmitte. Die Region am linken Ufer, das sogenannte Machland, zählt zu Oberösterreich. Erst knapp zehn Kilometer hinter Grein, gegenüber der Burg Freyenstein, quert die Landesgrenze den Fluss und zieht sich nordwärts durch den Weinsberger Wald hoch zur böhmischen Grenze hin. Von hier ab ist die Donau ein rein niederösterreichisches Gewässer – bis zur Staatsgrenze nach Hainburg. Das Donautal ist landschaftlich von großer Vielfalt, die von den wilden Felsklippen des Strudengaus über die Idylle der Wachau, weiter durch die breiten Auen um Tulln und durch den Nationalpark Donauauen bis zur unübersehbaren Ebene des Marchfelds reicht.

Strudengau

Das verengte Donautal von Ardagger bis Ybbs wird Strudengau genannt. Der Name stammt von verschiedenen Untiefen, Felsriffen und Strudeln, die jahrhundertelang Schiffsunglücke verursachten. Nach 1770 begann man nach und nach, verschiedene gefährliche Felsmassive zu sprengen, darunter das berüchtigte ›Schwalleneck‹ bei Grein. Die wilde Romantik dieses Donauabschnitts hat jedoch nicht gelitten, wie auch die Fahrt über die Bundesstraße B 3 von Grein nach Persenbeug zeigt. Donaubrücken bestehen bei Grein und Persenbeug.

Ardagger Markt und Stift mit Umgebung

Der einst wichtige Schiffsanlege- und Fernhandelsplatz Ardagger Markt ist heute überwiegend als Stätte sportlicher Aktivität bekannt, unter anderem gibt es hier eine Wasserskischule und eine Art Yachthafen. Das fünf Kilometer südöstlich gelegene **Ardagger Stift** ist dagegen ein Kulturort ersten Ranges. Das Stift

Strudengau und Nibelungengau

wurde um 1050 von Agnes von Poitou gegründet, der Ehefrau Kaiser Heinrichs III. Die Krypta der **Stiftskirche** aus der Zeit um 1220 ist der älteste erhaltene Teil des Klosters. Sie zählt mit 14 Säulen und deren einzigartigen Blatt- und Knospenkapitellen zu den schönsten romanischen Sakralbauten Österreichs. In der Kirche selbst ist das sogenannte Margaretenfenster hinter dem Hochaltar die bedeutendste Sehenswürdigkeit. Das fünf Meter hohe Fenster von 1230 – eines der frühesten mit Figurenmalerei auf Glas – schildert in 14 Episoden das Leben der heiligen Margarete. Das Stiftsgebäude wurde nach der Aufhebung des Klosters 1785 in eine schlossähnliche Anlage umgebaut. Neben dem Stift gibt es das weithin berühmte **MostBirnHaus**, ein ›Erlebnis- und Genusszentrum‹, dem ein Museum mit 80 alten Motorrädern angeschlossen ist.

Die **art-station** im nahen **Kollmitzberg** zeigt moderne Kunst aller Art, besitzt aber auch eine österreichweit einzigartige Galerie mit Kunstgegenständen der australischen Aborigines (www.kukodreaming.at). In **Stephanshart** muss man unbedingt die größte **Holzbirne** der Welt gesehen haben: Mit einer Höhe von 6,5 Metern ist sie ein Unikum.

Von Ardagger Markt kann man über den Wanderweg 455 eine dreistündige Rundwanderung in das Überschwemmungsgebiet der Donau mit seinen Auwäldern machen und dort die eigentümliche Flora und Fauna (Brachvögel) kennenlernen.

Ybbs an der Donau

Eine Siedlung Ypusa bestand hier auf dem Felsen über der Donau schon seit dem 9. Jahrhundert. Aus der ›Yparesburg‹ ist das sogenannte **Passauer Kastenamt** baulich hervorgegangen, in der frühgotischen Architektur das älteste Gebäude der Stadt und wahrscheinlich der ehemalige Palas einer Burg. Zwei Großbrände 1716 und 1868 ließen von der historischen Bausubstanz wenig übrig. Trotzdem sind noch Reste der **Stadtmauer**, einige alte Häuser mit frühgotischen Relikten und selbst **Laubenhöfe** des 16. Jahrhunderts erhalten. Die **Pfarrkirche St. Lorenz** besitzt neben ihrem großartigen Netzrippengewölbe einige hübsche alte Grabsteine und eine prachtvolle Orgel. Im Alten Pfarrhof kann man das weit bekannte Ybbser **Fahrradmuseum** besuchen. Prunkstück ist ein Hochrad von 1883.

In **St. Martin** am Ybbsfeld, vier Kilometer westlich, hängt in der Dorfkirche die mit 800 Jahren älteste originale **Kirchenglocke** Österreichs, die vielleicht auch die älteste Europas ist. Sie ist 75 Zentimeter hoch und wiegt 600 Kilogramm. Wegen ihres hohen Alters wird sie nur zu festlichen Anlässen geläutet. Während der Türkenkriege wurde sie zur Sicherheit vergraben, dann ging die Kenntnis des Verstecks verloren. Erst nach 50 Jahren soll sie von Wildschweinen wieder freigewühlt worden sein.

Persenbeug

Auch Persenbeug geht auf das 9. Jahrhundert zurück. Der Name soll ›böse Biegung‹ bedeuten und weist damit auf die gefährlichen Strömungen des Strudengaus hin. Eine mittelalterliche Burg wurde im 16. Jahrhundert zum Schloss umgebaut und Anfang des 17. Jahrhunderts von Adam Graf Hoyos nochmals im Stil der Zeit verändert und erweitert. Kaiser Franz kaufte das **Schloss** 1800, und seit damals ist es durchgehend im Besitz der Habsburger, wurde auch 1919 nicht enteignet. Hier kam am 17. August 1887 der letzte Habsburger-

Noch immer in Habsburger Besitz: Schloss Persenbeug

kaiser, Karl I., zur Welt. Mitglieder der Familie Habsburg leben noch hier, daher kann es nicht besucht werden. Unterhalb des Schlosses liegt das 1954 bis 1959 errichtete **Donaukraftwerk**, das jährlich 1350 Millionen Kilowattstunden Strom produziert. Es kann besichtigt werden. Der Bau dieser Anlage mit ihrem 30 Kilometer langen Rückstau becken und einer 460 Meter breiten Staumauer hat den Strudengau für die Schifffahrt vollends entschärft.

In Säusenstein östlich von Persenbeug erinnern mitten im Ort Reste einer gotischen Kapelle und ein langer barocker Wohnkomplex an das ehemalige **Zisterzienserkloster Säusenstein**, das 1350 gegründet wurde, 1703 bis 1760 zu einem großen Stift ausgebaut, später aufgelassen und 1856 beim Bau der Westbahn größtenteils abgerissen wurde. Die **Pfarrkirche St. Donatus** birgt eine schöne geschnitzte Kanzel von 1620 und beeindruckende Gewölbefresken von Johann Bergl (1767) mit Darstellungen aus der Offenbarung des Johannes. Beeindruckend ist auch das Hochaltarbild von Paul Troger (1698 – 1762), der an vielen Orten Niederösterreichs großartige Fresken und Gemälde schuf. Kennzeichnend für seine Kunst ist eine feinabgestimmte Hell-Dunkel-Wirkung, worin Troger Rembrandt verwandt ist. Licht- und Farbeffekte wurden bei Troger bewußt für allegorische Symbolik eingesetzt, fast immer gibt es eine ›helle‹ und eine ›dunkle‹ Seite in den Bildern.

Strudengau

PLZ Ybbs: 3370.
Vorwahl Ybbs: 074 12.
Tourismusverband Wachau-Nibelungengau (Region Strudengau), Staukwerkstr. 86, Ybbs, Tel. 552 33.

Gasthof zum Braunen Hirschen, Rathausgasse 9, Ybbs, Tel. 522 45, www.zumbraunenhirschen.at, p.P. im DZ 29 €.
Gasthof und Hotel Schiffsmeisterhaus, 3321 Ardagger Markt 16, Tel. 74 79 / 63 18, www.schiffsmeisterhaus.at, p. P. im DZ 34 €

MostBirnHaus, 3300 Ardagger Stift Nr. 9, Tel. 074 79/64 00, www.mostbirnhaus.at, März bis Mitte Nov. Di–So 10–18 Uhr.

Fahrradmuseum, Herrengasse 12, Ybbs, www.ybbs.gv.at/kultur-tourismus/museen.html, 1. Juni bis 30. Sept. Mo–Sa 10–13 u. 14–17 Uhr.
Kraftwerk Ybbs-Persenbeug, Donaudorfstraße 2, Ybbs an der Donau, Tel. 0699/19 24 24 70, Besichtigung nur mit Voranmeldung, Mo–So 9–17 Uhr, ganzjährig.

▶ Karte S. 68

Nibelungengau

Der Donauabschnitt zwischen Ybbs und dem Stift Melk wird Nibelungengau genannt. Der Name wurde kurz vor dem Ersten Weltkrieg eingeführt. Die Region spielt im Nibelungenlied eine wichtige Rolle, Markgraf Rüdiger von Bechelaren (=Pöchlarn) soll hier seine Burg besessen haben. Er bewirtete die zum Hof König Etzels (Attila) ziehenden Burgunder, wobei Giselher, der Bruder des Burgunderkönigs Gunther, sich mit Rüdigers Tochter verlobte. Donaubrücken bestehen in Pöchlarn und Melk.

Abendstimmung an der Donau bei Pöchlarn

Pöchlarn

Schon zur Römerzeit bestand hier ein Kastell namens Arelape. Das mittelalterliche ›Bechelaren‹ ging aber 1710 in einem großen Brand vollständig unter, so dass es wenig ältere Sehenswürdigkeiten gibt. Immerhin existiert noch der **Welserturm** von 1484, ein Rest der alten Stadtbefestigung. Er diente ursprünglich als Salzspeicher von Welser Kaufleuten. Heute birgt er das Stadtmuseum mit Exponaten zur Regionalgeschichte von der Steinzeit bis heute. In einem weiteren Turm, dem Pfeiferturm, wird Zeitgenössisches von regionalen Künstlern präsentiert. In der Mauer der **Stadtkirche Mariä Himmelfahrt** sind römische Grabsteine eingelassen. Das Hochaltarbild stammt von Martin Johann Schmidt (1718–1801), dem berühmten ›Kremser Schmidt‹, der im Donauland viele bedeutende Kunstwerke schuf. Eine mittelalterliche **Wasserburg** wurde 1576 zum Schloss der Regensburger Bischöfe umgebaut und ist bis heute erhalten.

Ein herrliches Fahrvergnügen bietet der Ötscherland-Radweg. Er zweigt bei Pöchlarn vom Donauradweg ab und führt entlang des Erlauftals über Purgstall, Scheibbs, Gaming, Lunz nach Lackenhof am Ötscher. Wegen seiner geringen Steigungen ist er zwischen Pöchlarn und dem 40 Kilometer entfernten Gaming ideal für Hobbyradfahrer und Familienausflüge.

Der bedeutendste Sohn der Stadt ist der Maler Oskar Kokoschka (1896–1980), in dessen Geburtshaus die Stadt Pöchlarn ein **Museum** und ein **Kulturzentrum** eingerichtet hat. Seine Kunst kann man gut als ein in die Moderne übertragenes barockes und bäuerliches Erbe Alt-Österreichs bezeichnen. Er ist zweifellos der bedeutendste österreichische Maler des 20. Jahrhunderts. Teilweise stand er dem Expressionismus der ›Brücke‹ nahe, war aber dennoch mit seinen mystischen Visionen nicht einzuordnen. Nach dem Ersten Weltkrieg wurde Kokoschka Professor an der Dresdner Kunstakademie, musste aber, als ›entarteter Künstler‹ diffamiert, 1937 emigrieren. Er kehrte erst 1952 nach Österreich zurück. Seine letzten 25 Lebensjahre verbrachte Kokoschka am Genfer See.

Das Kokoschka-Museum erinnert an den berühmten Sohn der Stadt

In Erlauf, vier Kilometer südlich, erinnert ein seltsames Gesamtkunstwerk aus Laserstrahlen, Stein und Metall an die Begegnung russischer und amerikanischer Truppen im April 1945, die hier am 8. Mai jenes Jahres auch den Sieg über den Nationalsozialismus feierten. Der Ort nennt sich daher ›Friedensgemeinde‹.

Maria Taferl

»Lieblich und reich geschmückt ist die Lage von Mariataferl. Man wallt durch Auen, Obsthügel und Weingebirge zur zweygetürmten sanfttönenden Kirche hinan und fühlt sich von heiligen Empfindungen ergriffen. Man sieht den Danubius eilen, von holden Rebengebirgen begleitet, weg von den schäumenden Wirbeln und rauschenden Strudeln, die man nun aus höhren Regionen erblickt.« So poetisch schilderte 1802 ein Zeitgenosse eine Wanderung vom Strudengau zur **Wallfahrtskirche Maria Taferl**, die nach Mariazell der meistbesuchte Wallfahrtsort Österreichs ist. An diesem Punkt befand sich schon in vorchristlicher Zeit ein Heiligtum, wie ein vermutlich keltischer Opfertisch zeigt. Im späten Mittelalter soll sich hier eine abgestorbene Eiche befunden haben, die noch aus jener Zeit herrührte. An ihr war damals schon lange ein Kreuz und eine Holztafel mit Darstellungen von Maria und Johannes befestigt. Als der Baum zusammen mit dem Kreuz aus Altersgründen morsch zu werden begann, befestigte 1642 Alexander Schinagl aus dem nahen Marbach ein Vesperbild, eine Pietà, an der Eiche. Dies war ihm im Traum befohlen worden, wenn er von seiner langen Krankheit geheilt werden wolle. Schirnagl gesundete rasch, und der fast verdorrte Baum begann aufs Neue zu grünen. Andachten wurden nun an dem alten Opferstein abgehalten, Lichterscheinungen und Wunderheilungen am Baum mit der Pietà-Tafel ließen schnell viele Gläubige herbeeilen.

Im Jahr 1660 wurde dann der Grundstein für die Wallfahrtskirche gelegt, die nach über 60-jähriger Bauzeit von Jakob Prandtauer vollendet wurde, nachdem

Maria Taferl mit der charakteristischen Doppelturmfassade

▲ Karte S. 68

Schloss Artstetten

zwei andere Architekten während der Bauzeit verstorben waren. 1724 fand der erste Gottesdienst statt. Die Kirche liegt auf 440 Meter Meereshöhe, hoch über dem Donautal, und wirkt daher vor allem aus der Ferne. Doch man genießt umgekehrt von der Anhöhe einen großartigen Blick weit über die Donau bis zu den Alpen hin. Die breite **Doppelturmfassade** besitzt einen interessanten kleinen Uhrgiebel. Ein mächtiges Marmorportal von 1694 führt ins Innere. Die Deckenmalerei des Langhauses überzeugt durch ihre großartigen illusionistischen und perspektivischen Wirkungen. Braun-, Grün- und Goldtöne geben dem Inneren einen festlichen Charakter.

Der monumentale **Hochaltar** (1736) von Josef Matthias Götz besitzt einen Umgang für die Wallfahrer. In einer Nische in seiner Mitte befindet sich eine stilisierte Metalleiche – hier war der ursprüngliche Standort der legendären Eiche – mit dem 38 Zentimeter hohen Gnadenbild in einem prunkvollen Strahlenrahmen. Maria hält auf dem Schoß ihren toten Sohn. Sie trägt eine gewaltige Krone, ihr Blick ist aber überraschenderweise nicht schmerzverzerrt. Ein gewaltiger Aufbau mit Figuren und Baldachin überhöht den gesamten Altar. Er ist allerdings heute nicht mehr so kostbar wie zur Zeit seiner Entstehung, da man ihn während der napoleonischen Kriege seines Silber- und Goldschmuckes beraubte und die Wiederherstellung etwas bescheidener ausfallen musste. Sehr sehenswert sind die vergoldete **Kanzel** von 1727 und die schöne Rokoko-Orgel von 1760. Papst Pius XII. erhob Maria Taferl 1947 zur ›Basilica minor‹. Besichtigungen sind jederzeit möglich, doch Führungen nur nach Voranmeldung (www.basilika.at, Tel. 074 13/278).

Schloss Artstetten

Schon von weitem fesselt das ungewöhnliche Aussehen des Schlosses mit seinen fünf zwiebelbekrönten weißen Türmen, die aus ihrer Waldumgebung herausleuchten. Das auf das 13. Jahrhundert zurückgehende, 1590–1592 im Renaissancestil umgebaute und auch später mehrfach veränderte Schloss liegt etwa drei Kilometer nördlich der Donau. 1823 gelangte es, ziemlich heruntergekommen, in habsburgischen

Besitz und gehörte später Thronfolger Franz Ferdinand (1863–1914), dessen Ermordung in Sarajevo am 28. Juni 1914 den Ersten Weltkrieg auslöste. Franz Ferdinand war der Neffe von Kaiser Franz Joseph und Urenkel von Kaiser Franz I., der das Schloss erworben hatte. Ein **Museum** erinnert an die europäische Geschichte zu Anfang des 20. Jahrhunderts und an die tragischen Gestalten des Erzherzogs und seiner Frau, die mit ihm erschossen wurde. Beide liegen in der Gruft des Schlosses begraben.

Östlich von Artstetten gelangt man über Losau, wo es einen hölzernen Glockenturm an der Kirche gibt, nach **Leiben**. Auf einem steilen Felsen erhebt sich das auf die Anfänge des 12. Jahrhunderts zurückgehende **Schloss**. Es ist wegen seiner Kassettendecken im Rittersaal mit ihren Darstellungen der antiken Mythologie bedeutend. Eindrucksvoll bewacht dieser Bau die Nahtstelle zwischen dem Waldviertel und der Wachau Die Anlage nennt sich ›Europaschloss‹, sie kann auch für private Anlässe gemietet werden (www.leiben.gv.at).

Weitenegg und Luberegg

Wo die Straße von Pöggstall an das Donaufer gelangt, liegt die **Ruine Weitenegg**. Sie gilt als größte Ruine im niederösterreichischen Donautal und auch als eine der malerischsten. Leider ist der Zugang nur gelegentlich möglich.

Unmittelbar an der Donau liegt südöstlich von Leiben das **Schloss Luberegg**, ein Landsitz, der wie Artstetten einst von Kaiser Franz I. erworben wurde. Das Anwesen gehörte vorher einem vermögenden, geadelten Holzhändler, der es 1795 wegen finanzieller Schwierigkeiten veräußern musste. Im Schloss gedenkt eine Ausstellung Franz II., der der letzte Kaiser des Heiligen Römischen Reiches Deutscher Nation war und als Franz I. 1806 der erste Herrscher des durch Napoleon entstandenen österreichischen Kaiserreichs wurde. Dass die unmittelbare Umgebung des Schlosses vor mehr als 200 Jahren als Holzlagerplatz diente, sieht man ihr noch deutlich an: Die Säulen am Donauufer stützten einst ein Dach, unter dem das Holz vor Feuchtigkeit geschützt war.

i Nibelungengau

Tourismusverband Wachau-Nibelungengau und **Donau-Niederösterreich-Tourismus**, Schlossgasse 3, 3620 Spitz, Tel. 027 13/300 60 60, www.donau.com, www.wachau.at.

Gemeindeamt, Regensburger Str. 11, 3380 Pöchlarn, Tel. 027 57/23 10.

Hotel Nibelungenhof, Hauptstr. 10–11, 3671 Marbach/Donau, Tel. 074 13/227, p.P. im DZ 24 €.

Schlossgasthof Landstetter, Schlossstr.2, 3661 Artstetten, Tel. 074 13/83 03, www.schlossgasthoflandstetter.com, p.P. im DZ 34–44 €.

Welserturm, Regensburger Str., 3380 Pöchlarn, Tel. 027 57/23 10 14, www.poechlarn.at, Mai bis Okt. Mo–Fr 9–12, Sa 10–12 Uhr.

Kokoschka-Haus, Regensburger Str. 29, 3380 Pöchlarn, Tel. 027 57/76 56, www.poechlarn.at, tgl. 9–17 Uhr.

Schloss Artstetten, Schlossplatz 1, 3661 Artstetten, Tel. 074 13/80 06, www.schloss-artstetten.at, April bis Nov. tgl. 9–17.30 Uhr.

Schloss Luberegg, www.schloss-luberegg.at, April bis Nov. Di–So 10–17 Uhr bzw. nach Voranmeldung unter Tel. 027 52/725 10, im Winter unter Tel. 074 13/800 60.

▶ Karte S. 68

Erzherzog Franz Ferdinand

Franz Ferdinand kam 1863 in Graz als Sohn von Erzherzog Karl Ludwig, dem Bruder Kaiser Franz Josephs, zur Welt. Als Zwölfjähriger erbte er durch Zufall das italienische Herzogtum Este: Der kinderlose Herzog Karl hatte Ludwigs Kindern die Übernahme angeboten. Franz Ferdinand begann 1878 als Infanterist seine militärische Laufbahn, die 1899 mit der Ernennung zum General der Kavallerie ihren Höhepunkt erreichte. 1889 starb unter mysteriösen Umständen Kronprinz Rudolf, sein Cousin, und 1896 Franz Ferdinands Vater. Damit war er Thronfolger der Habsburgermonarchie.

Im Juli 1900 heiratete Franz Ferdinand die böhmische Gräfin Sophie von Chotek. Da sie nach den Codices des Wiener Hofs keine standesgemäße Ehefrau war, musste er auf die Thronfolge seiner zu erwartenden Kinder noch vor deren Geburt verzichten. Diese hätten zwar in Böhmen und Ungarn Anrechte auf den Thron gehabt, nicht aber in Österreich. Auch mussten sie ihren Namen ändern und durften sich nur ›von Hohenberg‹ nennen, ein Name, der auf Besitztümer der Mutter zurückging. Franz Ferdinand verzichtete auf ihre Ansprüche, um die Einheit der Monarchie nicht zu gefährden. Diese sogenannte ›morganatische‹ Hochzeit half nicht, seine Reputation zu verbessern; der Wiener Hof blieb den Hochzeitsfeierlichkeiten demonstrativ weitgehend fern. Das Paar hatte vier Kinder, eines starb schon bei der Geburt. Franz Ferdinand lebte mit seiner Familie im Wiener Schloss Belvedere. Die Sommer verbrachte die Familie meist auf Schloss Konopischt in Böhmen, etwa 60 Kilometer südöstlich von Prag.

Franz Ferdinand begann schon um 1900, sich auf seine Tätigkeit als künftiger Kaiser vorzubereiten. Denn Franz Joseph war damals bereits 70 Jahre alt und regierte seit 52 Jahren; man rechnete allgemein mit einem baldigen Wechsel. Franz Ferdinand hielt weitgehende Reformen für notwendig. Nach seinen Vorstellungen sollten Kroatien, Bosnien und Dalmatien zu einem eigenen Teilstaat Südslawien zusammengeschlossen werden, den slawischen Völkern der Monarchie wollte man ähnliche Rechte wie den Ungarn zugestehen. Ein ›Trialismus‹ Österreich-Ungarn-Südslawien sollte zu neuen ›Vereinigten Staaten von Groß-Österreich‹ führen. Diese Idee verärgerte die Serben, die selbst ein südslawisches Königtum unter ihrer eigenen Führung anstrebten. Franz Ferdinand verdarb es sich auch mit einflussreichen adligen Gruppierungen, da der Beginn seiner Herrschaft innenpolitisch viele Veränderungen mit sich gebracht hätte und manche Hofschranze ihrer Pfründe verlustig gegangen wäre. Denn kaum einer am Hof erkannte so deutlich wie Franz Ferdinand, dass sich die Monarchie in ihrer alten Form überlebt hatte. Doch noch war der alte Kaiser Franz Joseph am Leben – und ihn berieten militärische Scharfmacher.

Die Besetzung von Bosnien und der Herzegowina durch österreichische Truppen 1908 löst eine Phase großer Instabilität in der Region aus. Zwar hatte die Region seit 1878 unter vorläufiger österreichischer Verwaltung gestanden, doch staatsrechtlich gehörte sie nach wie vor zum Osmanischen Reich. Diese Annexionskrise führte zu den Balkankriegen von 1912/13, die auch Mazedonien und Bulgarien erfassten. Im Ergebnis ging Serbien gestärkt aus den Balkankriegen hervor. Man hatte dort nie die Annexion Bosniens vergessen, auf das die Serben selbst Anspruch erhoben. Der österreichische Generalstab schlug einen Präventivschlag gegen Serbien vor. Russland stellte sich an die Seite seiner südslawischen Brüder und drohte bei jedem Angriff auf Serbien mit einem Gegenschlag. Die bosnische Annexion blieb ein Zankapfel.

Franz Ferdinand und seine Frau Sophie von Chotek

Franz Ferdinand begab sich im Juni 1914 ins bosnische Sarajevo, um einem Manöver beizuwohnen. Der Tag dieses Besuches, der 28. Juni, war der 525. Jahrestag der Schlacht auf dem Amselfeld, in der die Serben von den Osmanen geschlagen worden waren – für die Serben bis heute ein wichtiges Datum. Den Besuch des österreichischen Thronfolgers ausgerechnet an diesem Tag sahen die serbischen Nationalisten als Affront. Zwar wurde Franz Ferdinand mehrmals vor einem Besuch in Bosnien gewarnt, doch sah er für sich keine Gefahr. Der 19-jährige Student Gavrilo Princip hatte aber schon ein halbes Jahr vorher den Entschluss gefasst, Franz Ferdinand bei der ersten Gelegenheit zu töten. Bei der Fahrt des Thronfolgerpaars im offenen Wagen durch Sarajevo am 28. Juni wurde bereits um zehn Uhr morgens durch einen anderen Fanatiker eine Bombe geworfen, die aber außerhalb des Fahrzeugs explodierte. Daraufhin wurde die Fahrtroute geändert. Doch plötzlich machte Franz Ferdinands Auto kehrt, um die ursprüngliche Strecke aufzunehmen. Dies nutzte Gavrilo Princip, um aus wenigen Metern Abstand auf das Thronfolgerpaar zu schießen. Sophie verblutete noch während der Fahrt, Franz Ferdinand starb in der Residenz des k.u.k.-Statthalters. In Wien und im ganzen Reich trauerte man nur sehr verhalten um den wenig populären und als gefühlsarm geltenden Thronfolger. Wegen der nicht standesgemäßen Heirat konnte das Paar nicht in der Kapuzinergruft seine letzte Ruhestätte finden, sondern wurde ohne großen Pomp in der Gruft von Artstetten beigesetzt. Franz Ferdinand hatte bestimmt, nur an der Seite seiner Frau ruhen zu wollen.

Als Reaktion auf das Attentat auf Franz Ferdinand stellte Wien der serbischen Regierung am 23. Juli 1914 ein äußerst hartes, auf 48 Stunden befristetes Ultimatum, in dem es unter anderem die Unterdrückung jeglicher Aktionen und Propaganda gegen die territoriale Integrität der österreich-ungarischen Monarchie verlangte und eine gerichtliche Untersuchung des Attentats unter Mitwirkung österreich-ungarischer Beamter forderte. Das Ultimatum war bewusst so verfasst, dass ein souveräner Staat es nicht akzeptieren konnte.

Letztlich erklärte Österreich-Ungarn mit deutscher Rückendeckung Serbien am 28. Juli 1914 den Krieg. Durch die Bündnisverpflichtungen der damaligen Großmächte wurde so der Erste Weltkrieg ausgelöst, der mit dem Ende der alten Ordnung Europas endete.

Wachau und Dunkelsteiner Wald

Die Wachau ist die meistbesuchte, meistbesungene, oft für Filmaufnahmen verwendete Landschaft Niederösterreichs. Touristen aus dem Ausland reisen kaum ins Waldviertel, ins Weinviertel oder in die Wiener Alpen, aber in die Wachau wollen sie alle. Für Reisende aus dem Fernen Osten ist es sogar ein Muss, bei einem Österreichaufenthalt einmal hier gewesen zu sein, und sei es nur für eine Stunde. Tatsächlich ist das Donautal zwischen Melk und Krems, das sich in die alten Kristallingesteine des Waldviertels einschneidet und dabei den Dunkelsteiner Wald abtrennt, auf seinen knapp 30 Kilometern eine der schönsten und lieblichsten Landschaften ganz Europas. Sicherlich nicht zufällig siedelten sich Menschen schon in der Jungsteinzeit vor 20 000 Jahren hier an.

Seit 2000 Jahren wird hier Wein angebaut; die Römer brachten Weinstöcke aus Italien mit. Alle Südhänge sind mit Weinstöcken bepflanzt. Verwitterte Granite, reich an Tonmineralen, Löß und Sandböden, bieten eine ideale Basis, und in den Nächten strömen kühle Lüfte vom höher gelegenen Waldviertel ins Donautal und vermengen sich mit war-

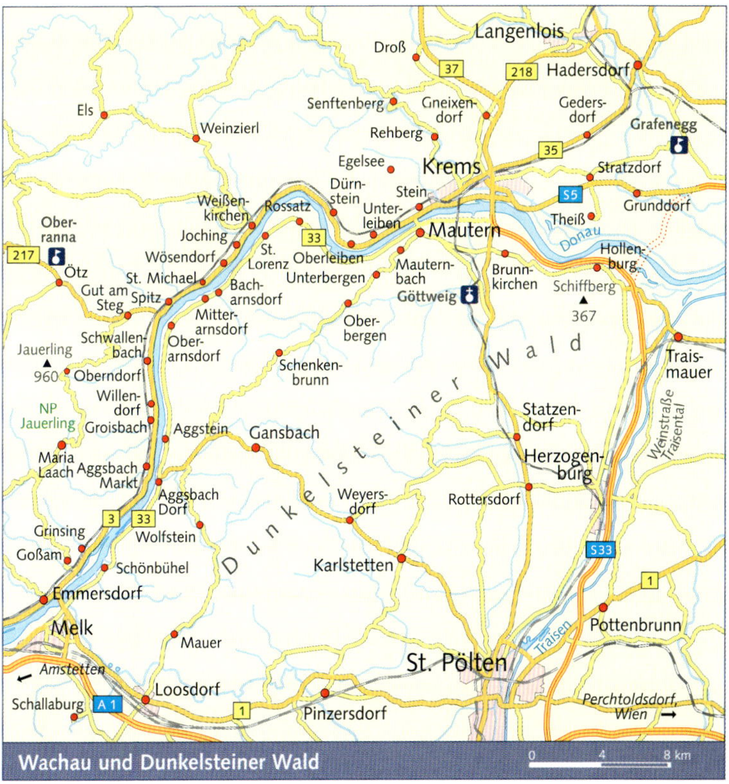

Wachau und Dunkelsteiner Wald

men Lüften aus Pannonien. So entstehen hervorragende Voraussetzungen für Obst- und Weinbau. Zusätzlich wirken die noch aus dem frühen Mittelalter stammenden, die Hänge begrenzenden Steinmauern als Speicher, die Hitze aufnehmen und sie in kühlen Stunden an ihre Umgebung abgeben.

Dass fast alle Weinberge an den Ecken einen Rosenstock besitzen, verweist nicht auf das Ende eines bestimmten Katasters. Die Rosenstöcke sind vielmehr Indikatoren für bestimmte Schädlinge, deren Wirkungen zuerst an den Rosen sichtbar werden, bevor man sie auf den Rebstöcken bemerkt. Ihre Gesundung wäre nach einem Befall nicht mehr möglich. Zumindest bis zum Ende des 18. Jahrhunderts befanden sich die meisten Weinberge in kirchlichem Besitz, vor allem bayerischer Klöster. Denn die Christianisierung des Donauraums war von Passau aus erfolgt. Über 50 Lesehöfe gab es um 1780 in der Wachau. Es war ein lebhafter Handel: Die Wachau lieferte Wein, im Gegenzug kamen Eisen und insbesondere Salz in die Region. An den Ufern entstanden

Weinberge und malerische Dörfer prägen die Wachau

▲ Karte S. 77

Treidelpfade, damit die Schiffe auch mit Pferdegespannen flussaufwärts gezogen werden konnten.

Die meisten Weinberge befinden sich zwischen Spitz und Dürnstein, südlich von Spitz liegt das Marillenanbaugebiet. Die Marillen (österreichisch für Aprikose) haben eine Bedeutung, die dem Wein nur wenig nachsteht. Gut 100 000 Marillenbäume gibt es hier, die Wachauer Marille ist sogar als Marke EU-weit geschützt. Die Marille blüht Mitte März bis Mitte April, im Juli ist die Marillenernte neben der Weinernte das große Ereignis im bäuerlichen Jahreslauf der Wachau. Der Schriftsteller Mirko Jelusich fand für die Zeit der Weinlese schwärmerische Worte:

»Schon der Geruch, der uns empfängt, und der das ganze Donautal erfüllt, das Aroma der gelesenen Beeren, hat etwas Verheißungsvolles, ja Dionysisches: von Beginn an wird man von der Stimmung gelöster Lebensfreude erfasst. Diese Stimmung vertsärkt sich noch, wenn man Weingärten voll eifrig arbeitender Menschen, die Straßen voll Wagen sieht, auf denen große Bottiche mit dem Gottessegen angefüllt werden, und sie erreicht ihren Höhepunkt, wenn man in eines der Preßhäuser tritt, um von dem willig kredenzten jungen Most zu kosten. Wenn man aber dann wieder ins Freie tritt, bekommt man ein überaus reizvolles Gegenstück zur Baumblüte des Frühjahrs zu sehen: der Waldbereich auf dem gegenüberliegenden Ufer flammt in allen Abschattungen herbstlicher Verfärbung, vom goldig leuchtenden Gelb des Ahorns bis zum tiefen Rot der Burche, und dazwischen das dunkle Grün der Nadelbäume. Hat man überdies noch das Glück, einen der um die Lesezeit nicht seltenen schönen Tage zu erhaschen, an denen sich das verblassende Seidenblau des Himmels in der Donau spiegelt, so dass sie wirklich einmal zur blauen Donau wird, so bleibt dem schönheitstrunkenen Auge des Beschauers kaum noch etwas zu wünschen übrig.«

Die Landschaft inspirierte vor fast 200 Jahren den Romantiker Joseph von Eichendorff, der das Tal, ohne es direkt zu nennen, zum Schauplatz einiger seiner Novellen und Romane – etwa ›Taugenichts‹ und ›Ahnung und Gegenwart‹ – werden ließ. Doch auch heute geht dem empfindsamen Reisenden das Herz noch über. »Ab Melk präsentiert sich die Donau in einer Luxusverpackung, nicht in schimmerndem und funkelndem billigen Plakatglanz, sondern in jenem wahren Luxus, mit dem ein kostbarer Jahrgang eines guten Weines für Kenner verpackt wird. Und die Donau hat hier auch einen Markennamen wie ein auserlesener Wein. Sie schickt sich an, sich in die Wachau zu begeben, in dieses steile Tal der Weinbergterrassen, der bizarren Felsgebilde, der Raubritterruinen und Klosterhöfe, der Maler und Touristen. Man hört Wachau und statt des Stromes grauer Flut strömt goldgrüner Wein aus einer jahrtausendealten Kulturlandschaft, gemächliche Postschiffe tuten vor den Pontons, in kleinen Gasthöfen klingen Gläser, und in einem Keller steckt der Hauer den gläsernen Heber ins Faß, nimmt den Schlauch in den Mund und schon rinnt das kostbarste Gut dieses Tales in den Krug.« So Ernst Trost 1984 in ›Die Donau. Lebenslauf eines Stroms‹. Kein Wunder, dass die Wachau zusammen mit Melk und Krems ins Weltkulturerbe aufgenommen wurde.

Donaubrücken bestehen bei Melk und Krems, Autofähren bei Spitz/Arnsdorf und Weißenkirchen/St. Lorenz, eine Fähre nur für Radfahrer und Fußgänger bei Dürnstein/Rossatz. Das rechte (südliche) Donauufer ist grundsätzlich stiller, beschaulicher, nicht von den großen Touristenmassen überlaufen wie die berühmten Orte an der linken Seite. Die Preise für Unterkunft, Essen und Trinken sind auf dieser Seite niedriger.

Stift Melk

Wie ein gewaltiger Wächter thront 57 Meter hoch über der Donau am Westeingang der Wachau eine der großartigsten Klosteranlagen der Welt. Stift Melk ist wie der Wiener Stephansdom eines der großen Symbole Österreichs. In nur 30 Jahren entstand zu Beginn des 18. Jahrhunderts ein Bauwerk von gigantischer Wucht und Ausmaßen. Der Anblick des Stiftes von der Donau her ist schier überwältigend.

Der Name Melk kommt vom slawischen ›medjilica‹, was Grenzfluss bedeutet. Im 10. Jahrhundert befand sich hier eine ungarische Grenzfestung. Nach der Vertreibung der Ungarn 955 begann die Christianisierung der Region. 1089 ließ der Babenberger Markgraf Leopold II. Benediktinermönche aus dem Maingebiet hierher kommen und gründete ein Kloster, dessen Bedeutung schnell durch seine Klosterschule, seine Schreibstube und durch die Reliquien des heiligen Koloman wuchs, die 1113 aus Stockerau hierher überführt wurden. Ein Großbrand 1297 zerstörte das Kloster so sehr, dass es sich lange Zeit nicht mehr zur alten Bedeutung erheben konnte. Immerhin wurde hier 1414 die ›Melker Regel‹ verabschiedet, mit der der Benediktinerorden europaweit reformiert wurde. Durch Reformation und Türkenkriege verlor das Kloster im 16. und 17. Jahrhundert an Bedeutung, und mit der Zerstörung 1683 während der Tür-

kenbelagerung von Wien schien gar sein Ende gekommen. Mit dem neuen Abt Berthold Dietmayr änderte sich im Jahre 1700 die Situation. Österreich hatte sich von den Türkenkriegen langsam erholt, die Gegenreformation hatte großes Gewicht bekommen, und der Klerus entschloss sich zu einem großangelegten Neubau des Stifts. Der St. Pöltener Architekt Jakob Prandtauer (1660–1728) wurde für diese Aufgabe verpflichtet und konnte mit ihr sein Lebenswerk krönen.

Von 1711 bis 1726 baute Prandtauer am Kloster, nach seinem Tod vollendete Josef Munggennast die Anlage. Ein weiterer Brand 1738 setzte dem Neubau schwere Schäden zu, doch konnten diese bald behoben und auch die Kirchtürme neu errichtet werden. Durch die josephinischen Reformen wurde das Kloster zwar nicht aufgelöst, doch litt das theologische Leben sehr. Die Klosterschule wurde nach St. Pölten verlegt und kehrte erst 1804 zurück.

Ein Rundgang

Vom Parkplatz an der Ostseite der Anlage gelangt man über eine Gartenanlage – etwas abseits nordwärts steht ein Gartenpavillon von 1747 mit schöner Aussicht (Café) – vorbei am Restaurant von 1980 zum von zwei Basteien flankierten **Portal** von 1718. Durch das Portal erreicht man den **Vorhof,** wo die mittelalterlichen Babenbergertürme, Reste des Vorgängerbaus, über die barocken Anlagen emporragen. Die beeindruckende Ostfassade des Klosters mit dem Stiftswappen über der Toreinfahrt fesselt den Blick. Hinter dem Tor erstreckt sich der 84 mal 42 Meter große **Prälatenhof** und täuscht mit seiner leicht trapezartigen Form noch größere Ausmaße vor. Machtvoll erhebt sich über ihm die **Kuppel** der Stiftskirche. Hinter der Nordseite verbergen sich die öffentlich nicht zugänglichen Lehr- und Wohnräume des Stiftsgymnasiums sowie der Kolomanisaal, das Sommerrefektorium der Äbte. In der linken Ecke liegt der Zugang zum Stift und zur Kirche.

Über die prächtige Kaiserstiege geht es empor zum 196 Meter langen Kaisergang im Südtrakt der Anlage, wo in den elf Kaiserzimmern die Exponate des **Stiftsmuseums** (Geschichte der Benediktiner und des Stifts, Stiftsschätze) gezeigt werden. Entlang des Gangs hängen zahlreiche Bildnisse babenbergischer und habsburgischer Herrscher. Leider ist das berühmte Melker Kreuz aus dem Jahr 1362, das einen Partikel des originalen Kreuzes Christi enthält, nicht öffentlich ausgestellt. Es kann nur in einem Videofilm betrachtet werden. Es gilt als europäisches Hauptwerk der Goldschmiedekunst im 14. Jahrhundert.

Nach den Kaiserzimmern gelangt man zum **Marmorsaal,** dem Fest- und Speisezimmer für Gäste. Die Wände sind allerdings aus Stuckmarmor. Das Deckengemälde schuf der bedeutende Freskenmaler Paul Troger 1731. Weis-

Schwindelerregend: Wendeltreppe im Stift

Deckenfresko in der Stiftskirche

heit und Mäßigung vertreiben das Dunkle und Böse. Nun gelangt man auf die Altane, eine mächtige Terrassenanlage, von der sich ein überwältigender Blick auf Donautal und Kirchenfassade bietet. Von hier betritt man die **Bibliothek**. Auch für sie schuf Paul Troger ein gewaltiges Deckengemälde: Tugendhaftes Leben führt zu Weisheit und einem starken Glauben. 100 000 Bände umfasst die Bibliothek, darunter über tausend Handschriften vom 9. bis zum 15. Jahrhundert.

Von hier geht es nun hinab ins **Langhaus** der Stiftskirche, deren Inneres von ungeheurer Schönheit ist. Schwebende Engel musizieren in dem 64 Meter hohen, himmelstürmenden Kuppelraum. Das Deckenfresko des Langhauses stammt von Johann Michael Rottmayr (1722) und schildert den Triumphzug des heiligen Benedikt in den Himmel. Der Marmorhochaltar zeigt Petrus und Paulus, die sich die Hände reichen, bevor sie hingerichtet werden. Engel halten über ihnen die Martyriumsinstrumente. Von den beiden Seitenaltären im Querschiff birgt der linke die Gebeine des heiligen Koloman. Er war ein junger Ire, der 1012 bei einer Wanderung im Donautal bei Stockerau als vermeintlich böhmischer Spion festgenommen wurde. Er leugnete alle Vorwürfe, und nachdem man aus ihm auch durch Folter nichts herauspressen konnte, wurde er unschuldig aufgehängt. Doch sein Körper verweste auch nach hundert Jahren nicht: Als man ihn mit einem Speer durchbohrte, floss Blut heraus.

Von der Orgel ist nur noch das Gehäuse aus dem Jahr 1733 original, denn 1929 wurde das Orgelwerk originalgetreu nachgebaut. Ein Blick vom Fuß der berühmten Wendeltreppe nahe des Eingangsportals die Windungen hinauf macht schwindlig; sie ist leider nicht begehbar.

Ununterbrochen seit über 900 Jahren leben in Melk Benediktinermönche, die heute neben der Seelsorge auch im berühmten Stiftsgymnasium als Lehrer tätig sind. Die kulturhistorische und architektonische Bedeutung des wirklichen Gesamtkunstwerks Melk beweist seine Aufnahme in die UNESCO-Weltkulturerbe-Liste. Und nicht von ungefähr gab Umberto Eco in seinem Roman ›Der Name der Rose‹ William von Baskervilles Adlatus den Namen Adson von Melk.

Einer der Bibliotheksschätze

▲ Karte S. 80

Schallaburg

Unter den Herren von Schallach entstand im 13. Jahrhundert nur wenige Kilometer südöstlich von Melk eine gotische Burg auf den Fundamenten einer romanischen Anlage, die 1431 an eine Familie Losenstein verkauft wurde. Unter deren Ägide wurde die Anlage 1576 großzügig im Renaissancestil ausgebaut und eine protestantische Schule gegründet. Vor den älteren Bau setzte man eine Vorburg mit Laubenhof und an seine Ostseite einen Turnierhof nebst einem eleganten Garten. Die Losensteiner waren Protestanten, gerieten jedoch im Strudel der Gegenreformation in große finanzielle Not und verkauften die Burg 1614 an die ebenfalls protestantische Familie Stubenberg aus der Steiermark. Das Schloss wurde 1945 von der Roten Armee verwüstet und gelangte 1955 in den Besitz der Republik Österreich, die es wiederherstellte.

Über ein erstes Burgportal von 1583 und einen schmalen Grabenweg gelangt man durch das zweite Portal mit einem prächtigen Wappen Wilhelm von Losensteins in den prunkvollen berühmten **Großen Arkadenhof** mit seinen zwei Geschossen. Jakob Bernecker, ein Töpfer aus Hallein, schuf dafür ein Terrakotta-Pandämonium von historischen und mythologischen Gestalten, Göttern und Fabelwesen, das wohlkonzipiert auf humanistisch-protestantischen Gedanken beruht. Das Obergeschoss zeigt genau doppelt so viele Bögen wie das Untergeschoss. Durch die Südseite erreicht man den **Kleinen Arkadenhof**, ein Relikt der älteren Burg. Neben dem Bergfried stammt auch noch der **Palas**, die alte Wohnburg, von diesem Vorgängerbau. Unter der **Palastkapelle** von 1662 befindet sich eine nicht zugängliche Krypta aus der frühesten Burgepoche um

Schallaburg, Arkadenhof

1170. In der Palastkapelle ist Wilhelm von Losenstein beigesetzt, sein Hochgrab von 1587 zeigt ihn als Ritter mit Bibel und Schwert.

In der Schallaburg finden alljährlich wechselnde Großausstellungen statt. Im Jahr 2010 widmet man sich unter dem Motto ›Beatles, Pille und Revolte‹ den 60er Jahren. Eine immerwährende Präsentation von Spielzeugen aller Epochen und Länder zieht nicht nur Kinder an (www.donau.com).

Um Schönbühel und Aggsbach

Hinter Melk ragt auf einem gewaltigen Felsensporn das **Schloss Schönbühel** mit dem nahen Servitenkloster über dem Strom auf, eine der meistfotografierten Ansichten der Wachau. Das für die Öffentlichkeit nicht zugängliche Schloss im Privatbesitz entstand 1820 auf den Resten einer mittelalterlichen Burg. Die Rosalienkirche im Servitenkloster von 1666 besitzt hinter der Apsis eine kleine Terrasse, von der man zur Donau hinabsteigen kann.

Perfektes Postkartenmotiv: Schloss Schönbühel

In **Mauer** südöstlich von Schönbühel besitzt die **Pfarrkirche** einen wunderschönen Lindenholzaltar von 1509. Die Kirche wirkt aus der Ferne seltsam fragmentarisch und ist in der Tat nie vollendet worden. Es scheint, ols ob sie nur aus Turm und Apsis bestünde.

In **Aggsbach Dorf**, fünf Kilometer stromabwärts, gibt es eine im 14. Jahrhundert gegründete **Kartause**, die leider bis auf einen Nebentrakt mit einem kleinen Museum nicht zu besichtigen ist. Sie galt als größte ihrer Art, doch wurden während der Zeit Josephs II. große Teile abgebrochen. Die Klosterkirche besitzt das für eine Kartäuserkirche typische lange und hohe Schiff. Die Schlusssteine des Kreuzrippengewölbes sind – ganz ungewöhnlich – figürlich ausgeführt: Maria mit Kind im Chor, ein Einhorn, ein Löwe, ein Pelikan. Die Kanzel (1765) zeigt sehr schöne Reliefs und Skulpturen.

In **Wolfstein**, drei Kilometer südöstlich und schon im Dunkelsteiner Wald gelegen, steht eine malerische **Burgruine** aus dem 13. Jahrhundert. In der Ortsmitte sind unter einem Bildstock, der den heiligen Wolfgang zeigt, Vertiefungen in einem Felsen zu sehen, die die Legende als Fußabdrücke dieses Heiligen deutet. Nach Wolfstein führt der fast verwunschen zu nennende Wanderweg A4, später Nr. 653 (Gehzeit eine Stunde), vom Gasthof Donauterrassen unmittelbar am Ufer in Aggsbach Dorf. Vom gleichen Ausgangspunkt ist ebenso der Weg nach Schönbühel (Weg 605) voller landschaftlicher Schönheiten. Für die einfache Strecke benötigt man 2,5 Stunden, zurück kann man mit dem Bus fahren. Der **Dunkelsteiner Wald** gilt – schließlich ist er geologisch ein Ausläufer des Waldviertels – als eine Region voller Sagen und geheimnisvollen alten Bräuchen (www.dunkelsteinerwald.net). Mit dem Auto lässt sich seine Schönheit besonders auf der Straße Aggsbach–Wolfstein–Weyersdorf erleben. Hinter Wolfstein biegt man links ab in Richtung Lauterbach/Weyersdorf. Dieser Streckenabschnitt ist von außergewöhnlichem Reiz. Von Weyersdorf kann man dann über Gansbach zurück nach Aggsbach fahren.

▲ Karte S. 77

Aggstein

Die sicherlich bekannteste und meistbesuchte Burg der Region ist Aggstein, nur zwei Kilometer nördlich von Aggsbach. Sie wacht 300 Meter hoch über der Donau, und von der sagenumwobenen Burg genießt man den sicherlich phantastischsten Blick über die Wachau. Als Schutzburg für Kaufleute soll die Anlage Anfang des 12. Jahrhunderts entstanden sein. Die Burgherren, unter ihnen die Kuenringer, besaßen jedoch auch das Mautrecht an der Donau, was oft zu Zwistigkeiten mit den umliegenden Adelsfamilien führte, so dass die Burg mehrfach verwüstet wurde. Mit dem Niedergang der kuenringischen Familie gelangte die Burg 1429 in den Besitz eines Jörg Scheck (manchmal auch Schreckewald genannt), eines Raubritters, der sie wieder aufbaute. Zu seiner Zeit befand sich unterhalb der Burg eine über die Donau gespannte Kette, die alle stromab fahrenden Schiffe aufhielt. Scheck soll außerdem alle seine Gefangenen, wenn sie kein Lösegeld entrichten wollten und konnten, von der Burg in die Tiefe gestützt haben. Bei der ersten Türkenbelagerung 1529 erneut zerstört, wurde die Burg zu Beginn des 17. Jahrhunderts renoviert. Während des Dreißigjährigen Krieges bot sie Zuflucht für die Landbevölkerung, verfiel aber danach endgültig. Der rekonstruierte Rittersaal der Burg kann heute für private Veranstaltungen gemietet werden. Die Burganlage hat vier Höfe und einen gut erhaltenen großen Wehrgang, das Burgverlies im zweiten Hof besitzt ein acht Meter tiefes ›Hungerloch‹.

Malerisch: Ruine Aggstein

Die einstündige Wanderung von der Ruine zur **Wallfahrtskirche Maria Langegg** ist eine einfache, aber sehr schöne Wanderung durch den Dunkelsteiner Wald (Weg 605, knapp vier Kilometer). Parkmöglichkeiten bestehen in unmittelbarer Burgnähe, der Auffahrtsweg ist teilweise recht eng und kurvenreich. Am Fuß der Ruine, neben der Donau, wird jedes Jahr in einem Maisfeld ein neues Labyrinth angelegt, das die Besucher zur Schatzsuche einlädt, bei der auch die böse Hexe Xenia von Aggenstein gefunden werden muss. Besonders bei Kindern ist dieser Irrgarten mit seinen Spiegeln, seinem mysteriösen Blätterrauschen und gespenstischen Erscheinungen sehr beliebt (Juli/Aug. tgl. 10–19 Uhr, Sept. Sa/So 10–18 Uhr, Eingang beim zweiten Parkplatz am Fuß des Burgbergs, www.ruineaggstein.at).

Am Jauerling

Der Jauerling ist mit 960 Metern die höchste Erhebung der Wachau und an der österreichischen Donau überhaupt. Die herrlichen Täler und Hügel ließen hier den **Naturpark Jauerling-Wachau** entstehen, der mit 115 Quadratkilometern Niederösterreichs zweitgrößter ist (www.naturpark-jauerling.at). In seinem Süden liegt **Maria Laach** mit der **Wall-**

Wallfahrtskirche Maria Laach, Altar

fahrtskirche, die den ungewöhnlichen Namen ›Unserer Lieben Frau sechs Finger‹ trägt. Das Gnadenbild (linker Seitenaltar) ist eine Madonna mit Kind, die an ihrer rechten Hand sechs Finger besitzt – warum, ist unbekannt. Der Flügelaltar zeigt in seinem Mittelstück Maria mit Krone und Zepter, das nackte Jesuskind hält ein Lätzchen. Sehr kunstvoll ist das aus farbigem Marmor gefertigte Hochgrab Georg von Kuefsteins (gest. 1603) gehalten. Dieser protestantische Adlige – er war Kanzler unter anderem Kaiser Ferdinands I. – konnte hier beigesetzt werden, da die Kirche 70 Jahre lang protestantisch war und erst 1634 rekatholisiert wurde. Bestehende Energielinien und -konzentrationen führten zur Einrichtung eines Kraftweges von einem Kilometer Länge mit zehn Stationen, der an der Kirche beginnt (www.kraftweg.at).

Von Maria Laach ist die Wanderung zur knapp vier Kilometer entfernten **Jauerling-Warte** auf dem südlichen der beiden gleich hohen Jauerling-Gipfel ein echtes Vergnügen, denn sie führt mit nur geringen Steigungen über gute Fußwege und Forststraßen (Wanderweg Nr. 4). Man kann sie gut mit einem Naturparkrundgang auf dem selben Weg verbinden, der aber über eine andere Trasse nach Maria Laach zurückführt. Die Wanderzeit hin und zurück beträgt 3,5 Stunden. Bei der Jauerlingwarte gibt es eine Einkehrmöglichkeit (täglich von Ostern bis Ende Oktober). Wer keine weiten Strecken laufen will, erreicht den Gipfel nach etwa einem Kilometer auch vom Parkplatz in der Ortsmitte von Oberndorf aus.

▶ Karte S. 77

In Mühldorf, nördlich des Gipfels, ist die **Burg Oberranna** zusammen mit ihrer Burgkirche von Geheimnissen umgeben. Eine Wehrkirche ist mit einem Burgkomplex verwachsen. Die Kirche St. Georg selbst, wahrscheinlich aus dem späten 11. Jahrhundert, ist mehr als ungewöhnlich. Das Innere wirkt mit seinem Quadermauerwerk wie aus prähistorischer Zeit. Ungewöhnlich sind auch die zwei Querschiffe. Dazu gibt es eine romanische Krypta, nur halb versenkt unter der Empore. An den Säulenkapitellen der Krypta fallen die merkwürdigen Jagdszenen auf, deren Interpretation nicht eindeutig ist. In die Burg mit ihrem schönen Renaissanceportal ist ein elegantes Vier-Sterne-Hotel eingezogen (www.oberranna.at).

Der kleine Ort **Willendorf** am Ostfuß des Jauerlings im Donautal gelangte durch einen archäologischen Fund zu Weltberühmtheit. Während des Baus der Wachautalbahn wurde hier am 7. August 1908 eine elf Zentimeter große, unförmige weibliche Figur aus oolithischem Kalk gefunden, die aus der späten Altsteinzeit (vor etwa 25 000 Jahren) stammt und ein weibliches Fruchtbarkeitssymbol darstellt. Dem Fund dieser ›Venus‹ folgte ein zweiter. Diese Figur, 30 Zentimeter groß, ist aus einem Mammutstoßzahn geschnitzt. Beide

Fundstücke befinden sich im Naturhistorischen Museum zu Wien, in Willendorf selbst existiert ein vielbesuchtes Museum zur prähistorischen Geschichte des Gebietes und zu den Funden.

Spitz an der Donau

Über Schwallenbach mit seinem reizvollen Ortsbild und den mittelalterlichen Häusern am Schloss, genannt das ›Schwallenbacher Glöckerl‹, erreicht man Spitz, neben Dürnstein der meistbesuchte Ort der Wachau. Spitz schmiegt sich um den sogenannten Tausendeimerberg herum. Die idyllische Lage und das wunderbar biedermeierliche Ortsbild am Kirchplatz haben den Ort zu Recht zu Bekanntheit verholfen. Die Reben an den Hängen dieses Berges sollen den Spitzer Winzern einst jährlich über 56 000 Liter Wein beschert haben. Hauptsächlich baut man hier - wie in der ganzen Wachau - Grünen Veltliner und Riesling an. Oft hört man, dass die ›richtige‹ Wachau erst in Spitz beginne, aber schon bei Dürnstein ende. Denn die wichtigsten Weingebiete befinden sich zwischen diesen beiden Orten. Südlich von Spitz ist das Gebiet der Marillen, die bekanntermaßen in der Region fast die gleiche Bedeutung wie der Wein haben. Neben der Weinlesezeit locken die Sonnwendfeiern in Spitz Mitte Juni alljährlich viele Touristen an.

Die **Mauritiuskirche** aus dem 14. und 15. Jahrhundert besitzt einen ungewöhnlichen, abgeknickten Chor. Das Schloss Niederhaus oberhalb des Kirchplatzes geht auf das 13. Jahrhundert zurück, wurde aber im 17. Jahrhundert umgebaut. Hübsch sind auch **Rathaus** und **Bürgerspital**, die beide eine Baueinheit bilden, aber durch den Bau der Eisenbahntrasse voneinander getrennt wurden. Auf dem Friedhof, der im 17. Jahrhundert einmal protestantisch war, steht der merkwürdige ›Pastorenturm‹. Das **Schloss Erlahof**, einst ein Weinlesehof des Stifts Niederaltaich in Niederbayern, beherbergt zwei Museen zur Geschichte des Handelsschifffahrt und insbesondere der Flößerei auf der Donau wie auch zum Weinbau in der Wachau. Unbedingt besuchen muss man den wunderbar altmodischen **Kaufladen** in der Hauptstraße Nr. 2 - und dort einkaufen.

In Spitz drehte Hans Wolff 1947 den Film ›Hofrat Geiger‹, der zwar sehr gemütvoll ist, sich aber keineswegs den Problemen der Zeit entzieht. Es geht um wirtschaftliche Nöte und um eine uneheliche Tochter namens Mariandl, von der der Titelheld nicht weiß, dass er sie hat. Der Streifen gilt mit 2,5 Millionen Besuchern bis 1951 als kommerziell erfolgreichster Film der ersten Nachkriegsjahre. In den Hauptrollen spielen Paul Hörbiger, Hans Moser, Maria Andergast und Waltraut Haas. Zwei Remakes entstanden noch: 1961 mit Rudolf Prack und Cornelia Froboess und 1996 mit Peter Weck und Christiane Hörbiger als Mariannes Mutter. Der Filmschlager ›Mariandl‹ ist eine der beliebtesten Melodien der 50er Jahre, wenngleich sein Text doch sehr dürftig ist:

Mariandl-andl-andl,
aus dem Wachauer Landl-Landl.
Dein lieber Name klingt
schon wie ein liebes Wort.
Mariandl-andl-andl,
du hast mein Herz am Bandl-Bandl.
Du hältst es fest und läßt
es nie mehr wieder fort.
Und jedes Jahr, stell ich mich ein,
dran ist der Donaustrom nicht schuld
und nicht der Wein.
Ins Wachauer Landl-Landl,
zieht mich ein Mariandl-andl.

Denn sie will ganz allein,
nur mein Mariandl sein.
Wenn ein junger Mann von Liebe spricht,
wird es gleich ein Gedicht.
Und hat er ein lyrisches Gemüt,
wird daraus oft ein Lied,
was ihn dazu trieb, dass er's niederschrieb,
heißt: „Hab' dich lieb!"

Das Gasthaus am Spitzer Kirchenplatz, wo viele Szenen des Filmes entstanden, heißt jetzt natürlich Mariandl. Die Speisen und vorzüglichen Wachauer Weine machen dem Lokal alle Ehre.

Von der **Ruine Hinterhaus**, die mit ihren vier Eckbastionen markant auf einem scharfem Felsabbruch ruht und gut zu Fuß zu erreichen ist, genießt man einen großartigen Blick auf die Wachau. Empfehlenswerte Wanderungen führen donauaufwärts über die Ruine Hinterhaus nach Willendorf (gelbe Markierung über Schwallenbach, von dort entlang des Bahngleises, einfache Strecke etwa zwei Stunden) und von der Ruine über den Weg 605 hoch zum Jauerling, wofür man aber hin und zurück einen ganzen Tag benötigt. Doch diese Wegstrecke gilt als eine der schönsten Wanderungen in der Wachau. Von besonderer Schönheit sind die Aussichten vom Weg 605, wenn man vom anderen (rechten) Donauufer von Oberarnsdorf hoch zum Hohen Stein, einer wilden Felsenklippe, und zum Mühlberg oder sogar bis Maria Langegg läuft (hin und zurück eine schöne Tageswanderung mit Einkehrmöglichkeit in Maria Langegg). Die Wanderung bis zum Mühlberg hin und zurück dauert knapp vier Stunden. Der Blick auf Spitz und seine Umgebung von der gegenüberliegenden Seite ist sehr reizvoll, mit der Fähre gelangt man leicht hinüber. Die Rollfähre in Spitz ist ganzjährig in Betrieb, von 6 Uhr bzw. 7 Uhr bis 18/19 Uhr.

▲ Karte S. 77

Die Ruine Hinterhaus

St. Michael

St. Michael geht bis auf das Jahr 987 zurück und ist damit eines der ältesten Kirchdörfer im Donautal. Die **Wehrkirche** wurde zu Beginn des 16. Jahrhunderts wegen der drohenden Türkenangriffe gebaut, der Turm erhielt im Jahr 1544 Schmuckzinnen im Renaissancestil. Viele Legenden ranken sich um die kleinen Figuren auf dem Dachfirst des Chores, genannt die Sieben Hasen. So wird erzählt, die Hasen hätten sich nach einem starken Schneefall, der die ganze Kirche zudeckte, aufs Dach gerettet. Dann setzte plötzlich die Schneeschmelze ein und zwang die Hasen, auf dem Dach zu bleiben, wo sie verhungerten und zu Stein wurden. Die Terrakottafiguren stellen jedoch keineswegs Hasen dar, sondern eine Jagd mit Hirsch, Hunden und Verfolgern, sicherlich eine germanische ›Wilde Jagd‹, gedacht als Abwehrzauber gegen Dämonen. Wie es der Wachaukenner Mirko Jelusich ausdrückte, war »die Kirche der Gotik stets großzügig genug, heidnischem Gespenstergesindel an der Außenwand der Gotteshäuser Asyl zu gewähren.«

Das Kircheninnere sollte unbedingt besichtigt werden: Der monumentale barocke Hochaltar von 1690 mit den Altarbildern der Heiligen Familie und den gewaltigen Heiligenfiguren an der Seite wie auch das zarte Sternrippengewölbe des Chors sind Meisterwerke ihrer Art. Der gotische Karner neben der Kirche besitzt im Kapellenraum einen seltsamen Altar, der aus Totenschädeln aufgebaut ist. Eine Vitrine zeigt Reste von Mumien aus dem Mittelalter.

Die Umgebung

Gegenüber St. Michael, in **Mitterarnsdorf**, lädt das Kupfertal entlang der beiden historischen grün und rot markierten Römerwege zu einer beeindruckenden, doch bequemen Waldrundwanderung an. Das **Türkentor** im oberen Talgebiet erinnert an die wild bewegte Geschichte der Wachau und ganz Österreichs im 16. Jahrhundert und ist wohl Rest eines befestigten Schutzwalls aus dem 16. Jahrhundert (Wanderzeit hin und zurück: zwei Stunden). In **Bacharnsdorf** am Donauufer steht ein Burgus genannter Römerturm, der ein Teil des alten römischen Limes an der Donau ist.

Der nächste Ort, denn man von St. Michael aus erreicht, ist **Joching.** Der ehemalige St. Pöltener Hof in Joching, ein Weinlesehof des Pöltener Augustinerchorherrenstifts, geht auf die Zeit um 1300 zurück und wurde 1696 von Jakob Prandtauer im Stil der Zeit zu einem barocken Juwel mit Hof und schönen, fast schon mediterranen Laubengängen umgestaltet. In der heute **Prandtauerhof** genannten Anlage befindet sich heute eines der besten Wachauer Restaurants, dessen Weinangebot und die selbst hergestellten Obstbrände landesweit bekannt sind.

Das kleine Joching

Weißenkirchen

Auch Dorf und Kirche Weißenkirchen wurden durch die Türkengefahr so wehrhaft geformt. Die Festung, teilweise noch von Mauern umgeben, ist mit ihren mittelalterlichen Häusern und engen Gassen ein weiteres Kleinod der Wachau. Vom Marktplatz führt ein überdachter Treppengang zur über dem Ort gelegenen spätgotischen **Pfarrkirche**, die um 1735 umgebaut wurde. Ihr Hochaltar mit den großen Heiligenfiguren an der Seite zeigt die Himmelfahrt Marias. Die Kirche ist von einer fast intakten Wehranlage umgeben.

Das burgähnliche Haus Marktplatz 22, der Teisenhoferhof, entstand um 1540. Das Haus ist in die Stadtmauer integriert und mit seinem Laubenhof eines der schönsten Profangebäude im Donautal. Es gehörte von 1439 bis 1465 dem reichen Kaufmann Heinrich Teisenhofer, der das mittelalterliche Haus umgebaut hatte. Teisenhofers Wappen mit Helm und Federstutz prangt an der Hausmauer. Heute zeigt darin das **Wachaumuseum** zeitgenössische regionale bildende Kunst und informiert über die Geschichte des Weinbaus.

Winzer und Heurigenlokale gibt es in Weißenkirchen soviele wie sonst nirgends in der Wachau. Sehenswert sind

Auch Weißenkirchen ist von Weinbergen umgeben

in Weißenkirchen einige weitere **Bürgerhäuser**, so in der Donaustraße der Schiffsmeisterhof (Nr. 54), der Freisingerhof (Nr. 55) und der Lehensritterhof (Nr. 60), in der Bachgasse der Manghof (Nr. 86).

Auch in Weißenkirchen gibt es eine Donaufähre (3. November bis 1. April außer Betrieb). Von St. Lorenz auf der gegenüberliegenden Seite lohnt eine Kletterwanderung in den Dunkelsteiner Wald, hoch zur 810 Meter hohen Seekopfwarte (gelbe Markierung). Etwas Klettererfahrung ist nötig wegen der Eisenklammern und der Drahtseile, die den Aufsteig zur Hirschwand sichern und über die der Weg führt. Die gesamte Wanderung von St. Lorenz bis zum Seekopf und im Donautal zurück dauert rund fünf Stunden, eine Einkehrmöglichkeit gibt es nicht. Ein sehr bequemer, viel begangener Panoramaweg führt von Weißenkirchen nordwärts über die Achleiten (gelbe Markierung) nach Dürnstein (9 km). Wer kleinere Distanzen bevorzugt, kann über den Wachauer Höhenweg nach Weißenstein zurückgehen (3,5 km). Auch hier sind die Blicke überwältigend (Kompass-Wanderkarte 203).

▲ Karte S. 77

Dürnstein

Der Anblick der Silhouette von Dürnstein mit Stift und Ruine ist zweifellos der Höhepunkt einer Wachaureise. Dürnstein ist eine Kuenringergründung aus der Zeit um 1150. Im Jahr 1355 wurde es habsburgisch, und 1663 gelangte es in den Besitz der Grafen von Starhemberg, dessen bedeutendster Vertreter Ernst Rüdiger von Starhemberg (1638–1701) war, Kampfkommandant Wiens während der Türkenbelagerung 1683. Ein Klarissinnenkloster und ein Augustinerchorherrenstift, die im 13. und im 15. Jahrhundert entstanden, machten aus der kleinen Mautstelle ein geistliches Zentrum. Die teilweise noch bestehende Befestigungsanlage der Stadt geht auf das späte 15. Jahrhundert zurück.

Die **Burg** ist – durch ihre außergewöhnliche Lage und ihre gewaltigen Ausmaße – auch als Ruine imponierend. Sie entstand vermutlich um 1140. Erhalten sind Wehrmauern und Zinnen sowie Mauerreste des Palas und Teile der Burgkapelle. Von der Ortsmitte führt der Stiegenweg steil empor zur Ruine, die 150 Meter über der Stadt thront. Nochmals 200 Höhenmeter müssen bis zur Starhembergwarte überwunden werten, die in 564 Meter Höhe das Tal bewacht. Ein gelb markierter Weg führt durch paradiesische Haine wieder ins Tal hinab. Kletterfreunde können im ›Dürnsteiner Klettergarten‹ unterhalb der Burg ihre Fähigkeiten erproben (nur mit Sicherungsseil!), geübte Wanderer steigen von Dürnstein über den Vogelbergsteig zur gleichnamigen Erhebung hinauf (546 Meter). Diese Tour gilt als eine Top-Wanderung, führt durch ein Felsenmeer und bietet atemberaubende Talblicke. Sie ist jedoch etwas anstrengend (Aufstieg am westlichen Ortsrand).

Dürnstein ist im Stadtbild ein mittelalterlich-barocker Miniaturkosmos. Kaum vorstellbar, dass sich bis Ende der 1950er Jahre der Straßenverkehr Linz–Wien durch die enge Hauptstraße gequält hat. Früh erkannte man die Notwendigkeit einer Ausweichstrecke. Da eine Umfahrung nicht möglich war, baute man den Dürnsteiner Straßentunnel, der unter der Stadt hindurchführt; er ist 1959 dem Verkehr übergeben worden.

Das ehemalige **Augustinerstift** existierte von 1410 bis 1788. Kaiser Joseph ließ es in jenem Jahr den Augustinerchorherren von Herzogenburg zukommen, denen es heute noch gehört. 1718 errichtete Jakob Prandtauer das Stiftsgebäude, das einen wunderbaren Klosterhof mit sehr schönem Brunnen besitzt. In jedem der vier Stiftsflügel gibt es ein Mittel- und zwei Seitentore, die allesamt von allegorischen Figuren umgeben sind: Erdteile, Jahreszeiten, vier Elemente.

Markantester Blickfang auf einem Felsvorsprung über der Donau ist die **Pfarrkirche Mariä Himmelfahrt** mit ihrem blauen Turm, die ehemalige Stiftskirche. Ein schmaler Gang führt vom Stiftshof zum triumphalen Eingangsportal der Kirche. Sein ornamentaler Reichtum wird durch den gleich dahinter aufragenden Turm verstärkt. Über dem Tor steht vor einem großen runden Fenster eine Statue Christi, entstanden etwa um 1725. Der Turm selbst (1733) ist wahrscheinlich ein Werk Josef Munggenasts. Er steht auf einer vorgewölbten Terrasse und ist durch seinen reichen Schmuck ungewöhnlich. Mächtige Voluten in Form von Strebepfeilern verstärken die Turmecken in der ersten Etage, in der zweiten betonen verzierte Obelisken die Ecken. Statuen und Reliefs an den Seiten über den Toren und Fenstern ergänzen die barocke Fülle. Das Kircheninnere ist von gleichem ornamentalen, bewegten Figurenreichtum wie das Portal. Sehenswert ist auch der Kreuzgang mit seinen Stukkaturen mit besonderen barocken Einbauten für zwei hohe kirchliche Feste: ein Weihnachtsaltar in Krippenform und ein bühnenähnliches Heiliges Grab für den Karfreitag (www.stiftduernstein.at).

Die **Pfarrkirche St. Kunigunde** aus dem 13. Jahrhundert nahe des malerischen Kremser Tors ist bis auf den Turm seit Jahrhunderten Ruine. Der **Karner** wirkt auf den ersten Blick wegen seiner unge-

Dürnstein liegt malerisch

Der auffällig blaue Turm der Pfarrrkirche Marä Himmelfahrt

wöhnlichen Architektur ebenfalls ruinös, ist aber unbeschädigt. Das vormalige Klarissinnenkloster ist schon während der Reformation aufgelöst worden. 1715 wurde die gewaltige Kirche zu einem Getreidespeicher umgewandelt, in dem sich heute eine Galerie befindet. Nach 1884 ging die Anlage in Privatbesitz über. Heute steht hier mit dem **Hotel Richard Löwenherz** die nobelste Herberge der Wachau (www.richard loewenherz.at).

Das kleine spätgotische **Rathaus** hat einen rebenumrankten Innenhof. Unbedingt probieren muss man das Wachauer Laberl, eine Brötchenspezialität der Bäckerei Schmidl in der Hauptstraße. Das geheime Rezept schreibt wenig Gewürze vor, diese aber in einer ganz ausgewogenen Mischung. Das Laberl gibt's auch anderswo, erfunden haben es aber die Schmidls.

▲ Karte S. 77

In **Unterloiben**, nur wenige hundert Meter östlich des Orts, lockt mit dem **Loibnerhof** ein weitbekanntes Haubenlokal mit dem vermutlich schönsten Biergarten der Wachau. Unweit davon steht das gewaltige **Franzosendenkmal**. Östereicher und Russen schlugen am 11. November 1805 als Verbündete das Heer Napoleons, der hier seine erste Niederlage erlitt. Das nahe **Kellerschlößl**, ein Prandtauerbau von 1714, ist heute Sitz des Winzerverbands ›Domäne Wachau‹. Es gilt als schönste Schlossanlage der Wachau und kann für private Veranstaltungen gemietet werden (www.fww.at).

Innerhalb Dürnsteins gibt es keine öffentlichen Parkmöglichkeiten, Großparkplätze bestehen jedoch außerhalb an der Donau. Eine imposante Ganztageswanderung führt über den Wachauer Höhenweg von Dürnstein nach Weißenkirchen. Die Trasse verläuft keineswegs im Donautal, sondern auf und ab durchs Hinterland der Wachau. Von Rossatz, auf der anderen Donauseite, lässt sich auf sehr gut markierten Wanderwegen der Dunkelsteiner Wald erkunden. Allerdings hat man meist keine Aussicht ins Donautal. In Rossatz befindet sich der einzige Campingplatz der Wachau (Tel. 027 14/63 17, www.campsite.at/rossatz).

Schiffs- und Bahnfahrten auf und entlang der Donau

Die berühmte Donaudampfschiffahrtsgesellschaft (DDSG) besteht auch heute noch und bietet in der Saison von Mitte April bis Ende Oktober täglich bis zu dreimal eine Donaufahrt durch die Wachau von und nach Krems und Melk

Richard Löwenherz und Leopold V.

1192/93 wurde in Dürnstein der englische König Richard Löwenherz (1157–1199) gefangengenommen und erst gegen Zahlung eines sehr hohen Lösegeldes – 23 Tonnen Silber – wieder freigelassen. Es war die Zeit, in der in England Robin of Locksley unter dem Namen Robin Hood gegen den brutalen Sheriff von Nottingham und gegen Richards Bruder Prinz John kämpfte, der sich des Throns während der langen Abwesenheit Richards widerrechtlich bemächtigt hatte. Richard wurde nach dem Dritten Kreuzzug von dem Babenbergerherzog Leopold V. (1157–1194) gefangengehalten. Das kam so: Beide Herrscher kommandierten Kreuzfahrerheere bei der Belagerung und Einnahme von Akkon in Palästina, doch spielten Leopolds Truppen dabei nur eine geringe Rolle. Das hinderte ihn aber nicht, am 11. Juli 1191 auf der Burg von Akkon des geschlagenen Sultan Saladin die Babenbergerfahne anzubringen, womit er sich, nur Herzog, auf die gleiche Stufe wie König Richard und der ebenfalls beteiligte französische König Philipp II. stellte. Hier hätte nur Richards Fahne wehen dürfen. Der in seiner Eitelkeit dadurch doppelt gekränkte Richard ließ Leopolds Banner abnehmen und in den Schmutz werfen, woraufhin Leopold mit seinen Truppen tief verletzt den Heimweg antrat und im Dezember in Österreich eintraf. Doch inzwischen hatte sich Richard nicht nur den Babenberger, sondern auch Philipp zum Feind gemacht. Er hatte seine Verlobung mit Philipps Schwester Alix gelöst, seine Lehenspflichten gegenüber Philipp nicht korrekt erfüllt und war auch gegenüber dem deutschen Kaiser Heinrich VI. despektierlich aufgetreten. So war ein Bündnis gegen ihn entstanden, das seine Gefangennahme plante.

Im Oktober 1192 trat Richard die Heimreise aus Palästina an. Er musste den Weg über die Adria nehmen, da Philipp die französischen Häfen inzwischen hatte sperren lassen. In Istrien ging Richard an Land. In Kärnten konnte er seinen Häschern entkommen, die ihm inzwischen auf der Spur waren. Zwar gab er sich zusammen mit seinem Tross als Pilger aus, doch nahm man ihm das wegen seines höfischen Wesens nicht ab. Schnell wurde bekannt, welche Pilgergruppe da ins Land gekommen war. Richard entschloss sich, den Weg in die Heimat durch Deutschland nicht über die verschneiten Alpen zu nehmen. Stattdessen wählte er den einfacheren Weg über den Semmering nach Wien, um von dort durch das Donautal westwärts zu gelangen. Am 21. Dezember 1192 traf er in Erdberg bei Wien ein, wo er auffiel, als er – für einen einfachen Pilger ungewöhnlich – seine Einkäufe mit seltsamen orientalischen Münzen bezahlte. Leopold schlug sofort zu: Richard wurde verhaftet und saß Weihnachten bereits als Gefangener bei Hadmar II. von Kuenring in der Dürnsteiner Burg. Ein Katalog von Bedingungen für die Freilassung wurde erarbeitet. In England erwartete man täglich Richards Ankunft, doch wurde bald klar, was passiert war. Der Sage nach machte sich nun der Sänger Blondel auf den Weg, zog monatelang durch Europa und sang vor jeder Burg die ersten Strophen eines alten Liedes, das er und Richard oft zusammen angestimmt hatten. Nirgendwo wurde Blondels Lied erkannt – erst als er zufällig vor den Mauern Dürnsteins seinen Gesang ertönen ließ, wurde dieser von innen mit den anderen Strophen erwidert. Richard war gefunden.

Richard Löwenherz wird gefangengenommen, Darstellung um 1196

Der Papst hatte allerdings inzwischen Leopold mit dem Bann belegt, da kein Kreuzritter, der siegreich gegen die Sarazenen gekämpft hatte, von einem anderen Ritter in Haft genommen werden durfte. Deshalb sollte Richard nicht nur ein hohes Lösegeld zahlen, sondern sich auch beim Papst für die Rücknahme des Bannfluchs auf Leopold einsetzen. Kaiser Heinrich VI. oblag es nun als oberstem Landesherrn, über die Freilassung zu entscheiden. Leopold überstellte Richard im März 1193 an Heinrich, der ihn auf der Burg Trifels (Pfalz) in Gefangenschaft hielt. Richard lehnte alle Punkte des Vertrages ab. Auch sein Bruder John zeigte kein Interesse an Richards Freilassung, denn schließlich saß er jetzt selbst auf dem Thron. Richards Mutter Eleonore von Aquitanien gelang es trotz aller Widrigkeiten, die ungeheure Summe aufzutreiben. Sie verkaufte alles, was Richard an veräußerbaren Privatbesitz in England besaß. Es heißt, dass deshalb nur so wenige Kunstgegenstände des frühen Mittelalters heute noch in England vorhanden sind. Königstreue Adlige unterstützen sie mit Gold. Ein ungeheurer Kapitalabfluss aus England war die Folge, der zu sozialen Unruhen führte. Endlich, am 4. Februar 1194, wurde Richard freigelassen. Doch zumindest Leopold konnte sich an dem Geld nicht lange erfreuen. Am Silvestertag dieses Jahres starb er mit 37 Jahren nach einem Sturz vom Pferd, und auch Heinrich der VI., erst 32 Jahre alt, starb kurze Zeit später, im Jahr 1197. Richard fiel im Kampf bei der Belagerung der Burg Chalus im Jahr 1199. Er ist in der Abtei Fontevrault beigesetzt.

Ohne das englische Geld hätte Österreich in den letzten Babenbergerjahren nicht jenen Aufschwung genommen. Damals wurde die erste österreichische Münze errichtet, Wien erhielt neue Stadtmauern, und Wiener Neustadt wie auch andere Städte wurden gegründet. Das Silber aus dem englischen Lösegeld wurde nachweislich bis etwa 1960 anteilig bei der Prägung der alten 5- und 10-Schilling-Münzen verwendet.

an (erste Tour ab Krems 10.15 Uhr, ab Melk 11.00 Uhr). Die einfache Fahrt dauert stromaufwärts drei Stunden, stromabwärts nur zweidreiviertel Stunden, denn die Donau hat zwischen Linz und Wien ein durchschnittliches Gefälle von einem halben Meter pro Kilometer. Zusteigemöglichkeiten gibt es in Dürnstein, Spitz und Emmersdorf. Man bietet auch Kombipakete mit Heurigenverkostung oder Weinherbstmenü an. Detaillierte Fahrpläne bekommt man unter www.ddsg-blue-danube.at und telefonisch unter Tel. 01/58880. Es empfiehlt sich eine rechtzeitige Buchung, besonders in den Sommermonaten sind die Schiffe oft ausgelastet. Die Buchung kann an allen Anlegestellen erfolgen, Fahrräder können mitgenommen werden.

Schiffsfahrten auf der Donau veranstaltet ebenfalls die Reederei Brandner, die auch Blasmusikfrühschoppenfahrten offeriert. Brandner fährt in der Saison täglich bis zweimal ab Melk (8.25 und 13.50 Uhr, ab Krems 10.10 und 15.40 Uhr), der genaue Fahrplan ist unter www.brandner.at einsehbar.

Seit 1909 besteht die Wachauer Bahn, die Krems mit Grein im Strudengau und Linz verbindet. Ein Erlebniszug Wachau fährt zwischen Anfang April und Ende Oktober auf dieser Strecke mehrmals täglich von Linz bis Krems und zurück. Der Regionalexpress Wachau fährt am Wochenende und am Feiertagen innerhalb des gleichen Zeitraums ebenfalls mehrmals täglich ab Wien-Südbahnhof bis Emmersdorf bei Melk und zurück (www.wachauerbahn.at).

Eine Zugfahrt durch die Wachau ist auf diesen romantischen Strecken vielleicht noch reizvoller als eine Schiffsfahrt auf der Donau.

Wachau und Dunkelsteiner Wald

Tourismusbüro Melk, Babenbergerstr. 1, 3390 Melk, Tel. 02752/52307-410, www.wachau.at.

Gemeinde Maria Laach, 3642 Maria Laach Nr. 22, Tel. 02712/8222, www.marialaach.at.

Tourismusverein Spitz, Mittergasse 3a, 3620 Spitz, Tel. 02713/2363, www.spitz-wachau.at.

Gemeindeamt Weißenkirchen, 3610 Weißenkirchen Nr. 32, Tel. 02715/2232, www.weissenkirchen.at.

Fremdenverkehrsverein Dürnstein, 3601 Dürnstein Nr. 132, Tel. 02711/200, www.duernstein.at.

Bäckerei Schmidl, 3601 Dürnstein Nr. 21, Tel. 02711/224, www.schmidl-duernstein.at.

Pension Medelicke, Linzer Str. 18a, 3390 Melk, Tel. 02752/51220, www.pension-medelicke.at, p.P. im DZ 29–35 €.

Gasthof Merkl, 3642 Felbring, Tel. 02712/8312, www.gastro-austria.at/gasthofwaldruhe, p.P. im DZ 24 €. Traditionshaus an der Straße von Maria Laach nach Emmersdorf.

Barock-Landhof Burckhardt, Kremser Str. 19, 3620 Spitz, Tel. 02713/2356, www.burkhardt.at, p.P. im DZ 30–36 €.

Gasthaus Mariandl, Kirchenplatz 2, 3620 Spitz, Tel. 02713/2376, www.gasthaus-mariandl.at.

Prandtauerhof – Weingut Holzapfel, 3610 Joching Nr. 36, Tel. 02715/2310, www.holzapfel.at, DZ 145 €.

Gasthof Weiße Rose, Marktplatz 24, 3610 Weißenkirchen, Tel. 02715/2371, DZ um 60 €.

Pension Altes Rathaus, 3601 Dürnstein Nr. 26, Tel. 027 11/252, p.P. im DZ 29–36 €.

Loibnerhof, Unterloiben 7, 3601 Dürnstein, Tel. 027 32/82 89 00, www.loibnerhof.at.

Benediktinerstift Melk, Abt-Berthold-Dietmayr-Str. 1, 3390 Melk, Tel. 027 52/555 225, www.stiftmelk.at, Besichtigungen ganzjährig. April bis Okt. mit und ohne Führung 9–17.30, Nov. bis März nur mit Führung 9–16.30 Uhr.

Schallaburg, 3382 Loosdorf, Tel. 027 54/63 17, www.schallaburg.at, 1. Mai bis 31. Okt. Mo–Fr 9–17, Sa/So 9–18 Uhr.

Burgruine Aggstein, 3642 Aggsbach Dorf, Tel. 027 53/822 81, www.ruineaggstein.at, Mitte März bis Okt. tgl. 9–18, Juni–Aug. 9–19, im November Sa/So 9–17 Uhr.

Venusmuseum Willendorf, www.willendorf.info/venusmuseum.htm, 17. Mai bis 31. Okt. Mi–Sa 10–12 und 14–16, So 10–12 u. 13–16 Uhr.

Schiffahrts- und Hausermuseum im Schloss Erlahof, Auf der Wehr 21, Tel. 027 13/22 46, 1. April bis 31. Okt. Mo–Sa 10–12 und 14–16, So 10–12 u. 13–17 Uhr.

Wachaumuseum Teisenhoferhof, 3610 Weißenkirchen, Tel. 027 15/2268, www.weissenkirchen.at/museum.php, April bis Okt. Di–So 10–17 Uhr.

Marillenprodukte aller Art sind beliebte Souvenirs

Karte S. 77

Krems und seine Umgebung

Nur wenige Kilometer unterhalb von Dürnstein weichen die Hügel der Wachau und des Dunkelsteiner Waldes von den Donauufern zurück. Das Donautal beginnt, sich zu verbreitern und geht in das Tullner Becken und das Tullner Feld über, das im Norden von der Steilstufe des Wagram begrenzt wird und im Süden an den Wienerwald heranreicht. Hier am östlichen Ende der Wachau liegen mit Krems, Stein und dem Stift Göttweig drei der bedeutendsten österreichischen Architekturdenkmäler und -ensembles. Donaubrücken bestehen bei Stein-Mautern und Krems, dann erst wieder bei Tulln und Klosterneuburg.

Krems

Mit fast 25 000 Einwohnern ist Krems nach St. Pölten und Wiener Neustadt Niederösterreichs drittgrößte Stadt. Wegen seiner bedeutenden historischen Bausubstanz gehört es zusammen mit dem westlich angrenzenden Stein zum UNESCO-Welterbe Wachau.

Schon vor 30 000 Jahren war die Kremser Region besiedelt. Bei Ausgrabungen am Wachtberg nördlich der Stadt wurde im Jahr 2005 ein 27 000 Jahre altes Kindergrab gefunden, eine der ältesten bekannten Grabstätten in Österreich. Die beiden Säuglinge waren mit dem Schulterblatt eines Mammuts bedeckt.

Die Lage am Handelsweg Donau ließ hier schon im frühen Mittelalter einen wichtigen Handelsplatz entstehen. Wein, Getreide, Erze und besonders auch Salz aus dem Salzburger Raum wurden hier umgeschlagen. Die erste urkundliche Erwähnung erfolgte 995 als ›urbs chremisa‹. Die Stadt war bis zum 14. Jahrhundert bedeutender als Wien, was unter anderem aus einer arabischen Weltkarte von 1150 hervorgeht. Die Bedeutung zeigt sich auch darin, dass Markgraf Leopold III. hier um das Jahr 1100 Österreichs erste Münzprägestätte gründete. Der ›Kremser Pfennig‹ war jahrhundertelang begehrtes Zahlungsmittel. Von Anfang an war Stein handelspolitisch eng mit Krems verbunden, so dass man immer von einer Doppelstadt reden konnte. Beide Städte hatten auch schon im Mittelalter einen gemeinsamen Bürgermeister und das gleiche Wappen, wenngleich sie lange durch die sumpfigen Donauwiesen getrennt blieben. Im 16. Jahrhundert waren beide Orte protestantische Hochburgen, jedoch bereits um 1630 wieder rekatholisiert.

Große Ausstrahlung hatte Krems nach der Gegenreformation durch seine Jesuitenschule. Im 19. Jahrhundert ging mit dem Aufkommen der Bahn und später des Kraftfahrzeugverkehrs die Bedeutung als Schiffs-Handelsplatz zurück – und damit auch der Wohlstand. Dies hatte auch zur Folge, dass es kaum zu Umbauten und Abrissen in der Altstadt kam, womit – zur Freude der heutigen Generation – ein unvergleichliches Stadtensemble im wesentlichen aus Gotik und Renaissance erhalten blieb, das mit seinen verwunschenen Winkeln und verträumten Plätzen zu Österreichs vollkommensten urbanen Bildern zählt.

Ein Stadtrundgang

Einen Rundgang durch die stolze Kaufmannsstadt beginnt man am besten im Westen der Altstadt, am Südtiroler Platz, wo sich auch das Wahrzeichen von Krems erhebt, das **Steiner Tor** (1480). Zwei mächtige Rundtürme flankieren es, der Turmaufbau ist barock

krems
30
Zone

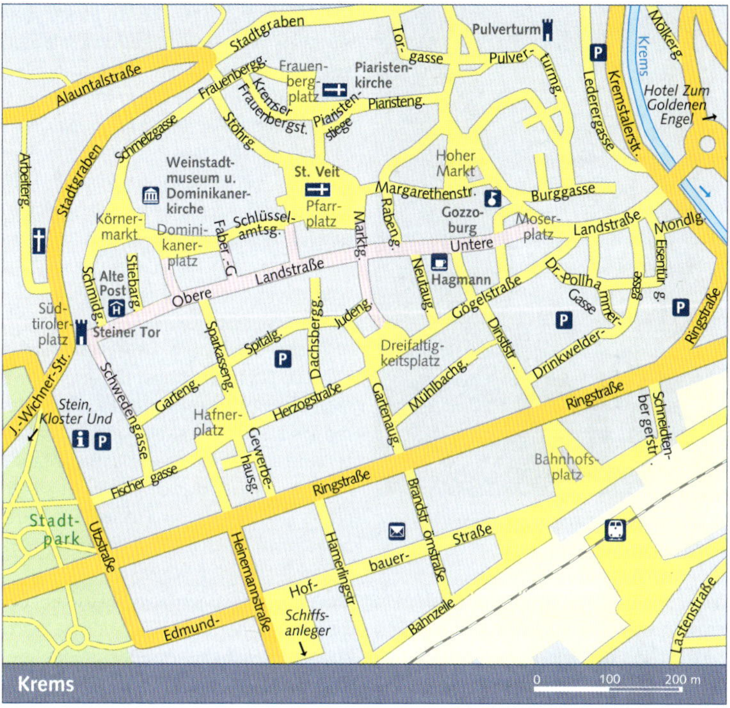

und stammt aus dem Jahr 1765. Von den vier alten Toren ist es als einziges erhalten. Rechts neben dem Torbogen ist die Inschrift AEIOU deutlich zu erkennen, das bis heute nicht eindeutig geklärte ›Motto‹ Kaiser Friedrichs III.

In der nahen Utzstraße befindet sich die **Stadtinformation**, um den ihr gegen überliegenden Stadtpark herum gibt es kostenlose Parkplätze. Hinter dem Tor beginnt die Obere Landstraße, zusammen mit der Unteren Landstraße die historische Ostwest-Achse der Stadt, heute Fußgängerzone.

Reste von Wehranlagen sieht man noch in der südwärts abgehenden Schwedengasse. In der parallel zum alten Stadtgraben verlaufenden Schmidgasse ist das Haus Nr. 3 von besonderer Pracht. Hier lebte im 17. Jahrhundert Cipriano Biasino, der Architekt der Stadtkirche.

Schnell ist der **Körnermarkt** erreicht. An der Nr. 8, dem sogenannten Mesnerhaus, ist der heilige Nepomuk in Stuck dargestellt. Diesem Haus gegenüber liegen die ›Vier Jahreszeiten‹, ein Gebäude mit vier allegorischen Darstellungen an den Ecken (der Winter mit einer Laterne). An der Nordostseite des Platzes, genaugenommen schon am Dominikanermarkt, erhebt sich die ehemalige **Dominikanerkirche**. Um die Mitte

Das Steiner Tor ist das Wahrzeichen von Krems

Romantik in der schmalen Schlüsselamtsgasse

des 13. Jahrhunderts entstand hier ein Kloster, das 1566 durch eine Explosion zerstört wurde. Die Gegenreformation ließ die Anlage wieder erstehen, doch Joseph II. hob das Kloster 1785 auf. Zweckentfremdet als Knopffabrik, Getreidespeicher, Theater, Kino und Feuerwehrdepot, wurde erst 1966 mit der Rekonstruktion begonnen. Heute findet man hier neben dem Kulturamt der Stadt und der Volksbibliothek das **Weinstadtmuseum**, in dem Geschichte und Kultur der mittleren Donau von der prähistorischen Epoche bis heute eindrucksvoll dargestellt ist. Die Exponate werden im Kirchenraum und im angeschlossenen Kreuzgang präsentiert.

Über die schmale Schlüsselamtsgasse, wo einst der fürstliche Steuereinnehmer residierte, erreicht man den **Pfarrplatz**, der auch Hauptmarktplatz von Krems ist. Die **Stadtkirche St. Veit** ist eine ursprünglich romanisch-gotische Kirche und wurde unter der Leitung von Cipriano Biasino 1616–1630 umgebaut. Auffällig ist der mächtige Turm mit dem geschwungenen Helm. Im recht großen Innenraum sind die Deckenfresken des berühmten Martin Johann Schmidt (1718–1801), genannt der ›Kremser Schmidt‹, bemerkenswert. Schmidt kam unweit von Krems zur Welt und verbrachte den größten Teil seines Lebens in Stein. Er gilt als letzter der großen österreichischen Maler des Barock. Gegen jeden Zeitgeist hielt er auch noch am Lebensende, um 1800, am Barockstil fest. Schmidts Kunst ist ähnlich wie die von Paul Troger durch die besonderen Hell-Dunkel-Kompositionen charakterisiert, auch er ist darin Rembrandt nicht unähnlich. Das Gemälde des Hochaltars schuf Johann Georg Schmidt, nicht zu verwechseln mit dem ›Kremser Schmidt‹.

Über die steile überdachte **Piaristenstiege** geht es hinter der Pfarrkirche hoch zur Piaristenkirche. Am Beginn der Stiege, Pfarrplatz 9, zeigt der ›Sängerhof‹ über seinem Torbogen noch den Kamin der gewaltigen Küche dieses historischen Stadthauses, in dem um 1210 Walther von der Vogelweide logiert haben soll. Die **Piaristenkirche** mit ihren hohen Maßwerkfenstern entstand zwischen 1450 und 1508. Sie war der Nachfolgebau der ursprünglich ersten Kremser Kirche, der Stephanskirche, die um 1010 erbaut, aber schon um 1290 wieder abgebrochen wurde. Der mächtige Turm besitzt einen mit vier Ecktürmchen bekrönten Helm. Die ursprünglich protestantische Kirche wurde 1616 von den Jesuiten übernommen und später im Inneren barockisiert. Der Hochaltar stammt vom ›Kremser Schmidt‹.

Über die Piaristengasse spaziert man ostwärts links in die Wachtertorgasse – hier steht ein weiteres Klostergebäude,

▲ Karte S. 99

das Institut der Englischen Fräulein – und über die Pulverturmgasse zum **Pulverturm**, einem Relikt der Stadtbefestigung, hoch über dem Tal der Krems gelegen. Vor dem Turm befindet sich die Prangerfigur des ›Mandel ohne Kopf‹. Sie soll einen schwedischen Besatzungsoffizier des Dreißigjährigen Krieges darstellen, dem eine Kugel den Kopf abgerissen hat, nachdem er die katholischen Bildwerke zerstörte.

Südwärts geht es über die Wallgasse hinab zur Burggasse und weiter westwärts über die Wegscheid zum **Hohen Markt**, dem ältesten Teil der Stadt. An dem unsymmetrischen, steil ansteigende Platz befindet sich an der Südseite die frühgotische **Gozzoburg**. Der beeindruckende Stadtpalast gehört zu den bedeutendsten mittelalterlichen Profanbauten des Landes. Es ist die alte Stadtburg aus dem frühen 12. Jahrhundert, die um 1280 für den Stadtrichter Gozzo im Stil italienischer Stadtpaläste umgebaut wurde – einzigartig nördlich der Alpen. Die Burg ist seit Mitte des 16. Jahrhunderts in Privatbesitz und mehrmals im jeweiligen Stil der Epoche umgebaut worden. Palas, Bergfried, ein prächtiger Saalbau und die Johanneskapelle (Freskenrelikte) der alten Stadtburg sind noch erhalten. Die beiden Arkadenhöfe stammen aus dem 16. Jahrhundert. Nach und nach ist die Gozzoburg nach dem Krieg von allen Zusätzen späterer Jahrhunderte befreit worden. Es spukt in ihr: Empfindsame Besucher bestätigen dumpfe Geräusche fallender Kegel und rollender Kugeln, die in laute Gespräche übergehen. Sie steigern sich zum Streit, der mit einem grässlichen Schrei jäh abbricht und bald wieder beginnt.

Das Haus Hoher Markt 12 ist das **Alte Rathaus** aus dem 15. Jahrhundert, seine Fassade allerdings stammt von 1740. Die Mitte des Hohen Marktes wird vom delphingeschmückten **Herkulesbrunnen** von 1682 eingenommen. Nur wenige Meter entfernt, in der Margarethenstraße Nr. 5, steht das sogenannte Große **Sgraffitohaus** mit herrlichen Malereien von 1559.

Über die Wegscheid geht es vom Hohen Markt hinunter zur Unteren Landstraße, der östlichen Verlängerung der Oberen Landstraße. Hier trifft man auf den Simandl-Brunnen, ein zeitgenössisches Kunstwerk. Die Untere Landstraße zeigt eine Fülle reichgeschmückter Stadtpaläste wie Nr. 69, das Kleine Sgraffitohaus von 1561 mit Geschichten aus dem Alten Testament. Nr. 52 mit seinem Runderker ist das **Gattermannhaus** von 1552.

Zwischen Burgstiege und Rabengasse gelangt man über eine geheimnisvoll wirkende mittelalterliche Stiege empor zur Margarethenstraße – ein mittelalterliches Relikt, selbst von Kremsern kaum begangen. Eine platzähnlich verbreiterte Gasse mit dem seltsamen Namen **Täg-**

Piaristenstiege und Piaristenkirche

Entlang der Donau

licher Markt führt von der Unteren Landstraße südwärts zum Dreifaltigkeitsplatz. Der Tägliche Markt war einst das merkantile Zentrum von Krems, wie die prächtigen Häuser zu seinen Seiten zeigen. Das Eckgebäude zur Landstraße ist das **Göglhaus** aus dem 12. Jahrhundert. Die Hauskapelle stammt von 1500 und besitzt ein einzigartiges Netzrippengewölbe. Die **Dreifaltigkeitssäule** von 1738, am Südende des Straßenzugs, ist durch ihre drei großen Sockelfiguren – die Heiligen Nepomuk, Veit und Karl Borromäus – besonders eindrucksvoll. Doch sollte man in der Unteren Landstraße keinesfalls auch die Köstlichkeiten des Cafés Hagmann übersehen. Die Tortenspezialitäten wie auch die selbsthergestellte, handgeschöpfte Schokolade (unvergleichlich die mit Nougat) sind weitberühmt.

Westlich des Täglichen Markts beginnt die **Obere Landstraße**. Hier setzt sich die Reihe prunkvoller **Stadthäuser** fort. Obere Landstraße Nr. 4 ist Teil der Südfassade des Rathauses. Das frühere Renaissancegebäude wurde im 17. und 18. Jahrhundert umgebaut und ist von außen nur noch an seinem fünfseitigen Erker von 1548 (in der Kirchengasse) erkennbar; das Innere mit der Säulenhalle von 1549 ist jedoch Renaissance pur. Dem Rathaus gegenüber befindet sich das alte Bürgerspital mit seiner kleinen, in die Straßenflucht eingelassenen Kirche von 1479. Die hohen Maßwerkfenster erinnern an die Piaristenkirche, die aus der selben Zeit stammt. Im Türsturz ist auch hier wie am Steiner Tor Friedrichs III. Leitspruch AEIOU zu lesen. An Bürgerhäusern sind in der Oberen Landstraße noch sehenswert: Nr. 2 (Mohrenapotheke von 1532 mit Deckenfresko vom Kremser Schmidt), Nr. 10 (Fellnerhof von 1622 mit schönem Arkadenhof), Nr. 21 (Klosterneuburger Hof, erbaut 1500, Fassade um 1600), Nr. 22 (Wohnhaus des Bildhauers Mathias Schwanthaler mit der von ihm geschaffenen Türkenmadonna von 1685), Nr. 32 (Gasthof Alte Post von 1584 mit schönem Arkadenhof).

▲ Karte S. 77

Vom Südtiroler Platz erreicht man südwestwärts nach etwa 750 Metern das **Kloster Und**, das ziemlich genau in der Mitte zwischen Krems und Stein liegt. Der Name rührt vom lateinischen ›St. Maria ad undas (›heilige Maria zu den Wellen‹) her, da die alte Klosterkirche ja nahe am Donauufer lag. Von außen erinnert nur noch wenig an das ursprüngliche Kloster. Es brannte 42 Jahre nach seiner Gründung 1656 völlig nieder, wurde dann neu errichtet, diente jedoch wie das Dominikanerkloster nach der Aufhebung 1785 unterschiedlichsten Zwecken. Heute ist es Restaurant und Veranstaltungszentrum (www.klosterund.at). Immerhin sind in der Klosterkirche prächtige Deckengemälde von Daniel Gran (›Die Erlösung der Welt‹, 1756) erhalten.

Stein

Stein liegt in fußläufiger Entfernung zu Krems. Wer aber mit dem eigenen Wagen anreist, sollte ihn gleich an der Bahnunterführung im Parkhaus oder an der Schiffsanlegestelle (kostenlos) südlich der beiden großen Kreisverkehre abstellen. Stein zieht sich an der Donau entlang und besitzt, anders als Krems, nur eine historische Hauptstraße. In der Steiner Donaulände, parallel zu jener, sind noch Reste der Stadtmauer zu sehen, die auch nach dem Ende der kriegerischen Zeiten schützte: vor Hochwasser.

Die Steiner Landstraße trägt hier den Namen **Kunstmeile Krems**. In dieser Straße ist eine Fülle zeitgenössischen

Kunstschaffens präsentiert: In einer ehemaligen Tabakfabrik zeigt die Kunsthalle Werke der Moderne. Ihr gegenüber befindet sich ein Karikaturenmuseum, das unter anderem Werke von Manfred Deix präsentiert. Außerdem gibt es eine Filmgalerie, eine Artothek, in der man zeitgenössische Kunst kostenpflichtig ausleihen kann und ein ›Architekturnetzwerk‹. Etwas nördlich liegt die ›Donauuniversität‹, an der man berufsbezogene Weiterbildungsstudiengänge absolvieren kann. Eine ehemalige Tabakfabrik ist phantasievoll in den Campus einbezogen, der auch architektonisch interessante Neuschöpfungen zeigt.

Durch das **Kremser Tor** aus dem 15. Jahrhundert geht es in die Altstadt von Stein. Wie in Krems ist auch deren Hauptachse voll reizvoller und geschmückter **Bürgerhäuser**. Gleich dahinter führt die Göttweiger Gasse nordwärts zum früheren **Göttweiger Stiftshof**, der auf das 13. Jahrhundert zurückgeht. Die Kapelle zeigt sehenswerte Fresken aus dieser Zeit, es empfiehlt sich dafür die Anmeldung bei der Touristeninformation. Die **ehemalige Minoritenkirche St. Ulrich** liegt etwas zurückgesetzt am Minoritenplatz. Unter dem Terminus ›Klangräume‹ bietet sie heute besondere Hörgenüsse (www.klangraum.at). Trotz der Profanierung ist viel Sehenswertes geblieben wie Fresken aus dem 14. Jahrhundert im Chorraum oder das Sternenmuster an der Langhausdecke, das den Himmel versinnbildlichen soll. Zwei alte **Salzspeicher** (Salzstadl) gegenüber vom Minoritenplatz an der Ecke Salzamtgasse aus der Zeit um 1560 setzen einen Gegenpol zum alten Klosterkomplex.

Am Ludwig-von-Köchel-Platz bietet sich ein Blick auf das Donauufer. Bald ist die

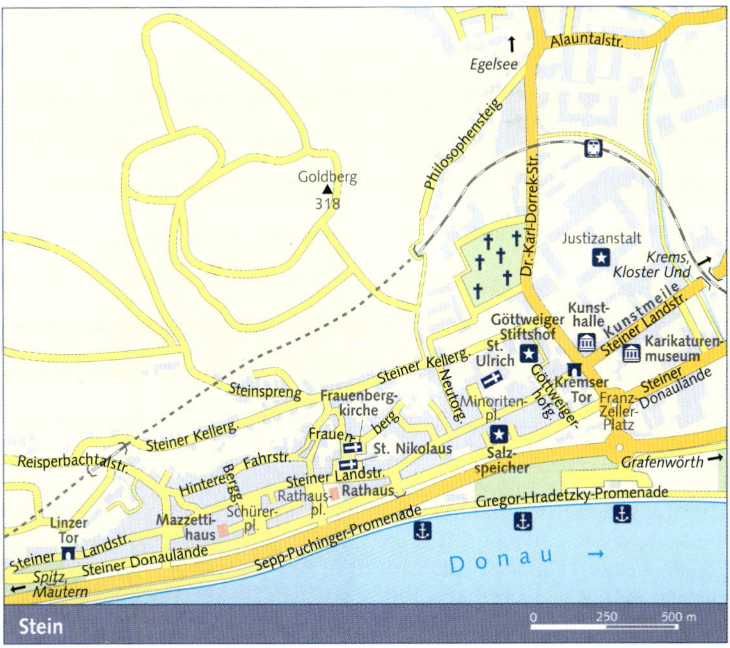

Pfarrkirche St. Nikolaus (1263) erreicht, das an seiner Außenmauer beeindruckende spätgotische Epitaphe zeigt. Das Deckenfresko im Langhaus zählt zu den Hauptwerken des Kremser Schmidt. Der Karner von 1462, hinter der Kirche direkt an der Felswand, ist im oberen Teil ein Wohnhaus. Oberhalb der Nikolauskirche befindet sich die einschiffige, gotische **Frauenbergkirche**, zu der man über eine steile Stiege gelangt. Sie entstand um 1380 und ist seit 1963 eine Gedenkstätte für die in den letzten Kriegen gefallenen Österreicher. Zurück an der Steiner Landstraße, ist schnell der Rathausplatz erreicht. Auch er ist zur Donau hin offen. Das **Rathaus** stammt aus dem späten 18. Jahrhundert, die **Nepomuksäule** in der Platzmitte aus der gleichen Zeit.

Steiner Landstraße Nr. 76 ist der **Große Passauer Hof** von 1260, ein vormaliger bischöflicher Verwaltungssitz. 1530 wurde er in seiner heutigen Form umgebaut. Nr. 82 ist der prunkvolle Einzingerhof. Vielleicht das schönste Steiner Haus ist das am Schürerplatz 8: Das **Massettihaus**, ein Barockgebäude von 1730, weist ein sehr schönes Torwappen auf. Hier kam am 14. Januar 1800 Ludwig Köchel zur Welt. Der 1842 Geadelte, der Hauslehrer am Wiener Hof war, ist bekannt als Verfasser des ›Chronologisch-thematischen Verzeichnisses sämtlicher Werke W.A. Mozarts‹, gemeinhin Köchelverzeichnis (KV) genannt. Köchel verfasste daneben zahlreiche weitere Werke zur Musikgeschichte. Er starb 1877 in Wien.

Noch gut 350 Meter sind vom Schürerplatz bis zum alten **Linzer Tor**, dem Westende der historischen Innenstadt. Vorher überquert man noch den J.-M.-Ehmann-Platz. Etwas oberhalb dieses Platzes verläuft die Hintere Fahrstraße parallel zum Berghang und zur Landstraße. Es ist eine der bezauberndsten und engsten Wege, die in Mitteleuropa für den motorisierten Verkehr – noch – freigegeben sind. Nahe des Linzer Tors steht das frühere Wohnhaus (Nr. 122) jenes oft erwähnten ›Kremser Schmidt‹, in dem er auch am 28. Juni 1801 starb.

Vom Goldberg und der Donauwarte (einstündiger Fußweg), hoch über Stein gelegen, hat man einen prachtvollen Blick über das Donautal hin zum Stift Göttweig (Wanderweg 606).

▲ Karte S. 103

Gneixendorf

Etwa fünf Kilometer nördlich der Kremser Innenstadt liegt das wenig bedeutende Gneixendorf. Doch Beethoven-Verehrern ist dieses Dorf als Wohnsitz von Beethovens Bruder Johann bekannt. Er war ein vermögender Apotheker, der hier ein größeres Gut mit Wasserschloss besaß, das er 1820 erworben hatte. Die Brüder mochten sich nicht sonderlich, Ludwig ärgerte sich immer wieder über Johanns Eitelkeit. Nachdem Johann Ludwig einmal einen Brief geschrieben und diesen mit ›Johann van Beethoven, Gutsbesitzer‹ unterzeichnet hatte, antwortete der Adressat mit ›Ludwig van Beetho-

Leider verschlossen: Schloss Gneixendorf

Erinnerung an den bekanntesten Gneixendorf-Besucher

ven, Hirnbesitzer‹. Das **Schloss** liegt am nördlichen Ortsrand von Gneixendorf, doch muss man dazu von der Umgehungsstraße 37 abfahren. An der Ecke zur Wasserhofstraße weist ein Gneisbrocken mit Beethovenbüste zum Schloss. Es kann jedoch nicht besucht werden und wirkt verfallen, obwohl sich in ihm vor einigen Jahrzehnten noch eine Beethoven-Gedenkstätte befunden hat. In der Hauptstraße erinnert ein weiterer Stein an Beethoven. Dieser war mehrmals bei seinem Bruder zu Besuch, insbesondere nach dem Selbstmordversuch seines Neffen Karl, des Sohnes seines zweiten, schon lange verstorbenen Bruders. Allerdings durfte Ludwig nicht im Schloss selbst wohnen, sondern musste ein Nebengebäude beziehen. Im Herbst 1826 hielt er sich letztmalig hier auf und schuf mit dem F-Dur-Quartett op.135 und dem Finale des Quartetts B-Dur op.130 seine letzten vollendeten Kompositionen. Zusammen mit dem Neffen reiste er am 1. Dezember nach Wien, weil er fürchtete, im ungeheizten Pächterhaus des geizigen Bruders eine Erkältung zu bekommen. Doch bei der Übernachtung in einem kalten Dorfgasthaus holte er sich sogar eine Lungenentzündung. Sein insbesondere durch ein langjähriges Leberleiden geschwächter Körper erholte sich nicht mehr: Ludwig von Beethoven wurde Ende Februar 1827 bettlägerig und starb am 26. März.

Im Kremstal

Die Krems – eigentlich die Große Krems – entspringt in der Nähe von Ottenschlag im Waldviertel und mündet nach etwa 50 Kilometern östlich der Stadt Krems in die Donau. Die Mündungsstelle ist mit dem Bau des Kraftwerks Altenwörth verlegt worden, um die Do-nausströmung für dieses energiereicher zu machen. Während der Oberlauf der Krems etwa bis Meisling bei Lichtenau eher melancholisch einsam zu nennen ist, besitzt das Kremstal in seinem Unterlauf, wo die herbe Waldviertellandschaft von liebreichen Weinbauregionen abgelöst wird, idyllische Züge. Die den Flussverlauf begleitende Landstraße führt durch ein landschaftlich schönes Gebiet. Motorisierten Besuchern ist daher das Kremstal sehr zu empfehlen. Fußreisenden sei der Wanderweg 606 von Stein über Egelsee nach Senftenberg angeraten, obgleich er nicht direkt im Tal verläuft.

Ruine Senftenberg

Als ersten Ort hinter Krems erreicht man **Rehberg**, über dem höchst pittoresk eine Burgruine und eine Kirche thronen. Die **Pfarrkirche Mariä Geburt** in Innach besitzt einen Superlativ: Im Jahr 1280 aus den Steinen der Burg Imbach errichtet, gilt sie als älteste gotische Hallenkirche des deutschen Sprachraums und ist sicherlich einer der schönsten Kirchenbauten des Waldviertels. Ungewöhnlich ist der Turm mit seinen ornamentalen Ecktürmchen; er ist in der Proportion zu niedrig gehalten. Im Inneren ist die Katharinenkapelle vielleicht das bedeutendste Kleinod der Kirchenanlage. Die Farbigkeit der Bemalung und das Licht, das durch die Maßwerkfenster fällt, verleihen dem Raum, der eigentlich eine Grabkapelle ist, eine besondere Aura.

Sehenswert ist ebenso das fünf Kilometer nördlich gelegene **Droß** mit seinem **Renaissanceschloss**, dem vier Ecktürme und ein Zwiebel-Torturm ein ganz eigenes Aussehen geben.

Noch malerischer als Rehberg ist **Senftenberg**, über dem ebenfalls eine Ruine wacht. Der alte Weinort weist noch einige schöne Winzerhäuser des 16. Jahrhunderts auf, besonders sehenswert ist das Haus Nr. 33. Die spätgotische **Pfarrkirche St. Andreas** von 1520 liegt auf einem Felsvorsprung unterhalb der Burg, aber noch oberhalb des Orts. Sie ist die ursprüngliche Schlosskapelle und war als Wehrkirche angelegt, was man ihr noch ansieht. Gleich neben der Kirche kann man empor zur Ruine steigen. Das Schloss wurde 1645 von den Schweden zerstört, ist aber auch als Ruine noch eindrucksvoll. Der Turm ist in seinem unteren Teil rechteckig, in der Mitte oval und im oberen Abschnitt sechseckig!

Die Wehrkirche St. Andreas in Senftenberg

▲ Karte S. 77

Viele Besucher kommen aber nicht wegen der Kirche oder der Ruine hierher, sondern wegen des Gesundheitszentrums. Die Arztfamilie Nuhr betreibt hier seit 1954 bereits in der dritten Generation ein stark frequentiertes Sanatorium, in dem mit elektrophysikalischen Methoden Heilungen angestrebt werden (www.nuhr.at).

Oberhalb von Senftenberg säumen dichte Wälder das Tal. Panoramatouristen halten sich an der Gabelung Gföhl/Obermeisling in die letztere Richtung und können von dort über Weinzierl und Weißenkirchen eine landschaftlich reizvolle Rundfahrt zurück ins Donautal machen.

Mautern

An der Stelle Mauterns bestand schon zur Zeitenwende das Römerlager Favianis, wie Funde gestempelter Ziegel beweisen. Das Kastell bewachte den damals schon strategisch hochbedeutenden Donauübergang. Die mittelalterlichen, heute noch bestehenden **Stadtmauerreste** sind genau auf der Begrenzung des alten Römerlagers gebaut. Im 5. Jahrhundert gründete hier der heilige Severin (etwa 410–482) ein Kloster, dessen Reste 1958 bei Ausgrabungen freigelegt wurden. Sie befinden sich östlich der Innenstadt. Mautern wird im Nibelungenlied genannt, als ›Mutaren‹ ist es eine Etappe der Brautfahrt Kriemhilds. Schon im Frühmittelalter gab es hier eine Mautstelle, die dem Ort den Namen gab. Die 1463 errichtete hölzerne Donaubrücke war damals die einzige zwischen Linz und Wien. Sie wurde im österreichisch-preußischen Krieg 1866 zerstört, der eiserne Nachfolgerbau erlitt 1945 schwere Schäden und konnte nur mit Mühe erhalten werden.

Mauterns Altstadt ist voll reizender Renaissancegebäude mit schönen Innenhöfen, doch erinnert auch noch viel an die römische Zeit der Stadt. **Die Pfarrkirche St. Stephan** aus dem frühen 15. Jahrhundert fällt durch die seltsame Wucht von Dach, Turm und Strebepfeilern auf. In einer Seitenkapelle liegt der Vater des Kremser Schmidt begraben. Er hat einen Epitaph von 1761 an der Außenseite der Kirche, rechts vom Eingang. Der älteste Grabstein stammt von aus dem Jahr 1598 und ist besonders ausladend gestaltet.

Der sogenannte **Nikolaihof** geht als Wirtschaftshof auf das 10. Jahrhundert zurück. Um 960 wurde hier auf dem Boden eines römischen Heiligtums eine Kapelle errichtet, die dem heiligen Agapit geweiht war. Von ihr ist allerdings nichts mehr vorhanden. Sein heutiges Aussehen erhielt der Nikolaihof überwiegend in der Renaissance und im Barock.

Auf römischen Mauerresten wurde die **Margarethenkapelle** erbaut, der Graben vor der Mauer ist heute noch auszumachen. Wahrscheinlich entstand sie schon um 850 mit rechteckigem Schiff und quadratischem Chor. In der Zeit der Gotik erhielt der Chor ein Kreuzgratgewölbe, 1717 wurde die Kapelle barock umgebaut. Seit den 1960er Jahren beherbergt das Gebäude das Römermuseum.

Blick von der Ferdinandswarte auf Dürnstein

Das **Schloss** mit seinem quadratischen Innenhof entstand 1551 aus Baumaterial eines Vorgängerbaus. Ein weiteres Schloss, die **Janaburg**, wurde 1576 etwas außerhalb der Stadt gebaut. Sie besitzt ein machtvolles barockisiertes Eingangsportal.

Wer genug hat von all den Römerbauten, gotischen Kirchen und Renaissanceschlössern und auch auf sein leibliches Wohl bedacht ist, der sollte das weit gerühmte Restaurant der Haubenköchin Lisl Wagner-Bacher aufsuchen. Gestärkt empfiehlt sich danach ein Spaziergang auf dem Wanderweg 606 donauaufwärts drei Kilometer zur **Ferdinandswarte**. Von hier hat man einen schönen Blick auf Dürnstein. Wer nicht so weit laufen will, parkt im Zentrum von Hundsheim und wandert von dort über einen Rundweg empor zur Warte und zurück (knapp zwei Stunden).

Stift Göttweig

Wie Stift Melk gleichsam den gewaltigen Eingangsakkord zur pastoralen Idylle der Wachau an deren westlichem Tor bildet, so stellt **Stift Göttweig** den vielleicht noch kräftigeren Schlussakkord dieser Landschaft an ihrem östlichen Ende dar. Johann Lukas von Hildebrandt (1668–1745) schuf Göttweig, doch er ließ das Stift unvollendet zurück. Und es scheint, »als schäme es sich seiner Unfertigkeit und zieht sich von der Donau zurück und begnügt sich mit der Rolle des Wächters vor dem Tore der Wachau, von seiner Höhe aus nach weithin allen Richtungen spähend, als müsse es dieser gesegneten Harmonie von Strom und Land, von Natur und Kunst alle Beeinträchtigung ihrer Schönheit fernhalten«, wie Mirko Jelusich bemerkt. Kein Wunder, dass Göttweig daher auch zum UNESCO-Welterbe des Gesamtkunstwerks Wachau gehört.

Während des sogenannten Investiturstreits in der zweiten Hälfte des 11. Jahrhunderts, in dem es um die Amtseinsetzung von Klerikern und um geistliche und weltliche Kompetenzen ging, stand der Passauer Bischof Altmann (1015–1091) auf der Seite des Papstes und machte sich Kaiser Heinrich IV. zum Gegner. Dessen Anhänger vertrieben ihn aus Passau, er musste Zuflucht im Babenbergerreich nehmen. Auf einem Hügel namens Kettweih, 200 Meter oberhalb der Donau, gründete er 1083 ein Augustinerkloster, das 1094 von Benediktinern übernommen wurde. Bis 1577 war Göttweig ein Doppelkloster, da hier Frauen und Männer lebten, darunter Ava (um 1060–1127), die mit geistlichen Versepen erste namentlich bekannte deutsche Dichterin.

Im Stiftshof von Göttweig

▲ Karte S. 109

Das 16. Jahrhundert brachte mit der Reformation und den Türkenkriegen den Niedergang des bis dahin blühenden Klosters. Ähnlich wie in Melk ließen Pest und Feuersbrünste das Kloster weiter herunterkommen. Während dort Abt Berthold Dietmayr um 1700 die Erneuerung des Klosters einleitete, war es hier mit Gottfried Bessel (Abt von 1714 bis 1749) ein ebenso weitblickender Mann, mit dem das Klosterleben wieder zur vollen Blüte gelangte. Er beauftragte Johann Lukas von Hildebrandt mit dem Neubau, der mit der Endfassung seines Planes von 1722 die großartigste barocke Klosterschöpfung ganz Europas vorlegte. Nur zur vollständigen Realisierung kam es nicht. Denn Maria Theresia stoppte zu Beginn ihrer Regentschaft 1740 den Bau weitgehend, da sie die Gelder für die Schlesischen Kriege mit Preußen und den Österreichischen Erbfolgekrieg brauchte. Lediglich die Kirchenfassade wurde bis 1765 noch beendet.

Die josephinischen Reformen ließen das Kloster weitgehend unberührt, erst das Jahr 1939 brachte die Auflösung des Konvents. Nach dem Krieg kehrte nur ein Teil der Mönche zurück, dem Kloster drohte die erneute Auflösung. Aber allmählich setzte doch eine Gesundung ein, so dass heute wie vor über 900 Jahren Benediktiner in Göttweig beten und arbeiten. Die Hauptaufgabe der 50 Mönche ist die Seelsorge in 28 Pfarreien sowie in Schulen, Krankenhäusern und Gefängnissen der Region.

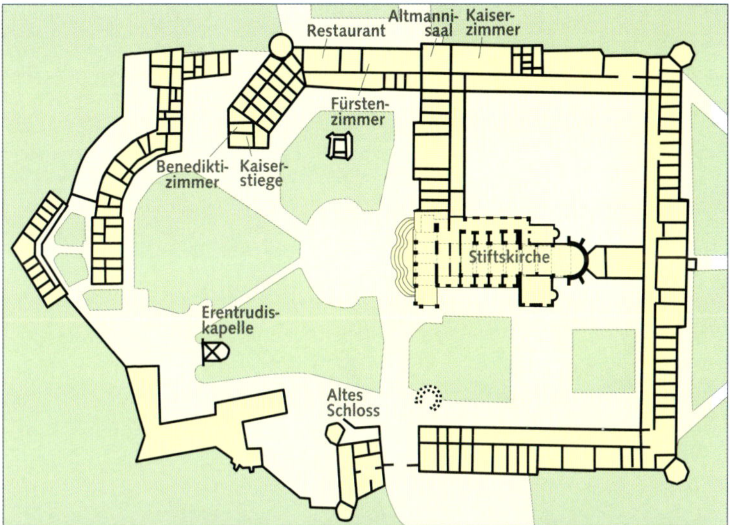

Stift Göttweig

Ein Rundgang

Über den weitläufigen Stiftshof, den ein gewaltiger Brunnenobelisk ziert, ragt in antik-klassischer Schönheit die **Stiftskirche Mariä Himmelfahrt** empor. Sie war als Kuppelbau mit zwei mächtigen Türmen vorgesehen. Wenngleich die Türme merkwürdig stumpf enden, so ist der Eindruck des Baus mit seiner Freitreppe und den vier mächtigen Säulen doch gewaltig. Die Säulen sind dem Giebel gleichsam als Loggia vorgeblendet. Der gotische Hochchor von 1402 stammt von einem Vorgängerbau, das Sternrippengewölbe von 1594 rührt ebenso von einer älteren Umbauphase her. Die Südseite der Kirche lässt deutlich noch die älteren Bauten erkennen. Die blau-weiße Färbung des Innenraums bewirkt ein kaum beschreibbares Gefühl der Geborgenheit. Der Hochaltar ist ebenso wie die Kanzel das Werk eines Hermann Schmidt aus Antwerpen; beide sind um 1640 entstanden.

In der Krypta unter dem Chor ist der Klostergründer Altmann beigesetzt. Ihre achteckigen Säulen, die das Sternrippengewölbe stützen, sind von erlesener Schönheit. Das Hochgrab des Bischofs ist ein Werk von 1540, sein Reliquienschrein entstand 1689. Als man 1648 das Grab des Bischofs öffnete, fand man die ›Altmanni-Krümme‹, gleichsam der Bischofsstab, eine arabische Elfenbeinschnitzerei aus der Zeit um 1090. Am Tag des als heilig apostrophierten Altmann (obwohl er niemals heiliggesprochen wurde), dem 8. August, wird dieser Stab im Gottesdienst eingesetzt. Gegenüber der Stiftskirche am Rand des Stiftshofs steht die bescheidene gotische Erentrudiskapelle von 1230.

Die berühmteste Architektur von Göttweig ist die sogenannte **Kaiserstiege**, die in den Kaisertrakt im Nordwesten der Anlage empor führt. Sie gilt als eines der großartigsten Treppenhäuser überhaupt. Gerade noch rechtzeitig konnte

Das beeindruckende Deckenfresko über der Kaiserstiege

sie 1739 beendet werden. Wieder war es Freskenmaler Paul Troger, der das Deckengemälde schuf. Es ist die Apotheose Kaiser Karls VI., Vater Maria Theresias. Karl ist als Sonnengott oder Apoll dargestellt, er fährt auf einem von weißen Rossen gezogenen Wagen über den Himmel. Die Göttin Athene wirft Dämonen in den Hades hinab.

Oben gelangt man zunächst ins **Benediktizimmer** und weiter zu den drei **Fürstenzimmern**. Die Färbung der Tapeten aus bemaltem, versilbertem oder vergoldetem Leinen gaben den Zimmern auch die Namen Grünes und Blaues Zimmer. Hier werden in wechselnden Ausstellungen Exponate der berühmten grafischen Sammlungen Göttweigs gezeigt. Mit fast 30 000 Blättern, Notenhandschriften und anderen Grafiken ist es neben der Wiener Albertina Österreichs größte grafische Sammlung. Sie ist in ihrer Gänze nicht allgemein zugänglich, jedoch für wissenschaftliche Arbeiten auf Antrag geöffnet.

Vier weitere sogenannte **Kaiserzimmer** zeigen Interieur aus dem 19. Jahrhundert und Gemälde aus den Sammlungen des Stifts. Der berühmte Cäciliensaal mit Gemälden des Kremser Schmidt ist ebenfalls nicht zugänglich. Von der Südseite der Klosteranlage, wo man hinab zum Stiftsparkplatz gelangen kann, genießt man eine herrliche Sicht auf den Dunkelsteiner Wald.

Wanderungen rund um Göttweig

Eine landschaftlich sehr schöne Route führt vom Stift abwärts nach Paudorf in Richtung Krems und von dort ostwärts durch wunderbare Weinanbaugebiete nach Wagram o.d. Traisen und weiter

Karte S. 109

nach Traismauer, wo man schon in der Tiefebene des Tullner Beckens angekommen ist. Am späten Nachmittag sind die Eindrücke hier überwältigend, besonders wenn die vielfach gezackte Krone Göttweigs sich im Dunst der Abenddämmerung nach und nach auflöst. Der Hellerhof in Paudorf ist übrigens Originalschauplatz der einst vielgespielten Oper ›Der Evangelimann‹ von Wilhelm Kienzl (1857–1941). Ein Museum informiert über den Komponisten (Tel. 02736/6575, nur Sa 15–18, So 10–12 und 14–18 Uhr oder nach Voranmeldung).

Ein herrlicher Wanderweg verläuft vom Parkplatz in Hollenburg hoch empor zum Wetterkreuz auf dem Schiffberg (367 Meter), von dort über Nußdorf nach Krustetten und zurück nach Hollenburg; sie bietet beeindruckende Blicke auf Göttweig und die Donau (Gesamtwanderzeit vier Stunden, Kompass-Wanderkarte 204/Weinviertel). In Nußdorf präsentiert das in ganz Niederösterreich berühmte Urzeitmuseum Exponate aus 30000 Jahren Regionalgeschichte.

Wanderern sei der Abschnitt Göttweig–Melk des Österreichischen Jakobswegs angeraten. Er verläuft über verschiedene numerierte Wanderwege über Mautern, Maria Langegg und Aggsbach nach Melk. Karten- und Infomaterial dazu halten die touristischen Infobüros kostenlos bereit. Eine unverzichtbare Begleitlektüre dabei ist ›Auf dem Jakobsweg durch Österreich‹ von Peter Lindenthal (Tyrolia-Verlag).

Schloss Grafenegg

In der Fülle der über 400 Schlösser Niederösterreichs nimmt Grafenegg, etwa sechs Kilometer östlich von Krems gelegen, eine Sonderstellung ein. Denn es ist das größte und beeindruckendste Schloss des österreichischen Historismus, einer Stilform, die jahrzehntelang wenig geschätzt wurde und nur langsam kunsthistorische Gerechtigkeit erfährt. Grafenegg wurde im Stil der Spätgotik zu Beginn des 15. Jahrhunderts errichtet. Schlossherr Graf August v. Brauner-Enckevoirt ließ 1840 das Gebäude umbauen, den Park im englischen Stil anlegen und 200 exotische Baumarten pflanzen. Geldmangel verhinderte eine noch weitreichendere Neugestaltung, immerhin ist der Rundturm mit seiner Wendeltreppe noch als Relikt des gotischen Baus auf unsere Zeit gekommen. Nachkommen des Bauherrn ließen das völlig verfallene Schloss – die russische Besatzungszeit ließ Mauern und Interieur zerstört zurück – 1970 bis 1977 renovieren. Grafenegg ist heute Ort verschiedenster Konzerte und Lesungen. Seit 2007 findet hier jährlich das Musik-Festival Grafenegg statt und seit 2008 ist der Schlosspark ein Teilstandort der niederösterreichischen Landesgartenschau Es gibt eine ungewöhnliche Freilichtbühne, Wolkenturm genannt (wie eine Skulptur, die in die Baumkronen aufragt); in der Adventszeit wird ein Markt mit Kunsthandwerk abgehalten, der durch das zauberhafte Ambiente sehr beliebt ist (www.grafenegg.at).

Grafenegg überrascht mit Neogotik

Krems und Umgebung

Tourismus-Information Krems, Utzstraße 1, 3500 Krems, Tel. 027 32/826 76, www.krems.info.

Gemeindeamt Senftenberg, Neuer Markt 1, 3541 Senftenberg, Tel. 027 19/23 19, www.senftenberg.at.

Stadtgemeindeamt Mautern, Rathausplatz 1, 3512 Mautern, Tel. 027 32/831 51, www.mautern.at.

Hotel zum goldenen Engel, Wiener Str. 41, 3500 Krems, Tel. 027 32/820 67, www.hotel-ehrenreich-krems.at, p.P. im DZ 32–40 €.

Hotel-Restaurant Alte Post, Obere Landstraße 32, 3500 Krems, Tel. 027 32/822 76, www.altepost-krems.at, p.P. im DZ 29–40 €. Ältestes Gasthaus der Stadt, vorzügliche Spezialitäten, keine Kreditkarten.

Gasthof-Pension Janu, Unterer Markt 53, 3541 Senftenberg, Tel. 027 19/22 30, www.janu.at, p.P. im DZ ab 28 €.

Landhaus Bacher, Südtiroler Platz 2, 3512 Mautern, Tel. 027 32/829 37, www.landhaus-bacher.at.

Gasthaus zum Goldenen Kreuz, Weinstraße 11, 3483 Feuersbrunn, Tel. 027 38/23 42, www.gasthausbauer.at. Wer einmal dort war, kommt immer wieder.

Café und Konditorei Hagmann, Untere Landstr. 8, 3500 Krems, Tel. 027 32/831 67, www.wachauer-schokolade.at.

Schloss Grafenegg, 3485 Grafenegg, Tel. 027 35/55 00, Ende April bis Okt. Di–So 10–17 Uhr.

Stift Göttweig, 3511 Stift Göttweig, Tel. 027 32/855 81-231, www.stiftgoettweig.at, tgl. 10–18 Uhr, Juni–Sept. 9–18 Uhr.

Weinstadtmuseum, in der ehem. Dominikanerkirche, Körnermarkt 14, 3500 Krems, Tel. 027 32/80 15 67, www.weinstadtmuseum.at, März–Nov. Mi–Sa 10–18 und So 13–18 Uhr.

Karikaturenmuseum, Steiner Landstr. 3a, 3500 Krems-Stein, Tel. 027 32/908020, www.karikaturmuseum.at, tgl. 10–18 Uhr.

Kunsthalle Krems & Factory, Franz-Zeller-Platz 3, 3500 Krems-Stein, Tel. 027 32/90 80 10, www.kunsthalle.at, tgl. 10–18 Uhr.

Römermuseum Favianis, Schlossgasse 12, 3512 Mautern, Tel. 027 32/811 55, www.mautern.at, April-Okt. Mi–So 10–12, Fr–Sa 16–18 Uhr.

Urzeitmuseum, 3134 Nußdorf o.d. Traisen, Marktplatz 1, Tel. 027 83/74 65, www.nussdorf-traisen.gv.at/seiten/urzeitmuseum.htm, April bis Okt. Di–So 9–17 Uhr.

Die Wanderkarte 071 ›Wachau-Donautal‹ aus dem Verlag Freytag & Berndt deckt das Gebiet mit allen hier beschriebenen Wanderungen ab.

Bailoni und Hellerschmid, Steiner Landstr. 100–102, 3504 Krems/Ortsteil Stein, Tel. 027 32/822 28, www.bailoni.at. Unter den vielen Produzenten von Marillenlikör u.ä. die vielleicht berühmteste Firma.

▶ Karte S. 77

Vom Wagram über Tulln nach Wien

Östlich von Krems durchfließt die Donau auf einer Länge von gut 50 Kilometern eine breite, wald- und sumpfreiche Aue, die im Norden durch die Geländestufe des Wagram begrenzt ist und im Süden unmerklich über die Ebene des Tullner Feldes zum Wienerwald hin ansteigt. Der Wagram ist die Abbruchkante tertiärer Sedimentgesteine, in die die Donau nach und nach erodierte, und entstand am Ende der letzten Eiszeit. Unterhalb der Flussschotter der Donau sind diese Sedimente daher noch vorhanden.

Gleich hinter Krems, bei Traismauer, erreichte die Traisen ursprünglich die Donau, doch ist ihr Lauf etwa acht Kilometer ostwärts verlegt worden, so dass sie erst hinter dem **Kraftwerk Altenwörth** in die Donau mündet. Beim Bau dieses leistungsstärksten aller österreichischen Donaukraftwerke wurden auch die Krems- und die Kampmündung verlegt; sie befinden sich jetzt vor der Staumauer. Altenwörth produziert jährlich zwei Milliarden Kilowattstunden und damit fast ein Sechstel des in Österreich benötigten Stroms. Auf der Staumauer können Radfahrer und Fußgänger die Donau überqueren.

Die Donauauen bei Tulln

Um die einstige Flussmündung konnte sich ein naturnaher Erholungsraum herausbilden, bei dem auch ein kleiner Bootshafen entstand. Von Grafenwörth, auf der anderen Seite, führt eine Fahrstraße an das Donauufer und in die Flussauen. Von hier lassen sich viele Spaziergänge in die **Auenlandschaft** mit ihren zahllosen Altarmen machen. Flussaufwärts ist das Traisental als Weinanbaugebiet zumindest bis St. Pölten sehr reizvoll. Weiter oberhalb ist die Region stärker industrialisiert. Autobrücken bzw. -tunnel gibt es nur in Tulln und dann erst wieder in Klosterneuburg.

Traismauer ist eine alte Römersiedlung (castellum augustianis), die noch an der rechteckigen Form des Ortes erkennbar ist. Der Ort wird im Nibelungenlied erwähnt: Kriemhild erwartet hier in ›Tresma‹ den König Etzel. Geprägt ist der Ort aber von Bauten des 16. Jahrhunderts wie dem **Wiener Tor** und dem **Hungerturm**; zwischen beiden sind noch Stadtmauerreste vorhanden. Ausgrabungen unter der Stadtkirche legten Reste römischer Bauten und eine karolingische Grabkapelle frei. Weinfreunde schätzen die **Vinothek** im Renaissanceschloss. Viel besucht ist der **Saurierpark**, wo auf über drei Hektar 45 lebensgroße Nachbildungen der Echsen stehen.

Kernkraftwerk Zwentendorf

Zwentendorf wurde durch ein **Atomkraftwerk** bekannt, das allerdings nie ans Netz gehen durfte und zur größten

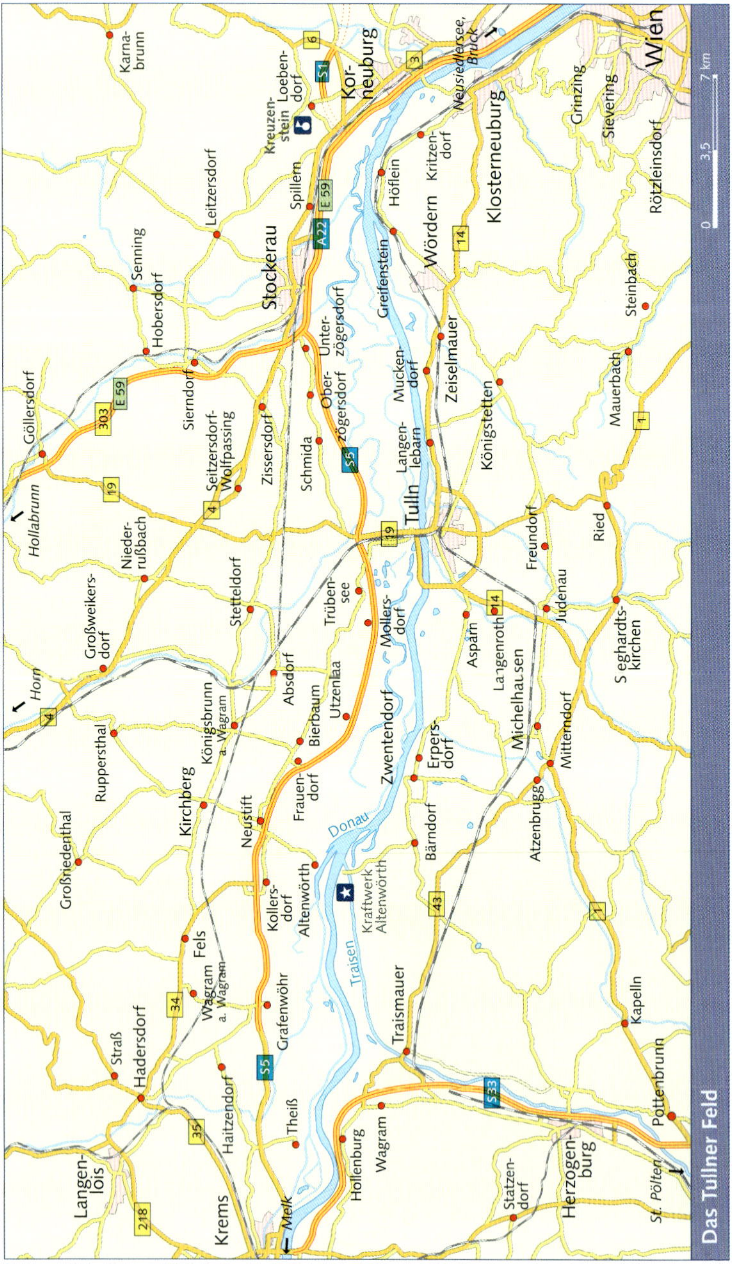
Das Tullner Feld
0
3,5
7 km
Wien
Korneuburg
Stockerau
Tulln
Klosterneuburg
Krems
Langenlois
Herzogenburg
Wördern
Kirchberg
Zwentendorf
Donau
Traisen
Kraftwerk Altenwörth
Hollabrunn
Horn
Melk
St. Pölten
Neusiedlersee, Bruck
Karnabrunn
Kreuzenstein
Leobendorf
Spillern
Leitzersdorf
Senning
Hobersdorf
Göllersdorf
Sierndorf
Seitzersdorf-Wolfpassing
Zissersdorf
Schmida
Oberzögersdorf
Unterzögersdorf
Niederrußbach
Stetteldorf
Großweikersdorf
Trübensee
Mollersdorf
Absdorf
Königsbrunn a. Wagram
Ruppersthal
Großriedenthal
Bierbaum
Utzenlaa
Frauendorf
Neustift
Kollersdorf
Altenwörth
Fels
Wagram a. Wagram
Grafenwöhr
Hadersdorf
Straß
Haitzendorf
Theiß
Hollenburg
Wagram
Traismauer
Statzendorf
Pottenbrunn
Kapelln
Bärndorf
Erpersdorf
Atzenbrugg
Mitterndorf
Michelhausen
Langenroth
Asparn
Judenau
Sieghardtskirchen
Freundorf
Ried
Königstetten
Langenlebarn
Muckendorf
Zeiselmauer
Greifenstein
Mauerbach
Steinbach
Höflein
Kritzendorf
Rötzleinsdorf
Sievering
Grinzing
S1
6
3
E 59
A22
303
19
4
S5
34
35
218
43
14
1
S33

Zwentendorf, eine der bekanntesten Investruinen Österreichs

Investitionsruine Österreichs wurde. Baubeginn war 1972, aber in einer Abstimmung lehnte die Bevölkerung 1978 die Inbetriebnahme mit ganz knapper Mehrheit ab; bis 1985 blieb das Kraftwerk ungenutzt stehen. Umgerechnet rund eine Milliarde Euro hatte der Bau bis dahin verschlungen, allein 44 Millionen Euro davon waren reine Wartungskosten. In der Folge wurde in Österreich das sogenannte ›Atomsperrgesetz‹ verabschiedet, nach dem im Land kein Kernkraftwerk ohne Volksabstimmung gebaut werden darf. Der Siedewasserreaktor dient heute als Anschauungsmodell und zur Fortbildung von Kraftwerkstechnikern, wie auch die gesamte Anlage als Ersatzteillager für andere Werke gleicher Bauart (Isar 1, Philippsburg) benutzt wird. Besichtigen kann man sie allerdings nicht. Um das ehemalige Kraftwerk existiert der **Naturlehrpfad Energiemeile**. Er erläutert moderne Energiegewinnungsmethoden und deren Auswirkungen auf Pflanzen und Tiere.

In **Atzenbrugg**, wenige Kilometer südlich von Zwentendorf, hielt sich Franz Schubert (1797–1828) zwischen 1818 und 1823 wiederholt mit seinen Freunden auf, unter ihnen Grillparzer, Schwind und Schober. Einige hier komponierte Tänze für Klavier heißen daher nach dem Ort ›Atzenbrugger Deutsche Tänze‹. Ein kleines Museum im Schloss gedenkt des frühverstorbenen Komponisten.

Tulln

Eine der ältesten Städte Österreichs ist Tulln. Mit fast 15000 Einwohnern ist sie auch die größte Stadt an der Donau zwischen Krems und Wien. Ein **Reiterstandbild Kaiser Marc Aurels** unmittelbar am Donauufer deutet auf die alte Geschichte der Stadt hin, in der vor fast 2000 Jahren ein römischer Flottenstützpunkt bestand. Die Statue ist eine Kopie des berühmten Reiterbilds vom Kapitol in Rom. Die damalige Garnisonsstadt Comagena war von größter strategischer Bedeutung, war doch die Donau die Nordgrenze des Römerreichs. Natürlich wird auch Tulln im Nibelungenlied erwähnt: Hier fand die erste Begegnung Kriemhilds mit Etzel statt. 859 erscheint erstmals der Ortsname Tullina. Während der Türkenbelagerung Wiens 1683 sammelten sich in Tulln die Ersatzheere, unter anderem des polnischen Königs Jan Sobieski, denen dann die Befreiung Wiens gelang.

Sehenswürdigkeiten

Innerhalb des sehr anmutigen Stadtbilds ist besonders die **Pfarrkirche St. Stephan** hervorzuheben. Sie ist eine gotisierte romanische Basilika, deren Türme im Barock umgebaut worden sind. Das Westportal ist rein romanisch und durch seine Figuren in den Rundbogennischen, vermutlich die zwölf Apostel, ganz ungewöhnlich. Kunsthistoriker betrachten den Karner als größten und schönsten

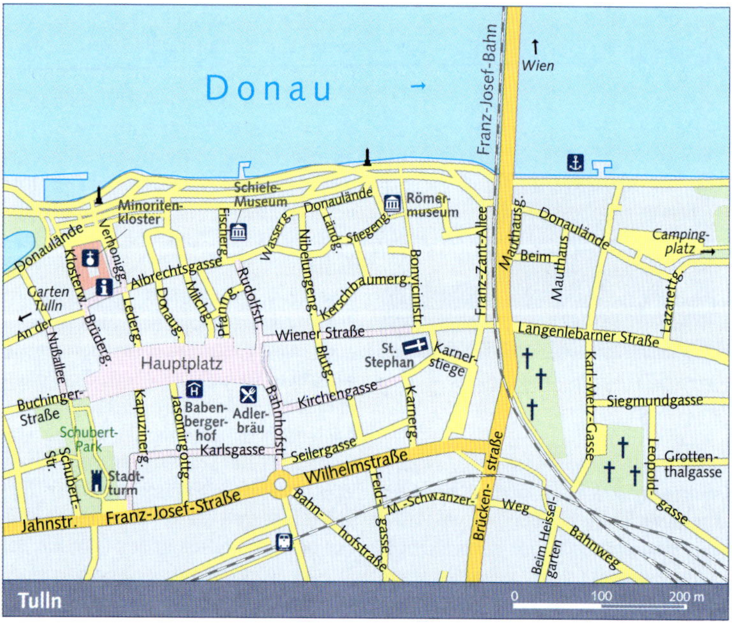

von Österreich. Er ist an der Wende der Romanik zur Gotik entstanden und vereint beide Stilelemente zu einer harmonischen Symbiose. Die steilen Spitzbogen nehmen ihm alle Schwere, sehr schön ist sein reich verziertes Trichterportal und die zu ihm emporführende Freitreppe.

Ebenso sehenswert ist die barocke Kirche des im 13. Jahrhundert gegründeten, aber um 1735 neu erbauten **Minoritenklosters** mit ihrer ebenfalls barocken Krypta. Teile des Klosters beherbergen verschiedene Ausstellungen und ein Zuckermuseum, denn Tulln und seine Umgebung sind Österreichs Hauptanbaugebiet für Zuckerrüben. Daneben gibt es einige hübsche Profangebäude wie den **Babenbergerhof** mit Zinnen und Eckturm (Hauptplatz 8) oder das Haus Wiener Str. 16 (schöne Barockfassade). Von der alten Stadtbefestigung steht in deren südwestlicher Ecke noch als letztes Relikt der **Stadtturm** von 1560. Ein **Römermuseum** dokumentiert die antike Geschichte der Stadt. Es befindet sich südlich der Marc-Aurel-Statue in einem gleichnamigen Park. Ein weiterer Turm, ebenfalls unweit der Statue, ist der **Römerturm** (auch Salzturm genannt). Der hufeisenförmig vorspringende Flankenturm des alten Römerlagers sicherte dessen westliche Mauer und stammt aus der Zeit um 300. Noch im Mittelalter diente er zur Sicherung des Landeplatzes an der Donau, später als Salzlager. Sein römisches Mauerwerk ist bis zum Dachfirst original vorhanden. Der Turm ist eines der ganz wenigen vollständig erhaltenen antiken Bauwerke nördlich der Alpen – und gleichzeitig eines der ältesten Gebäude Österreichs.

Dem sicherlich bedeutendsten Sohn der Stadt hat man 1990 das **Egon-Schiele-**

Museum im alten Bezirksgefängnis errichtet. Schiele, neben Gustav Klimt und Oskar Kokoschka zweifellos der bedeutendste Maler Österreichs im ersten Viertel des 20. Jahrhunderts, kam am 12. Juni 1890 in Tulln zur Welt. Er studierte zunächst an der Wiener Kunstakademie, verließ sie jedoch schon 1909, da er die dort herrschenden künstlerischen Anschauungen zu konventionell fand und ablehnte. Mit anderen jungen Künstlern gründete er im gleichen Jahr die ›Neukunstgruppe‹, deren künstlerisches Weltbild sich stark an Gustav Klimt anlehnte. Doch bereits 1910 drang Schiele zu einer ganz individuellen Ausdrucksweise vor. Er zog von Wien nach Krummau im Böhmerwald, den Geburtsort seiner Mutter, wo er, von Existenzängsten gepeinigt, zahlreiche exaltierte, laszive Grafiken erotischen Inhalts schuf. Wegen ›Verbreitung unsittlicher Zeichnungen‹ saß er einige Wochen in Haft. 1912 kehrte er nach Wien zurück. Gustav Klimt setzte sich dort sehr für seine Werke ein, und Schiele genoss endlich den lange erwünschten Erfolg als Maler. Schiele galt nach Klimts Tod 1918 als größter Maler seiner Epoche und war endlich frei von finanziellen Sorgen. Doch im Oktober breitete sich die Spanische Grippe in Wien aus, der damals europaweit Millionen zum Opfer fielen. Schieles Frau Edith, die er 1915 geheiratet hatte, starb am 28. Oktober an der Seuche, Egon Schiele folgte ihr drei Tage später. Eine Filmbiographie von 1981 mit Mathieu Carrière und Jane Birkin stellt Episoden seines Lebens klischeefrei nach. Heute erzielen seine Werke auf Auktionen weltweit Höchstpreise. Sein originalgetreu wiederhergestelltes Geburtszimmer im alten Bahnhof (sein Vater war Bahnhofsvorstand) kann auf Voranmeldung im Schiele-Museum besichtigt werden.

Der Karner an der Tullner Pfarrkirche

Die Umgebung

Zu den Hauptattraktionen Niederösterreichs zählen zweifellos die **Gärten Tulln** außerhalb der Innenstadt im Nordwesten, nahe der Donau. In den Auwäldern ist im Rahmen einer Landesgartenschau ein einzigartiger botanischer Park entstanden. Zahlreiche thematische Gärten, ein Irrgarten, ein Baumwipfelweg 30 Meter hoch über den Auwäldern und ein Abenteuerspielplatz bilden ein österreichweit einzigartiges Erlebnis-Ensemble, das Kenner wie Kinder gleichermaßen bezaubert.

Das **Augebiet** zwischen Tulln und Stockerau ist wenig begangen. Künstliche Verbindungen zwischen den Alt- und Totarmen der Donau erzeugten einen Kanal parallel zur Donau, den sogenannten Gießgang, wodurch das Austrocknen der Au verhindert wird und Flora und Fauna geschützt bleiben. Allerdings verhindern jene künstlichen Kanäle auch größere Spaziergänge durch die Au. Auf einer Route kann man jedoch gut die intakte Au erkunden: Auf dem linken

In den schönen Gärten Tulln

Donauufer spaziert man entlang des Donauradwegs ab der Tullner Donaubrücke flussabwärts etwa 1 ¾ Stunden bis zum Stromkilometer 1955, zwischen den Markierungssteinen 3 und 2. Von dort geht es senkrecht zum Fluss in die Au hinein und entlang des Gießgangs sowie ihn querend durch das Naturschutzgebiet Stockerauer Au zum Gasthof zur Au und weiter zur Fahrstraße zum Donaukraftwerk Greifenstein. Über die Brücke kommt man dann auf das Südufer des Flusses, zunächst zum Gasthof Jarosch und über einen kleinen Damm weiter zum Dörfchen Greifenstein, von wo man mit der Bahn rasch nach Tulln zurückgelangen kann. Die Wanderung Tullner Brücke–Greifenstein dauert 4,5 Stunden. Eine Wanderkarte sollte man mitnehmen, im Sommer auch ein Mückenmittel.

Bei Greifenstein haben sich die Alpen mit dem Wienerwald bis ans Donauufer herangeschoben. Die **Burg Greifenstein** wurde während des ersten Türkeneinfalls 1529 zerstört, aus der Ruine entstand im 19. Jahrhundert eine Ritterburg im Stil der Romantik. Der kurze Aufstieg wird durch den phänomenalen Ausblick auf die Donau und die Altenberger Halbinsel belohnt. In der Burg kann man historische Waffen und Möbel bewundern oder im Burgrestaurant schlemmen. Prachtvolle Ausblicke kann man auch vom Tempelberg (403 Meter) genießen, der sich südlich der Burg erhebt und der nördlichste Berg des Wienerwalds ist. Von der Bushaltestelle im Zentrum von Altenberg kann man über einen gelb markierten Weg in 40 Minuten zu ihm emporklimmen. Altenberg ist der Geburtsort des berühmten Verhaltensforschers Konrad Lorenz (1903–1989), der 1973 den Nobelpreis für Medizin erhielt.

Römischen Ursprungs ist auch **Zeiselmauer**, das ehemalige Cannabiaca. Sehenswert sind die gewaltigen Reste der Mauer des alten Kastells und insbesondere das Kastentor (der spätere Schüttkasten) aus der Zeit um 350. An den abgerundeten Ecken ist deutlich die Herkunft aus der Römerzeit zu erkennen. Es ist der größte erhaltene spätrömische Bau in Österreich. Auch der Fächerturm ist römischer Herkunft und der einzige seiner Art im Land.

Stockerau

Drei Kilometer nördlich der Donau, am Nordrand der Flussaue, liegt Stockerau. Es wird meist noch zum Weinviertel gerechnet und gilt mit über 15000 Bewohnern als dessen größte Siedlung. Hier wurde am 17. Juli 1012 der irische Pilger Koloman auf seinem Weg nach Jerusalem als vermeintlicher Spion verhaftet und getötet. Er wurde heiliggesprochen und war Österreichs Landes-

▲ Karte S. 114

patron, bis er 1663 vom heiligen Leopold, einem Babenbergerherzog, abgelöst wurde. Stockeraus **Pfarrkirche St. Stephan** (1725) hat einen 88 Meter hohen Kirchturm, den höchsten in Niederösterreich.

Das **Siegfried-Marcus-Automobilmuseum** gedenkt des bedeutenden Ingenieurs, der 1875 das erste Motorfahrzeug konstruiert haben soll. Nach neueren Forschungen glückte ihm seine Erfindung zwar erst nach jener von Carl Benz (1886), doch wie auch immer – das Museum ist voll herrlicher historischer Automobile.

Stockerau gilt nicht gerade als Touristenzentrum, ist jedoch interessanter als vermutet. Denn es hat eine schöne geschlossene historische Innenstadt. Das **Alte Rathaus** mit seiner barocken Fassade neben Bürgerhäusern in der Austraße oder der Niembsch-Hof mit seinem kleinen **Nikolaus-Lenau-Museum** sind sehenswert. Der Lyriker, vielleicht Österreichs größter Melancholiker, lebte zwischen 1818 und 1822 in Stockerau, dem Geburtsort seines Vaters. Daher etablierte sich in Stockerau das wissenschaftliche Zentrum der Lenau-Forschung und -Rezeption.

Wandermöglichkeiten

Lohnend ist eine Wanderung durch das **Augebiet** südlich von Spillern. Vom Bahnhof Stockerau, unter der Autobahn hindurch, gibt es einen Fahrweg zum Donauufer und zum Kraftwerk Greifenegg. Kurz vor der Donau erreicht man das sogenannte Krumpenwasser und geht an seiner Nordseite entlang ostwärts bis zum Kuttengraben. Man bleibt bei diesem auf der westlichen Seite und geht über die sogenannte Eiswasserallee zurück zum Ausgangspunkt (Rother Wanderführer Weinviertel, Kompass-Wanderkarte 204).

Der blau-weiß-blau bezeichnete **Lenau-Wanderweg** beginnt am Bahnhof Stockerau und führt ebenfalls in die Augebiete südlich der Stadt. Der Rundweg lässt sich in ungefähr 3,5 Stunden bewältigen.

Das Alte Rathaus in Stockerau

Burg Kreuzenstein

Gleich hinter Stockerau verengt sich die Aue. Rechts ragen steil die letzten Ausläufer des Wienerwalds empor, links rücken die sanften Höhen des Rohrwalds bis an die Donau heran. Markant erhebt sich kurz vor Korneuburg die romantische **Burg Kreuzenstein**. Die Schweden zerstörten die Burg aus dem Jahr 1140 im für Niederösterreich so schlimmen Jahr 1645. Nach 250 Jahren wurde sie von Graf Nepomuk von Wilczek in romantisierender Neugotik wieder aufgebaut. Dazu wurden Ruinenteile aus ganz Europa herangeschleppt. Es entstand ein Märchenschloss, das den Vergleich mit Neuschwanstein nicht zu scheuen braucht. Der Graf besaß eine bedeutende Kollektion historischer Möbel und Kunstgegenstände. Sie wurde durch einen Brand im Jahr 1915, Kampfhandlungen und Plünderungen im Frühjahr 1945 in Mitleidenschaft gezogen, zählt jedoch noch immer zu den großartigsten Sammlungen ihrer Art. Immer wieder nutzen Filmproduktionen die eindrucksvolle Kulisse der Burg, zuletzt 2008 für ›Season of the Witch‹ mit Nicholas Cage.

Wie aus dem Bilderbuch: Burg Kreuzenstein

▲ Karte S. 114

Korneuburg

Meist nur als Industriestadt bei Wien betrachtet, ist Korneuburg mit seinen gut 12 000 Einwohnern bedeutender als sein Ruf. Korneuburg, seit 1298 Stadt, bildete als Nivenburg (=Neuenburg) eine Verwaltungseinheit mit dem gegenüberliegenden Klosterneuburg. Jahrhundertelang war es eine vermögende Handelsstadt, auf seiner Werft wurden bis zum Ende des 20. Jahrhunderts die Schiffe der berühmten Donaudampfschiffahrtgesellschaft gebaut. Korneuburg ist mit Klosterneuburg durch eine Fähre verbunden.

Ungewöhnlich ist der Stadtgrundriss, der alten schlesischen Gründungen ähnelt und den sonst keine Stadt des heutigen Österreich besitzt: ein zentraler rechteckiger Platz mit einem Häusergeviert in der Mitte. Sehenswert ist die **Augustinerkirche** (1748) mit ihrem originellen Hochaltar, bei dem vier mächtige Säulen die geöffnete Halbkugel des Himmelglobus tragen. In diesem sitzt Gott und hält die Erde in den Händen. Die Synagoge in der Roßmühlgasse stammt aus dem ersten Drittel des 14. Jahrhunderts und diente unterschiedlichsten Zwecken, hat aber zur Zeit kein Nutzungskonzept. Vor dem neugotischen Rathaus steht der Rattenfängerbrunnen von 1898, der an eine Sage aus dem Dreißigjährigen Krieg erinnert.

Der bedeutendste Sohn der Stadt ist der Komponist Nico Dostal (1895–1981), der vielleicht letzte große Operettenmeister des alten Österreich. Bekannt wurde er besonders durch ›Clivia‹ (1933) und ›Die ungarische Hochzeit‹ (1939) mit ihrem musikalisch perfekt dargestellten ungarischen Milieu sowie mit zahlreichen Filmmusiken (z.B. ›Die Geierwally‹, 1940). Ein 18 Kilometer langer **Nico-Dostal-Weg** führt vom

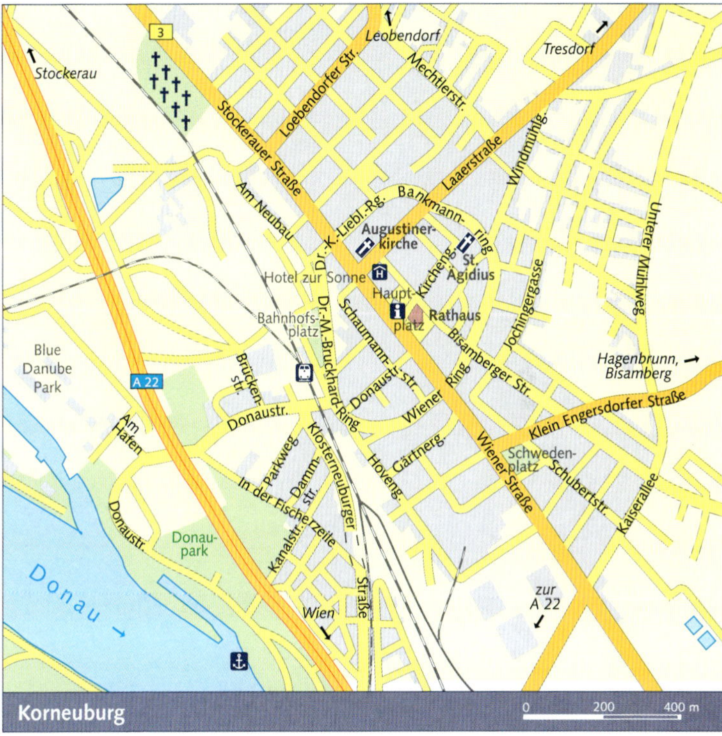

Bahnhof Korneuburg in die Hofau an der Donau, hinauf zur Burg Kreuzenstein und schließlich von Norden in die Stadt zurück.

Der 358 Meter hohe Bisamberg am südlichen Stadtrand ist der äußerste letzte Ausläufer des Wienerwalds. Die Weine des Bisamberges wurden im 18. Jahrhundert am Kaiserhof bevorzugt kredenzt.

In **Langenzersdorf**, am Fuß des Bisambergs, lohnt ein Besuch **Anton-Hanak-Museums**. Hanak (1875–1934) und seinen Schülern. Hanak gilt als der bedeutendste österreichische Bildhauer der Zeit um 1900, er verknüpfte Expressionismus und Symbolismus zu einer individuellen Ausdrucksweise.

Klosterneuburg

Die Hügel Klosterneuburgs werden von zwei gotischen Kirchtürmen und zwei riesigen grünspanfarbigen Kuppeln überragt; schon von weitem ist diese Stadtanlage mit ihrem gewaltigen, hoch über der Donau thronenden Stift zu sehen. 25 000 Einwohner hat Niederösterreichs drittgrößte Stadt heute; wie andere Städte in dieser Region bestand sie schon zur Römerzeit.

Klosterneuburg, eine der geschichtlich bedeutsamsten Städte des Landes, ist untrennbar mit dem Namen des sicherlich bedeutendsten österreichischen Fürsten des Mittelalters verbunden, Markgraf Leopold III. dem Heiligen (1073–1136). Dieser Babenberger war

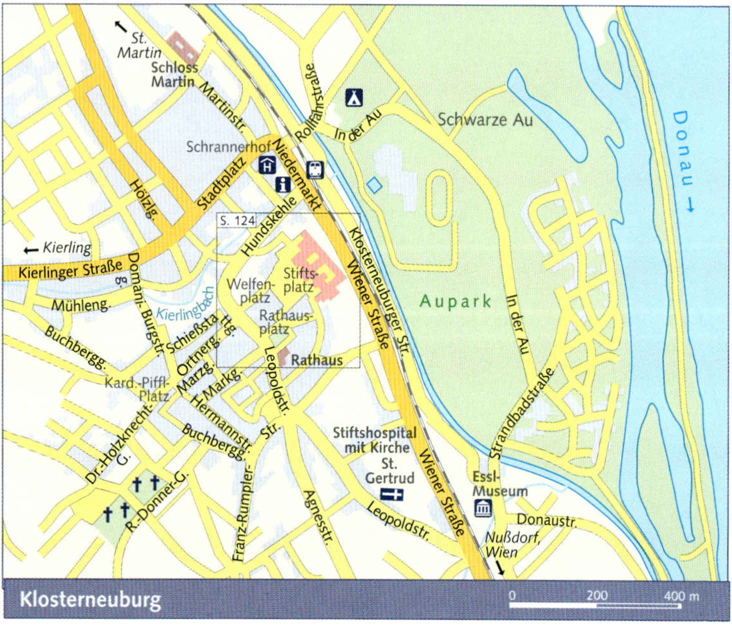

mit Agnes, Schwester des deutschen Kaisers Heinrich V. (1086–1125), verheiratet und besaß hier eine Residenz. Der Sage nach verlor seine Frau während eines Jagdausflugs ihren Schleier aus wertvollem Gewebe. Neun Jahre später wurde das wertvolle Textil unversehrt in einem Holunderstrauch hängend gefunden. Kurz danach erschien Leopold die Gottesmutter Maria im Traum und wies ihn an, an dieser Stelle ein Kloster zu erbauen. Und so gründete Leopold 1108 das Stift Klosterneuburg und ließ eine große Stiftskirche erbauen. Ebenso gründete er das Stiftsweingut, das heute noch besteht. 1133 übernehmen die Augustiner das Stift, in dem Leopold drei Jahre später beigesetzt wurde. Das Kloster erhielt große Schenkungen und wurde zu einem Zentrum von Kunst und Wissenschaft. Babenbergerfürst Leopold VI. enstschloss sich daher, den Hof von Wien nach Klosterneuburg zu verlegen. 1222 errichtete er die ›Capella Speciosa‹, den frühesten gotischen Bau Österreichs. Die Habsburger, die gegen Ende des 13. Jahrhunderts neue Landesherren wurden, waren in Wien zunächst nicht willkommen, so dass Herzog Albrecht von Österreich es 1308 vorzog, seinen Sitz abseits von Wien in Klosterneuburg zu nehmen. Die Begräbniskapelle des Klos-tergründers wurde bald zu einem Wallfahrtsort. Infolge der sich ereignenden Wundertaten wurde Leopold 1485 heiliggesprochen und 1663 sogar der ›offizielle‹ Landespatron Österreichs. Sein Namenstag, der 15. November, wird bis heute als Feiertag begangen

Die erfolgreich beendeten Türkenkriege stärkten nach 1683 das habsburgische Selbstbewusstsein. Kaiserreich und Gottesreich sollten eine Einheit bilden und ein Bauwerk entstehen, das diese

Einheit unübersehbar in Stein verewigt. Nach dem Vorbild des Madrider Escorial plante Kaiser Karl VI. ein kaiserliches und klösterliches Schloss von nie gekannten Ausmaßen. 1730 begannen die Arbeiten unter Donato Felice dall´Allio (1677–1761). Der Plan sah allein neun gewaltige Kuppeln vor – die Vollendung des Baus hätte Karl VI. in den Bankrott getrieben, doch er starb 1740. Maria Theresia ließ die Bauarbeiten sofort beenden, obwohl nur zwei Flügel fertiggestellt waren. Mehr als hundert Jahre ruhte die Bautätigkeit; erst um 1835 stellte Joseph Kornhäusl einen Innenhof fertig und errichtete über der Sala Terrena zwei der geplanten neun Kuppeln. Diese wirken dafür aber umso gewaltiger. Die linke trägt einen überdimensional vergrößerten österreichischen Herzogshut, die andere auf einem Kissen mit Quasten die Krone des Heiligen Römischen Reiches Deutscher Nation.

Das Stift

Die **Stiftskirche**, die mit den Bauten Karls VI. eine untrennbare Einheit bildet, geht auf das 12. Jahrhundert zurück. Ungewöhnlich ist, dass sie im 18. Jahrhundert nur im Innern barockisiert wurde, während man das gotische Äußere unverändert beließ – vermutlich aus Pietät gegenüber dem Gründer Leopold II. Ende des 19. Jahrhunderts erfolgte dann doch eine, wie man heute sagen würde, nicht denkmalgerechte Umgestaltung. Dombaumeister Friedrich Schmidt aus Wien baute die beiden Türme neogotisch um, wechselte beide Helme aus und entfernte die spätmittelalterlichen Skulpturen. Auch die Kirchenfassade verlor ihren mittelalterlichen Charakter. Dem Kircheninneren verlieh aber Giovanni Battista Carlone mit Stuck und Marmor eine bezaubernde Anmut: Das Chorgestühl von 1723 ist eine großartige Schnitzarbeit, das Deckenfresko des Chors ist die letzte Arbeit des berühmten Johann Michael Rottmayr (1654–1730), der als meistbeschäftigter und wohl auch bedeutendster Maler des österreichischen Frühbarock gilt. Er schuf auch das Deckenfresko der Peterskirche in Wien und der Stiftskirche Melk.

Ein Kreuzgang verbindet die Stiftskirche mit dem **Kloster**. In der Leopoldskapelle, dem ehemaligen Kapitelsaal, befindet sich das größte Kleinod des Klosterschatzes, der **Verduner Altar**, eines der größten abendländischen Kunstwerke. Der lothringische Meister Nikolaus von Verdun hat ihn im 12. Jahrhundert in zehnjähriger Arbeit aus emaillierten Kupferplättchen hergestellt. Das Kloster erwarb diesen Altar 1181, er diente zunächst als Verkleidung eines Ambos, eines steinernen Aufsatzes mit Lesepult. Erst nach einem Brand 1330 erhielt er seine heutige Form. Wiener Goldschmiede fügten die Platten neu zusammen und ergänzten einige zerstörte Stücke. Dargestellt sind Szenen aus dem Alten und Neuen Testament.

Das Stift mit Krone und Herzogshut

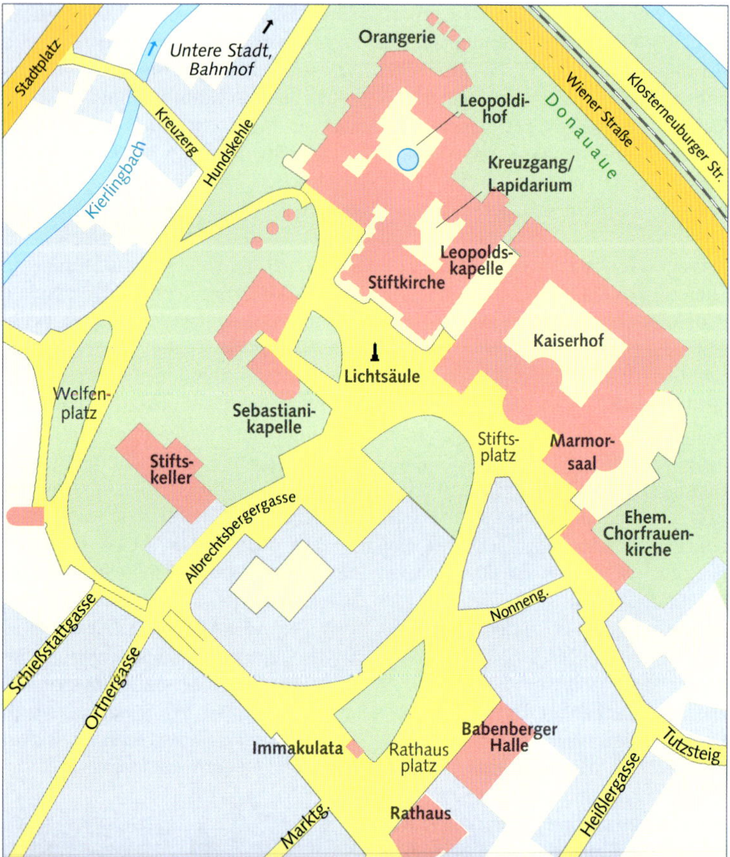

Stift Klosterneuburg

Im Brunnenhaus des Kreuzgangs steht ein drei Meter hoher, siebenarmiger **Bronzeleuchter**, der dem Strauch nachgebildet sein soll, in dem sich einst das Gewirk der Fürstin Agnes verfangen hatte. Doch stammt er vermutlich aus der Zeit um 1125. Er symbolisiert den Stammbaum Christi, die ›Wurzel Jesse‹. Im **Lapidarium**, dem ehemaligen Refektorium, kann man weitere Kunstschätze des Stifts bestaunen, darunter die Klosterneuburger Madonna aus der Zeit um 1300. Außerdem gibt es Fundstücke aus Klosterneuburgs Frühgeschichte zu sehen.

Über einen Gang geht es von dort zum stuckgeschmückten Augustinussaal, über dem der gotische Albrechtssaal liegt. In der Sebastianikapelle kann man mit dem Albrechtsaltar von 1440 ein Meisterwerk bewundern, bei dem die naturgetreue Darstellung Wiens mit Stephansdom auf einer der Tafeln überrascht.

Im Residenztrakt zeigt sich Habsburgs weltliche Pracht. Der **Marmorsaal** mit der riesigen Kuppel und dem großzügig angelegten Balkon sollte der Mittelpavillon der Hauptfassade des barocken Kaiserbaus werden, doch fertiggestellt wurde er erst 1860. Das Fresko in der Kuppel (›Österreichs Ruhm‹) hat Daniel Gran 1749 gemalt. Über die großartige Kaiserstiege gelangt man zu den heutigen Kaiserappartements, die als Privatgemächer Kaiser Karls VI. geplant waren. Benutzt wurden sie allerdings nur ein einziges Mal: bei der Hofwallfahrt im November 1739. Hier finden sich Möbel und Gemälde von niederländischen, deutschen und italienischen Meistern. Das Treppenhaus blieb wie der Gartensaal der Sala Terrena unvollendet. Im Kaiserhof finden alljährlich im Juli Freilicht-Opernaufführungen statt (www.operklosterneuburg.at).

Das seit dem 18. Jahrhundert bestehende **Stiftsmuseum** wurde 2006 nach fünf Jahren Renovierungszeit wiedereröffnet und beherbergt eine der größten Sammlungen der europäischen Kunst von Mittelalter bis zur Moderne. Zu den bedeutendsten Kunstwerken zählen die Merkurstatuette von Raphael Donner, eine reiche Sammlung von Elfenbeinschnitzereien und Ansichten des Stifts aus dem 19. und 20. Jahrhundert, darunter Frühwerke Egon Schieles. Die kostbarsten Exponate sind allerdings der Babenberger Stammbaum und die Gemälde von Rueland Frueauf dem Jüngeren (1470–1547), der in habsburgischen Diensten stand und dessen Schaffen fast vollständig im Stiftsmuseum zu bewundern ist. Bedeutend sind vier Tafeln mit Szenen aus der Schleierlegende, der Gründungssage. Frueauf ist einer der ältesten Landschaftsmaler der europäischen Kunst. Sein Bild ›Die Sauhatz‹ (Eberjagd) gilt als älteste realistische Landschaftsdarstellung der deutschen Kunst. Das riesige Gemälde des ›Babenberger-Stammbaums‹ wurde nach der Heiligsprechung Leopolds III. in Auftrag gegeben, um das Volk mit der Person und der Geschichte des neuen Landespatrons vertraut zu machen. Die Arbeiten an diesem Tryptichon dauerten sieben Jahre. Der Mittelteil zeigt jeden männlichen Vertreter der Dynastie in einer typischen Szene seines Lebens in historischen Topographien.

An der Südseite des Kirchenplatzes finden sich Fundamentreste der schon erwähnten **Capella Speciosa**, die 1799 abgebrochen wurde. Nicht weit davon steht die gotische **Lichtsäule**. Die Augustiner, die seit fast 900 Jahren in Klosterneuburg ansässig sind, bemühten sich seit der gleichen Zeit um den Weinanbau. Kein Wunder, dass auf vier Kelleretagen unter dem Kaisertrakt die edelsten Tropfen lagern. Seit 1860 besteht die stiftseigene Weinbauschule. Hier wurde die sogenannte Klosterneuburger Most-

Der Hochaltar im Stift (Detail)

waage erfunden, mit der weltweit der Zuckergehalt des Weines gemessen wird.

Weitere Sehenswürdigkeiten

Die Stadt Klosterneuburg sollte man neben dem Stift nicht gering schätzen. Die **Stadtkirche St. Martin**, das **Stiftshospital** und der **Rathausplatz** sind sehr sehenswert. Hinter den klassizistischen Gebäuden des Rathausplatzes ist fast überall das Mittelalter versteckt (wie bei den Hausnummern 6 und 8). Im Haus Rathausplatz 11 verbrachte Anton Bruckner, wie eine Gedenktafel verrät, ›frohe Stunden‹. Besuchenswert ist das private **Essl-Museum** mit großen Sammlungen und bedeutenden Ausstellungen der zeitgenössischen Kunst.

Der bedeutendste Sohn der Stadt ist O.W. Fischer (1915–2004), der in den 1950er und 1960er Jahren zu den populärsten Schauspielern des Landes zählte. Johann Georg Albrechtsberger (1736–1809), ebenfalls aus Klosterneuburg, war ein bedeutender Musiktheoretiker, Organist und Lehrer. Sein berühmtester Schüler war Ludwig van Beethoven, dem er aber jedes Talent absprach. Auf dem Friedhof des Ortsteils Weidling liegt Nikolaus Lenau (1802–1850) begraben, Österreichs großer melancholischer Lyriker, dessen Gedichte unter anderem von Mendelssohn und Schumann vertont wurden, sowie der berühmte Orientalist Joseph von Hammer-Purgstall (1774–1856).

Unmittelbar hinter Klosterneuburg durchbricht die Donau unterhalb des Leopolds- und Kahlenbergs, von wo 1683 die polnischen und deutschen Heere die Türken verjagten, den Alpenbogen. Dann fließt sie weiter durch Wiener Stadtgebiet, das sie 20 Kilometer weiter südöstlich beim Flughafen Schwechat wieder verlässt.

Von Wagram über Tulln nach Wien

Tourismusbüro Tulln, Minoritenplatz 2, 3430 Tulln, Tel. 022 72/675 66, www.tulln.at.

Tourismusverband Kreuzenstein, Sparkassaplatz 7, 2000 Stockerau, Tel. 022 66/620 23 75.

Tourismusverband Klosterneuburg, Niedermark 4, 3402 Klosterneuburg, Tel. 022 43/343 96, www.kloster neuburg.at.

Gasthof zur Weintraube, Wiener Str. 23, 3133 Traismauer, Tel. 027 83/63 49, www.nibelungenhof.at, p.P. im DZ 30 €.

Hotel-Residenz Schrannenhof, Niedermarkt 17–19, 3400 Klosterneuburg, Tel. 022 43/320 72, www.schrannen hof.at, DZ ab 92 €. Empfehlenswert!

Braugasthof Adlerbräu, Rathausplatz 7, 3430 Tulln, Tel. 022 72/626 76, www.adlerbraeu.at, p.P. im DZ 31 €.

Gasthof zur Sonne, Laaer Str. 12, 2100 Korneuburg, Tel. 022 62/721 98, p.P. im DZ 31 €.

Donaupark Camping Tulln, Donaulände 76, 3430 Tulln an der Donau, Tel. 022 72/652 00, www.campingtulln.at

Donaupark Camping, In der Au, 3400 Klosterneuburg, Tel. 022 43/258 77, www.campingklosterneuburg.at.

Egon-Schiele-Museum, Donaulände 28, 3430 Tulln, Tel. 022 72/645 70, http://egonschiele.museum.com, 1. April bis 1. Nov. Di–So 10–17, Di–So 10–12 und 13–17 Uhr.

Saurierpark, In der Au 2, 3133 Traismauer, Tel. 02783/20020, www.saurierpark.at, März bis Nov. tgl. 9–18 Uhr.

Museum Franz Schubert und sein Freundeskreis, Schlossplatz 1, 3452 Atzenbrugg, www.atzenbrugg.at, Ostern bis 26. Okt. So 14–17 Uhr, außerhalb dieser Zeiten Anmeldung unter Tel. 02275/5234.

Römermuseum Tulln, Marc-Aurel-Park 1b, 3430 Tulln, Tel. 02272/65922, April bis Okt. Di–So 10–17 Uhr.

Garten Tulln, Am Wasserpark 1, 3430 Tulln, Tel. 02272/68188, www.diegartentulln.at, 4. April bis 26. Okt. tgl. 9–18 Uhr.

Burg Greifenstein, 3422 Greifenstein, Tel. 02242/32353, www.burggreifenstein.at, April bis Okt. tgl. 11–23 Uhr, Führungen nur Sa/So, stündlich.

Automobilmuseum Siegfried Marcus, 2000 Stockerau, Schießstattgasse 9, Tel. 02266/645642, www.siegfried-marcus.at, Sa 14–16, So 10–12 und 14–16 Uhr, zu anderen Zeiten nach Voranmeldung.

Burg Kreuzenstein, 2100 Leobendorf, Kreuzensteiner Str., www.kreuzenstein.com, Mitte März bis Okt. tgl. 10–16, So 10–17 Uhr.

Anton-Hanak-Museum, Obere Kirchengasse 23, 2103 Langenzersdorf, Tel. 02244/29473, Mitte April bis Mitte Nov. Sa/So 9–12, 13.30–18 sowie Di 9–12 Uhr.

Stift Klosterneuburg, 3402 Klosterneuburg, Tel. 02243/411212, www.stift-klosterneuburg.at, Mo–Fr 9–18, Sa/So 10–17 Uhr, Führungen stündlich und nach Bedarf. Die Kirche ist nur im Rahmen einer Führung begehbar, Stiftsmuseum: 1. Mai bis 16. Nov. Di–So 10–17 Uhr.

Essl-Museum, An der Donau 1, 3402 Klosterneuburg, Tel. 02243/37050, www.essl.museum.

Stockerauer Festspiele, Operetten- und Theateraufführungen vor der Pfarrkirche (Sommer), www.stockerau.gv.at.

Schlossvinothek Traismauer, Hauptplatz 1, 3133 Traismauer, Tel. 02783/8555, April bis Okt. tgl. 15–19 Uhr bzw. nach Voranmeldung.

Sanft fällt der Wagram nach Osten ab

Von Wien bis zur slowakischen Grenze

Wo die Donau das Wiener Stadtgebiet Richtung Osten verlässt, beginnt sie ein ähnliches Auengebiet auszubilden wie im Westen der Hauptstadt bei Tulln und Stockerau. Sein westlichster Ausläufer, teilweise noch innerhalb Wiens gelegen, heißt Lobau. Gleich danach passiert die Donau **Schwechat**. Dieser Ort ist wegen seiner Industrieanlagen und des hier gelegenen Wiener Zentralflughafens eine der vermögendsten Gemeinden Österreichs, wenngleich aus eben diesen Gründen nicht die touristisch attraktivste. Die 1958 gegründete Raffinerie wurde in der Nachkriegszeit bedeutend erweitert; rund zehn Millionen Tonnen Rohöl werden jährlich verarbeitet. Erwähnenswert sind weiterhin die sogenannten Kellerschenken, eine Ansammlung von Weinschenken am östlichen Ortsrand, und die Schwechater Festspiele, die sich insbesondere den Werken Johann Nestroys widmen (www.nestroy.at). Das Schwechater Bier, das seit 1632 gebraut wird, gehört zu den beliebtesten Biermarken Österreichs.

Das Marchfeld

Bei Schwechat ist die pannonische Ebene erreicht, die sich weit nach Ungarn und in den Balkan hineinzieht. Deren nordwestlichster Ausläufer auf österreichischem Gebiet ist das Marchfeld, zwischen Wien, der March und dem Südostrand des Weinviertels gelegen. Geologisch ist es ein Teil des sogenannten Wiener Beckens, einer flachen Senke zwischen Alpen und Karpatenbogen. Es entstand vor etwa 25 bis 20 Millionen Jahren zusammen mit den sich auffaltenden Alpen und Karpaten als ›intramontane Senke‹, die später von einem Meer geflutet wurde, dessen Sedimente zusammen mit fossilen Resten der Fauna den Untergrund des Wiener Beckens bilden. Das Marchfeld gilt zusammen mit der Donauaue als wärmste Region Österreichs. Eine Fläche von 900 Quadratkilometern ohne jede Erhebung umfasst diese weite Ebene, die in etwa von der Stadtgrenze Wiens im Westen, der Trasse der Ostbahn im Norden, der March im Osten und der Donauaue im

Zwischen Wien und der slowakischen Grenze

Unterwegs in den Donauauen

Süden begrenzt wird. Sie wird von Nordwesten nach Südosten vom Rußbach durchflossen, der bei Stockerau entspringt und nach 71 Kilometern bei Hainburg in die Donau mündet. Das Marchfeld ist landwirtschaftlich intensiv genutzt; der Spargel genießt Weltruf. Touristisch ist es besonders durch eine Vielzahl herrlichster Schlösser interessant. Donaubrücken gibt es nur bei Hainburg und in Bratislava.

Groß Enzersdorf

Unmittelbar an Wiens Katastergrenze liegt Groß Enzersdorf, wo es – noch – das einzige Autokino Österreichs gibt. Sehenswerter vielleicht ist die vollständig erhaltene **Stadtmauer** vom Ende des 14. Jahrhunderts. In Groß Enzersdorf verbrachte der Schauspieler Fritz Muliar (1919–2009) die letzten drei Jahrzehnte seines Lebens. In Deutschland wurde er vor allem als ›braver Soldat Schwejk‹ in einer 13-teiligen Fernsehproduktion von 1978 bekannt. Im nahen Markgrafneusiedl gibt es eine 1645 zerstörte Wehrkirche aus dem 14. Jahrhundert, die um 1810 zu einer gewaltigen Windmühle umgebaut wurde und 1862 durch einen Brand erneut vernichtet wurde. Durchaus besuchenswert ist auch ein kleines archäologisches **Museum** mit prähistorischen Funden aus der Region.

Obersiebenbrunn

In Obersiebenbrunn steht das erste der großen Schlösser des Marchfelds. Dieses **Schloss** war einst im Besitz des Prinzen Eugen, der es 1725 erweitern und einen großen Garten anlegen ließ. 2001 übernahm die koptische Kirche das Schloss und richtete darin ein Kloster ein. Der elliptische Gartenpavillon mit seinem ungewöhnlichen Schindeldach ist ein Werk Lukas von Hildebrandts (1729). Im Inneren fallen fast groteske Wandmalereien auf, die das Landleben auf mythologischer Ebene zum Gegenstand haben.

Naturschutzgebiet Weikendorfer Remise

Eine der wenigen Waldflächen des Marchfelds liegt östlich von Obersieben-

Die Auen bei Marchegg

brunn. Zu Maria Theresias Zeiten war das Marchfeld einer asiatischen Steppe nicht unähnlich. Diese Steppen breiteten sich nach und nach weiter aus, so dass man Waldungen anlegte, um die Erosion der dünnen Erdschichten zu verhindern. An einigen Orten – wie im Naturschutzgebiet Weikendorfer Remise – ist aber noch die ursprüngliche Steppenvegetation mit ihren Sandhügeln vorhanden. Es liegt östlich des ehemaligen Safariparks Gänserndorf, der seit 1973 keinem seiner Betreiber Glück gebracht hat – alle gingen bankrott. Am schnellsten erreicht man das Naturschutzgebiet vom Parkplatz auf der Hälfte des Weges von Gänserndorf nach Obersiebenbrunn oder auch von Weikendorf. Der Weg führt südwärts aus dem Ort heraus über das sogenannte Schreinerkreuz. Nahe Oberweiden lassen sich mit einigen grasbewachsenen Sanddünen ebenfalls Reste der ehemaligen Steppe finden. Man sieht sie am Sandberg nahe der Straße nach Schönfeld (Kompass-Wanderkarte 204, Weinviertel). In den Steppen, die im Winter durchaus russischen Landschaften ähneln, wurden 1940 die Außenszenen von Gustav v. Ucickys Film ›Der Postmeister‹ mit Heinrich George und Hilde Krahl gedreht. Mit der Annäherung an die March ändert sich der Charakter der Landschaft. Um den Fluss herum wachsen breite Auwälder mit vielen toten Flussarmen wie an der Donau.

▲ Karte S. 128

Marchegg

Marchegg (2900 Einwohner), das sich Storchenstadt nennt, liegt am Südsaum des vom WWF geschützten **Marchauen-Reservats**. Hier kann man neben Bibern, Graureihern und schottischen Rindern 60 brütende Storchenfamilien bewundern. Vom Parkplatz am westlichen Ortsrand lässt sich über einen beschilderten Weg die urwüchsige Au erkunden.

Marchegg ist eine geschichtlich bedeutsame Siedlung. Sie entstand als Gründung des Böhmenkönigs Ottokar 1268 als Bollwerk gegen die Ungarn und war als wichtige Grenzbastion mit 10 000 Bewohnern vorgesehen. Ottokars alte Burg ließ Graf Pállfy 1733 zu einem stattlichen Barockschloss umbauen, das heute ein **Jagdmuseum** beherbergt. Aus Ottokars Zeiten stammen Teile der **Stadtmauer** und zwei **Stadttore**: das Wiener und das Ungartor.

Schloss Marchegg

Ins Schlaglicht der Weltpolitik geriet Marchegg am 28. September 1973, als hier ein Zug mit sowjetischen Juden, die via Bratislava nach Österreich und weiter nach Israel ausreisen wollten, von Palästinensern gekapert wurde. Drei jüdische Emigranten und ein österreichischer Zollbeamter wurden als Geiseln genommen. Die Palästinenser wollten die weitere Einreise von Juden aus Osteuropa nach Israel verhindern, um dort das Judentum nicht erstarken zu lassen. Daher forderten sie die Schließung des österreichischen Transitdurchganglagers Schloss Schönau für diesen Personenkreis und freien Abzug. Die Regierung Kreisky gab diesen Forderungen am anderen Tag nach, was zu heftiger Kritik seitens der damaligen israelischen Ministerpräsidentin Golda Meir führte, die drei Tage später in Wien vorsprach. Letztlich verschlechterte sich die Situation für emigrierende Juden nicht, da im Dezember ein anderes Durchgangslager eröffnet wurde.

Zwischen Leopoldsdorf und Lassee

Der zentrale Teil des Marchfelds, vor allem das Gebiet zwischen Leopoldsdorf und Lassee, ist sehr dünn besiedelt und zählt zu den einsamsten Regionen des Landes. Doch bestehen nahe der March zwei weitere großartige Schlösser. Das **Kaiserliche Festschloss Hof** war ein Repräsentationsbau des Wiener Kaiserhofs. Ursprünglich eine befestigte mittelalterliche Wehrburg auf einem Hügel über der March, baute es Lukas von Hildebrandt für Prinz Eugen 1725–1729 zu einem der schönsten Barockschlösser und Österreichs größter Schlossanlage auf dem Land um. Ebenfalls von Hildebrandt stammt der großartige Park mit Brunnen, Heckenlabyrinth und zahllosen

Repräsentativ: Schloss Hof

Skulpturen, der in eindrucksvoller Weise über sieben Terrassen zur March hin absteigt. Wie ein eigenes Dorf säumt ein großer Meierhof das Schloss. 1756 kaufte Maria Theresia das Schloss und erweiterte es erneut. Während der Zeit Franz Josephs diente es als Ausbildungslager für Offiziere, sein Inventar wurde auf andere Schlösser verteilt. Die russische Besatzungsarmee nutzte es bis 1955 für den gleichen Zweck. Für die Niederösterreichische Landesausstellung ist es 1986 renoviert worden. Jeden Sommer findet ein großes Barockfest statt, bei dem dieses Zeitalter mit Tänzen der Epoche wie Menuett und Sarabande sowie einem Feuerwerk wiederbelebt wird. Gäste dürfen nur in barocker Kleidung erscheinen, Frauen ist der Zutritt nur bei barockem Körperbau möglich. Vom Garten genießt man eine schöne Sicht auf die Marchniederung, auf die jenseitig gelegenen Vororte von Bratislava und auf die Festung Devín (Theben), unterhalb derer die March in die Donau mündet.

Nur wenige Kilometer südwestlich liegt direkt an der B 49 nach Hainburg mit **Schloss Niederweiden** eines der

Hübsch: Schloss Niederweiden

kleineren Marchschlösser, das aber dennoch von majestätischer Wirkung ist. Manchmal wird es auch Schloss Engelhartstetten genannt; unter diesem Namen erbaute es Johann Bernhard Fischer von Erlach für Rüdiger von Starhemberg, den Kampfkommandanten von Wien während der Belagerung von 1683. Auch dieses Schloss kam später in den Besitz Prinz Eugens, von dessen Erben es Maria Theresia kaufte. Heute wird das Schloss für Ausstellungen und Veranstaltungen genutzt. Innerhalb des Schlossareals stehen Reste der Burg Grafenweiden, die im Mittelalter eine Grenzfestung gegen Ungarn war.

Nationalpark Donauauen

Eine der letzten großen natürlichen Flussauen Europas zieht sich von Wien nach Bratislava und weiter donauabwärts bis Komárom/Komárno. Auf österreichischem Gebiet ist die Aue seit 1996 als Nationalpark ausgewiesen. Hier fließt die Donau frei, ohne Eingriffen des Menschen ausgesetzt zu sein. Der Nationalpark nimmt 93 Quadratkilometer Fläche bei einer Fließstrecke von 40 Kilometern ein. Die Dynamik der Donau führt zu Pegelschwankungen von bis zu sieben Metern, wodurch die Flussauen-Landschaft immer wieder neu gebildet wird und Lebensräume für eine Vielzahl an Tieren und Pflanzen entstehen, aber auch vergehen können. Zwei Drittel des Nationalparks sind Auwald, ein Fünftel sind Wasserflächen, der Rest wird von Wiesen gebildet.

Bis ins 19. Jahrhundert war die Donau ein ungezähmter Fluss. Doch der Hochwasserschutz zwang zu regulierenden Maßnahmen und Begradigungen. Für die Schifffahrt musste eine gleichbleibende Tiefe der Fahrrinnen gewährleistet sein. Das führte zur Isolierung kleinerer Nebenarme, wobei der Marchfeldschutzdamm zusätzlich große Teile der Aue von der Donau abschnitt. Aber bis weit in die Nachkriegszeit blieb die Flussaue zum überwiegenden Teil nicht beeinträchtigt. Die Aue auf Wiener Stadtgebiet, die Lobau, wurde schon 1977 zum Biosphärenreservat der UNESCO erklärt. 1979 erhielten alle niederösterreichischen Donauauen den Status eines Landschaftsschutzgebiets,

▲ Karte S. 128

1983 wurden sie durch das Internationale Feuchtgebietabkommen (Ramsar-Konvention) ein weiteres Mal geschützt. Doch schon ein Jahr später drohte Gefahr: Der Bau des lange geplanten Hainburger Donaukraftwerks sollte beginnen. Damit wäre die Donauaue zerstört worden. Einer landesweit aktiven Umweltbewegung gelang der Stopp. Bei Beginn des Kraftwerksbaus besetzten tausende Menschen aus allen politischen Lagern in einer legendären Aktion den Auwald bei Stopfenreuth nahe Hainburg. Der Polizei gelang es nicht, die Menge zu vertreiben. Bei der österreichischen Bundesregierung setzte darauf ein Umdenken ein, das zu einer neuen Sicht auf die Einzigartigkeit der Auenlandschaft und ihrer Flora und Fauna führte. Es ließ die Entscheidung heranreifen, hier einen Nationalpark zu errichten.

Aber man überlässt in diesem Nationalpark die Natur nicht nur sich selbst. Flussregulierungen müssen zurückgebaut, die Altarme wieder an die Donau angeschlossen werden; durch den Uferrückbau entstehen die ursprünglichen Flachufer und Schotterbänke neu. In den Auwäldern verändert sich die Artenzusammensetzung des Baumbestands zurück zum Naturwald. Sieben Spechtarten konnten wieder heimisch werden, im Winter ist der Seeadler ein häufiger Gast geworden. Die Europäische Sumpfschildkröte, der Rothirsch, der Eisvogel und der Biber fanden ebenfalls ein neues Refugium in den Donauauen. Ein vielfältiges Besucherprogramm mit Wanderungen und Bootstouren, neben einer Fülle von Ausstellungen und Präsentationen, hat den Nationalpark seit fast 15 Jahren fest im Bewusstsein der Österreicher verankert (www.donauauen.at). Über den Weitwanderweg 07 und den Donauradweg ist der gesamte Nationalpark wunderbar zu erkunden (Wanderkarte Freytag & Berndt Nr. 13 Lobau-Hainburg).

Schloss Orth

An der vielbefahrenen B 3, am Nordrand der Aue, liegt Orth mit seinem um 1150 erbauten Schloss. Wie die anderen mittelalterlichen Marchfeldschlösser war es ursprünglich eine bewehrte Wasserburg und Grenzfestung. Der erste Türkeneinfall 1529 zerstörte es, worauf Nikolaus Graf Salms es um 1550 in der bekannten Form mit den vier markanten Ecktürmen wiedererrichten ließ, in der drei Flügel zwischen den Türmen um einen quadratischen Ehrenhof angeordnet sind. Nach 1657 lebte hier Eleonora von Gonzaga (1630–1686), die Witwe Kaiser Ferdinands III., eine der gebildetsten Adeligen jener Jahre. Im 18. Jahrhundert wurde das sogenannte Neuschloss angebaut, das Kronprinz Rudolf oft während seiner Jagden im Marchfeld benutzte. Heute sind im **Schloss** Museen zu Imkerei und Fischerei eingerichtet, außerdem gibt es ein kleines Donaumuseum und ein Regionalmuseum. Zur Zeit befinden sich diese in Renovierung, doch bietet

Das Nationalparkzentrum in Orth

Entlang der Donau

das Informationszentrum des Nationalparks Donauauen im Schloss dafür ausreichend Ersatz.

Schloss Eckartsau

Nur wenige Kilometer ostwärts liegt Schloss Eckartsau, das sich dem Besucher nicht sofort zeigt, sondern hinter hohen Bäumen und dichten Sträuchern versteckt. Auch dieses war im Mittelalter eine Wasserburg und Grenzfestung. Nach dem Aussterben der Eckartsauer Familie in der ersten Hälfte des 16. Jahrhunderts wechselte es sehr oft die Besitzer. Ferdinand von Kinsky ließ es dann 1720 von Johann Bernhard Fischer von Erlach zu einem eleganten Jagdschloss im Stil der Epoche umbauen. Es entstand ein Vierflügelbau mit einem imposanten Festsaal, den Deckengemälde von Daniel Gran (1732) mit der Verherrlichung der Jagdgöttin Diana schmücken. In habsburgischen Besitz gelangte Eckartsau 1762, doch begann es nach dem Tod Maria Theresias zu verfallen, sein Süd- und sein Osttrakt mussten 1820 abgerissen werden. Erzherzog und Thronfolger Franz Ferdinand veranlasste 1898 deren Wiederaufbau und die Renovierung der Gesamtanlage, insbesondere ließ er die großartige Treppenanlage des Wiener Palasts Harrach abtragen und in Eckartsau einbauen. Der Thronfolger floh oft vor den Intrigen der Wiener Hofkamarilla hierher und sucht Trost in der Natur. Wiederholt besuchte der deutsche Kaiser Wilhelm II. seinen Freund Ferdinand und ging mit ihm auf die Jagd.

Eine einschneidende Zäsur der österreichischen Geschichte ist auch mit dem Schloss verbunden: Österreichs letzter Kaiser Karl I. legte am 10. November 1918 die Regierungsgeschäfte nieder und siedelte mit seiner Ehefrau Zita und

Karl I., Foto von 1917

den Kindern nach Eckartsau über. Am nächsten Tag brachte der Sozialdemokrat Karl Renner die Verzichtserklärung zur Unterschrift ins Schloss. Die Wohnräume Karls I. sind originalgetreu renoviert, wie man auch sonst dem Schloss nichts mehr von den Schäden ansieht. Filmproduktionen über die Monarchie und deren Ende nutzen Eckartsau daher recht häufig.

Von Stopfenreuth, südöstlich von Eckartsau, wo 1984 die berühmte Auwaldbesetzung stattfand, lässt sich vom Parkplatz am Forsthaus auf einer etwa einstündigen Rundwanderung der zentrale Bereich der Aue bis zum Donauufer erkunden. Dabei kann man zu Fuß über die Donaubrücke nach Deutsch-Altenburg gehen.

Carnuntum-Petronell

Ruinen auf der südlichen Donauseite führen in die römische Zeit zurück: Carnuntum ist die größte archäologische Stätte Österreichs, und nirgendwo an

▶ Karte S. 128

der Donau hat römische Baukunst so die Zeit überdauert. Sogar der heutige Verlauf der B 9 Wien–Bratislava ist identisch mit dem der Via Principalis, die vor 2000 Jahren die Hauptstadt der römischen Provinz Pannonien, Carnuntum, mit dem Außenlager Vindobona (Wien) verband. Immer noch scheint römischer Geist diese Landschaft zu beseelen, nicht nur weil die schlanken Pappeln den Zypressen der italienischen Welt so sehr ähneln.

Um die Zeitenwende bildete die Donau die Nordgrenze des römischen Imperiums. Diese Grenze, der pannonische Limes, war mit zahlreichen Kastellen befestigt. Der alte Handelsweg der Bernsteinstraße, die entlang der flachen Auen den Fluss überquerte, ließ hier einen Ort entstehen, der sich während der Zeit des Kaisers Augustus zur größten Garnisonsstadt an der Donau entwickelte. Bis ins 4. Jahrhundert dauerte diese Zeit an. Es war die XIV. Legion, die mehrere Jahrhunderte diese Gegend bewachte.

Die angrenzende Zivilstadt besaß eine hohe Wohnkultur mit Heizung, Wasserleitung und Abwasserkanälen. Für Kultur und Belustigung stand ein großes Amphitheater bereit. Seine Blütezeit erlebte Carnuntum während der Regierungszeit Kaiser Marc Aurels (121–180), der hier während der Markomannenkriege sein Hauptquartier aufschlug. Sein Sohn Commodus ließ um 200 das Amphitheater vergrößern. Die neue Arena umfasste eine Fläche von 152 mal 68 Meter und bot Platz für 13 000 Zuschauer. Sie liegt etwa zwei Kilometer westlich des Zentrums von Petronell.

Im Jahr 308 stand Carnuntum sogar im Mittelpunkt der Innenpolitik des Römischen Reiches. Unter Kaiser Diokletian (um 240–312) tagte hier eine Konferenz, die den Streit um die wenige Jahre davor eingeführte neue Regierungshierarchie schlichten sollte. Diokletian hatte dabei einen gleichberechtigten Nebenkaiser und zwei ›Unterkaiser‹ eingesetzt. Als er fast 70-jährig abdankte, schickte er auch den Nebenkaiser in den Ruhestand, was diesem keineswegs gefiel. Innenpolitisches Chaos entstand, und um den Niedergang aufzuhalten, berief der pensionierte Diokletian jene Konferenz ein, die den Streit beendete.

Die Römerstadt als Rekonstruktion

Besucherin am ›Heidentor‹

Carnuntum wurde vermutlich kurz nach 350 durch ein Erdbeben teilweise zerstört. Um 435 fielen die Awaren und Hunnen ein, und nach 450 ist die Stadt endgültig aufgegeben worden. Die Ruinen wurden im Laufe der Jahrhunderte abgetragen, die festen Kalksteine für neue Bauwerke verwendet. Erst nach 1850 begann eine gezielte archäologische Erfassung des noch Vorhandenen, die bis zum Ersten Weltkrieg andauerte. Ein Museum mit den Funden wurde schon 1904 durch Kaiser Franz Joseph im nahen Deutsch Altenburg eröffnet. Seit 1996 lädt der **Archäologische Park Carnuntum** in moderner – auch multimedialer – Form zum Kennenlernen der Römerzeit ein. Die niederösterreichische Landesausstellung 2011 wird an diesem Ort die jahrtausendealte Entwicklung der Region präsentieren (www.roemerland-carnuntum.at, www.noe-landesausstellung.at). Das Freilichtmuseum, ein Teil des Archäologischen Parks Carnuntum, liegt in der Ortsmitte von Petronell. Hier hat man ein Wohnviertel der Zivilstadt Carnuntum originalgetreu nachgebaut. Etwa 250 Meter in Richtung Westen, von der Ortsstraße durch ein Tor durch die Schlossmauer zu erreichen, befindet sich die – frei zugängliche – Große Therme im Park des Petroneller Schlosses. Sie lag am nordwestlichen Rand der Zivilstadt und wurde erst 1939 freigelegt. Fälschlicherweise wird sie oft als Palastruine bezeichnet Gegenüber diesem Tor (Busparkplatz) an der Ortsstraße führt der Weg zum Heidentor, das ebenfalls kostenlos zugänglich ist. Dieses Wahrzeichen der Region ist vermutlich ein um 350 errichteter **Triumphbogen** für Kaiser Konstantin, der den westgermanischen Stamm der Quaden besiegt hatte. Das Amphitheater liegt etwa 600 Meter weiter in Richtung Wien. Zu ihm führt von der Ortsstraße (hier gibt es ebenfalls einen Parkplatz) ein kleiner Weg südwärts durch eine bukolische, von Pappeln bestandene Landschaft. Unter der weiten Ebene zwischen Amphitheater und Heidentor ruhen noch große Teile der alten Zivilstadt.

Wer etwa vier Stunden Zeit mitbringt, kann auf einem Rundweg (teilweise auf dem Weitwanderweg 02) den gesamten Bereich der alten Römersiedlungen und die Flussauen erwandern (Rother Wanderführer Weinviertel). Aber in Petronell gibt es auch noch Sehenswertes aus nichtrömischer Zeit, wie die **Johanneskapelle**, ein romanischer Rundbau aus der 1. Hälfte des 12. Jahrhunderts, die ursprünglich eine von den Tempelrittern erbaute Wehrkirche war. Sie besitzt einen seltsamen Grundriss in Form zweier sich schneidender Kreise. Daneben erhebt sich die **Pfarrkirche St. Petronilla** (um 1200) mit romanischem Triumphbogen sowie die ehemalige **Wasserburg**

▲ Karte S. 128

des Schlosses Petronell. Domenico Carlone baute sie 1660–1667 zu einer vierflügeligen Anlage um mit Springbrunnen im eleganten Innenhof und einer ungewöhnlichen Freitreppe, von der aus zwei Säulen den Treppenturm mit Uhr stützen. Hier wurden 1969 Szenen des Spielfilms ›Mayerling‹ mit Omar Sharif gedreht. Wegen Renovierungsarbeiten ist die Anlage bis 2011 nicht zugänglich.

Rohrau

Für Musikliebhaber empfiehlt sich ein Besuch des fünf Kilometer südlich gelegenen Rohrau. Zwar existiert hier auch ein Schloss der Grafen von Harrach, das die größte private Gemäldesammlung Österreichs beherbergt, doch berühmter ist Rohrau als Geburtsort Joseph Haydns. Dieser - wie auch sein Bruder Michael - kam hier am 31. März 1732 in einem schilfgedeckten Haus zur Welt, das seinem Vater, einem Wagnermeister, gehörte. Originales ländliches Interieur aus jener Zeit lässt das Leben in einem niederösterreichischen Bauernhaus im 18. Jahrhundert lebendig werden.

Bad Deutsch-Altenburg

Auf dem Gebiet des heutigen Bad Deutsch-Altenburg lag der militärische Teil Carnuntums. Hier finden sich noch Reste aus der Römerzeit, darunter ein **Amphitheater**. Vom Freilichtmuseum Petronell kommend, liegt das Amphitheater etwa zwei Kilometer außerhalb des Ortsendes von Petronell auf der linken Seite. Von Bad Deutsch-Altenburg kommend, findet man es nach einem halben Kilometer auf der rechten Seite, gekennzeichnet durch drei Fahnen. Hier gibt es auch einen Parkplatz.

Die heißen Quellen des späteren Deutsch-Altenburg wurden schon in der Antike benutzt. Sie gelten als die stärksten jodhaltigen **Schwefelquellen** Mitteleuropas. Rheumatiker, Gichtbrüchige und Hautkranke aus aller Welt kommen hierher, um Heilung zu suchen. Zu den weiteren Sehenswürdigkeiten zählt insbesondere die **Pfarrkirche Mariä Empfängnis** mit romanischem Langhaus, überhöhtem gotischen Chor und einem seltsamen, zinnengekrönten Turm, auf den - ganz ungewöhnlich - von außen ein Treppenaufgang führt. Auf dem

Haydns Geburtshaus in Rohrau

Joseph Haydn

Haydn auf einer Briefmarke 1959

Nur auf den ersten Blick ist Joseph Haydn (1732–1809) jener bieder-zopfige ›Papa Haydn‹, zu dem ihn die Musikkritik des 19. Jahrhunderts gemacht hat. Mozart schuf Werke von gleichsam apollinischer, überirdischer Schönheit, Beethoven erreichte in seiner Tonsprache Tiefen des Gefühls und der Leidenschaft, die bis dahin unbekannt waren. Haydn, die dritte zentrale Figur der Wiener Klassik, stand 30 Jahre lang in sicherer Stellung beim Fürsten Esterházy, was ihm ermöglichte, neue musikalische Formen oder Instrumentalkombinationen direkt zu erproben oder ganz allgemein in einem musikalischen Labor zu experimentieren. Er war im besten Sinn des Wortes ein bürgerlicher Meister.

Natürlich war Haydn ein Kind seiner Zeit und komponierte auch im ›galanten‹ Stil dieser Epoche. Seine großartigen Neuerungen und Formversuche waren nie so revolutionär, dass sie unmittelbar beim Hören spürbar wurden. Doch sind die kompositorischen Finessen tatsächlich so weitreichend, dass sie selbst weit über diejenigen Mozarts hinausgehen. Freilich eröffnen sie sich nur bei genauem Partiturstudium. Von kaum einem anderen Meister lässt sich behaupten, dass er schon zu Lebzeiten der berühmteste Komponist seiner Epoche war. Doch zwischen 1765 und seinem Tode war Haydn das wirklich. Aber schon wenige Jahre nach seinem Tode sank sein Stern. Für Robert Schumann war Haydn jemand, »den man respektvoll begrüße, aber der völlig aufgehört habe, spezielles Interesse zu erwecken«. Doch seit etwa 30 Jahren findet eine spürbare Haydn-Renaissance statt, und Haydns erstaunlich umfangreiches Schaffen ist heute bis auf einige marginale Werke vollständig auf Tonträgern zugänglich. Dennoch ist er unter den großen Meistern der Musik einer der unbekanntesten, nicht nur wegen seiner Biographie. Man weiß nicht viel über seine ersten 60 Lebensjahre, erst die Zeit ab 1790 ist stärker dokumentiert. Im Konzertbetrieb spielen die meisten seiner Schöpfungen, die alle musikalischen Gattungen einschließlich der Oper bedienen, keine Rolle. Für die Musikgeschichte stehen in diesem Gesamtwerk 104 Symphonien, 83 Streichquartette, drei große Oratorien und nicht zuletzt die Melodie der österreichischen Kaiserhymne und damit des Deutschlandliedes im Mittelpunkt. Die Gattung Sinfonie, die es ohne ihn in ihrer späteren Form nicht gäbe, führte er vor Beethoven und neben Mozart zu ihrem unerreichten Gipfelpunkt. Auch das Streichquartett gab es vor ihm so gut wie nicht. Leider maß sich seine Reputation in den letzten 200 Jahren niemals an dieser grandiosen Schaffensfülle. Aber vielleicht war es einfach dieses Zuviel an Meisterwerken, was das Interesse erlahmen ließ. Erst heute entdeckt man nach und nach die Werke wieder, die aufs Glücklichste Volkstümlichkeit, Gefühl und Intellektualität vereinen.

Kirchhof steht der spätromanische Karner mit einem schönen Stufenportal. Im ehemaligen Wasserschloss Ludwigsdorf befand sich bis vor einigen Jahren Österreichs einziges Afrika-Museum. Der Namenszusatz ›Deutsch‹ dient übrigens der Unterscheidung vom früheren Ungarisch-Altenburg (heute Mosonmagyaróvár in Westungarn).

Hainburg

Österreichs östlichste Stadt, ein mittelalterlich-barockes Kleinod mit rund 5900 Einwohnern, liegt nur knapp zehn Kilometer von der slowakischen Grenze entfernt. Als uralte Grenzfestung wurde Hainburg schon 1043 erstmals erwähnt, bereits im Nibelungenlied erscheint der Ort als Huniburch. Das Los, Grenzstadt zu sein, führte früh zu einem Ausbau der Befestigungsanlagen, die bereits im ersten Viertel des 13. Jahrhunderts in der heute noch bestehenden Form vollendet wurden. Die finanziellen Mittel dazu waren vorhanden, da die Staatskasse durch das Lösegeld für König Richard Löwenherz gut gefüllt war. 1252 heiratete Ottokar von Böhmen hier die fast 30 Jahre ältere Margarete von Österreich, eine Ehe, mit der er einen böhmisch-österreichischen Doppelstaat begründen wollte, die aber nicht lange andauerte. Die Türken setzten der Stadt 1529 und 1683 arg zu, was ihren Niedergang einleitete, der erst nach 1725 mit der einsetzenden Industrialisierung und der Tabakverarbeitung gestoppt werden konnte.

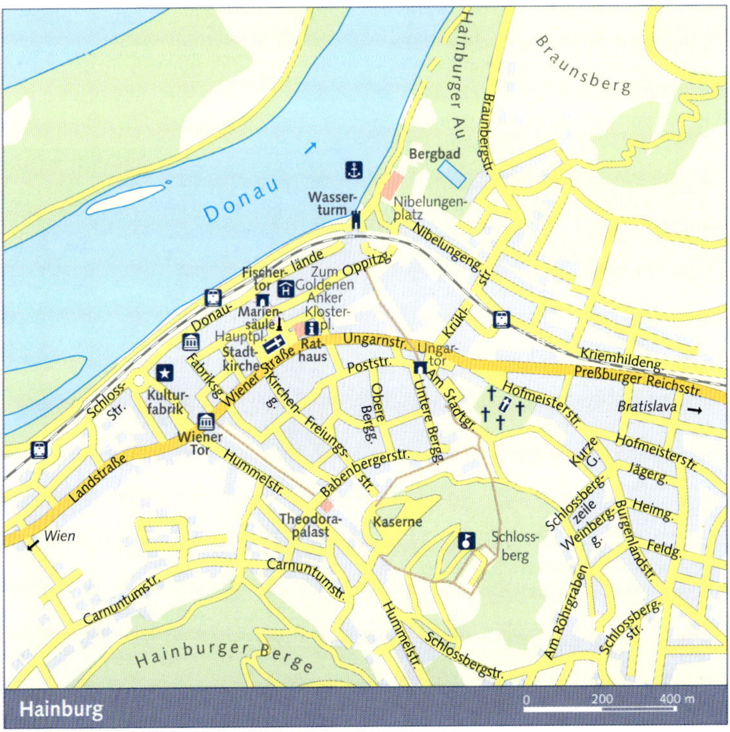

Hainburg

Sehenswürdigkeiten

Die östlichste der niederösterreichischen Stadtmauerstädte besitzt mit ihrer bis zu zehn Meter hohen und zweieinhalb Kilometer langen Stadtmauer, drei Toren und 15 Türmen eine der größten erhaltenen Stadtbefestigungen Europas. Von Westen her betritt man die Stadt durch das markante **Wiener Tor**, das Wahrzeichen Hainburgs. Es gilt mit 20 Metern Mauerwerkhöhe und einer 11 Meter hohe Dachkonstruktion als größtes noch bestehendes mittelalterliches Stadttor in Europa. In architekturkundlichen Bildbänden wird es als eines der schönsten Tore seiner Art gewürdigt. Im mittleren Tordurchgang befand sich im Spitzbogen einst ein Fallgitter. Seine untere Hälfte stammt aus dem ersten Drittel des 13. Jahrhunderts, den oberen Teil ließ Ottokar von Böhmen 1268 erbauen. Im Spitzbogentor war einst ein Fallgitter eingebaut. Im Tor befindet sich das Heimatmuseum mit Sammlungen zur Urgeschichte und zur Geschichte der Tabakproduktion, für die Hainburg früher bekannt war. Ergänzt wird es durch Exponate über die Geschichte der Karpatendeutschen, die unter anderem im früheren Preßburg (Bratislava) und in den Nordregionen der heutigen Slowakei lebten. Vor dem Tor und hinter seinem Gegenstück an der östlichen Stadtseite gibt es ausreichend Parkplätze.

Die Fabriksgasse führt hinter dem Tor zum **ehemaligen Minoritenkloster** hinab, in dem sich seit 1723 die Tabakmanufaktur befand. Seit 1980 ist hier ein Depot des niederösterreichischen Landesmuseums untergebracht. Ein weiteres großes Fabrikgebäude direkt am Donaufer ist die heutige **Kulturfabrik Hainburg**, ein landesweit beliebter Treffpunkt für geistvollen Gedankenaustausch mit Sonderausstellungen und Events (www.kulturfabrik-hainburg.at), gleichzeitig auch Lager des Archäologieparks Carnuntum.

An der Wiener Straße, die vom Tor zur Pfarrkirche führt, steht die gotische Synagoge aus der Zeit um 1340. Die ursprünglich frühgotische **Stadtkirche St. Jakob und Philipp** wurde nach einem Brand 1683 im Barockstil wieder aufgebaut. Die meisten Häuser im Stadtkern sind zwar vom Äußeren her barock oder klassizistisch, verfügen aber über einen gotischen Mauerkern. Das Haus Hauptplatz 4 besitzt einen schönen spätbarocken Arkadenhof. Die **Mariensäule** wird oft als schönste ihrer Art in Niederösterreich bezeichnet. Vom Kirchenplatz führt die Kirchengasse empor Richtung Burg. An der querenden Alten Poststraße steht der Pfarrhof – ungewöhnlicherweise fast 300 Meter von der Kirche entfernt. Dahinter befindet sich ein Karner vom Anfang des 13. Jahrhunderts

Das Wiener Tor, größtes mittelalterliches Stadttor in Europa

▸ Karte S. 139

und eine acht Meter hohe Lichtsäule von 1400. Die Freiungsstraße führt empor zu einem weiteren erhaltenen Stadttor.
An der Donaulände unmittelbar am Flussufer steht das **Fischertor** mit einer Kapelle, die 1780 zum Gedenken an die Türkenbelagerung errichtet wurde. In der engen Fischergasse metzelten die Osmanen am 11. Juli 16838432 Menschen nieder, da das Tor nicht mehr rechtzeitig zur Flucht geöffnet werden konnte. Einer der etwa 100 Überlebenden der Stadt war Thomas Haydn, der spätere Großvater Joseph Haydns. Der spätere Komponist ging 1737–1740 in Hainburg zur Schule, Plätze und Gedenktafeln erinnern an ihn. Die Nordostecke der Stadtmauer markiert der achteckige **Wasserturm**, auch Götzenturm genannt. Er ist der letzte Rest des sogenannten Götzenhofs, einst Wohnsitz der Herren von Röthelstein (April bis Okt. So 10–12 u. 14–17 Uhr). Vom Turm überblickt man wunderbar Fluss, Stadt und Aue. Das große Fabrikgebäude in der nahen Oppitzgasse gehörte einst ebenfalls der Tabakmanufaktur und wurde im 17. Jahrhundert als Franziskanerkloster erreichtet. Die josephinischen Reformen lösten wie überall im Land auch dieses Kloster auf.
Durch das **Ungartor** verlässt man die historische Innenstadt im Osten. Das Tor stammt aus der ersten Hälfte des 13. Jahrhunderts und ist damit älter als das Wiener Tor. Es wirkt seltsam archaisch, fast wie ein Römerbauwerk. Der zweite Stadtmauerturm, oberhalb des Ungartors, ist der höchste Turm der gesamten Stadtbefestigung. Gleich daneben steht der sogenannte **Theodorapalast**, der Rest eines Stadthauses von Adligen aus der Zeit um 1250. Am höchsten Punkt der Stadtmauer, den man ebenfalls vom Ungartor aus erreicht, erheben sich die Ruinen der mittelalterlichen Burg mit Resten von Wohngebäuden, Palas und Turm sowie der Pankratiuskapelle aus dem 12. Jahrhundert, der späteren Georgskapelle, in der Ottokar von Böhmen heiratete. Nach 1529 begann die Burg zu verfallen. Sie war nicht mehr bewohnt, wurde aber bis ins 18. Jahrhundert noch militärisch genutzt.

Wanderungen

Die **Hainburger Berge** ziehen sich auf zehn Kilometer Länge im Süden der Stadt bis an die ungarische Grenze heran. Geologisch gehören sie bereits den Karpaten an, bestehen im wesentlichen aus Graniten und Gneisen, die von Quarziten, Dolomiten und Kalken überlagert werden und die für die besondere Trockenvegetation verantwortlich sind. Auch die Lage an der Grenze zwischen pannonischem und kontinentalem Klima lässt diese besondere Flora wachsen. Die Hainburger Berge haben durch ihre teils schroffen Abhänge fast alpinen Charakter. Sie bieten herrliche Wandermöglichkeiten: Der Aufstieg zum 480 Meter hohen **Hundsheimer Berg** vom Wiener Tor über Hummel-, Marc-Aurel- und Carnuntumgasse dauert knapp zwei Stunden und ist ein besonderes Erlebnis. Von dort geht es weiter südwärts zum Hexenberg bei Hundsheim, von wo aus man über einen ostwärts gerichteten Bogen wieder Hainburg am Ungartor erreichen kann (Rother Wanderführer Weinviertel).
Ein romantischer Spazierweg führt nordwärts am Donauufer entlang in die **Hainburger Au**, zur **Ruine Röthelstein** am Nordfuß des Braunsberges, zu dem auch ein Aufstieg lohnt. Er führt durch blühende Wiesen, Felsen und bewaldete Hänge empor; mit etwas Glück begeg-

net man Smaragd-Eidechsen, Wiedehopfen und sogar Gottesanbeterinnen. Auf dem Gipfel des Braunsberges stehen Relikte einer keltischen Wallburg aus der Zeit um 150 v. Chr. Grandios ist der Ausblick donauaufwärts und marchaufwärts, hinüber zur Ruine Devín und nach Bratislava, dessen Burg aus der Ferne herüberglänzt. Für die Wanderung auf den Braunsberg parkt man am besten beim Bergbad an der Braunsbergstraße.

Die Umgebung

Eine Fahrstraße zweigt am östlichen Ende von Hainburg von der Preßburger Straße ab und führt über die Eisenbahn hinweg ostwärts um den Braunsberg herum. Am Golfplatz vorbei endet der Weg an der Donau, über einen kurzen Fußweg durch den Wald kommt man ans Ufer, wo gegenüber, schon auf slowakischem Gebiet, die Ruine Devín (Theben) glänzt. Ein herrliches Panorama!

Fährt man auf der Fernstraße weiter Richtung Bratislava, erscheint hinter Wolfsthal, am anderen Donauufer, Bratislavas westliche Trabantenstadt Karlova Ves. Bald scheint das markante Geviert der alten Preßburger Burg hoch über der Donau auf, kontrastiert vom futuristischen südlichen Brückenturm der Bratislaver Donaubrücke. Eine Stippvisite im barocken Bratislava sollte man bei ausreichend Zeit unbedingt einplanen.

Der östliche Teil der Hainburger Berge erreicht mit der **Königswarte**, Österreichs östlichstem Berg, nochmals eine Höhe von 344 Metern. Unterhalb davon grüßt die **Ruine Pottenburg** ins Donauland und weit nach Ungarn hinein. Von der Tankstelle am östlichen Ortsrand von Wolfsthal (Wanderweg E 8) lohnt der Aufstieg auf die Königswarte und den dortigen Aussichtsturm unbedingt: Der Blick in die weite, stromdurchglänzte Au ist phantastisch.

Blick vom Braunsberg über die Donau nach Westen

▲ Karte S. 128

Von Wien bis zur slowakischen Grenze

Stadtgemeinde Marchegg, Hauptplatz 30, 2293 Marchegg, Tel. 02285/710011, www.marchegg.at.

Gemeindeamt Petronell-Carnuntum, Kirchengasse 57, 2404 Petronell-Carnuntum, Tel. 02163/2228.

Regionalbüro Auland-Carnuntum, Hauptsr. 3, 2404 Petronell, Tel. 02163/3555, www.aulandcarnuntum.com.

Tourismusbüro und Kurverwaltung Bad Deutsch-Altenburg, Erhardgasse 2, 2405 Bad Deutsch-Altenburg, Tel. 02165/62459, www.bad-deutsch-altenburg.gv.at.

Informationsbüro Hainburg, Ungarstraße 3, 2410 Hainburg, Tel. 02165/621123, www.hainburg-donau.gv.at, sonntags ist eine Infostelle im Wiener Tor geöffnet.

Gasthof March-Eck, Hauptplatz 5, 2293 Marchegg, Tel. 02285/8556, www.weinviertel.net/marcheck, p.P. im DZ 25 €.

Gasthof Prinz Eugen, Prinz-Eugen-Str. 3, 2294 Schlosshof, Tel. 02285/6350, p.P. im DZ 25 €.

Hotel Marc Aurel, Hauptstr. 10, 2404 Petronell-Carnuntum, Tel. 02163/2285, www.hotelmarcaurel.at, p.P. im DZ 33 €.

Hotel-Restaurant Zum goldenen Anker, Donauländе 27, 2410 Hainburg, Tel. 02165/648, www.goldeneranker.at, DZ für zwei Personen 72–88 €. Sehr schönes historisches Haus am Donauufer mit Außenterrasse unmittelbar am Fluss.

Harrachsche Gemäldesammlungen Schloss Rohrau, Tel. 02164/2253, Ostern bis Allerheiligen Di–So 10–17 Uhr.

Haydn-Geburtshaus, Obere Hauptstr. 25, 2471 Rohrau, Tel. 02164/2268, Di–So 10–16 Uhr.

Historisch-Archäologisches Museum, Museumsstraße 1, 2282 Markgrafneusiedl, Tel. 02248/2441, www.oeab.at/museum.htm, Mai bis Okt. Sa 13–17 und nach Vereinbarung.

Schloss Hof, 2294 Schlosshof 1, Tel. 02285/20000, www.festschlosshof.at, April bis Okt. tgl. 10–18 Uhr.

Nationalparkzentrum Schloss Orth, 2304 Orth/Donau, Tel. 02212/3555, www.donauauen.at, 21. März bis Sept. tgl. 9–18, Okt./Nov. 9–17 Uhr.

Kaiserliches Jagdschloss Eckartsau, 2305 Eckartsau, Tel. 02214/2240. Besichtigung nur mit Führung April bis Ende Okt. Sa/So 11 und 14 Uhr, zu anderen Zeiten bei mindestens 6 Personen mit Voranmeldung.

Archäologischer Park Carnuntum, Hauptstr. 3, 2404 Petronell, Tel. 02163/3377799, www.carnuntum.co.at, Mitte März bis Mitte Nov. tgl. 9–17 Uhr.

Archäologisches Museum Carnuntinum, Badgasse 40–48, 2405 Bad Deutsch-Altenburg, Tel. 02165/33770, www.carnuntum.co.at, Mitte März bis Mitte Nov. Mo 12–17, Di–So 10–17 Uhr.

Stadtmuseum Wiener Tor, 2410 Hainburg, www.wienertor.at, Mai bis Ende Okt. So 10–12 u. 14–17 Uhr.

Campingplatz Peiritsch, Brucker Str. 28, 2404 Petronell, Tel. 02163/2989, www.tennishalle-peiritsch.at.

›Weltalte Landschaft‹

Wilhelm Franke

Das Waldviertel

Man sagt dem Waldviertel Mystik nach. Diese Landschaft, oft nebelverhüllt, voller archaischer Kargheit und Einsamkeit, am oft unbeachteten Rand Österreichs gelegen, ist eine Sehnsuchtslandschaft und außerhalb Österreichs kaum bekannt. Diese nördlichste Region Niederösterreichs und überhaupt Österreichs unterscheidet sich von anderen Gebieten des Landes durch ihren geologischen Untergrund. Er wird überwiegend von Graniten und Gneisen gebildet, der sogenannten Böhmischen Masse zugehörig, die innerhalb Österreichs sonst nur im nördlichen Oberösterreich vorkommen. Dabei handelt es sich um die ältesten Gesteine des Landes überhaupt. Vielleicht ist es dieser Boden, der weiten Teilen des Waldviertels jenen archaischen, rauhen, unberührten Zug gibt, der anderso in Österreich nicht zu finden ist (s. S. 126).

Der Waldviertel Tourismus in Zwettl ist der Dachverband aller erwähnten lokalen Tourismusinformationen und für alle touristischen Fragen der erste Ansprechpartner (Hauptplatz 4, 3910 Zwettl, Tel. 028 22/541 09, www.waldviertel.or.at). Aus reisepraktischen Gründen werden die meisten der donaunahen Regionen des Waldviertels im Kapitel ›Entlang der Donau‹ behandelt.

Am Eingang zur Burg Rappottenstein

▲ Karte S. 147

An der böhmischen Grenze

Die abseitige Lage der grenznahen Waldviertler Regionen führte dazu, dass sich hier der archaische Charakter des Landes stärker als anderswo erhalten konnte. Dazu zählen die moosbewachsenen Felsgiganten und dunklen Wälder, die manches Rätsel zu bergen scheinen. Nicht von ungefähr gilt dieser Teil des Landes als Region geheimnisvoller Kräfte, die viele esoterisch Interessierte anzieht.

Gmünd

Gmünd (5800 Einwohner) ist der Verwaltungssitz von Österreichs nördlichstem Bezirk und unmittelbar an der tschechischen Grenze gelegen. Ihren Namen trägt die Stadt, da hier die beiden Flüsse Lainsitz und Braunau zusammenkommen. Die von Kolonisten auf Befehl Hadmars II. von Kuenring (1182–1217/18) angelegte Stadt war von Anfang an eine Grenzfeste, die nicht nur immer wieder von den unterschiedlichsten Feinden bis weit ins 19. Jahrhundert hinein heimgesucht wurde, sondern auch das Unglück hatte, im 14. Jahrhundert durch Meteoritenfälle beschädigt zu werden. Allerdings sind von diesen kosmischen Besuchern keine Bruchstücke erhalten.

Nach dem Ersten Weltkrieg fiel durch den Vertrag von St. Germain die Bahnhofsvorstadt jenseits der Lainitz an die neugegründete Tschechoslowakische Republik und trug fortan den Namen České Velenice. Ein Bombenangriff vom 23. März 1945 zerstörte große Teile der Stadt, die sich bis 1990 wegen ihrer Randlage nie recht hat erholen können, wie es auch in anderen grenznahen Orten des Waldviertels der Fall war. Als bekanntester Sohn der Stadt gilt der in

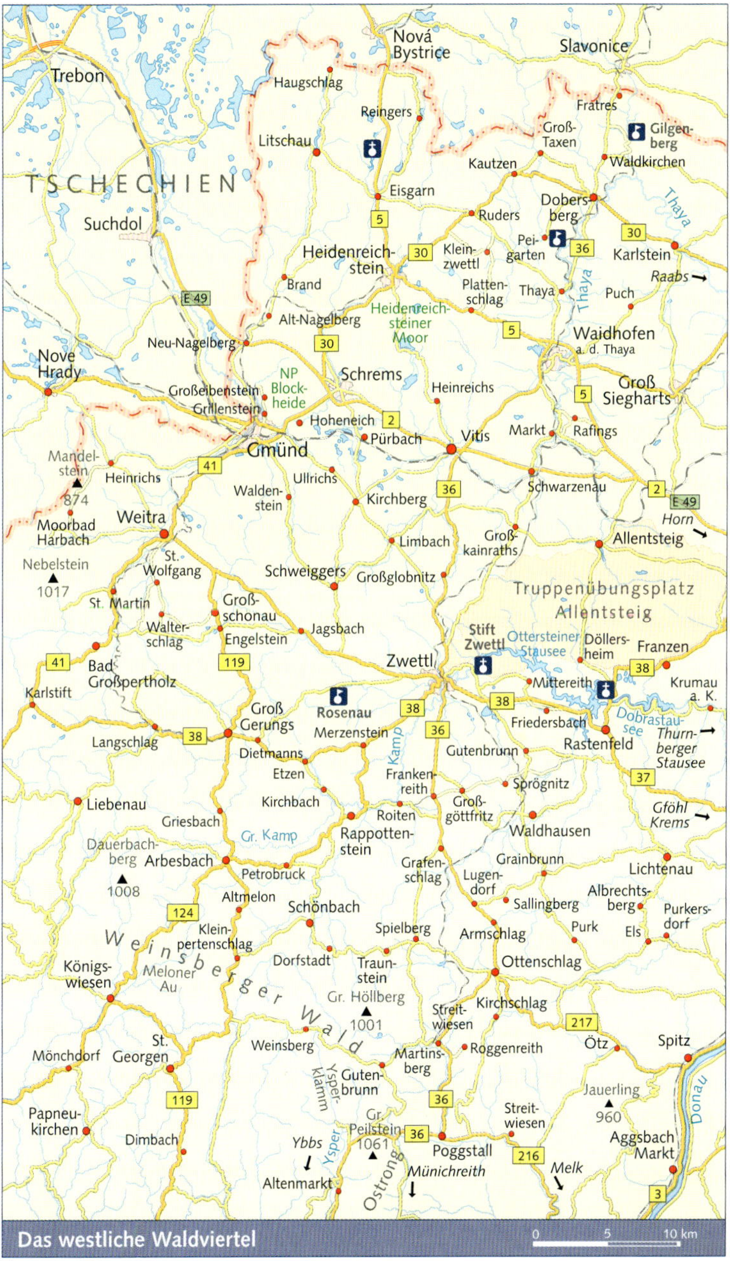

Das westliche Waldviertel

Österreich populäre Kampfflieger Walter Nowotny (1920–1944), der auf dem Wiener Zentralfriedhof beigesetzt ist.

Die Franz-Josefs-Bahn verbindet Gmünd mit Wien. Die 1870 eröffnete Strecke verlief damals weiter über Budweis bis ins westböhmische Eger. Die zweieinhalb Stunden dauernde Fahrt nach Wien führt über Allentsteig, Eggenburg und Tulln. Auch heute ist die Franz-Josefs-Bahn ein wichtiges infrastrukturelles Element des Waldviertels. Und seit 2005 verläuft sie auch wieder ins Böhmische hinein, womit zumindest Budweis (České Budějovice) wieder direkt mit Wien verbunden ist.

Sehenswürdigkeiten

Zentrum der Stadt ist der langgestreckte Hauptplatz mit dem freistehenden **Alten Rathaus** in der Mitte. Das Renaissancegebäude scheint etwas zu klein geraten und erinnert eher an eine Kapelle. Es diente bis 1888 seinem ursprünglichen Zweck. Im Obergeschoss ist seit kurzem das **Stadtmuseum** untergebracht.

Das Alte Rathaus in Gmünd

▲ Karte S. 143

Blickfang auf dem Platz sind aber zwei prachtvolle **Sgraffito-Häuser.** Das Haus mit der Nummer 31 von 1565 ist bedeckt mit ornamentalen, fast teppichartigen Mustern, die Nummer 33 (um 1600) zeigt dagegen Szenen aus der griechischen Sagenwelt. Nummer 35 hat eine schöne Empire-Tür aus der Zeit um 1800. Im Haus Hauptplatz 34 informiert das **Glas- und Steinmuseum** über die traditionelle Glas- und Granitindustrie des Waldviertels. Besuchenswert ist auch das **Schaumuseum Alte Schmiede**, Hauptplatz 11, eine historische Huf- und Wagenschmiede (Öffnungszeiten nach Anfrage im Touristenbüro). Die gotische, innen aber barock umgestaltete **Pfarrkirche St. Stephan**, erbaut nach 1215, liegt etwas abseits des Platzes. Sehenswert sind ihre gotischen und barocken Fresken.

Das älteste Gebäude der Stadt liegt am anderen Ende des historischen Kerns. Das **Schloss**, ursprünglich aus dem 12. Jahrhundert, ist eine alte Wasserburg der Kuenringer, sein heutiges Aussehen hat es jedoch im 16. Jahrhundert erhalten. Schön ist das Eingangsportal mit der Wappenkartusche. Das Schloss kann nicht besichtigt werden, da es jetzt ein privates Wohnhaus ist. Im öffentlich zugänglichen Schlosspark gibt es ein Palmenhaus und seltene Pflanzen zu bewundern.

Unweit der Umfahrungsstraße 41 (Abfahrt Gmünd West) liegt südlich des Zentrums im Ortsteil Neustadt an der Dr.-Karl-Renner-Straße/Lagerstraße ein besonderer **Friedhof**. Der Ortsteil Neustadt entstand während des Ersten Weltkriegs um ein riesiges Flüchtlingslager, das Menschen aus den östlichen Regionen der Monarchie – Galizien, Bukowina – aufnahm, nachdem diese in russische Hand gefallen waren. Viele der

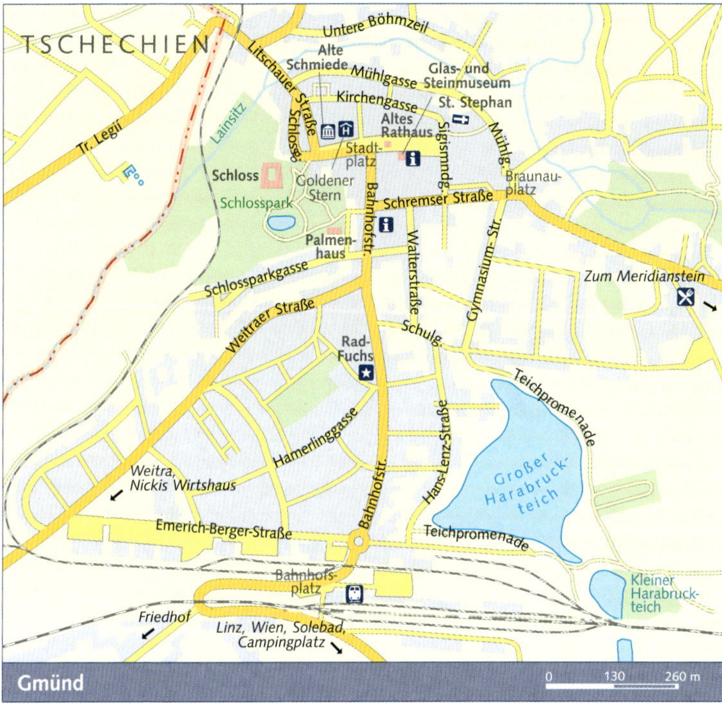

insgesamt 30 000 Flüchtlinge starben an Entkräftung und Krankheiten und sind hier beigesetzt. 1919 wurde das Lager aufgelöst.

Eine große Attraktion ist das **Sole-Felsenbad** südlich der Innenstadt am Asangteich, das man über die Umgehungsstraße, Abfahrt Gmünd-Mitte, erreicht. 34 Grad warmes Wasser ist hier mit Sole aus dem Salzkammergut versetzt. Die Felsen-Sauna-Landschaft dieses Bads ist österreichweit einzigartig. Zum Bad gehört auch ein Campingplatz.

Die Waldvierteler Schmalspurbahnen

In Gmünd beginnen seit 1902 zwei Schmalspurbahnlinien (Spurbreite: 760 mm). Ein ›Nordast‹ führt in knapp eineinhalb Stunden nach Litschau, wobei es einen Abzweig nach Heidenreichstein gibt. Ein ›Südast‹ verläuft über Weitra nach Groß Gerungs; diese Fahrt dauert gut zwei Stunden. Man kann auch von Litschau über Gmünd ohne Umsteigen über beide Routen in knapp vier Stunden bis Groß Gerungs fahren.

Es handelt sich bei beiden ›Ästen‹ um landschaftlich schöne Bahnstrecken, und besonders spektakulär ist die Fahrt über den Waldviertler Semmering und sein weltabgeschiedenes Umland bei Großpertholz auf der Südstrecke. Der offizielle Bahnbetrieb der ÖBB auf diesen Linien wurde aus Kostengründen 2001 eingestellt, eine Privatisierung als Museumseisenbahn konnte sich aber bald konsolidieren.

Unterwegs im Nostalgiezug

Naturpark Blockheide

Ganzjährig frei zugänglich und vielbesucht ist der Naturpark Blockheide. Hier hat die Verwitterung große Granitmassen in einzelne Blöcke zerspringen lassen. Die Landschaft erinnert sehr an norddeutsche Landschaften mit eiszeitlichen Findlingen, doch wirkt sie viel imposanter. Einige der großen Granitfelsen liegen gut ausbalanciert auf einer kleinen Fläche und können als ›Wackelsteine‹ selbst von Kindern bewegt werden. Nirgendwo in Österreich sind Felsen, Fischteiche und Birkenhaine so pittoresk konzentriert. Der Naturpark liegt nur etwa einen Kilometer östlich des Zentrums an der Straße Grillenstein–Großeibenstein.

Durch die Felsenlandschaft führen verschiedene Lehrpfade; ein **geologisches Freilichtmuseum** erläutert alle in Niederösterreich vorkommenden Gesteinsarten, und von einem Aussichtsturm hat man einen überwältigen Blick auf das Meer der Felsen. Durch den Park verläuft übrigens der 15. Meridian östlicher Länge.

Die wahrscheinlich populärste Wanderung im ganzen Waldviertel verläuft durch diesen Naturpark. Man kann sie, ausgehend von den Parkplätzen in Grillenstein oder Großeibenstein, auf einem Rundweg in weniger als zwei Stunden bewältigen. (Infozentrum: April bis Oktober tgl. 10–18 Uhr; Obacht: Es befindet sich innerhalb des Naturparks, zehn Fußminuten vom Eingang entfernt).

Durch die Blockheide führt, von Gmünd kommend, der 77 Kilometer lange und leicht zu befahrende **Waldviertler Wasserlandschafts-Radweg**, der – als Rundweg angelegt – von hier über Brand nach Heidenreichstein und von dort über Schrems und Kirchberg zurück nach Gmünd verläuft. Er ist auch gut für Familien mit Kindern und für Gelegenheitsradler geeignet.

Gleich hinter der Ausfahrt Gmünd-Ost der Umgehungsstraße befindet sich die 1849 gegründete **Textilfabrik Backhausen**, eine Anlage von industriegeschichtlicher Bedeutung. Verschiedene Dekor-Entwürfe der ›Wiener Werkstätte‹ von Otto Wagner und anderen Designern wurden hier in Produktion gebracht. Das Unternehmen genießt noch immer Weltruf, Einkaufsmöglichkeiten sind vorhanden.

▸ Karte S. 147

Die Kuenringer

Die Kuenringer erscheinen im Waldviertel allerorten als Namensgeber von Gasthöfen, Radwanderwegen, Tavernen und anderem. Sie waren ein Adels- und Ministerialengeschlecht in der Wachau und im Waldviertel. Zunächst nur Unfreie, wurden sie durch Heirat und treue Dienste gegenüber den Landesfürsten geadelt. Als ihr Stammvater gilt ein Azzo von Gobatsburg, der mit den Babenbergern um 1050 in das spätere Niederösterreich gekommen ist und 1056 in einem nicht zu lokalisierenden Ort Hecimanneswisa belehnt wurde. 1132 erscheint ein Hadmar (I.) von Chuonringen erstmals in den Annalen. Vermutlich ist damit der Ort Kühnring bei Eggenburg im östlichen Waldviertel gemeint, der daher als Stammsitz der Kuenringer gilt.

Die Familie konnte großen Landbesitz erwerben, auch hatten sie großen Anteil an der kulturellen Entwicklung des Lands. Hadmar I. von Kuenring gründete beispielsweise das Stift Zwettl. Unter Hadmar II. von Kuenring (um 1140-1217) stand die Familie im Zenit ihrer Macht und ihres Ansehens. Im Jahr 1192 hielt er den englischen König Richard Löwenherz auf Weisung des Babenbergerherzogs Leopold V. auf Burg Dürnstein gefangen. Hadmar II. errichtete von 1201 bis 1208 auch die Stadt Weitra.

Im Stifterbuch des Klosters Zwettl, der sogenannten ›Bärenhaut‹, wird Hadmar als Förderer und Wohltäter des Klosters genannt. Jene Bärenhaut berichtet über seinen Tod: Hadmar folgte dem Aufruf zum Kreuzzug, den Papst Innozenz III. 1215 verkündet hatte, doch erkrankte er bei der Ankunft im Heiligen Land und starb am 22. Juli 1217. Seine Gefährten kochten die Leiche, trennten entfernten das Fleisch und nahmen die Knochen wie auch Herz und die rechte Hand Mühen mit in die Heimat und bestatteten Hadamars Reste im Kloster Zwettl.

Doch Reichtum und Ansehen verleiteten sie zum Übermut und zum Krieg gegen die babenbergischen Landesherrn, was 1230 mit einer Niederlage der Kuenringer endete. 1278 schlugen sie sich auf die Seite Ottokars von Böhmen im Krieg um Österreich gegen die Habsburger. Ottokar verlor diesen Streit, womit auch die Tage der Kuenringer gezählt waren. Denn die Habsburger, die jetzt die Landesherren wurden, vergaßen dies nicht: Von 1291 ging die Familie Kuenring nach und nach aller ihrer Territorien verlustig, insbesondere nach einem letzten verzweifelten Aufstand gegen Habsburg 1295; sie besaß zuletzt nur noch geringe Besitztümer im Weinviertel. Verarmt starb der letzte Kuenringer, Johann VIII. Ladislaus, 1590.

Azzo von Kuenring und drei Ritter (um 1310)

In der Blockheide

Hoheneich

Sehenswert ist die kleine, spätbarocke **Wallfahrtskirche** (1784) in Hoheneich, drei Kilometer östlich von Gmünd. Um die noch aus dem Mittelalter stammende ›Mirakeltür‹ neben dem Taufstein rankt sich folgende Sage: Der Patronatsherr Kollonitsch war im 16. Jahrhundert zum Protestantismus übergetreten und wünschte das auch von seinen Untertanen. Daher ließ er die Wallfahrtskirche schließen. Doch wollten die Untertanen keineswegs vom alten Glauben abfallen und brachen immer wieder die Türe auf. Schließlich ließ der Graf diese zumauern, doch sprang sie, als wieder einmal eine Prozession heranzog, von selbst auf. Der Graf kehrte, erschüttert von dem Vorfall, zum Katholizismus zurück.

Schrems

▶ Karte S. 147

Schrems ist neben Zwettl und Weitra eine der drei großen Waldviertler Bierstädte. Die Stadt ist unübersehbar von der hier ebenfalls vorherrschenden Granitindustrie geprägt, und hier befindet sich Österreichs einzige Steinmetzschule.

In Schrems lohnt nicht nur ein Blick auf das **Schloss** von 1635 mit seiner prunkvollen Westfassade und den zwei Toren, sondern auch der Besuch des etwas abstrakten **Kunstmuseums**, das sich als ›Erlebnismuseum für Kreativität und Fantasie‹ versteht, mit seinem großen Skulpturenpark. Es ist aus einem 1992 gegründeten privaten Designcenter hervorgegangen. Außerdem gibt es hier ein Natur-Moorbad (Tel. 028 53/774 83) und das zugehörige Moor, das als **Naturpark Schremser Moor** ausgewiesen ist. Mit einer Fläche von 300 Hektar ist es das größte Hochmoor Niederösterreichs. Nicht versäumen sollte man, die berühmte ›Himmelsleiter‹ im Moor zu besteigen. Der WWF initiierte nahe des Moorbads das ›Unterwasserreich‹, eine Art riesiges Aqua- und Terrarium mit Moorbewohnern, Unterwasserzoo, Forschungslabor und Fischotterbecken.

Die Umgebung

Pürbach südlich von Schrems ist durch das private **Wald4tler Hoftheater** bekannt, das Harald Gugenberger 1985 gegründet hat. Es ist keine Bauernbühne, sondern ein hochprofessionelles Ensemble, das ›Theater für alle Menschen dieser Welt‹ machen will. Pürbach hat durch das Hoftheater überregionalen Ruf erlangt, und Karten sind begehrt (www.w4hoftheater.co.at, Tel. 02853/78469).

An der Straße Pürbach-Hoheneich zählt der **Mitterteich** zu den beliebtesten Naherholungsgebieten. Auch eine Jausenstation gibt es hier. Um die zahlreichen Teiche um Pürbach bieten sich bequeme Radrundfahrten an (siehe Kompass-Wanderkarte Waldviertel Nr. 203).

In **Alt-Nagelberg** und **Neu-Nagelberg**, nordwestlich von Schrems, ist traditionell die **Glasindustrie** beheimatet. Allerdings sind von den über hundert Glashütten, die es im 16. Jahrhundert im nördlichen Waldviertel gab, nur noch wenige vorhanden; zu groß war der Raubbau an den Wäldern wegen des benötigten Brennholzes. Um diesen zu beenden, mussten die meisten Glashütten schon im 19. Jahrhundert schließen. Nur in Nagelberg haben einige Betriebe überlebt, darunter die Glasfabriken Zalto (Neu-Nagelberg 58, Tel. 02859/7237), Apfelthaler (Alt-Nagelberg 4, Tel. 0664/5738256) und Stölzle. Hier kann man bei der Glasherstellung zusehen und schöne Glasgegenstände erwerben, Kinder dürfen sich auch selbst einmal als Glasbläser versuchen (www.nagelberger-glaskunst.at, www.glasregion.at).

Das moderne Kunstmuseum in Schrems

Die pittoreske Wasserburg

Heidenreichstein

In Heidenreichstein steht das Musterbild einer Ritter- und Märchenburg. Diese **Wasserburg**, die auf das Jahr 1160 zurückgeht und von dem Burggrafen Heidenreich von Gars-Eggenburg als Grenzburg gegen Böhmen errichtet wurde, ist sicherlich eine der grandiosesten Burgen ihrer Art in Österreich, allein ihre Lage, auf drei Seiten von Wasser umgeben und auf einem Felsen thronend, einzigartig. Die Burg wurde nie eingenommen, kein Feind wagte sich heran. Ihr heutiges Aussehen mit den vier Flügeln erhielt sie durch mehrere Um- und Ausbauten zwischen dem 14. und 17. Jahrhundert, vor allem zwecks besserer Verteidigung während der Türkenkriege. Ursprünglich der Familie Pálffy gehörig, ist die Burg seit 1961 im Besitz der Kinskys. Die Dichterin Marie von Ebner-Eschenbach (1830–1916) war mit dieser Familie verwandt, deshalb befindet sich ihre Bibliothek auf der Burg. Ein Ingeborg-Bachmann-Park erinnert an die bedeutende Schriftstellerin (1926–1973), die in ihrer Kindheit oft ihre hier lebenden Großeltern besuchte.

Der Zugang zur Anlage erfolgt über zwei Zugbrücken. Der Bergfried ist der älteste Teil der Burg, auch sein gotischer Dachstuhl ist original erhalten. Da die Mauern des Turms drei Meter dick sind, bleibt innen ledigkich ein Viertel der Grundfläche als benutzbare Fläche übrig. Insgesamt 82 Zimmer, Säle und Kammern beherbergen Mobiliar aus der langen Burggeschichte, darunter einen tausendjährigen Tisch.

Die Umgebung

Durch das **Heidenreichsteiner Moor**, an der B 5 nach Waidhofen gelegen, führt ein knapp drei Kilometer langer Lehrpfad. Hier werden von Mai bis September geführte Moorwanderungen angeboten, während der man mit etwas Glück dem Rundblättrigen Sonnentau, einer fleischfressenden Pflanze, bei seiner Mahlzeit zusehen kann.

Die **Maria-Himmelfahrt-Kirche in Eisgarn**, sechs Kilometer nordwestlich, ist eine dreischiffige frühgotische Basilika, doch ist die imposante Propstei (erbaut 1680–1790) weitaus eindrucksvoller. Eisgarn ist mit drei Geistlichen das kleinste Stift Österreichs.

Drei Kilometer nördlich davon, an der Bundesstraße 5 (Straßenkilometer 33), liegt die **Koloman-Kapelle**, die 1713 auf einem vermutlich keltischen Opferstein errichtet wurde. Der Ort wird als Rastplatz des Pilgers Koloman angesehen, den man 1012 wegen angeblicher Spionage zum Tode verurteilte und der der erste Nationalheilige Österreichs war, bis man ihn durch den Babenberger Leopold III. ersetzte.

▲ Karte S. 147

Und noch eine Burg: Litschau

Litschau

Litschau (etwa 2400 Einwohner) liegt sieben Kilometer vor der tschechisch-mährischen Grenze und ist damit Österreichs nördlichste Stadt. Sie weist einen weiteren Superlativ auf: Am Bahnhof befindet sich seit dem Jahr 1900 der nördlichste Weinstock des Landes. Der Ort hat für Österreichs Musikgeschichte keine kleine Bedeutung. Hier lebte um 1280 ein Minnesänger, genannt der ›Litschower‹, der auch in der berühmten Manessischen Liederhandschrift vorkommt. Berühmter allerdings sind der im Ortsteil Kainrath (Nr. 44) geborene Kaspar Schrammel (1811–1895) und seine Söhne Johann und Josef. Sie begründeten das Schrammel-Quartett, mit dem sie in der typischen Besetzung von zwei Geigen, Gitarre und Klarinette auftraten und für das sie zahllose eigene Werke komponierten und arrangierten. Besonders bekannt ist der Marsch ›Wien bleibt Wien‹ von Johann Schrammel (1850–1893). Am Kaufhaus, Stadtplatz 28, hängt eine Erinnerungstafel an Kaspar Schrammel. Das Kaufhaus ist übrigens einer der letzten Vertreter der fast ausgestorbenen Gattung der Kolonial- und Gemischtwarenhandlungen. Am Hauptplatz gibt es noch einen

Schrammelbrunnen. Kein Wunder, dass sich hier im Sommer auch ein Schrammel-Festival etablieren konnte (www.schrammelklang.at), das an verschiedenen Plätzen rund um den Stadtsee, den Herrensee, veranstaltet wird.

Wahrzeichen von Litschau ist die **Burg** mit ihrem gewaltigen Bergfried mit Kegeldach über den Zinnen. Der Turm hat bis heute keinen Treppenzugang; wer hinauf will, muss über eine Außenleiter elf Meter hoch steigen. Ungewöhnlich sind die sogenannten Kragsteine unterhalb der Zinnen, die einst den Wehrgang getragen haben. Die Burg kann nicht besichtigt werden, doch entschädigt ein Spaziergang entlang der sehr gut erhaltenen Stadtmauer dafür. Lohnend ist ebenfalls die **Stadtkirche St. Michael** mit ihren bedeutenden Fresken, der Madonnenfigur und einem Kindergrabstein mit betendem Knaben neben der Kanzel.

Eine bequeme, vor allem an klaren Herbsttagen romantische **Wanderung** kann man von Litschau nordwärts am Herrenteich vorbei über Hörmanns zur Kirche St. Peter machen. Für diese Strecke muss man etwa anderthalb Stunden einplanen, zurück geht es über den Teufelsstein (Kompass-Wanderkarte 203).

Die Umgebung

In **Haugschlag**, der nördlichsten Gemeinde Österreichs, befindet sich ein sehr schöner Golfplatz, vermögende Österreicher haben sich hier Sommerfrischen gebaut. Über das eingemeindete Dörfchen Rottal kommt man zum nördlichsten Punkt des Landes (Wanderkarte). Jeder Österreicher will da irgendwann in seinem Leben gewesen sein.

Östlich der B 5 liegt das Hanfdorf **Reingers**. Hanf wird dort großflächig angebaut, und verschiedenste Hanfprodukte kann man hier auch erwerben.

Gmünd, Schrems, Litschau

Tourismus-Information Gmünd, Schrem-ser Str. 6, 3950 Gmünd, Tel. 02852/52506100, Mo–Do 8–11.30 u. 13.30–15.30, Fr 8–11.30 Uhr.

Stadtamt Schrems, Hauptplatz 19, 3943 Schrems, Tel. 02853/7745421, www.schrems.at, Mo–Fr 8–12, Mo auch 16–19 Uhr.

Gemeindeamt Kirchberg am Walde, Nr. 88, 3932 Kirchberg am Walde, Tel. 02854/7010, www.kirchbergamwalde.at.

Tourismusinformation Heidenreichstein, Stadtplatz 1, 3860 Heidenreichstein. Tel. 02862/52619, www.heidenreichstein.at, Mo 8–18, Di–Do 8–16, Fr 8–12 Uhr.

Gemeindeamt Litschau, Stadtplatz 17, 3874 Litschau, Tel. 02865/5385, www.litschau.at.

Hotel Goldener Stern, Stadtplatz 15, 3950 Gmünd, Tel. 02852/54545, www.goldener-stern.eu, p.P. im DZ 60 €.

Gasthof zum Meridianstein, Schremser Str. 40, 3950 Gmünd, Tel. 02852/52343, www.gasthof-schurnig.at, p.P. im DZ 24–28 €.

Gasthof Nöbauer, Schremser Str. 28, 3860 Heidenreichstein, Tel. 02862/52237, www.gasthof-noebauer.at, p.P. im DZ 27 €.

Gasthaus Böhm Schönauer Dorfwirt, Schönau 7, 3874 Litschau (3 km südlich, an der Straße nach Gmünd). Tel. 02865/283, www.pro-litschau.at/ghboehm.htm, p.P. im DZ 18–21 €.

Gasthof-Pension Mader, 3874 Haugschlag 10, Tel. 02865/8223, p.P. im DZ 25 €.

Campingplatz am Sole-Felsen-Bad, Albrechtser Str. 10, 3950 Gmünd, Tel. 028 52/515 52, www.sole-felsen-bad.at.

Nickis Wirtshaus, Weitraer Str. 96, 3950 Gmünd, Tel. 028 52/527 28.
Gasthaus Waldviertler Sepp, Schulgasse 5, 3943 Schrems, Tel. 028 53/772 54. Auch Fahrradverleih.

Stadtmuseum Gmünd, Stadtplatz 26 (im Alten Rathaus), 3950 Gmünd, Tel. 028 52/52 50 62 45, Mai bis Sept. So 9–12 Uhr.
Glas- und Steinmuseum, Stadtplatz 34 (hier auch Touristen-Info), 3950 Gmünd, Tel. 028 52/52 50 62 45, www.gmuend.at, Mo–Fr 10–12 u. 14–16.30, Sa/So 9–12 Uhr.
Kunstmuseum Schrems, Mühlgasse 9 11, 3943 Schrems, Tel. 028 53/728 88, www.daskunstmuseum.at.
Unterwasserreich, Moorbadstraße 4, 3943 Schrems, Tel. 028 53/763 34, www.unterwasserreich.at, 15. April bis 31.Okt. tgl. 9–18, Nov. bis April Sa/So 10–16 Uhr.
Burg Heidenreichstein, 3860 Heidenreichstein, Tel. 028 62/522 68, www.kinsky-heidenreichstein.at, zugänglich nur mit Führung tgl. außer Mo 9, 10, 11, 14, 15 und 16 Uhr.

Waldvierteler Schmalspurbahnen, Fahrpläne und Preise: www.waldviertlerbahn.at, Tel. 028 52/525 883 82.

Rad-Fuchs, Bahnhofstr. 42, 3950 Gmünd, 028 52/529 86.
Gasthaus Waldviertler Sepp (s.o.).

Sole-Felsen-Bad, Albrechtser Str. 12, 3950 Gmünd, Tel. 028 52/20 20 30, Mo–Do und So 9–22, Fr/Sa 9–23 Uhr, www.sole-felsen-bad.at.

Golfresort Haugschlag, Haus-Nr. 160, 3874 Haugschlag, Tel. 028 65/84 41, www.golfresort.at.

Heidenreichsteiner Moor, Voranmeldung bei der Tourismusinformation Heidenreichstein oder der Naturparkverwaltung unter 06 64/585 80 91, www.naturparke.at/heiden/projekt.html.

Backhausen Möbel- und Dekorstoffe, Hoheneich 26, Tel. 028 52/50 20, www.backhausen.com.
Glasherstellung Stölzle, Hauptstraße 45, 3871 Alt-Nagelberg, Tel. 028 59/753 151, www.stoelzle-kristall.at.

Weitra

Karte S. 147

Weitra ist klein (3000 Einwohner), besitzt aber ein sehenswertes Stadtbild mit zahlreichen historischen Bauten und eine schöne Umgebung. Wie fast alle Orte der Region ist auch Weitra eine Gründung Hadmars II. von Kuenring, und für das Jahr 1182 ist hier eine Zollstätte an der Grenze nach Böhmen bezeugt.

Das Schloss

Das dominierende Schloss erhebt sich auf einem mächtigen, treppenförmig über die Stadt aufsteigendem Felsen. Nach dem Niedergang der Kuenringer baute Wolf Rumpf von Wielroß, der das Kuenringererbe 1581 von Kaiser Rudolf II. zu Lehen erhielt, von 1590 bis 1606 das mächtige Renaissanceschloss auf der Burg seiner Vorgänger um. Der Arkadenhof weist eine modernistische Überdachung in Form vier riesiger Trichterschirme auf und wird auch als Sommerbühne genutzt. Ungewöhnlich ist das **Neo-Rokoko-Schlosstheater** von 1885, eine Schöpfung des bedeutenden Wiener Architektenduos Helmer und Fellner. Ein **Schlossmuseum** dokumentiert die Geschichte des Baus, und ein Biermuseum im Keller erinnert an die Brautraditionen der Stadt. Das **Demokratieforum** ist eine multimediale, interaktive Ausstellung zum Leben am ›Eisernen Vorhang‹ zwischen 1945 und 1990, nicht nur im Waldviertel, sondern in ganz Europa (www.demokratieforum.at). Vom Schlossturm hat man einen guten Blick über Weitra und sein Umland.

Das Zentrum

Wegen seiner hervorragend erhaltenen **Stadtmauer** aus dem 14./15. Jahrhundert zählt Weitra zu den neun sogenannten ›Stadtmauerstädten‹ Niederö-

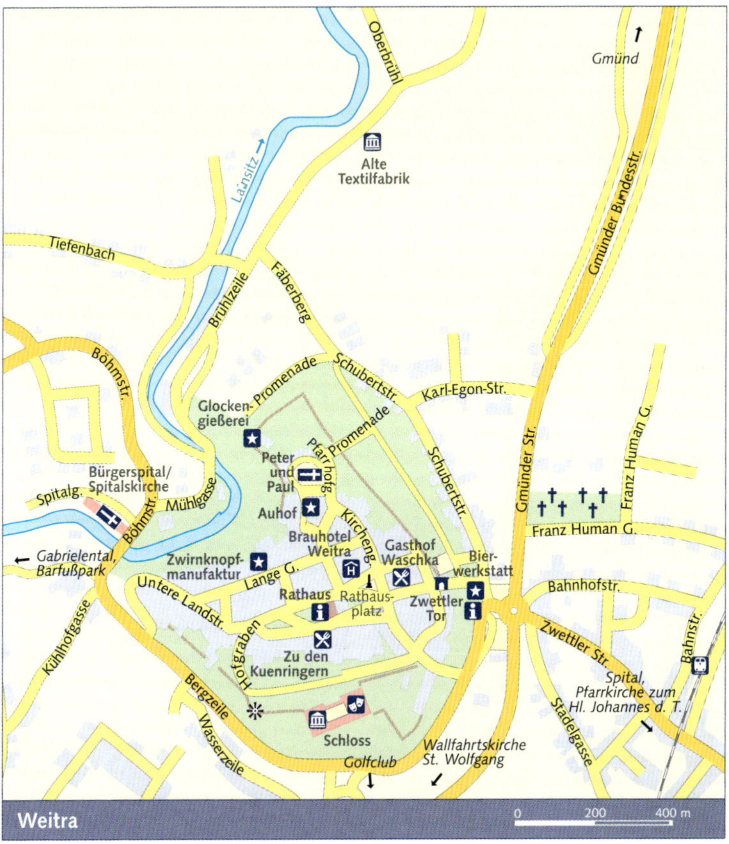

sterreichs. Die anderen acht sind Zwettl, Waidhofen/Thaya, Drosendorf, Horn, Eggenburg, Maissau, Laa und Hainburg.

Man betritt die Innenstadt am besten von Osten durch das Obere oder **Zwettler Tor** von 1526. Vor ihm gibt es die **Bierwerkstatt** mit eigener Brauerei und Ausstellungen zur Bierkultur Weitras. Die Innenstadt liegt steil abschüssig. Am Rathausplatz befindet sich gleich rechts Ecke Kirchengasse das Brauhotel, Österreichs kleinste Brauerei. Weitra gilt als ältester Brauort Österreichs mit Braurechten seit 1321. 35 Brauereien soll es im 17. Jahrhundert allein in Weitra gegeben haben. Die Waldvierteler Brauereien bezogen ihren Hopfen aus Böhmen, wohin der Weg nicht weit war.

Am **Rathausplatz** beeindruckt besonders das markante Sgraffitohaus (Nr. 4) mit Darstellungen aus der römischen Geschichte und – im unteren Teil – Allegorien zu den Lebensaltern des Menschen, der in jeder Phase mit einem Tier gleichgesetzt wird. Die Hausnummern

Dieses Tor stammt aus dem 16. Jahrhundert

Karte S. 157

9 und 13 weisen noch hübsche Sgraffitoreste auf. Ein schönes Ensemble bilden die Häuser 12–16. Das **Rathaus** von 1893 imitiert wie viele österreichische Bauten dieser Epoche stilistisch die italienische Renaissance. Manchmal wird diese Bauweise daher ›Franz-Josephs-Renaissance‹ genannt. Ein Deckengemälde von 1955 im Festsaal ahmt dagegen den Barock nach. Vor dem gotischen Haus Nr. 55 liegt der Eingang in die Zisterne, einem unterirdischen Keller aus dem 15. Jahrhundert.

Wo der Rathausplatz sich an seinem oberen Ende verengt, steht Haus Nr. 34 mit seiner seltsamen Blendfassade, bei der zwei der drei Fenster des Obergeschosses nur aufgemalt sind. Ein Durchbruch in der Stadtbefestigung am Ende des anschließenden Dr.-Kordik-Platzes zeigt das vormalige Untere Tor an, das 1885 abgerissen wurde.

Jenseits der Mauer befand sich das Gerberviertel. Ungefähr in dessen Mitte liegt das **Bürgerspital** mit der **Spitalskirche**. Die höchst malerische Anlage wurde als Versorgungsstätte für Arme und Kranke 1341 gegründet. Sie ist im 18. Jahrhundert abgerissen und 1731 neu erbaut worden. Die barockisierte Spitalskirche ist meist verschlossen, den Schlüssel erhält man in der nahen Glasschleiferei Ruß, Böhmstraße 77/78. Die Kirche ist berühmt für ihre gotischen Wandmalereien. Ganz einzigartig sind die philosophischen Inschriften innerhalb der Fresken, die in der charakteristischen gotischen Minuskelschrift verfasst sind.

Südlich des Spitals, gegenüber dem ehemaligen Unteren Tor, führt eine Straße ins liebliche Gabrielental, durch das die Lainitz fließt. Hier gibt es eine Kneippanlage.

Die **Peter-und-Pauls-Kirche** liegt fast am tiefsten Punkt der Innenstadt. Sie ist im

Kern (Langhaus und Ostturm) romanisch, wurde gotisch erweitert (Chorumgang, Seitenkapelle, Seitenschiffe) und barock ausgestattet. Der vier Säulen des Altars in der Kreuzkapelle sind – in bewusstem Gegensatz zu dem kunstvollen Baldachin – natürliche Eichenstämme.

Das Haus Kirchplatz 117 zeigt zwei ungewöhnliche spätgotische Portale. Es wurde auf den Fundamenten eines spätgotischen Karners errichtet. Zu Beginn des 19. Jahrhunderts lebte hier der Dichter Ignaz Franz Castelli (1781–1862), Verfasser von 200 heute vergessenen Lustspielen, Freund Franz Schuberts und 1846 Begründer des österreichischen Tierschutzvereins.

In der Langen Gasse 133 befindet sich die letzte noch in Österreich existierende **Zwirnknopfmanufaktur**. Hier kann man bei der Herstellung hochwertiger Knöpfe zusehen und diese auch erwerben. Außerhalb der Mauern, im Nordosten Weitras, liegt die denkmalgeschützte **Alte Textilfabrik** von 1843, die älteste im Waldviertel. Das Museum darin zeigt die Lebenswelt der Arbeiter um 1900.

Die Umgebung

Vier Kilometer südlich von Weitra, in **St. Wolfgang**, ist die **Kirche** sehr sehenswert, eine dreischiffige, aber fast quadratische Hallenkirche von 1407 mit einem gewaltigen Hochaltar von 1694 in einer ehrfurchtgebietenden Braun-Blau-Gold-Farbkombination.

In **Walterschlag** südlich von St. Wolfgang gibt es die kleine traditionsreiche **Nudelfabrik Zimmermann**, die Nudeln in ungewöhnlichen Geschmacksrichtungen wie Curry, Zitrone, Zimt und Brennessel produziert. Aus dem nahen Dorf Spital stammt Klara Pölzl (1870–1907), die 1885 Alois Hitler heiratete, der gleichzeitig ihr Cousin war. Mit ihm hatte sie sechs Kinder, darunter einen Sohn namens Adolf.

Eine pittoreske **Burganlage** steht in **Engelstein** bei Großschönau, erbaut als Wachburg an zwei Fernstraßen. Der Bergfried ist romanisch, alle anderen Burgpartien stammen aus der Zeit vom 15. bis zum 19. Jahrhundert. **Großschönau** (www.gross-schoenau.at) selbst liegt nahe der ›Steinernen Stube‹, einer gewaltigen Granitblockansammlung, von der nachweislich starke energetische Strahlungen ausgehen, die angeblich sogar Batterien aufladen können. Der zehn Kilometer lange ›Erste niederösterreichische Wünschelrutenweg‹ verläuft über 57 Stationen an besonderen Orten und Kraftplätzen vorbei. Die Region zwischen Weitra, Karlstift und Groß Gerungs steht bei Esoterikern überhaupt hoch im Kurs, da hier erdmagnetische Felder nachweislich besonders stark sind.

Harbach

Seit einiger Zeit besteht in Harbach ein **Moorbad**, wodurch der abgeschiedene kleine Ort zu landesweiter Bedeutung gekommen ist. Die ›Xundheitswelt‹, die im Waldviertel mehrere Erholungs- und Rehaheime betreibt, bietet hier für 600 Kurgäste Fitnesschecks und Aufbautraining mit sportmedizinischer Betreuung. Angesprochen werden dabei auch Hobby- und Profisportler.

Wanderungen rund um den Mandelstein

Von dem Dörfchen Heinrichs, etwa zehn Kilometer nordwestlich von Weitra, kann man auf den 874 Meter hohen Mandelstein wandern, ein landschaftlich reizvoller, aber auch einsamer Ausflug. Der **Heinrichser Erlebnisweg**

(Wanderweg 07A, Kompass-Wanderkarte Nr. 203) ist gut ausgeschildert und führt vorbei an malerischen Felsburgen und einem ›Doppelwackelstein‹. Gut 180 Höhenmeter müssen dabei überwunden werden. Wer schneller auf den Gipfel möchte, fährt von Heinrichs auf der Autostraße Richtung Harbach und gelangt von deren höchstem Punkt aus in gut 20 Minuten auf den Mandelstein. Vom Gipfel führt der **Diabsweg** unmittelbar an der böhmischen Grenze entlang zum Würgelhäusl, der ehemaligen Behausung des Weitraer Henkers, weit abseits der Stadt gelegen. Über den **Piberschlägerweg** und durch die Felsen des ›Hölltores‹ geht es zurück nach Heinrichs. Die gesamte Wanderung von Heinrichs aus dauert etwa 4,5 Stunden.

Wanderungen rund um den Nebelstein

Fünf Eintausenderberge gibt es im Waldviertel. Den Nebelstein (1017 Meter), den bedeutendsten Berg im nördlichen Waldviertel, erreicht man am besten von Harmanschlag aus, einem 740 Meter hoch gelegenen Wintersportort (Langlauf und Abfahrt, www.arralifte.at), sowohl zu Fuß (Aufstieg 1,5 Stunde) als auch mit dem Auto. Auf dem

Eine Rast unterwegs

Karte S. 147

Nebelstein kreuzen und beginnen mehrere europäische Weitwanderwege, darunter der **Niederösterreichische Mariazellerweg** (Nr. 06), der von hier zum Wallfahrtsort Mariazell in der Steiermark führt (255 Kilometer) oder der **Grenzlandweg** (Nr. 07), der an der slowenischen Grenze bei Radkersburg ebenfalls in der Steiermark endet (700 Kilometer entlang der Staatsgrenze). Auch der **Thayatalweg** (630), der in Retz endet, beginnt hier.

Der mächtige, aus Granitquadern geformte Gipfel des Nebelsteins zählt zu den beliebtesten Wanderzielen im Waldviertel. Von hier sieht man weit nach Südböhmen hinein. In der **Nebelsteinhütte** (geöffnet Palmsonntag bis Allerheiligen und in den Weihnachtsferien) gibt es eine Einkehrmöglichkeit und für Übernachtungsgäste ein Matratzenlager.

Bad Großpertholz

Bad Großpertholz, 12 Kilometer südlich von Weitra, ist wie Harbach ein Moorbad. Mountainbiker schätzen die 23 Kilometer lange Auffahrt von hier zum Nebelstein. 1789 errichtete Johann Martin Wurz im Lainitztal, etwas außerhalb des Orts, eine **Papiermühle**. Noch heute wird hier Papier ›geschöpft‹, das heißt in Handarbeit aus ›Lumpen‹ hergestellt. Die heutige Mühle Wörzinger ist ein touristischer Anlaufpunkt, Besucher dürfen beim Papiermachen zusehen und vielleicht selber ein Blatt schöpfen. Eine telefonische Voranmeldung ist empfehlenswert.

Vom südlich gelegenen Ortsteil Scheiben erreicht man den **Naturpark Nordwald**, der wegen des Abenteuerspielplatzes, der Tiergehege und des Aussichtsturms besonders bei Kindern sehr beliebt ist. Ebenfalls zu empfehlen ist eine Wande-

Die Waldviertler Schmalspurbahn in voller Fahrt

rung von Großpertholz nach Bruderndorf (etwa 2,5 Stunden über den Wanderweg 08), im oberen Abschnitt wandert man neben der Schmalspurbahn über den ›Waldviertler Semmering‹. Von Bruderndorf lässt es sich bequem mit der Bahn zurückfahren (Fahrplan unter www.waldviertlerbahn.at).

Karlstift und Langschlag

Die österreichische Bundesstraße 41 verläuft steil empor zum 936 Meter hoch gelegenen Karlstift. Hier ist die touristische Kleinregion Waldviertler Hochland erreicht. Nahe beim Ort, jedoch mitten im Wald in südöstlicher Richtung, liegt der **Stierhübelteich**, ein beliebter moorhaltiger Badesee. Vom Teich führt ein Wanderweg (Nr. 85) zur **Hohen Heide**, einem Versumpfungshochmoor, das bisher vom Menschen unberührt geblieben ist. Von einem Aussichtssturm hat man eine gute Sicht auf das fast 70 Hektar große Moor.

Karlstift gilt als Zentrum des Skisports im Waldviertel. Drei Lifte führen zum 1054 Meter hohen Aichelberg empor. Von Karlstift läuft die Wasserscheide zwischen Schwarzem Meer und Nord- bzw. Ostsee innerhalb des Waldviertels nordwärts bis Litschau. Die hier entspringende Lainsitz fließt zur Nordsee, die Aist zur Donau. Der nahe der böhmischen Grenze westlich von Karlstift sich erhebende Tischberg (1063 Meter) ist der höchste Berg des Waldviertels, seine Besteigung lohnt jedoch nicht.

Auf dem Weg nach Langschlag kommt man nach fünf Kilometern zum **Frauenwieserteich**. Im Sommer Badesee mit Jausenstation, ist er im Winter Anfangspunkt einiger sehr reizvoller Langlaufloipen. Langschlag selbst hat sich touristisch mit anderen Gemeinden der Region zu den ›Waldviertler Hochlandorten‹ (www.waldviertler-hochland.at) zusammengeschlossen. Von Landschlag führt südwärts die Straße nach Liebenau, bereits in Oberösterreich gelegen, über Kainrathschlag zum **Schmetterlingsparadies**. Ein privater Freund dieser Tiere hat hier für über 500 seltene tropische, nordamerikanische und einheimische Schmetterlinge auf vier Hektar in Tropenhäusern und ›Schmetterlingspalästen‹ ein Zuhause geschaffen.

Die Steinpyramide, ein Teil der ›Kraftarena‹

Groß Gerungs und Umgebung

Groß Gerungs, sechs Kilometer östlich von Langschlag, wird nicht nur wegen des Herz-Kreislauf-Zentrums besucht, sondern insbesondere wegen seiner geomantischen Energien. Fünf besondere Lokalitäten rund um den Ort hat man zur **Kraftarena** erklärt (www.kraftarena.at). Zu ihr zählen ein 24 Tonnen schwerer Steinquader, der Wackelstein, ein drei Meter hoher Opferstein mit einer etwa drei Quadratmeter großen Opferwanne nahe der Ortschaft Thail, ein seltsamer kugelig gerundeter Granitfelsen, Weltkugel genannt, und insbesondere eine mysteriöse, sieben Meter hohe Steinpyramide, deren Herkunft und Bedeutung bis heute ungeklärt ist. Die Steinpyramide liegt gut zehn Kilometer östlich von Groß Gerungs und nördlich des Dorfes Etzen, an der Straße nach Zwettl.

In Dietmanns, ebenfalls an der Straße nach Zwettl gelegen, kann man in der **Waldviertler Weberstubn** alle Arbeitsvorgänge des Webens nachempfinden und auch selbst weben.

i Weitra, Bad Großpertholz, Karlstift

Gästeinformation Weitra, Rathausplatz 1, 3970 Weitra, Tel. 02856/2998, www.weitra.at.

Gemeindeamt Großpertholz, 3972 Bad Großpertholz, Tel. 02857/22-5313 u. 2710.

Gemeindeamt Langschlag, Marktplatz 37, 3921 Langschlag, Tel. 02814/8218, www.langschlag.gv.at.

Gemeindeamt Groß Gerungs, Hauptplatz 18, 3920 Groß Gerungs, 02812/86110, www.gerungs.at.

Brauhotel Weitra, Rathausplatz 6, 3970 Weitra, Tel. 02856/29360, www.brauhotel.at. Hier gibt es eines der besten Biere des Waldviertels. DZ p.P. 46–50 €.

Gasthof Waschka, Rathausplatz 8, 3970 Weitra, Tel. 02856/2296, www.waschka.at, p.P. im DZ 40 €.

Wurzelhof, Marktplatz 36, 3921 Langschlag, Tel. 02814/8378, www.wurzelhof.at, DZ 44 €.

▶ Karte S. 147

Gasthof Hinterlechner, Preinreichs 5, 3920 Groß Gerungs, Tel. 028 12/81 10, www.hinterlechner.at, p.P. im DZ 24 €.

Nebelsteinhütte, 3971 Maissen 55, Tel. 028 58/52 93, Matratzenlager p.P. 9 € ohne, 14,50 € mit Frühstück.

Gasthaus zu den Kuenringern, Rathausplatz 20, 3970 Weitra, Tel. 028 56/751 70, www.kuenringer-weitra.at.

Gasthaus Holzmühle, Lauterbach Nr. 40 (bei Harbach), Tel. 028 58/52 39.

Gasthof Arrahof, 3971 Harmanschlag 14, Tel. 028 57/26 31.

Gasthof Zeiler, 3973 Karlstift 36, Tel. 028 16/235.

Schloss Weitra, Tel. 028 56/33 11, www.schloss-weitra.at, Mai bis Okt. tgl. außer Di 10–17 Uhr.

Museum Alte Textilfabrik, In der Brühl 13, 3970 Weitra, Tel. 028 56/29 73, www.members.aon.at/textilmuseum, Mai bis Okt. Di–So 10–12 u. 14–17 Uhr.

Schmetterlingsparadies, Langschlägerwaldhäuser Nr. 41, 3921 Langschlag, Tel. 07 32/65 40 57, www.schmetterlingsparadies.at.

Weitra: an jedem dritten Juliwochenende **Kirtag** (Kirchweih), zu dem extra gebrautes Spezialbier ausgeschenkt und die Weitraer Hopfenprinzessin gewählt wird. Dazu Volksmusik in den Biergärten.

Waldviertler Weberstubn, Dietmanns 7, 3920 Groß Gerungs, Tel. 028 12/55 83, www.gerungs.at.

Bierwerkstatt Weitra, Sparkasseplatz 160, Tel. 028 56/23 87, www.weitrabraeu.at, Mo–Fr 9–12, Sa 8–11Uhr.

Zwirnknopfindustrie Robert Fiedler, Lange Gasse 133, 3970 Weitra, Tel. 028 56/22 35, www.knoepfe.co.at.

Zimmermann-Teigwaren, 3970 Walterschlag 15, Tel. 028 56/31 67, www.zimmermanns-teigwaren.at, Verkauf Mo, Mi und Fr.

Papiermühle Mörzinger, 3972 Bad Großpertholz 76, Tel. 028 57/22 40, www.papiermuehle.at.

Sport Amon, 3921 Langschlag 48, Tel. 028 14/82 78.

Xundheitswelt, Ökotourismusprojekt Moorbad Harbach, Tel. 028 58/52-55 16 50, www.xundheitswelt.at.

Golfclub Weitra, 3970 Weitra, Tel. 028 56/20 58, www.gcweitra.at.

Aichelberg, www.aichelberg.at, Tel. 028 16/231.

Erster niederösterreichischer Wünschelrutenweg, Infos und Wünschelruten zum Wasseradern-Selberfinden: Bioenergetisches Trainungzentrum (BETZ), Harmannsteiner Str. 120, Tel. 028 15/70 03. Das BETZ bietet Kurse zum Wünschelrutengehen an, auch findet hier alljährlich die Bioenergiemesse BIOEM statt.

Zwettl und das obere Kamptal

Die ›Hauptstadt‹ des Waldviertels und ihr Umland ist eine attraktive Region. Nicht nur das weltberühmte Stift Zwettl, sondern auch das pittoreske obere Kamptal ziehen viele Besucher an.

Stadt Zwettl

Zwettl ist mit 11 500 Bewohnern das kulturelle und wirtschaftliche Zentrum des Waldviertels und in etwa auch sein geographischer Mittelpunkt. Es ist gleichzeitig die flächenmäßig größte Stadt Niederösterreichs (61 Quadratkilometer) und entstand als Kuenringergründung vermutlich um 1100 am Zusammenfluss von Zwettl und Kamp. Die Stadt war ein wichtiges Glied im Wehrgürtel entlang des Kampflusses. Während der Auseinandersetzungen zwischen Babenbergern und Kuenringern wurde die Burg 1230 zerstört und nicht wieder aufgebaut. Zwettl zählt zu den niederösterreichischen Stadtmauerstädten, wenngleich es nicht ganz vollständig von ihr umgeben ist. Erhalten sind sechs Türme, die mit der Mauer um 1280 entstanden waren. Die Türme haben jeder für sich einen durchaus individuellen Charakter. Der bedeutendste Sohn der Stadt ist Michael Puchberg (1741–1822), Tuchhändler, Freund und Mäzen Mozarts. Er half diesem oft aus seinen finanziellen Engpässen heraus.

Sehenswürdigkeiten

Am Sparkassenplatz im Zentrum überwältigt das sgraffitogeschmückte **Alte Rathaus**, das auf das Jahr 1307 zurückgeht. Ungewöhnlich sind die von Obelisken bekrönten Pfeiler, womit es einer Kirche ähnelt, doch zeigt der österreichische Doppeladler auf dem Turm die tatsächliche Bestimmung des Baus an. An den Sparkassenplatz schließt direkt der Hauptplatz mit dem **Hundertwasserbrunnen** an. Der bedeutende Künst-

Karte S. 165

Der Hundertwasserbrunnen im Zentrum

ler, der damals in einer einsamem Sägemühle im Kamptal lebte, schuf den Brunnen 1994. Die nahe gelegene **Stadtpfarrkirche Mariä Himmelfahrt** wurde 1280 erstmals erwähnt. Am Dreifaltigkeitsplatz, der auf der anderen Seite an den Sparkassenplatz anschließt, beeindruckt die **Pestsäule** von 1727. Die **Bürgerspitalskirche** am Neuen Markt wurde 1448 neu errichtet, nachdem das alte Spital vor den Mauern während der Hussitenkriege 1427 zerstört worden war. Es ist eine dreischiffige Hallenkirche mit einem Dachreiter. Südlich der Innenstadt, auf dem anderen Flussufer, liegt die romanische **Propsteikirche** von 1120, die älteste Kirche der Stadt. Sie entstand zusammen mit der untergegangenen, ihr direkt angeschlossenen Burg. Von der Gerungser Straße führt ein Kreuzweg empor. Unweit des Friedhofs wurden alle 1945 im

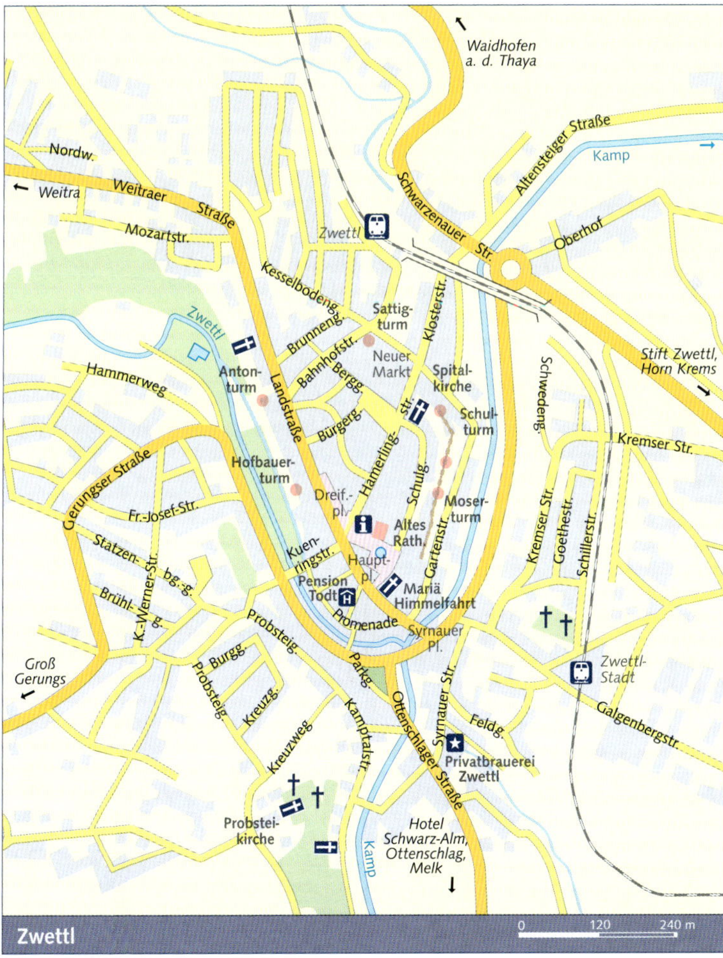

Waldviertel gefallenen Sowjetsoldaten auf einem Kriegerfriedhof bestattet.

Das Zwettler Bier ist österreichweit bekannt. Seit 1554 wird hier gebraut, die heutige Brauerei entstand 1708 und ist seit 1890 im Besitz der Familie Schwarz. 200 000 Hektoliter Bier verlassen jährlich das Sudhaus, Brauereiführungen und Bierverkostungen mit Imbiss und Filmvorführung sind bei Touristen sehr beliebt.

Von Zwettl führt der **Hundertwasserweg**, eine sehr schöne Wanderroute, den Kamp aufwärts bis zur Hahnsäge, wo der Künstler einst lebte, und weiter bis Roiten. Zwettlfluss und Kamp lassen sich auch bei einer anderen Route kombinieren, die zunächst westwärts die Zwettl entlang bis Syrafeld verläuft, von dort südwärts bis Gschwendt und dann entlang des Kampf zurück (wie die erste Strecke) nach Zwettl. Für diese Zweiflüssewanderung, die sehr bequem ist, braucht man knapp vier Stunden. Das Kamptal oberhalb von Zwettl gilt landesweit als sehr schönes Wandergebiet.

Stift Zwettl

Einer der architektonisch und kulturhistorisch bedeutendsten Orte ganz Österreichs ist das **Stift Zwettl**. Es liegt – typisch für Zisterzienserbauten – etwas versteckt, vier Kilometer östlich der Stadt im Kamptal in einer Flussschleife. Im Jahr 1138 zogen 13 Mönche von Heiligenkreuz im Wienerwald an den Kamp, um auf Wunsch Hadmars I. von Kuenring ein Rodungskloster zu errichten. Damit sollte die Kolonisierung und Christianisierung des Nordwalds vorangetrieben werden. Der Stifter wie der Abt von Heiligenkreuz hatten der Legende nach in der Neujahrsnacht 1138 einen Traum, der ihnen verhieß, mitten im Winter eine grünende Eiche zu suchen, an der der Altar der Kirche eines zu gründenden Klosters erbaut werden sollte. 20 Jahre später war die Kirche vollendet, doch begann man auf den Mauern des alten Gebäudes schon Mitte des 14. Jahrhunderts einen gotischen Neubau. Die große Pestepidemie um 1350 unterbrach alle Arbeiten, die dann erst gegen 1380 fertiggestellt werden konn-

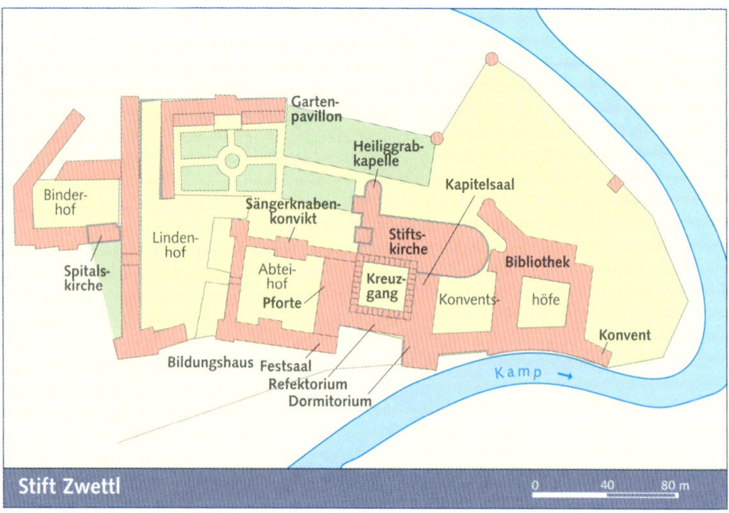

Stift Zwettl

ten. Während der Hussitenzeit brannte die Kirche 1427 ab und wurde nur vereinfacht wiederhergestellt. Die Barockzeit brachte unter Abt Melchior Zaunagg in der ersten Hälfte des 18. Jahrhunderts eine weitere Umbauphase. Der Turm entstand neu, außerdem die Bibliothek, der Festsaal und alle Innenausstattungen. Man ließ das gotische Langhaus der Kirche aber weitgehend unangetastet. Vom alten Kircheninterieur war nach dem Brand von 1427 nur wenig geblieben – Hochaltar, Kanzel, Lettner –, doch wurden diese Teile jetzt entfernt. Dennoch sind auch Bauteile des romanischen Klosters noch vorhanden wie der Kapitelsaal, das Dormitorium, die Latrine und der Kreuzgang. Mit ihnen verbindet sich eine einzigartige historische Aura.

Ein Rundgang

Der Anblick des Klosters vom Westen zählt zu den großen Kirchenpanoramen Österreichs. Die Brücke über den Kamp stammt noch aus der ersten Phase des Baus. Kühn ist die ungewöhnliche Einturmfassade der Stiftskirche (1722–1727). Die gotische Kirche mit einem barocken Turm zu versehen, führte zu einer glänzenden Symbiose, wie überhaupt die Stile von Romanik zum Barock sich in der Anlage zu einem harmonischen Ganzen vereinen. Der Turm geht auf Pläne des damals schon fast 80-jährigen Matthias Steinl zurück, wurde aber von Josef Munggenast ausgeführt. Kurios ist, dass als Brüstung des großen Turmfensters der Sarkophag Heinrichs IV. von Kuenring eingemauert wurde – eine späte Hommage an das Stiftergeschlecht.

Wichtigstes Ausstattungsstück ist der **Hochaltar** von Josef Munggennast mit Statuen von Josef Matthias Götz. Sein

Der berühmte Kreuzgang des Stifts

Thema ist das des Patroziniums der Kirche, die Himmelfahrt Marias. Die Apostel stehen um ihren leeren Sarg, Maria entschwebt zum Himmel und wird dort von der Heiligen Dreifaltigkeit erwartet. Eine gewaltige Krone schließt den Altar nach oben ab. Alle Linien im Chorraum leiten zu ihm hin. Die Eiche im Altar uber dem Tabernakel mit dem Bild Jesu in der Krone erinnert an den Gründungsmythos. 16 Seitenaltäre ergänzen die Fülle der Kunstwerke im Kirchenschiff.

Über den weiten Abteihof von 1680 geht es ins Klosterinnere. Im berühmten **Kreuzgang**, dem ältesten im deutschsprachigen Raum, lässt sich der Übergang von der üppigen Ornamentik der Romanik im an die Kirche anschließenden Nordtrakt zur zurückhaltenden Gotik bei den Spitzbögen und Kapitellen bei einem Rundgang im Uhrzeigersinn deutlich beobachten. Das sechseckige Brunnenhaus ist mit seinem barocken Muschelbecken von besonderem Reiz. Der Kapitelsaal entstand um 1150 und ist durch seine einzigartige Mittelstütze ein architektonisches Meisterwerk. Von ihr steigen acht Halbsäulen wie die Äste eines Baums auf. Schlafsaal und Latrinenanlage, unter die ein Bach umgeleitet wurde, stammen ebenso aus der ersten Bauphase des Stifts.

Die **Schatzkammer** zeigt neben Kunstwerken aus dem 12. Jahrhundert, darunter ein Reliquenkreuz mit einem aus Goldblech gefertigten Christus und ein Abtstab aus Elfenbein, in seinem Inneren eine Statuette des Bernhard von Clairvaux sowie ein gemaltes Gebetbuch von Paul Troger (nur mit Führung zu besichtigen).

Die **Stiftsbibliothek** ist erst seit 2009 für die Öffentlichkeit zugänglich. Sie bewahrt eine 80000 Dokumente umfassende Handschriftensammlung auf, darunter die ›Bärenhaut‹ von 1310, das Gründungsbuch des Stifts. Architekt des Bibliothekssaals ist Josef Munggenast, während das Fresko ›Der Triumph der Weisheit‹ von Paul Troger stammt. Sehenswert sind die **Gartenanlagen**: Neben Terrassengärten gibt es auch einen Garten nach Hildegard von Bingen und ein Herbarium.

Schloss Rosenau

Schloss Rosenau, zehn Kilometer westlich von Zwettl, wurde gegen Ende des 16. Jahrhunderts gebaut. Zu ihm gehören eine große Anzahl von Wirtschafts-

Schloss Rosenau beherbergt das österreichische Freimaurermuseum

▲ Karte S. 147

und Bedienstetengebäuden, darunter Meierhof und Getreidespeicher, aus dem 18. Jahrhundert. Das Schloss gehörte einst einer Familie von Schallenberg, durch die um 1750 hier eine Freimaurerloge entstand. 1868 übernahm der deutschnationale Politiker Georg Ritter von Schönerer den Besitz. Die Loge wurde äußerlich nicht zerstört, doch durch Übermalungen, besonders nach 1945 während der Nutzung des Schlosses durch die Sowjetarmee, wurde sie unkenntlich. Erst bei Restaurierungsarbeiten wurden die alten freimaurerischen Symbole wieder freigelegt. In das Barockschloss ist daher das einzige österreichische **Freimaurermuseum** eingezogen. Es werden freimaurerische Kunstwerke und Ritualgegenstände präsentiert, man erfährt viel über freimaurerisches Denken und staunt, wie viele berühmte Persönlichkeiten Freimaurer waren. Sehenswert sind die bedeutenden illusionistische Deckengemälde (1744) des italienischen Malers Rincolin im Treppenhaus. Das Deckenfresko der **Schlosskirche**, die auch Pfarrkirche des Orts ist, stammt vermutlich von Paul Troger. Die Kirche besitzt einen ungewöhnlichen Treppenaufgang mit Steinfiguren an ihrer Südseite. Ungewöhnlich ist in der Kirche auch der Standort des Altars. Er befindet sich nicht im Osten, sondern an der Westseite der Kirche. Die Erbauer machten dies wohlüberlegt, denn es befindet sich ein starkes geomagnetisches Feld unter ihm.

Im Süden von Zwettl

In **Großgöttfritz** steht an der Leonhardikirche ein **Karner** in romanischen Formen. Er wurde jedoch erst um 1490 gebaut, als selbst die Gotik bereits im Abklingen war. Im nahen **Sprögnitz** bietet das **Sonnentor** ein besonderes ›Kräu-

Der Truppenübungsplatz Allentsteig

157 Quadratkilometer Leere, ziemlich genau in der Mitte des Waldviertels – so erscheint der Truppenübungsplatz Allentsteig auf den Karten der Region. Nach dem Anschluss Österreichs 1938 und wegen der Kriegsvorbereitungen benötigte die deutsche Wehrmacht auch in Österreich ein großes Übungsgelände. Man entschied sich im ohnehin dünn besiedelten Waldviertel für die noch dünner besiedelte Region zwischen Döllersheim und Allentsteig. In den folgenden drei Jahren mussten dafür fast 7000 Menschen 40 Dörfer räumen. Ein Kuriosum war, dass Adolf Hitlers Vater in Strones nahe Döllersheim – nun mitten im Übungsgelände – geboren war, was dazu geführt haben soll, dass die Dörfer zwar entwohnt, jedoch nicht abgerissen wurden. Die ersten Übungen in Döllersheim, wie der Truppenübungsplatz bis 1955 hieß, erfolgten bereits im August 1938. In kurzer Zeit avancierte der Platz zum größten militärischen Übungsgelände im Deutschen Reich. Fast 40 000 Soldaten waren gleichzeitig im Dienst. Nach Kriegsende plante man zunächst den Wiederaufbau und die Wiederbesiedlung der Dörfer, da viele Flüchtlinge aus den deutschen Gebieten Mährens und Südböhmens ins Land strömten und Wohnungen benötigten. Aber im Juli 1946 wurde das ganze Areal von der Sowjetarmee beschlagnahmt, die hier ihrerseits nun mit 60 000 Soldaten übte. Mit deren Abzug 1955 übernahm der österreichische Staat das Gelände. Obwohl man auch jetzt an eine Neubesiedlung dachte, übernahm letztlich das Bundesheer den Truppenübungsplatz, das ihn bis heute nutzt. Der Platz erhielt nun auch den neuen Namen Allentsteig, um möglichst alle Verbindungen zur NS-Zeit zu beseitigen.

Jährlich üben hier 35 000 Soldaten den Häuserkampf und die Treffsicherheit der Artillerie. Das Heer ist in der Region ein wichtiger Arbeitgeber. Allein 700 Zivilangestellte arbeiten in der Verwaltung des Platzes. Es ist geplant, in den nächsten Jahren neben der militärischen Nutzung auch dem Zivilschutz Trainingsmöglichkeiten zu geben. Die Straße von Allentsteig nach Ottenstein ist wie auch andere Straßen innerhalb des Geländes bei Schießübungen selbstverständlich gesperrt, doch außerhalb davon frei zu befahren, was bei deutschen Plätzen dieser Art nicht möglich ist. Insbesondere bei Nacht hat die Durchquerung des Truppenübungsplatzes etwas fast Unheimliches, da man auf einer Strecke von 20 Kilometern auf keine Siedlung trifft. Weil aber der Platz für die Öffentlichkeit nicht zugänglich war, konnten sich hier besondere Pflanzen erhalten. Im September 2009 geriet das Gelände in die Schlagzeilen, nachdem durch menschliches Versagen versehentlich eine Wohnstraße in Allentsteig von Geschossen aus einer Panzerhaubitze getroffen wurde. Glücklicherweise kamen keine Menschen zu Schaden, nur einer Katze wurde der Schwanz weggeschossen. Eine Besichtigung des Truppenübungsplatzes – unabhängig von einer Transitdurchquerung – ist mit zweiwöchiger Voranmeldung an Wochenenden möglich, Tel. 028 24/210 20-01, -10 und -11.

Nur von Döllersheim am Südrand des Gebiets sind nennenswerte Reste erhalten. Die Kirche und der Friedhof wurden restauriert und 1984 neu geweiht. Auch die Ruine des Bürgerspitals wurde konserviert. Zum Gedenken an die Ausgesiedelten wurde in Allentsteig ein kleines Museum eingerichtet.

ter-Sinneserlebnis‹. Die Tees, Heilmittel und anderen Bioprodukte aus eigenem Kräuteranbau besitzen österreichweit einen sehr guten Ruf, Anbau und Verarbeitung erfolgen nach alter Waldviertler Überlieferung. Auf einem besonderen Kräuterwanderweg von Sprögnitz nach Engelbrechts (fünf Kilometer) wird die Kulturgeschichte des Kräuterwissens dargestellt. Jedes Jahr wird am 15. August ein großes Kräuterfest gefeiert.

In **Roiten** im Kamptal ist ein altes Gebäude nach Vorgaben von Friedensreich Hundertwasser zum **Dorfmuseum** umgestaltet worden. Das Museum zeigt Exponate zu Handwerk und Landwirtschaft des Kamptals und wechselnde Ausstellungen niederösterreichischer Maler und Bildhauer. Von Roiten lässt sich eine bequeme Wanderung wie zu Eichendorffs Zeiten machen: Kampabwärts (Wanderweg 665) geht es entlang des zwischen malerischen Granitfelsen dahinrauschenden Kamp bis zur Hahnsäge, dem einstigen Wohnsitz Hundertwassers, und weiter bis zur Utissenbachmühle, von dort auf dem anderen Flussufer zurück nach Roiten (Gesamtwanderzeit: drei Stunden).

Burg Rappottenstein oberhalb des Kamp wurde um 1150 von Rapoto von Kuenring gegründet und ist bis jetzt erhalten geblieben. 1664 übernahmen sie die Grafen von Abensperg-Trauen, denen sie heute noch gehört. Sechs Tore und fünf Höfe muss man bergauf durchschreiten, bis man die innere Burg erreicht. So erstaunt es nicht, dass sie nie erobert wurde. Das erste Tor hat zwei wuchtige Rundtürme. Hinter ihm liegt im ersten Hof das vormalige Brauhaus. Über einen zweiten, recht schmalen Hof gelangt man in den Wirtschaftshof, von wo es zum in den Fels eingehauenen Burgverlies geht. Über einem idyllischen Gärtchen steht der Uhrturm. Minuten zählen hier nicht, die Uhr hat nur einen Stundenzeiger. Nach zwei weiteren Höfen passiert man ein letztes Tor mit einer drei Meter dicken Mauer und erreicht den sehr engen innersten Hof, der dreigeschossige Arkaden aufweist. Die Innenräume (Trinkzimmer) zeigen ungewöhnliche weltliche Fresken.

Die Landschaft zwischen Rappottenstein und Petrobruck im Südwesten ist anmutig, um die Wiesmühle finden sich unzählige schöne Spazierrouten entlang des Kleinen Kamp.

In **Kirchbach**, wenige Kilometer nördlich, kann man ein besonderes Freilichtmuseum besichtigen: das letzte noch funktionierende, nur mit Wasserkraft betriebene **Sägewerk** Österreichs. Im Winter ist der Ort ein lokales Skizentrum (Tel. 028 28/83 60).

i Zwettl und das obere Kamptal

Touristeninformation Zwettl, Tel. 028 22/503 129, www.zwettl.gv.at.

Waldviertel Tourismus, Dachverband aller lokalen Tourismusinformationen und für alle touristischen Fragen ebenfalls Ansprechpartner, Tel. 028 22/541 09, www.waldviertel.or.at.

Beide Einrichtungen: Sparkassenplatz 4 (Altes Rathaus), 3910 Zwettl.

Hotel Schwarz-Alm, Almweg 1, 3910 Zwettl, Tel. 028 22/531 73, www.schwarzalm.at, p.P. im DZ 60 €. Sehr gepflegtes Hotel in der Natur mit vie-

Die trutzige Burg Rappottenstein

len im Übernachtungspreis inkludierten Wellnesseinrichtungen, etwa 6 km außerhalb der Stadt unweit der Straße nach Ottenschlag.

Frühstückspension Todt, Landstraße 15, 3910 Zwettl, Tel. 028 22/524 10, www.sbeisl.at, p.P. im DZ 24 €.

Gasthof Rotheneder, 3911 Rappottenstein, Tel. 028 28/82 04, www.tiscover.com/rotheneder, p.P. im DZ 25 €.

Zisterzienserstift Zwettl, 3910 Zwettl, Tel. 028 22/202 02, www.stift-zwettl.at, Führungen Mai bis Okt. tgl. 10, 11, 14 und 15 Uhr, in den Sommermonaten auch 16 Uhr.

Österreichisches Freimaurermuseum, 3924 Schloss Rosenau 1, Tel. 028 22/205 52, www.freimaurermuseum.at, April bis Okt. tgl. 9–17 Uhr, Nov. bis März nach Anmeldung.

Dorfmuseum Roiten, 3911 Roiten 20, Tel. 028 28/85 01, www.dorfmuseum-roiten.at, Mai-Sept Fr–So 13.30–17 Uhr.

Burg Rappottenstein, 3911 Rappottenstein Nr. 85, Tel. 028 28/82 50, www.burg-rappottenstein.at, Führungen April bis Okt. Di–So 11, 12, 14, 15, 16 Uhr, Juli/Aug. auch 10 und 17 Uhr.

Freilichtmuseum Brettersäge Kirchbach, 3911 Kirchbach bei Rappottenstein, Tel. 028 28/82 91 u. 83 66 oder 06 64/894 09 25, www.kirchbach.net, Ostern bis 30. April Sa/So 9–11 und 13–17 Uhr, 1. Mai bis 1. Nov tgl. 9–11 und 13–17 Uhr.

Privatbrauerei Zwettl, Syrnauer Straße 22–25, 3910 Zwettl, Tel. 028 22/500 10 (Laden: 50039), www.zwettler.at, Mo–Fr 8–17 und Sa 9–14 Uhr, Führungswunsch bitte kurzfristig telefonisch anmelden.

Sonnentor Kräuterhandelsgesellschaft, Sprögnitz 10, 3910 Zwettl, Tel. 028 75/725 61 00, Nov. bis April Mo–Fr 8–17, Sa 9–12 Uhr, Mai bis Okt. Mo–Fr 8–17, Sa 9–17, So 13–17 Uhr.

Zwettler Brauerei, ›Zwettler Brauerlebnis‹ und ›Dämmerschoppen-Tour‹ Di und Do 18.30–21.30 Uhr, Nov bis März nur Di. Mit Imbiss und Filmvorführung.

Das ganze Kamptal südlich von Zwettl bietet schöne Wanderungen. s. dazu Kompass-Wanderkarte 203.

Schneeschuhwanderer im Waldviertel

Um den Weinsberger Wald und das Yspertal

Im Westen und Südwesten erreicht das Waldviertel Höhen um 900 Meter, weshalb die Tourismusverbände die Region oft als Waldviertler Hochland oder ›Hohes Waldviertel‹ bezeichnen. Der Weinsberger Wald ist hierbei die ausgedehnteste geographisch-geologische Einheit, die Granit- und Gneishochfläche das größte geschlossene Waldgebiet Österreichs. Die höchste Erhebung, der Weinsberg (1041 Meter), liegt nahe der Straße von Martinsberg nach Marchstein. Es ist sicherlich die einsamste Region des gesamten Waldviertels, Arbesbach und Königswiesen sind seine beiden bedeutendsten Orte. Der Ostrand des Weinsberger Waldes besitzt wegen seiner starken Zerklüftung im Einzugsgebiet von Großem und Kleinen Kamp fast Hochgebirgscharakter. Kein Wunder, dass das hier gelegene Gutenbrunn nicht nur durch seine Mineralquellen, sondern auch als beliebter Wintersportort (60 Kilometer Langlaufloipen) bekannt wurde. Auf der Hochfläche des Weinsberger Waldes gibt es am Bärnkopf auf über 900 Meter Meereshöhe weitere 70 Kilometer Langlaufloipen (www.baernkopf.at). Wer Einsamkeit liebt, sollte vom Bärnkopf in das abgelegene Dorfstetten unmittelbar an der oberösterreichischen Grenze fahren. Hier kann man Tierattrappen mit Pfeil und Bogen jagen, die auch ausgeliehen werden können (www.bogensport-waldviertel.at, Tel. 072 60/82 02).

Arbesbach und Umgebung

Hart an der Grenze zu Oberösterreich liegt Arbesbach. Wegen ihrer Form nennt man die auf fast 900 Meter Höhe gelegene **Burgruine** mit ihrem fünfseitigen Bergfried ›Stockzahn des Waldviertels‹. Sie wurde gegen Ende des 12. Jahrhunderts von den Kuenringern erbaut, doch schon um 1480 von böhmischen Truppen zerstört. Bei guter Sicht blickt man hier bis zu den Alpen.

Ein besonderes Denkmal der Gerichtsbarkeit findet man an der Bundesstraße 124 Richtung Königswiesen/Linz. Am Galgenberg, zwei Kilometer außerhalb des Ortes, stehen rechts im Wald drei Säulen, die von einer kleinen Mauer umgeben sind und einst mit Holzbalken verbunden waren. An diesem **Galgen** sind nachweislich 1728 das letzte Mal Sünder zu Tode gebracht worden.

Fährt man die Straße weiter, kommt man zur meistbesuchten Attraktion von Arbesbach, dem **Bärenwald**. Auf einem über ein Hektar großen Gelände ist ein Bärengehege angelegt, das mit Führungen begangen werden kann. Gern besucht wird auch der **Badeteich** am östlichen Ortsrand.

Sehr sehenswert ist der **Höllfall** am Weg Pretrobruck–Steiningerberg, wo der Große Kamp über ein Granitblockmeer nach unten fällt (Wanderzeit von Pretrobruck etwa 45 Minuten). Mindestens genauso beeindruckend ist der **Lohnbachfall** (Kleiner Kamp) südlich von Pretrobruck (etwa eine Stunde Wanderzeit).

Arbesbach ist ein Zentrum des Skilanglaufs. Loipen ziehen sich bis zur Nachbargemeinde Altmelon vier Kilometer südlich. An der dortigen **Jakobskirche** gibt es außen zwei interessante Grabsteine mit auffälligen Todessymbolen. Das **Naturschutzgebiet Meloner Au**, an der Grenze zu Oberösterreich, ist eine archaische Hochmoorlandschaft mit seltener Flora und Fauna.

Schönbach, acht Kilometer südöstlich, liegt innerhalb einer besonders kargen und steinigen Region. Trotzdem gibt es hier eine reich ausgestattete, seit dem Mittelalter viel besuchte **Wallfahrtskirche**. 1698 wurde hier ein Kloster des seltenen Hieronymitanerordens gegründet, wodurch die Zahl der Pilger zunahm und in manchen Jahren bis zu 10 000 von ihnen in die abgeschiedene Region pilgerten. Die Legende berichtet, dass in einer hellen Mondnacht eine Herde mit schwarzen, gesprenkelten und weißen Schafen in die Kirche drang und nach einiger Zeit nur noch weiße Schafe wieder herauskamen. In diesem Klostergebäude ist heute ein **Handwerks-Erlebnismuseum** zu finden, wo man Korbflechterei, Schindelherstellung, Seifensiederei und Wagnerei kennenlernen kann. Die **Klosterkirche** ist wegen ihres kolossalen Flügelaltars von 1490 mit fünf überlebensgroßen Figuren ein Kunstwerk ersten Ranges.

Unverkennbar spielt der Mohn in Armschlag eine große Rolle

Im Mohngebiet

Im Gebiet um Ottenschlag, das jahrhundertelang zu den ärmsten Gegenden im deutschsprachigen Habsburgerreich gehörte, wird schon seit dem 12. Jahrhundert Graumohn angebaut. 200 Hektar Anbaufläche gibt es heute. Mohn benötigt besonders rauhe klimatische Bedingungen mit starken Taufällen, die hier gegeben sind. Da aus der Kulturpflanze Mohn Opium gewonnen werden kann, ist der Mohnanbau in Deutschland verboten. Aber der Genuss von Mohntorte oder Karpfen in Mohnkruste oder Mohn-Käse-Salat führt keineswegs zu rauschhaften Zuständen. So kann die Mikroregion um Ottenschlag davon profitieren. Mit Mohnmuseum, Mohnlehrpfad, Mohnrestaurants, Mohnöl-Kosmetik und natürlich Mohnfeldern und Mohngärten entstand eine touristische Infrastruktur rund um diese Pflanze. Jeweils am 17. März feiert man hier den Tag des Mohns, an jedem dritten Sonntag in den Monaten Juni bis August finden weitere Mohnfeste statt. Mohn wird eine positive Wirkung auf die Gesundheit zugeschrieben. So wird berichtet, dass der Tagelöhner Josef König 1836 erst im Alter von 119 Jahren starb – natürlich wegen seines regelmäßigen Mohngenusses. Der Mohn ist so in das Bewusstsein der Bewohner eingedrungen, dass ihr ganzer Alltag darauf fußt. So lebt man in Mohnungen, macht beim Finanzamt seine Mohnsteuererklärung, und fast alle Frauen heißen Mohnika.

Das ›Mohndorf‹ **Armschlag** ist oft Gegenstand von Fernsehreportagen. Von Armschlag und Sallingberg aus führen **Wanderrouten** in das Umland. Sie sind teilweise thematisch konzipiert (Mühlen- und Sägenweg), aber auch mit dem Mohn verbunden (Mohnleutweg, Mohnstrudelweg). Letzterer führt neun Kilometer über den Mohnlehrpfad bis zur alten Hammerschmiede, über Reith nach Ottenschlag und von dort über den Wanderweg 606 zurück (www.sallingberg.at, www.mohndorf.at).

Um **Traunstein**, zehn Kilometer westlich von Ottenschlag, haben Verwitterung

▲ Karte S. 147

und Erosion aus dem Untergrund besonders viele Granitblöcke herauspräpariert. Sie haben meist nur eine kleine Auflagefläche und können auch von Kindern bewegt werden (Wackelsteine). Die lokalen Wanderwege 1 und 3 führen zu solchen Blöcken (Wanderzeiten ab Traunstein jeweils weniger als 30 Minuten). Die unberührte Natur und die reine Luft ließen hier ein großes Viersterne-Kurzentrum mit Hotel entstehen (www.kurzentrum.at).

Pöggstall

Der Ort Pöggstall wird im Tourismusgewerbe oft als ›Meran des Waldviertels‹ bezeichnet. Denn hier ist die rauhe und einsame Landschaft des Waldviertler Hochlandes fast schon mediterranem Flair gewichen. Die Umgebung Pöggstalls gilt als Brücke zur Wachau. Geprägt wird das Ortsbild durch das mächtige **Schloss Rogendorf** aus dem 13. Jahrhundert mit seinem großartigen Arkadeninnenhof. Eine Barbakane von 50 Metern Durchmesser, ein besonderes Vorwerk zur Verteidigung des Zugbrückentors, sichert den Eingang. Sie gilt im süddeutsch-österreichischen Raum als einzige ihrer Art. In seinem Buch über Festungsbaukunst beschreibt Albrecht Dürer die Pöggstaller Barbakane – vermutlich stammt der Entwurf von ihm.

Im Schloss gibt es **Museen** zur Rechtsgeschichte, zum Leben der Kinder vor hundert Jahren und zur lokalen Geschichte, außerdem eine Ausstellung von Werken Franz Traunfellners und die einzige original erhaltene Folterkammer Österreichs. Die frühere Schlosskirche ist auch die **Stadtkirche** von 1480. Ihr Turm stammt aus dem Jahr 1810 und ist im Stil der damaligen Biedermeiergotik gehalten. Die Emporen zeigen ungewöhnliche ornamentale Vielfalt. Berühmt ist die Pöggstaller Madonna, eine bezaubernde junge Frau mit Kind, die von vier Engeln beschützt wird.

Im Süden der Stadt – man nimmt die Straße an der Polizei vorbei stadtauswärts – steht auf einer Anhöhe die **Kirche St. Anna im Felde** (Langhaus um 1330), eine ganz altertümlich anmutende Wehrkirche mit prachtvollen Epitaphien im Innern. Leider ist sie fast immer geschlossen.

Der in Pöggstall geborene und in Österreich sehr geschätzte Maler Franz Traunfellner (1913–1986), der im nahen Gerersdorf lebte, hat in vielen Aquarellen und Ölbildern und vor allem Holzschnitten dem Waldviertel ein künstlerisches Denkmal gesetzt. Ein ausgeschilderter **Traunfellnerweg** (Nr. 64 bzw. 64a) führt vom Schloss nordwärts an vielen Lokalitäten vorbei, die Traunfellner als Motive gedient haben.

In **Roggenreith**, acht Kilometer nördlich, steht die einzige **Whisky-Destillerie** Österreichs. Nach der Verkostung lässt sich gut der **Feuer-Wasser-Garten** erkunden.

Die Madonna in der Pöggstaller Stadtkirche

Der schöne Arkadenhof des Schlosses

Liebhaber alter Gemäuer solllen sich die Ruine im drei Kilometer östlich gelegenen **Streitwiesen** nicht entgehen lassen, in ihr vereinen sich Romanik, Gotik und Renaissance. Ein Teil der Anlage wird als internationale Jugendbegegnungsstätte (www.streitwiesen.at) genutzt. Fährt man weiter in Richtung Donau, kommt man nach Weiten und kann im **Tal der Sonnenuhren** eine einzigartige Präsentation solarer Chronometer in einer privaten Schlosserei betrachten und einzelne Exemplare auch erwerben.

Yspertal und Ostrong

Obwohl es eine Große und eine Kleine Ysper gibt, spricht man doch fast immer nur von der Großen Ysper. Sie entspringt unweit des Weinsberges und rauscht dann durch die wilde **Ysperklamm** nach Süden. Diese romantische, von großen Feslblöcken gesäumte Schlucht lohnt einen Besuch. Vom **Gasthof Forellenhof** (Humpellehen, Gemeinde Altenmarkt, gelegen auf 550 Metern) an ihrem Südende kann man die Schlucht bis zu ihrem oberen Ende am Ödteich (836 Meter) durchwandern (Gesamtwanderzeit hin und zurück zwei Stunden, Trittsicherheit erforderlich!). Die Ysperklamm mutet wegen des tiefen Einschnitts alpin an. Ein besonderes Erlebnis ist ein Besuch nach einem starken Regen oder nach der Schneeschmelze. Im unteren Abschnitt wird das Tal flacher, behält aber seinen überaus reizvollen Charakter. Wer nicht wandern möchte, sollte die Bundesstraße 36 zwischen Altenmarkt und der Yspermündung bei Isperdorf an der Donau nehmen – diese Strecke ist fast ebenso beeindruckend. Die Region ist altes keltisches Siedlungsgebiet, fast überall sind ›Druidenwege‹ und -steine zu finden (www.suedliches-waldviertel.at).

▲ Karte S. 147

Das Yspertal begrenzt im Osten der Bergrücken des Ostrong, wo sich mit dem **Großen Peilstein** (1061 Meter) der zweithöchste Berg des Waldviertels erhebt. Südlich von dessen Gipfelkreuz stehen noch die Fundamente einer Anlage der Richtfunkstrecke München–Wien aus den letzten Kriegsjahren.

Von **Münichreith**, am Ostrand des Ostrong, gibt es bequeme **Wanderrouten**. Zu empfehlen ist der Weg 51 über Altwaldhäusl auf den Peilstein, der auf dem Kamm und über den Kaiserstein (936 Meter) verläuft. Wer einen steilen (500 m Höhendifferenz), aber kurzen Aufstieg vorzieht, beginnt in Laimbach an der Nordostecke des Ostrong (Weg 08). Vom Großen Peilstein hat man keine Fernsicht, doch bietet die Aussicht vom nahen Kleinen Peilstein ein großartiges Panorama. Die Wirtshausbrauerei ›Haselböck‹ in Münichreith empfiehlt sich für Einkehr und Übernachtung, da es auf dem Ostrong keine Einkehrmöglichkeiten gibt.

In der Nordkapelle der **Nikolauskirche** von Münichreith stößt man auf ein Kruzifix von 1540, das Christus im Todeskampf auf erschütternde Weise darstellt.

Weinsberger Wald und Yspertal

Gemeindeverwaltung Gutenbrunn, 3665 Gutenbrunn Nr. 20, Tel. 028-74/6294, www.gutenbrunn.at.

Gemeindeamt Arbesbach, 3925 Arbesbach Nr. 35, Tel. 02813/7000, www.arbesbach.at.

Gemeindeamt Pöggstall, Untere Hauptstr. 8, 3650 Pöggstall, Tel. 027-58/2383, www.poeggstall.at.

Gasthof und Bäckerei Kerschbaummayr, Linzer Str. 6, 3925 Arbesbach, Tel. 02813/230, www.kerschbaum mayr.at, p.P. im DZ 19 €.

Gasthof Seidl, Pretrobruck 17, 3925 Arbesbach, Tel. 02813/410, www.gasthof-seidl.at, p.P. im DZ 25 €.

Mohnwirt Neuwiesinger, 3525 Sallingberg, Armschlag Nr. 9, Tel. 02872/7421, www.mohnwirt.at.

Gasthof Gerstbauer, Badgasse 22, 3650 Pöggstall, Tel. 02758/2800, www.gerstbauer.tk, p.P. im DZ 25 €, ab drei Tagen 22 €.

Wirtshausbrauerei Haselböck, Hausbrauerstraße 3, 3662 Münichreith am Ostrong, Tel. 07413/6119, www.wirtshausbrauerei.at.

Bärenwald GmbH, Schönfeld 18, 3925 Arbesbach, Tel. 02813/7604, www.baerenwald.at, tgl. 10–17 Uhr.

Museen Schloss Pöggstall, Untere Hauptstraße 8, 3650 Pöggstall, Tel. 02758/2383 und 3310, www.poeggstall.at, geöffnet nach Voranmeldung.

Whiskydestillerie Haider, 3664 Roggenreith 3, Tel. 02874/7496, www.whiskyerlebniswelt.at, www.roggenhof.at.

Sonnenuhrausstellung, 3653 Weiten Nr. 120, Tel. 02758/8292, www.sonnenuhren.com.

Kurzentrum Traunstein, Kurhausstr. 50, 3632 Bad Traunstein, Tel. 02878/25025, www.kurzentrum.at; p.P. im DZ 76 €. Zahlreiche Therapien, wechselnde Angebote und Preise.

Handwerks-Erlebniswerkstatt, 3633 Schönbach Nr. 2 und 6, Tel. 0720/720576, www.handwerk-erleben.at, Sa–So 9–17 Uhr u. nach Vereinbarung.

Original Waldviertler Heuunterbetten, Kollnitz 12, 3662 Münichreith bei Maria Taferl, Tel. 07413/6396, www.heuunterbetten.at. Heuunterbetten gelten als besonders gelenkschonend.

Die Kamptal-Stauseen

Das Kamptal zwischen Zwettl und Rosenburg ist in seiner westlichen Hälfte durch drei Stauseen stark verändert worden. Angeblich besitzt die Landschaft durch die neu entstandenen ›Fjorde‹ jetzt einen nordischen, skandinavischen Charakter, dem allerdings die große Zahl an Badeanstalten, Gasthöfen, Imbissbuden und Bierständen zuwiderläuft. Die fischreichen Gewässer – vor allem Zander, Hecht, Karpfen, Aal – locken viele Angler an Doch zumindest östlich des dritten Staudamms und bis zur Rosenburg ist das Kamptal wieder fast menschenleer (www.kampseen.at). Die südlich davon liegende Landschaft etwa bis Gföhl ist ein weniger besuchtes Gebiet im Waldviertel und gerade deshalb von Reiz.

Ottensteiner See und Umgebung

Bei Ottenstein, etwa 15 Kilometer östlich von Zwettl, wird der Fluss zum ersten Mal durch ein Wehr aufgestaut. Der Ottensteiner Stausee aus den späten 1950er Jahren bietet Bademöglichkeiten sowie Segel- und Surfschule. Fast ein Muss ist eine Fahrt mit einem Elektroboot über den Stausee, über dessen Westsaum majestätisch die **Ruine Lichtenfels** aufragt. Doch Achtung: In der Saison bekommt man kaum einen freien Badeplatz, und auch die Boote sind oft ausgebucht. Auch in **Mittereith**, vier Kilometer in Richtung Zwettl, ist ein beliebter Badeplatz am See ausgewiesen. Das westlich davon gelegene Rückstaugebiet gehört bereits zum Truppenübungsplatz Allentsteig und darf daher nicht mehr ›beschwommen‹ werden.

Der Ruine Lichtenfels gegenüber steht auf der Ostseite die **Burg Ottenstein** (www.hotelottenstein.at). Die Gewölbefresken in der romanischen Burgkapelle von 1170 sind die frühesten ihrer Art in Niederösterreich. In einem ›Papstzimmer‹ der anderen, barocken Burgkapelle gibt es 241 Darstellungen von Päpsten von Petrus bis zu Innozenz XI. Eine weitere malerische Burg ist **Rastenberg**, südlich von Rastenfeld, oberhalb des Flusses Purzelkamp, an dem ein anspruchsvoller Bikerweg entlang führt. Die Burg kann nicht besichtigt werden; sie gehört der Familie Thurn-Valassina, die auch hier wohnt.

Die Ruine Lichtenfels am Ottensteiner See

▲ Karte S. 147

Fast mittelalterlich mutet das langgestreckte **Friedersbach** an. Besonders sehenswert ist neben den bunten spätmittelalterlichen Kirchenfenstern der romanische Karner mit seinem steilen Kegeldach. Die ›Waldhausener Madonna‹ in der **Pfarrkirche** von **Waldhausen im Waldviertel**, zehn Kilometer südlich, ist gemäß der mittelalterlichen Auffassung nicht als Frau und Mutter, sondern ganz kindhaft dargestellt.

Am Südrand des großen Truppenübungsplatzes und nördlich des Stausees liegt **Döllersheim**. Obwohl es durch die militärischen Übungen verfallen ist, sind seine Ruinen, insbesondere die der Pfarrkirche, noch sehr eindrucksvoll. Der Friedhof ist in den letzten Jahren wieder hergestellt worden und seitdem eine phantastische Kulisse, gleichsam wie von Caspar David Friedrich gemalt (www.doellersheim.at).

Um Dobrastausee und Thurnberger Stausee

Der **Dobrastausee** erfreut sich geringerer Beliebtheit als jener von Ottenstein, da er nicht dessen Infrastruktur aufweist und nicht so einfach von den Hauptverkehrsstraßen zugänglich ist. Nur von Norden, von Franzen her, gelangt man zu ihm und zu zwei Campingplätzen. Über diese blickt die **Ruine Dobra** herab. Vom mächtigen Bergfried hat man eine großartige Sicht. Strones, am Südrand des nahen Truppenübungsplatzes, ist wie Döllersheim ebenfalls verfallen. Es war 1837 Geburtsort von Alois Schicklgruber, der unehelich zur Welt kam. Nachdem seine Mutter Anna Maria Schicklgruber 1842 den Müller-

Vergangenheit und Gegenwart von Döllersheim

knecht Johann Georg Hiedler geheiratet hatte, änderte Alois 1876 seinen Nachnamen, der allerdings bei der Umschreibung zu ›Hitler‹ wurde. Alois wurde 1889 der Vater Adolf Hitlers.

Nahe Franzen steht das **Schloss Waldreichs**, eine der herrlichsten Wasserburgen Österreichs, die vollständig zerfallen war und nach 1980 vorbildlich wieder aufgebaut wurde. Heute beherbergt das Schloss das Forstamt Ottenstein, das ›forstpädagogische‹ Exkursionen anbietet (www.waldreichs.at). Ein Hochgenuss ist ein Spaziergang auf dem Teichwanderweg.

In **Krumau am Kamp** steht eine weitere Burg, die nach 1567, nachdem ihre Mauern teilweise in den Fluss gestützt waren, nicht mehr aufgebaut wurde. Hier lebte die Frau Ottokars II. von Böhmen (1232–1278), Margareta von Österreich (1204–1266). Ottokar trennte sich 1261 von der 30 Jahre Älteren, da die Ehe kinderlos geblieben war und er sich einen leiblichen Nachkommen wünschte.

Der **Thurnberger Stausee** ist der kleinste der drei Seen. Nahe der Staumauer bei Idolsberg gibt es einen sehr großen Bade- und Liegeplatz. Der See kann auf dem lokalen Wanderweg Nr. 2 umrundet werden. In **Neupölla** gibt ein **Informationszentrum** über das aufgestaute Kamptal und seine touristischen Attraktionen und ein ungewöhnliches **Museum für Alltagsgeschichte**, das sich auch dem nahen Truppenübungsplatz widmet.

Von Wegscheid flussabwärts wird das Tal wieder einsam. Eine wunderbare Flusswanderungen kann man von hier über den Wanderweg 06 bzw. 620 zur Ruine Schauenstein (vier Kilometer) und weiter bis Steinegg (nochmals fünf Kilometer) machen. Leider muss man für den Rückweg die gleiche Route nehmen, da wegen des steilen Südhanges am Fluss eine Rundwanderung nicht möglich ist. In Steinegg bietet sich eine Rast im ›Gasthaus Dunkler‹ an.

Lichtenau

Lichtenau besitzt zwar nicht so viele Sehenswürdigkeiten wie andere Orte, bietet aber mit seinem dünnbesiedelten Umland die Möglichkeit zu meditativer Erholung. Spirituelle Erquickung bietet der Besuch einer alten heidnischen, wahrscheinlich keltischen **Kultstätte** am Wanderweg von Lichtenau nach Obermeisling im Südosten der Gemeinde. Die Granitfelsen mit ihren Einkerbungen bilden, wie sensible Besucher schildern, ein Kraftfeld aus. Im nahen Brunn am Walde existiert das vermutlich einzige **Wasserschloss** Österreichs, das noch eine gefüllten Graben aufweist. Die Straße von Lichtenau über Loiwein nach Krems ist eine wundervolle Panoramastrecke.

In Brunn verstarb 1971 90-jährig Hermann Ehrhardt, der Führer jener einst berüchtigten Marinebrigade Ehrhardt, einer Freikorpstruppe nach dem Ersten Weltkrieg, die einen drohenden kommunistischen Putsch bekämpfen sollte. Von Hitler, den er von Anfang an verachtete, ins Abseits gestellt, war er seit 1936 nicht mehr politisch aktiv; er ist in Lichtenau begraben. Der Schriftsteller Wilhelm Szabo (1901–1986) lebte ebenfalls in seiner Kindheit in Brunn. Er gilt als Vertreter einer ›Anti-Heimatdichtung‹, die zwar im meist ländlichen Milieu angesiedelt ist, sich jedoch durch differenzierte Sozialkritik von der gewöhnlichen Heimatverklärung deutlich absetzen will. Lesenswert sind die Erzählungen ›Zwielicht der Kindheit‹.

Die Umgebung

Die **Gudenushöhle** bei **Purkersdorf** in der Gemeinde Albrechtsberg, acht Kilometer südlich von Lichtenau, ist seit 1884 als steinzeitliche Wohnhöhle bekannt, in der schon vor 90 000 Jahren Menschen lebten. Hier fand man die ältesten je in Österreich entdeckten Werkzeuge; ihr Alter wird auf 50 000 Jahre geschätzt. Über der Höhle türmt sich majestätisch die **Burg Hartenstein** über dem Tal der Kleinen Krems auf. Die mittelalterliche Burg war am Ende des 19. Jahrhunderts verfallen, doch wurde sie dann neugotisch teilweise wiederaufgebaut und eine Kneippheilanstalt eingerichtet. Heute hat hier ein privater Informatikbetrieb seinen Sitz.

Albrechtsberg liegt sehr malerisch fast 200 Höhenmeter über der Krems. Weithin ist der imposante Burgberg mit der

Schloss Jaidhof

Kirche sichtbar. Die Burg wirkt gotisch, stammt jedoch aus der zweiten Hälfte des 16. Jahrhunderts. Die Pfarrkirche steht an der Stelle der alten Burgkapelle und wurde 1715 auf deren Resten gebaut.

Das nahe **Felling** bietet alljährlich im Rosarium des ›Rosenschlosses‹ vielfältige Rosenausstellungen (www.rosenausstellung.at).

Gföhl ist mit fast 4000 Einwohnern eine der größten Städte Niederösterreichs, bietet aber außer einem reichhaltigen Markt, der jeden Donnerstag abgehalten wird, kaum Sehenswürdigkeiten (www.gfoehl.at). Sehenswert dagegen ist im nahen **Jaidhof** der große Komplex des **Schlosses** mit seinen Wortschaftsgebäuden. Das Renaissancebauwerk ist klassizistisch überprägt, die Wirtschaftsgebäude in einem bewusst alpin-jagdichen Stil gehalten.

Östlich und südöstlich von Zwettl

Ferienregion Kampseen, 3593 Neupölla 4, Tel. 0664/4940814, www.kampseen.at.

Gemeinde Lichtenau, 3522 Lichtenau Nr. 49, Tel. 02718/257 u. 210, www.lichtenau.at.

Gasthof zum Goldenen Lamm, 3532 Rastenfeld Nr. 16, Tel. 02826/250, p.P. im DZ 26 €.

Gasthof Ottensteinerhof-Waldblick, 3532 Rastenfeld, Peygarten-Ottenstein Nr. 38, Tel. 02826/264, www.ottensteinerhof.at, p.P. im DZ 26 €.

▸ Karte S. 147

Gasthof am See, Seestr. 7, 3544 Idolsberg, Tel. 02731/216, www.gasthof-amsee.at, p.P. im DZ 37 €.
Heurigengasthof, 3543 Krumau Nr. 11, Tel. 02731/8475, p.P. im DZ ab 22 €.
Gasthof Zeilinger, 3522 Lichtenau 20, Tel. 02718/218, p.P. im DZ 11–18 €.
Gasthof Schindler, 3522 Brunn am Wald Nr. 30, Tel. 02718/230, www.gasthof-schindler.at, p.P. im DZ 25 €.
Gasthaus Dunkler, 3591 Steinegg Nr. 12, Tel. 02987/2270.

Museum für Alltagsgeschichte, 3593 Neupölla 10, Tel. 02988/6220, www.poella.at/museum, 1. Mai bis 26. Okt. So 14–16.30 Uhr.
Jaidhof, Info und Voranmeldung über die Gemeinde Jaidhof, Tel. 02716/6350.

Campingplatz Lichtenfels, an der Südseite des Ottenheimer Stausees, Tel. 02826/7492.

Segel- und Surfschule mit Seecamping, 3532 Rastenfeld, Ottenstein Nr. 5, Tel. 02826/416, www.ottensteinersee.at.

Das Waldviertel

Entlang der Thaya

Der wichtigste Fluss des nördlichen Waldviertels ist die Thaya (tschechisch Dyje). Sie ist 236 Kilometer lang und ein rechter Nebenfluss der March (Morava). Der Name stammt von dem indogermanischen ›tav‹, was ›still‹ oder ›ruhig‹ bedeutet. Zwei Quellflüsse, die Deutsche Thaya und die Mährische Thaya (sie kommt aus der Tschechischen Republik), vereinigen sich bei Raabs. Der Fluss strömt dann ostwärts und gräbt sich bis zu hundert Meter tief in die Landschaft ein. Er bildet dabei in einem wildromantischen Tal – als Nationalpark ausgewiesen – die Grenze zur Tschechischen Republik und mündet bei Hohenau, ganz im Nordosten des Weinviertels, in die March.

Das Thayatal ist reich an Burgen und Schlössern aus dem Mittelalter, die hoch über dem Fluss als Grenzbastionen zu Böhmen errichtet wurden. Überschwemmungen sind in den letzten Jahren im Thayatal immer stärker geworden. Im Juni 2006, beim letzten großen Hochwasser, wurden 70 Ortschaften entlang des Flusses in Mitleidenschaft gezogen, in Raabs stieg der Pegel fünf Meter über das normale Maß.

Der **Thayatal-Radweg**, der nicht überall am Fluss entlang verläuft, beginnt in Zwettl, führt nordwestlich zur Thayaquelle und dann bis Retz im Weinviertel (169 Kilometer). Er ist Teil des großen Kamp-Thaya-March-Radwegs, der sich mit einer Länge von 422 Kilometern durch ganz Niederösterreich zieht. Auch der **Thayatal-Wanderweg** (Nr. 630) führt wegen der komplizierten Topographie des Flusses nicht immer an dessen Ufer entlang.

Schweiggers und Limbach

Die Deutsche Thaya entspringt bei Schweiggers südöstlich von Gmünd auf 657 Metern Meereshöhe. In der Einsamkeit des Mödershofes, am Weg Schweiggers–Jagenbach, liegt die Quelle des

Auf dem Kamp-Thaya-March-Radweg

Flusses. In Schweiggers lohnt es sich, die **Stadtkirche** besichtigen und ihr romanisches Taufbecken mit den Löwenfüßen zu betrachten. Acht Kilometer nördlich, in Limbach, ist am Ortsausgang in Richtung Kirchberg der Weg zur Teufelslucke, einen alten **Bergbaustollen**, ausgeschildert. Man geht entlang der Thaya in den Wald hinein, bis man zu einer Felswand rechts kommt, wo ein Rastplatz angelegt ist. Der Eingang in den Stollen befindet sich im oberen Bereich der Felsenwand. Man muss emporklettern, um ihn zu erreichen.

Kirchberg am Walde

Vier Kilometer nordwestlich von Limbach liegt Kirchberg am Walde, der Geburtsort des Dichters Robert Hamerling (1830–1889). Der einst vielgelesene Autor ist heute als Literat vergessen, doch erinnern in vielen niederösterreichischen Orten Straßen und Plätze an ihn. Überwiegend verfasste er Epen, meist historischen Charakters. Sein bekanntestes Epos ist ›Ahasverus in Rom‹ von 1865. Sein Geburtshaus gegenüber der Schlossauffahrt an der Brücke wurde auf Initiative des deutschnationalen Politikers Georg von Schönerer nach Hamerlings Tod abgebrochen und dafür ein Neorenaissance-Haus gebaut, in das eine Stiftung einzog, die sich um Hamerlings Erbe verdient machte. Ein Hamerling-Gedenkzimmer erinnert an den Dichter, am Hauptplatz gibt es zusätzlich ein **Hamerling-Museum**.

Sehenswert sind auch das **Bürgerspital** mit seiner Doppelwendeltreppe und das riesige **Schloss**. Ursprünglich eine gotische Wehrburg und 1561 im Renaissancestil umgebaut, hat man sie spätbarock verändert und erweitert, wobei der Bergfried abgerissen wurde. Reizvoll ist das Glockentürmchen über dem Kapellentrakt am Hauptgebäude. Das Schloss befindet sich in Privatbesitz und ist nicht zugänglich. Hier lebte einige Jahre Marie Thèrése (1778–1851), die Tochter Marie Antoinettes und Ludwigs XVI. Sie entkam 1794 den Häschern der Französischen Revolution und versuchte vergeblich, bei Adelsgeschlechtern in ganz Europa ein neues Zuhause zu finden. Sie versuchte immer wieder eine Restauration der Bourbonenmonarchie in Frankreich und schwebte daher ständig in Gefahr. In Thüringen soll sie einige Zeit inkognito als sogenannte ›Dunkelgräfin‹ gelebt haben. 1837 kam sie mit ihrem Mann, dem französischen Exilkönig Ludwig XIX., einem Neffen ihres Vaters, nach langer Odyssee in Kirchberg an, wo das Paar bis zum Tod Ludwigs 1846 als Gast von Österreichs Kaiser Ferdinand I. wohnte. Marie Thèrése verbrachte ihre letzten Lebensjahre in Frohsdorf bei Wiener Neustadt. Sie ist im Kloster Kostanjevica im heute slowenischen Teil von Görz beigesetzt, das 1919 zwischen Italien und Slowenien geteilt wurde. Sie ruht an der Seite ihres Mannes und ihres Schwiegervaters, König Karl X. von Frankreich, einem Bruder Ludwigs XVI.

▲ Karte S. 147

Nahe Kirchberg gibt es an der Straße nach Ullrichs nach etwa zwei Kilometern im Wald zwei mächtige fünf Meter hohe Granitpfeiler, die oben mit einer Steinkugel abschließen und an Obelisken oder schmale Hinkelsteine erinnern. Doch handelt es sich um **Galgen**. In zwei viereckigen Öffnungen ruhte dabei zwischen ihnen ein Holzbalken.

Schwarzenau

Weiter flussabwärts, in Schwarzenau, steht ein imposantes **Renaissanceschloss** von 1592, das durch seinen ausladenden Stuck-Dekor zu den künstlerisch wertvollsten Anlagen des Waldviertels zählt. Die Stuckarbeiten aus dem Jahre 1732 stammen von Giovanni Battista d´Allio (1690–1753), der vor allem in Passau wirkte. Von ihm stammt unter anderem die Stuckauskleidung der Stiftskirche Niederaltaich in Niederbayern. In der zweigeschossigen Schlosskapelle ist auf dem Buch, das die Figur des Apostels Matthäus hält, d´Allios Signatur angebracht. Während des zweiten Weltkriegs ein Flüchtlingsheim, war das Schloss von 1945 bis 1955 Quartier der Roten Armee. Es erlitt schwere Schäden, da man Teile des Dachstuhls verheizte und Wände herausriss.

Schloss Schwarzenau

Waidhofen an der Thaya

Waidhofen an der Thaya (5700 Einwohner) ist die nördlichste Bezirksstadt Österreichs. Der Ort liegt hoch über einer Thaya-Schleife und zählt wie Weitra zu den niederösterreichischen Stadtmauerstädten. Um 1180 legte man dort, wo die damalige Handelsstraße Wien–Prag die Thaya überquert, eine Siedlung mit einer Burg im Osten an, die den Fluss überwachte.

Sehenswürdigkeiten

Der dreieckige Hauptplatz steigt nach Westen hin wie die gesamte Innenstadt steil an. Das **Rathaus** in der Platzmitte ist im Kern gotisch, wurde jedoch nach dem großen Stadtbrand 1873 mit dem charakteristischen Stufengiebel neu errichtet. In der zweiten Hälfte des 16. Jahrhunderts war es eine lutherische Kirche. Hauptplatz Nr. 18 ist der **Waydhoff**, der Namensgeber der Stadt, der auf einen Jagdhof des 12. Jahrhunderts zurückgeht. Charakteristisch ist das Hirschgeweih an der Fassade. Unweit davon steht die **Dreifaltigkeitssäule** von 1709 mit den ›Kaiserlinden‹, die 1879 zur Silberhochzeit von Franz Joseph und Sisi gepflanzt wurden. Hauptplatz 9 ist das frühere **Gericht**, in dem von 1753 bis 1819 das Waldviertler Werkamt der Baumwollmanufaktur Schwechat untergebracht war. Etwa 25 000 Menschen arbeiteten damals im Waldviertel für diese Fabrik. Denn das Waldviertel war neben der Glas- und Steinindustrie auch ein bedeutendes Zentrum der Textilerzeugung, vor allem das Gebiet zwischen Waidhofen, Raabs und Waldkirchen im Norden. In der Pfarrgasse erinnern einige hübsche Weberhäuser aus dem 18. Jahrhunderts an diese Traditionen.

Die **Stadtpfarrkirche Mariä Himmelfahrt** befindet sich am höchsten Punkt

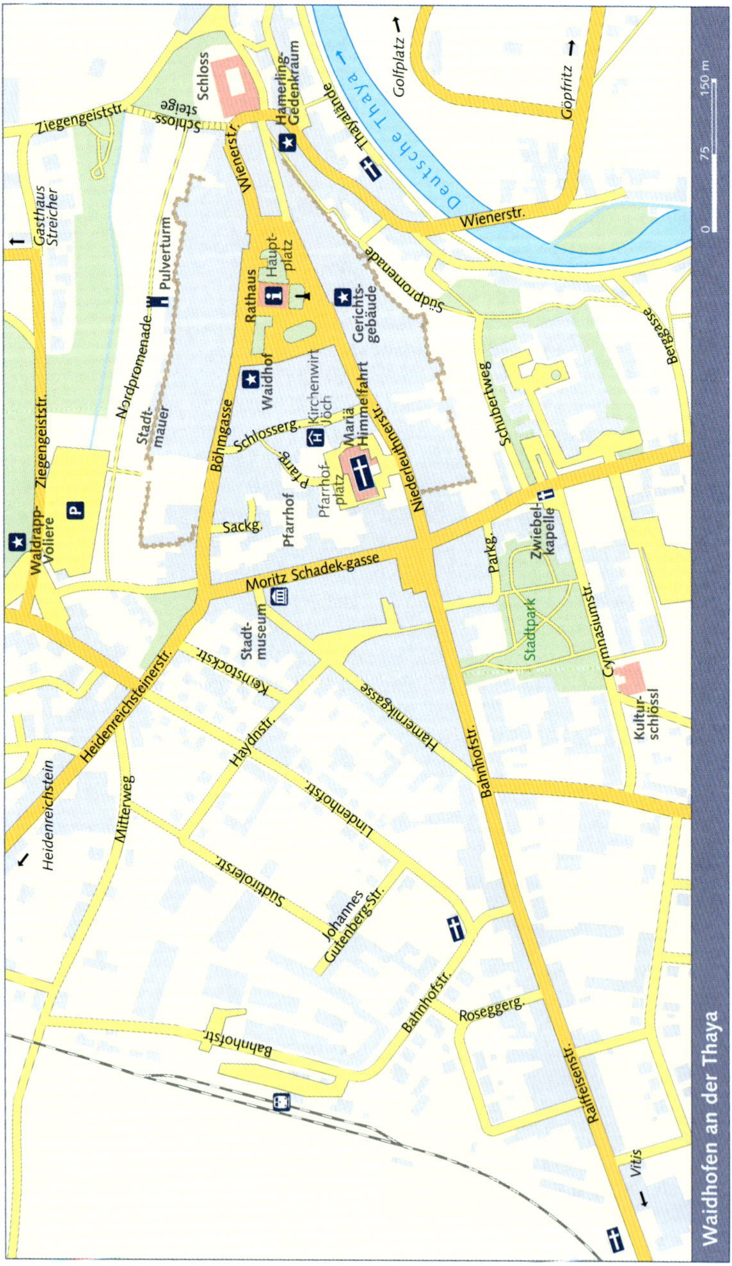
Waidhofen an der Thaya
0 75 150 m
Deutsche Thaya
Schloss
Schloss-steige
Ziegengeiststr.
Hamerling-Gedenkraum
Thayalände
Golfplatz
Göpfritz
Wienerstr.
Wienerstr.
Gasthaus Streicher
Pulverturm
Nordpromenade
Stadt-mauer
Rathaus
Haupt-platz
Südpromenade
Gerichts-gebäude
Waidhof
Kirchenwirt Jöch
Maria Himmelfahrt
Schlosserg.
Böhmgasse
Pfarrg.
Pfarrhof-platz
Pfarrhof
Sackg.
Niederleuthnerstr.
Schubertweg
Berggasse
Waldrapp-Voliere
Ziegengeiststr.
Moritz Schadek-gasse
Stadt-museum
Parkg.
Zwiebel-kapelle
Stadtpark
Gymnasiumstr.
Kultur-schlössl
Kernstockstr.
Heidenreichsteinerstr.
Hamerlinggasse
Haydnstr.
Lindenhofstr.
Bahnhofstr.
Mitterweg
Heidenreichstein
Südtirolerstr.
Johannes Gutenberg-Str.
Bahnhofstr.
Roseggerg.
Bahnhofstr.
Raiffeisenstr.
Vitis

der Stadt (510 Meter). Ihr Bau wurde 1713 mit dem Turm begonnen, nachdem der Vorgängerbau an der gleichen Stelle baufällig geworden war. Der einheimische Maurermeister Matthias Fölser beendete 1723 die Kirche, die äußerlich eher unscheinbar, im Inneren aber prachtvoll ist. Der riesige Hochaltar, eine monumentale Säulenanlage, zeigt in zwei Gemälden Marias Himmelfahrt. Besonders großartig ist das Ratsherrengestühl gehalten, über dem der österreichische Doppeladler thront. Die Fresken, in blühenden Farben gehalten, zeigen das Leben der Himmelsjungfrau und die Himmelfahrt.

Schön ist ein Spaziergang entlang der Nordpromenade an der Stadtmauer entlang und am **Pulverturm** vorbei. Am östlichen Ende befindet sich der heute vermauerte Eingang zu unterirdischen Kellern, die sich unter der gesamten Innenstadt erstrecken und als Fluchtwege dienten. Denn Waidhofen, das jahrhundertelang Grenzstadt zu Böhmen war, wurde immer wieder von Kriegen und marodierenden Truppen heimgesucht, die der Bevölkerung übel zusetzten.

Das **Schloss** am Ostende der Innenstadt ist die 1798 umgebaute mittelalterliche Burg. Unterhalb des Schlosses, Wiener Str. 14, steht ein altes **Bürgerhaus** von 1577, das kaum verändert ist. Es beherbergt einen Hamerling-Gedenkraum, eine rekonstruierte Bauernstube und eine Biedermeierwohnung. Den noch aus dem Mittelalter stammenden Keller verbinden Gänge mit anderen Häusern in der Stadt.

Etwas außerhalb der Innenstadt, an der Moritz-Schadek-Gasse/Ecke Gymnasiumstraße, steht die ungewöhnliche **Zwiebelkapelle** aus dem 17. Jahrhundert, eine Friedhofskapelle eines einst an dieser Ecke bestehenden Friedhofs.

Das Rathaus am Abend

Weiter stadtauswärts, Ecke Mozartstraße, liegt der alte Judenfriedhof. Auf der anderen Seite der Moritz-Schadek-Gasse befindet sich der ›Deutsche Heldenfriedhof‹, auf dem 300 deutsche Kriegsgefangene ruhen, die aus Lagern in Böhmen kamen und in Waidhofen an Erschöpfung starben. In der gleichen Straße, jedoch in der Innenstadt, liegen das **Stadtmuseum** und das **Webereimuseum** mit einer Sammlung von Webmaschinen und -stühlen aus allen Epochen.

In Waidhofen gibt es die Waldrapp-Initiative, die diesen vom Aussterben bedrohten Vogel retten will und dabei die größte **Waldrappvoliere** der Welt eingerichtet hat. Das zu den Ibisvögeln zählende Tier war im Mittelalter in Österreich weitverbreitet und erscheint im Waidhofener Stadtbuch von 1383 als Vogel der Region. Diese Nennung veranlasste Waidhofener Biologen, den Vogel, der seit der Mitte des 17. Jahrhunderts aus Mitteleuropa verschwunden war, wieder in seine Heimat zu holen. In wenigen Exemplaren ist er nun wieder im Thayatal anzutreffen. Nordwestlich der Stadt, an der Kreuzung der B 36 und der B 5, steht eine fünf Meter hohe Skulptur des Waldrapps, und von hier ist die Zufahrt zur Voliere ausgeschildert. Sie liegt unterhalb der Stadtmauer an der Ziegengeiststraße, ist aber in wenigen Minuten auch vom Hauptplatz aus zu erreichen.

Große Basilika

An der B 5, im Norden, schuf der Bildhauer Franz Ölzant seine Große Basilika, eine Art künstliches Stonehenge aus fast hundert Granitfindlingen.

Rafingsberg

In Rafingsberg, fünf Kilometer südlich von Waidhofen, trifft man auf eine stimmungsvolle spätgotische **Kirchenruine**. Hier befand sich bis 1783 ein Wallfahrtsort. Kaiser Joseph untersagte im Rahmen seiner Säkularisierungsbestrebungen die Wallfahrten. Sie blieben aus, und die Kirche verfiel. Die Altäre wurden zu Brennholz zersägt, 1792 trug man das Gotteshaus teilweise ab. An der Straße Waidhofen–Raabs steht etwa fünf Kilometer hinter der Stadt auf einer kleinen Passhöhe rechts die höchst malerische **Bründlkapelle**.

Groß Siegharts

Die Waldviertler Textilstraße verbindet die bedeutendsten Textilorte der Region. Es ist ein Rundweg, der sich durch die ganze Region zieht und dabei unter anderem Weitra, Heidenreichstein, Waidhofen und Groß Siegharts berührt. Die nordöstliche Umgebung von Waidhofen wird auch Bandlkramerlandl genannt. Der Name erinnert an die Hausierer, die mit Bändern und anderen Kleintextilien durch die Lande zogen und ihre Ware feilboten, die sie überwiegend aus Groß Siegharts bezogen, einem Zentrum der Waldvierteler Textilindustrie. Dort fanden einst über 1000 Menschen Beschäftigung, heute sind es nur noch wenige.

▶ Karte S. 147

Graf Ferdinand von Mallenthein (1682–1749), dessen Familie im 17. und 18. Jahrhundert die Herrschaft über Groß Siegharts besaß, begründete den heute verblassten Ruhm der Stadt. Der Graf wollte hier nach 1720 eine der größten Fabrikstädte Österreichs schaffen. Weber, Färber und Schafwollarbeiter aus Schwaben, Sachsen und Brabant wurden angesiedelt, schon nach fünf Jahren waren 200 der geplanten 1000 Häuser fertig. Die Schwabengasse mit einigen der ursprünglichen Weberhäuser erinnert noch heute daran.

Man darf sich den Grafen als rührigen und vielseitigen Unternehmer und Bauherrn mit ausgeprägtem Sozialempfinden vorstellen. Er ließ die Kirche neu bauen und holte die namhaftesten Künstler seiner Zeit herbei, ließ ein Spital und eine Textilfabrikation für niederländischen Barchent (= Baumwollflanell) und Zwirnbänder errichteten und kümmerte sich um Sozialeinrichtungen für die Textilarbeiter. 1728 erhielt er das Marktrecht für Siegharts, das seither Groß Siegharts heißt. Auf dem Höhepunkt seiner Aktivitäten wurde der Graf ein Opfer seiner Zeitumstände. Er geriet in Schulden, nachdem die Ostindische Handelskompanie aufgelöst wurde, mit der er seit langem zusammenarbeitet hatte. Damit fiel der wichtigste Abnehmer der Textilien weg, und sein Imperium brach zusammen.

Doch Groß Siegharts blieb als Produktionsstandort bestehen. Neue Besitzer übernahmen die Produktion, im 19. Jahrhundert erfolgte der Ausbau in industrieller Herstellungsweise, viele Fabriken entstanden, heute noch zu bewundern als Denkmale eines untergegangenen Produktionszweigs. Das interaktive **Lebende Textilmuseum** des Orts hät die Erinnerung an diese Zeit wach.

In der verhältnismäßig großen **Pfarrkirche St. Johannes der Täufer** fällt das ungewöhnliche Grabdenkmal eines Johann Grosser (gestorben 1784) ins Auge, auf dem mit vielen Figuren verschiedene Szenen dargestellt sind, auch der Empfang des Verstorbenen in der Gruft durch den Tod.

Zwischen Waidhofen und Karlstein

Von Waidhofen thayaabwärts gelangt man zur Gemeinde Thaya, die sich durch eine seltsam städtische Atmosphäre auf ihrem Marktplatz auszeichnet, verursacht durch die etwas unproportionierten Wohnhäuser der Viehhändler, Saubarone genannt, die dem Ort Wohlstand brachten. Rund vier Kilometer östlich liegt auf einem Höhenrücken die **Wüstung Hard**. Von diesem mittelalterlichen Dorf, das um 1100 erbaut wurde, hat man bei wissenschaftlichen Ausgrabungen in den Jahren 1977 bis 1998 Grundmauern, Gebäudereste und zwei Brunnen freigelegt. Die Anlage ist frei zugänglich. Man erreicht sie über die Straße Thaya-Schlader-Karlstein vom Parkplatz im Wald aus. Sehenswert ist das **Schloss Peigarten** (www.schloss-peigarten.at). Es geht zurück auf eine Burg des 12. Jahrhunderts und liegt auf einer Felsnase über dem Taxenbach, einem linken Nebenbach der Thaya, etwa acht Kilometer nördlich des Ortes Thaya.

Zehn Kilometer westlich von Thaya steht bei Kleinzwettl eine imposante **Wehrkirchenanlage** auf freiem Feld. Von hier nordwärts erreicht man Engelbrechts ganz nah an der mährischen Grenze, einen Ort, den Mystiker gern aufsuchen. Folgt man dem Schild zum ›Platz des Skorpions‹, gelangt man im Wald zu einigen sogenannten Schalensteinen aus Granit. Die Vertiefungen in diesen Steinen gaben ihnen den Namen, wobei Esoteriker darin keltische Kult- und Opfersteine sehen und ihnen ›mystische‹ Namen gegeben haben – wogegen Naturwissenschaftler darin nur Resultate der Erosion sehen. Seltsam ist aber, dass die Lage der Steine die äußere Kontur eines Skorpions nachzeichnet, wobei an der Stelle des Skorpionkopfs der ›Herrgottstein‹ liegt, dessen Vertiefungen stets von Wasser gefüllt sind und nie austrocknen. ›Hochfrequenter Kraftplatz und spirituelle Begegnungsstätte für Menschen auf dem Weg zu einem ganzheitlichen Bewusstsein‹ – so beschreibt man auf der offiziellen Website der Gemeinde diesen Punkt (www.kautzen.gv.at).

Die grenznahen, eher flachen Nordregionen des Waldviertels wirken verlassen, sind dünn besiedelt, doch gerade dadurch von besonderem Reiz für Individualisten und Menschen, die abseits der touristischen Wege zu reisen versuchen. In Kautzen lohnt ein Besuch der **Frottierweberei**, wo es interessante und auch

Sanft mäandert die Thaya

Die Wüstung Hard

ungewöhnliche Textilerzeugnisse zu kaufen gibt. Die Gemeinde ist ein Vorreiter in Sachen Umweltbewusstsein. Die Bauern verzichten auf Chemie in der Landwirtschaft, Energie gewinnt man aus Solarzellen und aus Biomasse in einem holzabfallgeheizten Fernwärmewerk.

Bei Dobersberg ist wieder das Thayatal erreicht. Das monumentale vierkantige **Schloss** zeigt die typische Bauweise des 16. Jahrhunderts: an drei Ecken Rundtürme, der vierte Turm breiter und mit Zwiebel. Die Innenräume können leider nicht besichtigt werden. Der **Thayatal Naturpark Dobersberg** mit seinen Aulandschaften, Farnschluchten und Ameisenburgen bietet zwar stille Wandererlebnisse, zieht aber wegen des umfangreichen Angebots an Veranstaltungen auch viele Touristen an.

Waldkirchen an der Thaya, eine bescheidene Marktgemeinde, liegt genaugenommen nicht am Fluss, sondern ist mehr als einen Kilometer davon entfernt. Die Thaya, die sich seit ihrer Quelle mehr oder weniger nordwärts bewegt hat, biegt hier allmählich nach Südosten und Osten um. In Waldkirchen sollte man sich die **Friedhofskapelle** mit ihrer theatralischen Kreuzigungsdarstellung und originellen Grabinschriften wie ›am 14. Feb. 1782 zur ewigen Belohnung freudig abgereiset‹ näher ansehen. Die Eisenbahnlinie ins mährische Slavonice (Zlabings) ist seit Kriegsende unterbrochen, doch bietet eine Wanderung auf dieser stillgelegten Trasse, vorbei am **Schloss Gilgenberg**, bis zur Ziegelhütte nahe dem Grenzdorf Fratres Raum für elegische Empfindungen.

Sehr zu empfehlen ist ein Besuch im mährischen **Slavonice**, nur drei Kilometer nördlich der Grenze. Der 1277 gegründete Ort hat mit seinem unter Denkmalschutz stehenden Zentrum alle Zeiten unversehrt überstanden. Das Stadtbild mit seinen geschlossenen Reihen von Laubenhäusern, Ziergiebeln und Zinnen von der Gotik zur Renaissance ist höchst reizvoll. Auf dem prachtvollen, von zahlreichen Sgraffitohäusern gesäumten **Marktplatz** spürt man noch den früheren Reichtum der Handelsstadt am Handelsweg Wien–Prag, deren Stern aber schon im 17. Jahrhundert nach den Zerstörungen im Dreißigjährigen Krieg zu sinken begann, insbesondere nachdem man die Handelsroute über Iglau (Jihlava) verlegte.

Die unmittelbare Lage an der Grenze nach 1945 versenkte Zlabings in einen tiefen Schlaf, aus dem es erst nach 1990 langsam wieder erwachte. Die Wandmalereien in der **Pfarrkirche** aus drei künstlerischen Epochen, wie auch das **Rathaus** von 1599 sind Kleinode ihrer Art. Wer noch Zeit hat, sollte auch zu der malerischen, 11 Kilometer nordwestlich nahe der Straße nach Nova Bistrica gelegenen **Ruine Landštejn** (Landstein) einen Abstecher machen. Nach einem Brand 1771 wurde sie nicht mehr aufgebaut.

Karlstein an der Thaya war vor 200 Jahren ein Zentrum der Uhrenherstel-

▶ Karte S. 147

lung im deutschsprachigen Raum, ihr Ende kam mit der industriellen Fertigung im Schwarzwald. Immerhin gibt es heute hier noch eine Bundesfachschule für das Uhrmacherhandwerk. Auch ein kleines Uhrenmuseum konnte sich behaupten. Das wuchtige **Schloss** vom Anfang des 12. Jahrhunderts ist in Privatbesitz. Hier wurde der ungarische Kommunistenführer Béla Kun 1919/20 arrestiert, obwohl man ihm in Österreich politisches Exil zugesagt hatte. Der in Österreich sehr bekannte ›Kräuterpfarrer‹ Hermann Josef Weidinger (1918–2004), ein ehemaliger Prämonstratenserchorherr und Missionar, der in vielen Fernsehsendungen und Büchern die Naturheilkunde propagierte, lebte seit 1979 in Karlstein. In einem Naturladen werden Produkte nach seinen Rezepten angeboten (www.kraeuterpfarrer.at)

Raabs an der Thaya

Machtvoll thront die Burg in Raabs auf einem Gneisfelsen hoch über dem rechten Ufer, ihr gegenüber liegt das eigentliche Städtchen Raabs. Sie gehört zu den bedeutendsten und prächtigsten Burganlagen Österreichs und ist die westlichste einer großen Kette entlang der Thaya, die jahrhundertelang ein natürliches Hindernis für Feinde aus dem Norden darstellte. Diese Verteidigungslinie und besonders die mächtige Trutzburg in Raabs galt bei den böhmischen Herrschern als unüberwindbar, so dass in Böhmen bis heute das Land südlich davon, Österreich, ›Rakousko‹ heißt, was ›Gebiet hinter Raabs‹ bedeutet. Unterhalb der Burg fließt an einem strategisch wichtigen Punkt die Mährische Thaya mit der Deutschen Thaya zusammen.

Im 12. Jahrhundert herrschten hier die Grafen von Raabs, die allerdings schon 1192 im ›Mannesstamm‹ ausstarben. Das Geschlecht war vom Kaiser unter anderem mit den nürnbergischen Landen belehnt. Die letzte der Familie, Sophie von Raabs (1170?–1218), heiratete Friedrich von Zollern (1139–1200), wodurch Nürnberg zollerisch wurde und die frühen Hohenzollern mit dieser reichen Region und bedeutenden Handelsstadt die Grundlage für ihren späteren raschen Aufstieg und Wohlstand erhielten.

Die Burg

Der Innenhof mit seinen Laubengängen, das sgraffiitoverzierte Hauptportal, der mächtige fünfeckige Bergfried, der 70 Meter tiefe Brunnen mit seinem Holzrad, der riesige Rittersaal mit seinen Fresken bilden ein beeindruckendes Burgengesamtkunstwerk. Im 16. Jahrhundert gehörte die Burg einer Familie Puchheim, und 1591 kam es hier zu einem Mord. Die Puchheimsche Dienerschaft war in nichtige Händel mit der des Grafen von Hofkirchen auf Kollmitz verstrickt. Dieser erschien in Raabs,

Die mächtige Burg Raabs

Dieses Denkmal symbolisiert das Zusammenwachsen Europas im alten Grenzgebiet

schoss den Burgherrn Puchheim nieder, floh – und wurde nie gefasst. Eine Tafel gleich hinter dem Burgportal erinnert an diese (Un-)Tat. 1926 geschah eine weitere Bluttat: Die Frau des Grafen von Klingerstorff, dem die Burg damals gehörte, hatte ein Verhältnis mit einem russischen Adeligen, der durch die Revolution nach Österreich gekommen war. Beide wollten sich des Grafen entledigen und ihn während eines Jagdausflugs erschießen, so dass man an einen Unfall hätte denken können. Doch der Russe schoss daneben, der Graf reagierte schnell und erschoss seinerseits ihn, worauf die Gräfin Selbstmord beging.
Besitzer von Burg Raabs ist seit 1996 Richard Pilz, ein Verleger, dessen Bücher oft durch ihre gediegene Ausstattung Auszeichnungen erhalten. Pilz veranstaltet im Schloss Lesungen, Ausstellungen und Konzerte. Einige Räume können für Privatveranstaltungen gemietet werden. Die Burg ist nur im Rahmen einer Führung zugänglich.

Die Stadt

An der Schlossstraße, noch oberhalb der Burg, steht die **Stadtkirche Mariä Himmelfahrt** – ungewöhnlich weit außerhalb der Stadt. Es ist eine dreischiffige Hallenkirche über einem romanischen Kern. An der Brücke unterhalb der Burg sind an der Thaya noch einige malerische Reste der **Stadtmauer** zu finden. Geht man wenige Meter vom Hauptplatz auf der Straße Richtung Karlstein (B 30), kommt man zur Einmündung der Mährischen Thaya. Von dieser Stelle hat man einen sehr guten Blick auf die Nordflanke der Burg.

Die Umgebung

Entlang der Mährischen Thaya kann man von **Alberndorf** (sechs Kilometer nördlich von Raabs) eine erlebnisreiche Wanderung in unberührter Natur flussaufwärts bis Weikertschlag mit seiner romanischen **Burgruine** machen (Kompass-Wanderkarte 203). Den letzten Abschnitt ab Unterpertholz bis zur mährischen Grenze darf man als Geheimtipp bezeichnen.
An der Deutschen Thaya liegt wenige Kilometer westlich von Raabs die Ruine **Buchenstein** und ihr gegenüber die **Liebnitzmühle**, die mit ihrer viel zu großen Hotelanlage das Panorama etwas beeinträchtigt. Paddeltouren auf der Thaya sind möglich, aber nur erfahrenen Wassersportlern zu empfehlen. Informationen dazu erhält man im Hotel ›Thaya‹.
Interessante Architektur kann man in der Siedlung **Linde**, kurz hinter Raabs, an der Straße nach Groß-Siegharts und Waidhofen bewundern. Es handelt sich um einen Komplex von **Bauernhäusern** aus der nationalsozialistischen Epoche.
In **Aigen** emfiehlt sich ein Besuch der **Jakobskirche**, wo es in der Krypta einen prachtvollen Kenotaph aus rotem Marmor mit lebensgroßen Figuren der Gra-

▶ Karte S. 203

fen von Hofkirchen gibt. **Großau** nördlich von Raabs ist ein ungewöhnlich langgestrecktes **Zeilendorf**.

Burg Kollmitz

Die Ruine Kollmitz, von Raabs nur wenige Kilometer thayaabwärts gelegen, gilt als größte Burgruine Niederösterreichs. Man erreicht sie in knapp zwei Stunden Wanderzeit zu Fuß (markierter Weg 360 ab Raabs Hauptplatz) oder mit dem Auto über die B 30 Richtung Drosendorf und Kollmitzdörfl. Dort kann man parken und in etwa 40 Minuten zur Burg laufen; die Weiterfahrt ist aber auch erlaubt. Dabei kommt man am **Klinger-Mausoleum** vorbei, der Grabstätte der Familie Klinger zu Klingerstorff. Sie wurde anlässlich der Familientragödie von 1926 erbaut (s. Kapitel Raabs). Bald danach ist die vielleicht schönste und stolzeste Burg des Thayatals erreicht. Erstmals erwähnt wurde sie 1135 als ›Chalmunze‹, sie diente wie alle Burgen dieses Raums als Grenzbefestigung. Ihre 160 Meter lange, 1447 errichtete Umfassungsmauer, genannt ›Böhmische Mauer‹, die der Anlage um gut 300 Meter vorgelagert ist, ließ sie für den böhmischen König Georg von Podiebrad uneinnehmbar werden. Am besten sieht man die Burg vom gegenüberliegenden Thayaufer aus. Dorthin gelangt man auch mit dem Auto, allerdings nur über die Route Raabs–Aigen–Radl. Die Burg ist ganzjährig zugänglich.

Kollmitz beeindruckt als Ruine ungemein

Ein schöner Wanderweg führt von Eibenstein im Osten – wo ebenfalls eine malerische Ruine steht – zur Burg. Der Wanderweg 630 verläuft von dort durch bewaldete Steilhänge am rechten Flussufer zum Weiler Kollmitzgraben, von wo es nur noch wenige Gehminuten hinauf zur Ruine sind.

Drosendorf

Als einzige Stadt Österreichs ist Drosendorf (1200 Einwohner) vollständig von einer Mauer umgeben. Gegen 1200 auf einem Felssporn über einer Thayaschleife errichtet, war der Ort zunächst eine Grenzfestung, die für die Geschichte Österreichs eine bedeutende Rolle spielte. Denn als 1278 der entscheidende Kampf um die Herrschaft im Land zwischen Habsburgern und den böhmischen Přemysliden entbrannte, verlor der böhmische König Ottokar 16 Tage und viel Material beim Versuch, Drosendorf einzunehmen. Rudolf von Habsburg nutzte diese Zeit zur Aufrüstung seines Heers und besiegte kurz darauf in der Schlacht von Dürnkrut die Böhmen. So gesehen, hätten die Habsburger ohne Drosendorfs feste Wallanlagen vielleicht nie in Österreich regieren können. 1620 zog ein feindliches Heer nach elftägiger Belagerung von Drosendorf ab, wobei – wie die Legende erzählt – während der Kampfhandlungen innerhalb der Stadt nur ein Schwein am Rüssel verletzt wurde.

Sehenswürdigkeiten

Ein Rundgang um die knapp zwei Kilometer lange **Stadtmauer** von Drosen-

Der Eingang zum Schloss Drosendorf

dorf erscheint wie eine Zeitreise und versetzt den Betrachter 500 Jahre zurück. Die idyllischen Kleingärten entlang der Trasse verstärken noch diesen Eindruck.

Innerhalb der Stadtmauer, also in Drosendorf-Stadt (im Unterschied zu Drosendorf-Altstadt im Thayatal), gibt es Parkmöglichkeiten um den **Hauptplatz**. Dorthin gelangt man entweder durch das Raabser Tor oder durch das **Horner Tor**, das durch seine beiden mächtigen Seitentürme (um 1300) beeindruckt. An ihnen sind noch breite Zwingermauern vorhanden. Die niedrigen Häuser verleihen dem Platz zumindest in seiner Westhälfte einen fast dörflichen Charakter.

Zwischen Hauptplatz und Schloss fällt ein seltsames gotisches Gebäude auf, das **Stockkastl**, einst Getreidespeicher und Stadtgefängnis. Beim genaueren Betrachten wird deutlich, dass es sich um ein stark umgebautes Gotteshaus handelt, die frühere Martinskirche aus der Zeit der Stadtgründung um 1290. Auf dem Hauptplatz entstand um 1460 ein Neubau, und die alte Kirche wurde umgewidmet. In der neuen **Martinskirche** auf dem Hauptplatz befinden sich in einem Sarg die Gebeine der heiligen Valentina (gestorben 317), das Geschenk (!) eines Papstes.

Die **Rolandssäule** auf dem Hauptplatz ist die höchste im deutschen Sprachraum überhaupt. Sie entstand nach 1559, als die Stadt die Rechtshoheit erhielt. Das **Rathaus** an der Ostseite des Hauptplatzes ist ein stattlicher Renaissancebau, doch sind seine Sgraffiti gerade 80 Jahre alt. Das wehrhafte **Schloss** wurde um 1700 stark umgebaut, doch lohnt ein Blick in den Innenhof. Zu besichtigen gibt es hier wenig, denn es sind Teile der Stadtverwaltung und eine kleine Pension untergebracht.

Von der Straße An der Stadtmauer geht es durch einen Torturm eine steile Treppe hinab zur sogenannten Sommerpromenade an der Südflanke der Stadtmauer, um die man herumgehen kann. An der Nordflanke, der Winterpromenade, erhebt sich noch ein zinnengekrönter sogenannter Flankierungsturm aus der Zeit um 1500. Das **Raabser Tor** am westlichen Ende ist nur zum Teil erhal-

Schmucke Häuser entlang ruhiger Straßen

▲ Karte S. 203

ten, aber noch anhand eines Torbogens erkennbar.
Vom Drosendorfer Bahnhof braust der **Reblaus-Express** an Wochenende über Geras und Langau auf landschaftlich hinreißender, 40 Kilometer langer Strecke Strecke nach Retz ins Weinviertel.

Die Umgebung

Nahe Drosendorf fanden Geowissenschaftler in der sogenannten ›Bunten Serie‹ des Moldanubikums, einer gut einer Milliarde Jahre alten europäischen geologischen Einheit, Kristalle des Minerals Zirkon, die nachweislich vor 3,4 Milliarden Jahren entstanden sind und alle späteren Umwandlungsprozesse überlebt haben. Damit sind es die ältesten geologischen Zeugnisse auf österreichischem Gebiet.

Kloster Geras

Etwas abseits der Thaya, doch kulturhistorisch dem Land an diesem Fluss zugehörig, liegt das 1153 von Graf Ulrich von Pernegg gegründete **Prämonstratenserkloster Geras**. Die Legende weiß zu berichten, dass Abt Berthold von Garsten einst den verwitweten Grafen auf seiner Burg besuchte und fassungslos feststellen musste, dass dieser sich zwölf Frauen als Gefährtinnen hielt. Der Abt redete Ulrich wegen dessen Lebenswandels ins Gewissen, was dazu führte, dass dieser ein Kloster gründete. Es war ursprünglich ein Doppelkloster, also für Prämonstratenserchorherren und -frauen (bei diesem Orden spricht man nicht von Mönchen und Nonnen), doch hat man für die Frauen später separat das Stift Pernegg errichtet. Geras, das nördlichste Kloster Österreichs, war gewissermaßen der geistliche Brückenkopf für die Kolonisierung des wilden, unzugänglichen Nordwalds, wie die grenznahen Gebiete zu Böhmen damals genannt wurden.
Unter allen Klöstern des Lands hat Geras einen besonderen Ruf, denn es ist kein Ort weltabgeschiedener Frömmigkeit und Askese, sondern ein modernes Zentrum religiöser Spiritualität eines ›gelebten Glaubens‹, der offensiv auf die Menschen zugeht. Der SPIEGEL nannte es sogar ›das größte Kreativitätszentrum Europas‹. Gute 200 Veranstaltungen jährlich – darunter Malkurse, Lesungen, Ausstellungen, Web- und Nähkurse – ziehen auch viele nichtreligiöse Besucher an. Andererseits bietet das Kloster Zivilisationsmüden an, am klösterlichen Leben teilzunehmen, in einer Zelle zu leben und zusammen mit den acht Chorherren Gott zu dienen oder auch nur die eigene innere Ruhe wiederzufinden.
Die **Stiftskirche** besitzt eine auffallend schmale Westwand mit einem verhältnismäßig hohen Giebel. Der Turm hält sich mit seiner Geschosseinteilung nicht an die der Fassade. Die Kirche war ursprünglich eine romanische Basilika mit gotischem Chor und wurde später frühbarock umgebaut. Auch das Innere ist ungewöhnlich: Die kleinen Fenster be-

Das schöne Stift Geras

Das Waldviertel

sitzen eine ausladende Umrahmung. Die spätgotische Muttergottesstatue ist das einzige mittelalterliche Relikt in der Kirche, das die Verwüstung durch die Schweden 1620 überstanden hat. Daher genießt dieses Gnadenbild hohe Verehrung. Ähnlich wie in der Schlosskirche Rosenau befindet sich unter dem Altar und der Kanzel ein starkes geomagnetisches Feld, von dem wohl auch die Kirchenbauer schon wussten und eben dort das Gotteshaus erbauten. Zur Zeit ist – gemäß der Aufforderung des Papstes, dass sich die Katholiken auch den Kirchen Osteuropas öffnen sollen – eine byzantinisch-orthodoxe Kapelle im Bau. Sie wird ins Obergeschoss des südlichen Seitenschiffs einziehen.

Das **Stift** selbst beeindruckt durch seine mächtige Barockfassade, errichtet 1730 durch Josef Munggenast. Aber noch erinnern die starken runden Türme an den Wehrbau des Mittelalters. Hinter den drei Fenstern in der Mitte befindet sich der berühmte **Marmorsaal**, das ehemalige Sommerrefektorium mit dem gewaltigen Fresko über die ›wundersame Brotvermehrung‹ von Paul Troger (1698–1762). Dieser Künstler hat an vielen Orten Niederösterreichs, darunter in Melk, Zwettl, Göttweig und Altenburg, Meisterwerke hinterlassen. Obwohl die Fresken in leuchtenden Farben strahlen, sind sie original und nie restauriert oder gereinigt worden. Der Kräutergarten wurde von dem berühmten Kräuterpfarrer Weidinger angelegt. Der alte Klosterspeicher, genannt Schüttkasten, beherbergt heute ein Restaurant mit Vier-Sterne-Hotel.

▲ Karte S. 203

Stadt Geras und Umgebung

Die Stadt Geras selbst hat einen dörflichen Charakter. Um die Teiche im Westen der Stadt erstreckt sich ein kleiner **Naturpark.** In der Umgebung gibt es in Oberhöflein und in Starrein zwei **Wasserburgen** aus dem 16. Jahrhundert zu bestaunen. In Sallapulka lohnt ein Besuch der **Biri-Kirche**, der Wallfahrtskirche ›Mariä Heimsuchung im Gebirge‹ mit ihrem Spiegelgewölbe von 1675 im Langhaus.

In **Langau** wurde von 1948 bis 1964 Braunkohle geringer Güte abgebaut, auf die man in der Nachkriegszeit nicht verzichten wollte. Die gefluteten Tagebaue am Weg ins mährische Schaffa (Šafov) dienen heute der Naherholung (Freizeitzentrum Langau, Tel. 029 12/611 30 bzw. 401), auch einen Campingplatz gibt es hier (Tel. 029 12/65 80). Langau gilt als schönstes Wasserskirevier Niederösterreichs (www.langau.at).

Stift Pernegg

Stift Pernegg, zehn Kilometer südlich von Geras, liegt etwas außerhalb des Ortes. Hier starb 1585 die letzte Prämonstratenserin, worauf ein Männerkloster errichtet wurde. Es musste sich gegenüber dem Kloster in Geras behaupten, wobei es zu Rivalitäten kam. Joseph II. löste Geras 1783 auf. Pernegg dagegen wurde nie aufgelöst, weder während der josephinischen Reformen,

Blick auf Pernegg

noch während des Nationalsozialismus, wie es damals das Schicksal der meisten Klöster war. Allerdings litten die Gebäude sehr während der sowjetischen Besatzungszeit, dem Stiftsgebäude wurde zwischen 1945 und 1955 schwer zugesetzt. Die spätgotische **Stiftskirche St. Andreas** ist durch ihre großen Maßwerkfenster von Licht erfüllt. Die Kanzel von 1618 ist durch ihr figurenreiches Schnitzwerk bedeutend, insbesondere ist der Schalldeckel mit seinen verschiedenen Etagen herausragend. Im Chorraum und in der Taufkapelle gibt es künstlerisch sehr gelungene Glasfenster aus der Zeit um 1960. Die Umfassungsmauern des Klosters zeigen mit ihren wuchtigen Ecktürmen noch das Bild einer starken Wehranlage. Ein Seminar- und Fastenzentrum zur geistigen und körperlichen Entschlackung fand 1995 im Stift sein Zuhause.

Japons

Japons westlich von Geras deckt seinen Energiebedarf überwiegend durch lokale Bioenergiegewinnung, wie es viele Orte im Waldviertel anstreben. Die Besichtigung der **Biogasanlage** ist möglich. Ein frei zugängliches ›Lebensenergieplatzl‹ gibt es am Beginn des rund 3,5 Kilometer langen Rundweges, der zu acht thematischen Plätzen führt: Lebensenergie, Muskelkraft, Solarenergie, Biogas, Windenergie, Holz mit Baumrätsel, Wasserkraft und Energiesparen. Der Eintritt ist frei. Nach dem Rundgang lädt ›Gerhard's Wiazhaus‹ zur Einkehr (Mo Ruhetag).

Auf mährischem Gebiet

Nördlich von Drosendorf fließt die Thaya nach Mähren. Sie wird hier immer breiter, da sie bei Vranov nad Dyji aufgestaut wird. Abstecher in die Tsche-

Dichte Wälder prägen den Nationalpark Thayatal

chische Republik sind immer lohnend. Auf den Landstraßen herrscht meist weniger Autoverkehr, weshalb sie sich gut für Radtouren eignen. Die grenznahen Gebiete machen überhaupt oft einen verwunschenen Eindruck. Einen Besuch lohnen das gerade in Rekonstruktion befindliche Schloss **Uherčice** und die **Ruine Frejštein** in Podhradi nad Dyji. In Šafov einige Kilometer östlich es Thayatals, das von drei großen Teichen umgeben ist, erinnert der große Judenfriedhof am nördlichen der Teiche an die in Südmähren einst zahlenmäßig starke jüdische Bevölkerung. Zwischen Frejštein und dem Cornštein trifft man auf eine merkwürdige Fjordlandschaft (wie es in der Wanderkarte 73 von Freytag & Berndt heißt), die man am besten von der Siedlung Fařka überblickt.

Unterhalb des Schlosses Bitov strömt die stark angewachsene Thaya in abenteuerlich anmutender Mäandrierung durch das Land. Die Vranover Staumauer ist nahe, im Stausee gibt es Bademöglichkeiten. **Vranov nad Dyji** (Frain) besitzt ein großartiges Schlosspanorama. Das **Schloss**, Ende des 17. Jahrhunderts im wesentlichen durch den berühmten Baumeister Johann Bernhard Fischer von Erlach errichtet, erhebt sich hoch über dem Fluss auf einem steilem Felsen, der nach drei Seiten jäh ins Tal hinabfällt. Die Besichtigung des Schlosses ist ein Muss. In Vranov gibt es allerdings kaum Parkplätze, oben am Schloss überhaupt keinen.

Die nach dem Staudamm wieder auf ihre normale Größe geschrumpfte Thaya wendet sich hinter Vranov nach Süden und erreicht nach wenigen Kilometern wieder die österreichische Grenze. Auf mährischem Gebiet gibt es noch einige schöne Routen (Wanderweg 0520) entlang des Flusses, doch gelangt man dabei nicht zurück nach Österreich. Bei Hardegg bildet die Thaya dann für etwa 25 Kilometer die österreichisch-tschechische Grenze.

Hardegg

Mit nur 100 Einwohnern – ohne die eingemeindeten Dörfer – ist Hardegg die kleinste Stadt Österreichs. Seine **Burg** in exponierter Lage und der Ort selbst bieten eine wunderbare Ansicht, ein »Universum für die hohle Hand« nennt der Schriftsteller Alfred Komarek diese Miniatur-Stadtwelt mit ihrer ›steinernen Drohgebärde‹ auf dem Felsen. Wie alle anderen Burgen des Waldviertels gehört auch Hardegg zu jener großen Verteidigungslinie, die die Babenberger im 12. Jahrhundert anlegten, um das Land vor den Böhmen zu schützen. Die mit kühnem Schwung sich auf dem Felsen auftürmende Burg besteht aus einem zerfallenen mittealterlichen Teil, einem historisierenden Komplex und einem Uhrturm, der ursprünglich zur Stadtbefestigung gehörte. 1730 wurde die Burg mit ihrem Umland von der Kärntner Familie Khevenmüller erworben. Das große Erdbeben von Lissabon

Kleiner Ort, große Burg: Hardegg

1755, eines der schlimmsten Beben aller Zeiten, hatte Auswirkungen bis ins entfernte Waldviertel, auch Burg Hardegg stürzte ein. Die Khevenmüllers errichteten nach 1890 die Burg in Anlehnung an alte Formen neu, auch eine Kapelle mit Fürstengruft entstand. Eine **Dauerausstellung** erinnert an die dramatische Geschichte des Habsburgers Maximilian von Mexiko (1832–1867), mit dem Johann Karl Khevenmüller als Oberst eines Freiwilligenkorps in Mittelamerika war.

Nicht versäumen sollte man, einmal über die **Thayabrücke** gehen. Sie war nach 1945 gesprengt, ist heute wieder aufgebaut und verbindet Mähren und Österreich. Am anderen Ufer stehen noch das alte Zollhaus und das Haus der tschechoslowakischen Grenztruppen. Die Brücke können allerdings nur Radfahrer und Fußgänger überqueren.

Die Umgebung

Im acht Kilometer westlich von Hardegg gelegenen **Felling** besteht die letzte **Perlmuttdrechslerei** des Landes, wo die Arbeiter ohne viel Technik – nur mit der Stanzmaschine – aus Muschelschalen aus aller Welt die Rohlinge für Perlmutt-

▲ Karte S. 203

Der Nationalpark Thayatal

Im tschechisch-österrreichischen Grenzgebiet hat sich die Thaya tief in die Landschaft eingeschnitten. Diese beeindruckende Tallandschaft ist auf beiden Seiten als Nationalpark ausgewiesen. Ohne die Lage im Grenzgebiet hätte dieses zauberhafte Tal wohl eine andere Entwicklung genommen. Für die Natur war der Eiserne Vorhang ein Segen, da auf mährischer Seite keine Baumaßnahmen stattfanden, kein Tourismus möglich war und im strukturschwachen Randgebiet Österreichs zur ČSSR ebenfalls kein Bauboom einsetzte.

Vor etwa 20 Millionen Jahren begann sich der alte Grundgebirgsblock der Böhmischen Masse aufgrund der Alpenauffaltung im Süden anzuheben, wodurch die Thaya, deren Verlauf damals in etwa dem heutigen entsprach, sich von Osten her in die Gesteine einfräsen konnte. Die Mäandrierung lässt ganz unterschiedliche Ausrichtung der Lebensräume am Fluss entstehen. Das bewirkt, dass hier auf relativ kleinem Raum eine besonders hohe Anzahl verschiedener Pflanzen- und Tierarten zu finden ist. Das kühle atlantische Klima der Mittelgebirge mischt sich hier mit Resten des trockenen pannonischen Klimas und lässt eine einzigartige Vegetationsvielfalt entstehen. Auf trockenen und sonnenreichen Südhängen wachsen Eiche und Hainbuche, auf den schattigen Nordhängen Buche, Eibe und Ulme. Verschiedene Orchideenarten, Schwertlilie und Diptam gedeihen insbesondere auf den Kalkschichten. Unter anderem Schwarzstorch, Smaragdeidechse, Gottesanbeterin und Uhu repräsentieren die besondere Fauna des Tals.

Von dem in den 1930er Jahren geplanten Thaya-Großstaudamm wurde nur die erste Stufe bei Vranov verwirklicht, den weiteren Ausbau verhinderte der Krieg. Westlich von Znojmo (Znaim) sollte nach 1984 die dritte Stufe entstehen. Doch Bürgerinitiativen und Gespräche auf höchster Ebene stoppten das ökologisch schädliche Projekt. Denn die sogenannte Stauwurzel hätte bis Hardegg gereicht, und wegen der täglichen Wasserstandsschwankungen durch den Beckenausgleich wäre das ganze Tal nach und nach in eine Schlammwüste verwandelt worden. Doch auch der täglich zweimal erfolgende Ausgleich des bestehenden Vranover Staubeckens lässt jeweils große Mengen kalten Tiefenwassers in die Thaya strömen, wodurch der Wasserspiegel innerhalb des Canyons um einen Meter ansteigt und das Leben der Tiere im Fluss heute noch beeinträchtigt.

In Tschechien erkannte man nach dem politischen Umbruch die Einzigartigkeit des Thayatals als schützenswert an und rief im Mai 1991 den Nationalpark Podyjí (Thayatal) mit 63 Quadratkilometern Fläche ins Leben. Auf österreichischem Gebiet existierten bis dahin nur zwei Naturschutzgebiete. Doch am 1. Januar 2000 wurde auch in Österreich der 16 Quadratkilometer große Nationalpark Thayatal Wirklichkeit. Damit ist das Thayatal grenzüberschreitend unter Schutz gestellt. Das Informationszentrum befindet sich südöstlich von Hardegg an der Straße nach Retz und präsentiert eine interessante Schau zur geologischen Entwicklung des Tals.

Jedes Jahr kommen über 25 000 Besucher hierher. Eine Fülle von Veranstaltungen gibt es für Kinder und Erwachsene. An den Wochenenden von Ostern bis Allerheiligen werden Führungen durch die Ausstellung im Nationalparkhaus und durch den Nationalpark selbst angeboten (www.np-thayatal.at).

knöpfe erzeugen. Die Manufaktur hat landesweit einen so guten Ruf, dass Touristen mit Bussen zum Einkauf hierher kommen.

Das nahe **Schloss Riegersburg** bietet einen »Hauch von Schönbrunn im Grenzland«, wie es der Waldviertelkenner Othmar Pruckner ausdrückt. Es atmet den Geist von Fischer von Erlach und Hildebrandt und sprengt damit den ansonsten eher bescheidenen Rahmen der Waldviertelschlösser. Neben den Prunkräumen ist die einzige original erhaltene Herrschaftsküche Österreichs sehenswert. Als 1730 die Familie Khevenhüller auch diesen Besitz erwarb, wurde das Schloss durch den Architekten Franz Anton Pilgram erweitert, doch erst gegen Ende des 18. Jahrhunderts fertiggestellt. Es gehört heute der Familie Pilati, direkten Nachfahren der Khevenhüllers.

Wandern und Radfahren um Hardegg

Eine beliebte Wanderung beginnt am Parkplatz bei der **Ruine Kaja** östlich von Merkersdorf. Von dort geht es entlang des Kaja-Baches (Wanderweg 607) hinab zur Thaya, dann nach links und entlang der Thaya hinauf bis zur Abzweigung zum Umlaufberg (Wanderzeit ca. 1,5 Stunden). Auf dem Gipfel des **Umlaufbergs** (378 Meter) – den Namen hat er vom Umlaufen des Flusses – gibt es eine Aussichtsplattform, von der man einen wunderbaren Blick auf einige enge Thayaschlingen und den Nationalpark Podyjí hat (so der Name des tschechischen Thaya-Nationalparks). Man sieht hier zwei Abschnitte der Thaya, die parallel, aber in zwei unterschiedliche Richtungen fließen, was viele Wanderer orientierungslos macht. Dort, wo die Thayamäander sich fast berühren, gabelt sich der Weg. Man kann über den

▶ Karte S. 203

Idylle im Nationalpark Thayatal

grauen Weg 4 hoch nach Merkersdorf und zur Ruine Kaja laufen oder flussaufwärts bis nach Hardegg spazieren (ab Kaja 2,5 Stunden) und über die blaue Nr. 2 hoch zum **Nationalparkhaus** gelangen. Von hier sind es 30 Minuten Gehzeit bis zum Kaja-Parkplatz. Wer nur wenig Zeit hat, läuft vom Nationalparkhaus über den blauen Weg 2 am Hennerberg vorbei zum Einsiedelfels und zu einer weiteren Thayaschleife. Von hier genießt man phantastische Aussichten auf Burg und Fluss.

Auch die mährische Seite bietet überwältigende Blicke. Über die – für den Autoverkehr gesperrte – Thayabrücke in Hardegg geht es am alten Zollhaus vorbei über die Fahrstraße nach oben zur **Hardegger Warte (Hardeggská vyhlidka)** auf 416 Meter und weiter nach Čižov zum Besucherzentrum des tschechischen Nationalparks Thayatal. Hier steht noch ein letzter Rest der alten Grenzbefestigung. Etwa anderthalb Kilometer vor Čižov zweigt nach links der rote Weg 0520 ab. Auf ihm erreicht man nach etwa einer Stunde, vorbei an einem Obelisken, den **Aussichtspunkt Ledove sluje** (Eishöhlen), der wegen seiner prachtvollen Blicke seit alters berühmt ist.

Maximilian von Mexiko

Der idealistische Erzherzog Maximilian (1832–1867), Bruder von Kaiser Franz Joseph, war von Kindheit an phantasievoll, dichterisch begabt und an der Seefahrt interessiert – und seit 1854 oberster Befehlshaber der österreichischen Kriegsmarine in Triest. Letztlich wurde er ein Opfer des französischen Kaisers Napoleon III., der in Maximilian ein Werkzeug sah, durch den er einen französischen Satrapenstaat in Mexiko hätte begründen können. Seit 1861 versuchte Napoleon dort militärisch Fuß zu fassen, doch mit wenig Erfolg. Nachdem Kaiser Franz Joseph 1863 seinen Bruder gezwungen hatte, auf alle Thron- und Erbschaftsansprüche zu verzichten, entschloss sich der labil gewordene Maximilian, mit Napoleon nach Mexiko zu ziehen. Denn dieser ließ ihn mit arglistiger Täuschung glauben, dass das mexikanische Volk einen habsburgischen Herrscher wünsche, der wieder Ordnung im Land schaffen würde, wie es mehr als 300 Jahre zuvor im Reich des Habsburgers Karl V. in Lateinamerika der Fall gewesen war. Maximilian ließ sich also 1864 zum Herrscher von Mexiko ausrufen. Dass es dort einen bereits gewählten Präsidenten gab, Benito Juárez, wusste Maximilian zunächst nicht. Er versuchte mit Hilfe Napoleons die Macht zu übernehmen und wollte seine Vorstellungen von einer liberalen Monarchie verwirklichen. Er setzte Juárez sogar vorübergehend ab und errichtete ein Kaiserreich Mexiko. Doch dieser von vornherein aussichtslose Akt scheiterte. Denn die USA waren nach dem gerade beendeten Bürgerkrieg außenpolitisch wieder handlungsfähig. Sie veranlassten den Abzug der französischen Truppen, da sie keinerlei Interesse an einem erstarkenden monarchischen Mexiko hatten. Doch vor allem war Juárez im Volk viel populärer als Maximilian, der sich von allen Seiten allein gelassen sah. Juárez ließ Maximilian als Hochverräter am 19. Juni 1867 erschießen. Ein berühmtes Gemälde Édouard Manets zeigt diese Szene.

In der Kirche von Hardegg gibt es ein Kreuz, das aus Holz vom Mast des Schiffs geschnitzt wurde, das Maximilians Leichnam nach Europa brachte. Der unglückliche Erzherzog ist in der Kapuzinergruft in Wien beigesetzt. Seine Ehefrau Charlotte von Belgien (1840–1929) verfiel nach seinem Tod dem Wahnsinn. Franz Liszt komponierte unter dem Eindruck von Maximilians Tod einen Trauermarsch. Auch Karl May setzte Maximilian ein Denkmal. In seinem zehnbändigen Kolportageroman ›Das Waldröschen‹ (1884) schildert Band 7 die Geschehnisse um ›Kaiser Max von Mexiko‹. Bei der späteren Neuausgabe entstanden daraus zwei Bände. Sie tragen die Titel ›Benito Juarez‹ und ›Der sterbende Kaiser‹.

Maximilian von Mexiko, Foto von 1864

Kurz vor Čižov geht der Weg 0520 ostwärts nach Lukov, ein Dörfchen mit sehr schöner Volksarchitektur. Bei der Lokalität Pricky biegt nach rechts ein grün markierter Weg zur **Burgruine Nový Hrádek** (Neuhäusel) ab. Es ist eine alte Jagdburg der mährischen Markgrafen. Von der Ruine, die eigentlich aus zwei verschiedenen Burgen aus dem 12. und 14. Jahrhundert besteht, blickt man auf den Umlaufberg und die Thaya-Mäander. Die Burg ist von Mai bis September von dienstags bis sonntags geöffnet (www.pamatkybrno.cz).

Auf dem alten Kontrollweg der Grenztruppen auf der tschechischen Seite ist für Radler eine Route angelegt, die für ihre starken Steigungen und Gefälle berühmt ist. Sie ist Teil des bei Radlern bekannten Weges entlang des Eisernen Vorhangs, des ›Greenway Praha – Wien‹.

Entlang der Thaya

Touristeninformation Waidhofen/Thaya, Hauptplatz 1 (Rathaus), 3830 Waidhofen/Thaya, Tel. 028 42/50 30, www.waidhofen-thaya.at.

Thayatal Naturpark, 3843 Dobersberg, Schlossgasse 1, Tel. 028 43/261 61 u. 160 12, www.naturparke.at.

Gemeindeamt Karlstein, Wilhelm-Matzinger-Str. 2, 3822 Karlstein, www.karlstein-thaya.gv.at.

Stadtgemeindeamt Raabs, Hauptstraße 25, 3820 Raabs, Tel. 028 46/365, www.raabs-thaya.gv.at, www.raabs.info.

Touristeninformation Drosendorf, Hauptplatz 1, 2095 Drosendorf, Tel. 029 15/22 13, www.drosendorf.at.

Stadtgemeinde Geras, Hauptstraße 16, 2093 Geras, Tel. 029 12/70 50, www.geras.gv.at.

Nationalpark Thayatal, Nationalparkhaus, 2082 Hardegg, Tel. 029 49/70 05, www.np-thayatal.at.

Gemeindeamt Hardegg, 2082 Hardegg, Tel. 029 48/84 50, www.hardegg.gv.at.

Kirchenwirt Jöch, Schlossergasse 12, 3830 Waidhofen/Th., Tel. 028 42/545 50, www.joech.at, p.P. im DZ 25 €. Erstes Haus am Platz.

Gasthaus Streicher, Vestenötting 27, 3830 Waidhofen/Th., Tel. 028 42/524 70, p.P. im DZ 20 €. Schön gelegen, etwa 3 km nördlich des Zentrums.

Gasthof Haidl, Bahnhofstr. 2, 3842 Thaya, Tel. 028 42/526 68, www.haidl.at, p.P. im DZ 25 €.

Hotel Thaya, Hauptstr. 14–16, 3820 Raabs/Th., Tel. 028 46/202, www.hotelthaya.at, p.P. im DZ 37–43 €.

Pension Schlossblick, Eduard-Breit-Str. 7, 3820 Raabs/Th., Tel. 028 46/437, p.P. im DZ 22 €.

Hotel-Restaurant Elite, Hauptstraße 18, 2093 Geras, Tel. 029 12/22 10, www.loigge.at, p.P. im DZ 31–35 €.

Frühstückspension Schloss Drosendorf, 2095 Drosendorf, Schlossplatz 1, Tel. 029 15/232 10, www.schloss-drosendorf.at, p.P. im DZ 32 €.

Gasthof Hammerschmiede, Vorstadt 8, 2082 Hardegg, Tel. 029 49/82 63, www.gasthof-hammerschmiede.com, p.P. im DZ 31 €.

Campingplatz Thayapark, Badgasse, 3830 Waidhofen an der Thaya, Tel. 028 42/503 50, www.campingfuehrer.at. Knapp zehn Fußminuten von Ortszentrum und Flussbad entfernt; nicht für Dauercamper.

▶ Karte S. 147/203

Evas Gaststube, Hauptplatz 8, 3520 Raabs/Th., Tel. 0664/5928181.

Jausenstation Ruine Kollmitz, Tel. 0664/461588, Mai bis Okt. tgl. 10–17 Uhr.

Gasthof Failler (Goldenes Lamm), Hauptplatz 27, 2095 Drosendorf, Tel. 02915/2327, www.failler.at. Mit einem schönen Garten hoch über der Stadtmauer.

Gasthaus Thayabrücke, Hardegg 20, Tel. 0664/9197765, www.thaya bruecke.at.

Gasthaus zur Forelle, 2082 Merkersdorf 32, Tel. 02949/8253.

Schloss Schwarzenau, 3900 Schwarzenau, Tel. 02849/3344 u. 2247, Führungen nach Voranmeldung, Park und Schlosshof sind frei zugänglich.

Stadt- und Webereimuseum, Moritz-Schadek-Gasse 4, 3830 Waidhofen/Thaya, Tel. 02842/53401, www.waidhofen-thaya.gv.at, Mai bis Okt Sa/So 10–12 u. 14–17, Juli und Aug. auch Fr 10–12 u. 14–17 Uhr.

Waldrapp-Voliere, 3830 Waidhofen/Th., Tel. 0664/9493929, www.wald rapp.at, Mo–Do 8.30–11, 13–15.30, Fr 8.30–11 Uhr, Sa/So nach Vereinbarung.

Lebendes Textilmuseum, Museumsgasse 2, 3812 Groß-Siegharts, Tel. 02847/2371, www.gross-siegharts.gv.at, März bis Nov. So 10–12 u. 14–16 Uhr.

Uhrenmuseum, Hauptstraße 12, 3822 Karlstein/Th., Tel. 02844/71204, www.uhrenmuseum.at, April bis Okt. Mo–Fr 13–16 Uhr, andere Termine nach Vereinbarung.

Burg Raabs, Tel. 02856/3794 (Pilz' Verlag ›Bibliothek der Provinz‹ in Weitra) oder 02842/20399, www.schlossraabs.at und www.bibliothek derprovinz.at, Mai bis Sept. Fr–So 10–18 Uhr, Führungen jede volle Stunde.

Grenzlandmuseum Raabs, Hauptplatz 11, 3820 Raabs, Tel. 02846/365, www.raabs.info, Juni bis Mitte Sept. Mo–Do 7.30–11.30 u. 13–15, Fr 7.30–11.30 Uhr, Juli/Aug. auch So 13–15 Uhr, Sept. bis Mai Mo–Fr 8–12 Uhr, außerhalb dieser Zeiten nach Vereinbarung: Tel. 02846/36520. Ausstellungen zur Regionalgeschichte seit dem Mittelalter.

Burg Hardegg, 2082 Hardegg 1, Tel. 02949/8225, www.burghardegg.at, April bis Mitte Nov. tgl. 9–17 Uhr, Juli/Aug. bis 19 Uhr.

Burgruine Kaja, Tel. 02948/8450, Mai bis Okt. Sa/So 10–17 Uhr.

Schloss Riegersburg, 2092 Riegersburg, Tel. 02916/400, www.schloss riegersburg.at, 1. April bis 16. Nov. tgl. 9–17 Uhr, Juli/Aug. 9–19 Uhr.

Stift Geras, 2093 Geras, Hauptstraße 1, Tel. 02912/345289, www.stift geras.at, Klosterladen Mai bis Okt. Di–So 10–17 Uhr, Nov. bis April 10–15 Uhr.

Kloster Pernegg, www.klosterpern egg.at, www.fastenkurse.at.

Biogasanlage in Japons, Besichtigung nach Absprache: Erich Engelbrecht, Tel. 0664/4530183. Weitere Infos unter www.japons.at.

Reblaus-Express, von Drosendorf über Geras und Langau nach Retz (40 Kilometer). 1. Mai bis 26. Oktober Sa/So jeweils um 11.50, 14.50 und 17.50 Uhr ab Drosendorf; Info: Tel. 0664/6176579, www.reblaus-express.at.

Frottierweberei, Bachzeile 12, 3851 Kautzen, Tel. 02864/2317, Laden Mo–Fr 9–16 Uhr.
Perlmuttdrechslerei Mattejka, 2082 Felling 37, Tel. 02916/203, www.perlmutt.at, Laden Mo–Do 8–12 u. 13–17, Fr 8–12 Uhr, April bis Sept auch Sa 9–12 Uhr.
Naturladen, Hauptstraße 13–17, 3822 Karlstein/Thaya, Tel. 02844/707024, Juni bis Sept. 9–18, So 11–17 Uhr; Okt. bis Mai Mo–Fr 9–17, Sa 9–15 Uhr.

Für die **Wanderungen rund um Hardegg**: Wanderkarte 073 von Freytag & Berndt.

Golfresort Waidhofen, 3830 Waidhofen/Th., Am Golfplatz 1, Tel. 02842/505, www.golfresort-waidhofen.at.

Das östliche Waldviertel

Nur im Norden und Nordwesten, an der Grenze zur Tschechischen Republik, hat das Waldviertel eine genau definierte Grenze. Zum östlich anschließenden Weinviertel hin gilt seit alters her der Manhartsberg als Grenze. Er beginnt bei Znojmo (Znaim) in Mähren und setzt sich über die Thaya westlich von Retz fort, verläuft westlich von Eggenburg – das aber dennoch zum Waldviertel zählt – und erreicht östlich von Gars mit 537 Metern seine höchste Erhebung. Auf dieser Erhebung befinden sich Reste einer Funkmessstellung aus dem Jahr 1945. Bei Langenlois, 15 Kilometer vor der Donau, taucht der Manhartsberg unter die Schwemmsande der Donau ab.

Horn

▲ Karte S. 203

Die Bezirksstadt Horn (6500 Einwohner), eine der niederösterreichischen Stadtmauerstädte, ist das kulturelle und wirtschaftliche Zentrum des östlichen Waldviertels. Mit Weitra, Zwettl, Waidhofen und Drosendorf gehörte sie zum nördlichen Verteidigungsgürtel des Waldviertels. An ihrem westlichen Rand hat die Stadt heute wehrhaft aussehende Gebäude ganz anderer Bestimmung: eine überdimensionierte Einkaufsbrache, die in ihren Ausmaßen Wien alle Ehre machen würde.

Gegründet wurde Horn um 1160, doch siedelten Menschen wegen des milden Klimas in diesem Gebiet schon seit dem Ende der Altsteinzeit vor rund 12 000 Jahren. 1282 wurde Horn erstmals als Stadt erwähnt. Unter der Familie Puchberg war die Ackerbürgerstadt im 16. und 17. Jahrhundert ein protestantisches Zentrum. Hier gründeten die protestantischen Stände 1608 mit dem Horner Bund ein Schutzbündnis gegen die Katholiken.

Sehenswürdigkeiten

Den zentralen Kirchenplatz dominiert die **Stephanskirche** von 1593, als protestantische Kirche in einer seltsamen Übergangsform von der Gotik zur Renaissance erbaut. Der Turm stammt aus dem Jahr 1880, auffällig sind seine vier kleinen Ecktürme. Kirchenplatz 3 ist ein schönes Sgraffitohaus von 1583, das heute das Bezirksgericht beherbergt. Das ehemalige Piaristenkonvikt am Ostende des Platzes wird zu den schönsten Renaissancebauten Niederösterreichs gerechnet. Heute sind im **Kunsthaus**

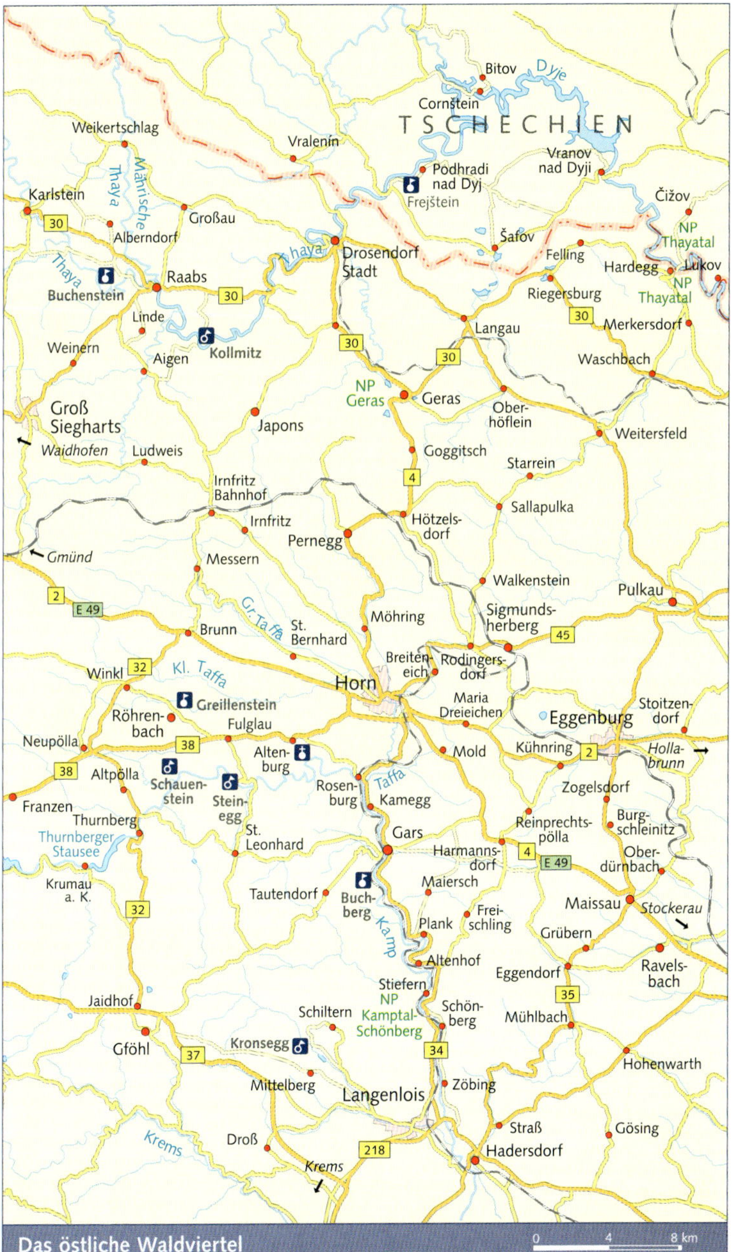
TSCHECHIEN
Bitov
Dyje
Cornštein
Weikertschlag
Vranlenín
Vranov nad Dyji
Podhradi nad Dyj
Frejštein
Karlstein
Thaya
Mährische
Čižov
Großau
Alberndorf
Šafov
NP Thayatal
Thaya
Drosendorf Stadt
Felling
Hardegg
Lukov
Raabs
Buchenstein
Riegersburg
Linde
Langau
Merkersdorf
Weinern
Aigen
Kollmitz
Waschbach
NP Geras
Geras
Groß Siegharts
Japons
Ober-höflein
Weitersfeld
Waidhofen
Ludweis
Goggitsch
Starrein
Irnfritz Bahnhof
Sallapulka
Irnfritz
Hötzels-dorf
Pernegg
Gmünd
Messern
Walkenstein
Pulkau
Möhring
Sigmunds-herberg
Gr. Taffa
Brunn
St. Bernhard
Breiten-eich
Rodingers-dorf
Winkl
Kl. Taffa
Horn
Maria Dreieichen
Stoitzen-dorf
Greillenstein
Röhren-bach
Eggenburg
Fulglau
Neupölla
Alten-burg
Mold
Kühnring
Holla-brunn
Altpölla
Schauen-stein
Rosen-burg
Taffa
Zogelsdorf
Stein-egg
Kamegg
Franzen
Thurnberg
Burg-schleinitz
Thurnberger Stausee
St. Leonhard
Gars
Reinprechts-pölla
Harmanns-dorf
Ober-dürnbach
Krumau a. K.
Tautendorf
Buch-berg
Maiersch
Maissau
Stockerau
Kamp
Frei-schling
Plank
Grübern
Altenhof
Ravels-bach
Eggendorf
Stiefern
NP Kamptal-Schönberg
Schön-berg
Jaidhof
Schiltern
Mühlbach
Gföhl
Kronsegg
Hohenwarth
Mittelberg
Zöbing
Langenlois
Krems
Droß
Straß
Gösing
Krems
Hadersdorf
30
4
2
E 49
32
38
45
35
34
37
218
Das östliche Waldviertel
0 4 8 km

Horn Kunstvereine und Galerien untergebracht. Unweit davon steht in der Wiener Straße das **Schloss** von 1593, das aus der mittelalterlichen Stadtburg hervorging. Es besitzt einen schönen englischen Garten. Das Haus Wiener Str. 4 ist das ehemalige spätmittelalterliche Bürgerspital (mit Spitalskirche), in dem heute das **Höbarth-** und das **Madermuseum** untergebracht sind. Der Postbeamte Josef Höbarth, der autodidaktisch zum anerkannten Heimatforscher avancierte, begründete hier eine der bedeutendsten urgeschichtlichen Sammlungen des Landes. Dokumente zur Stadtgeschichte, Volkskunde und zum Räuberhauptmann Grasel ergänzen die Exponate. Im Madermuseum finden sich etwa 700 landwirtschaftliche Gerätschaften, die der Landwirt Ernst Mader 1975 der Stadt geschenkt hat. Ständig wechselnde Sonderausstellungen ergänzen die Präsentationen.

Im **Graselturm**, einem Stadtturm von 1520, saß einst der Waldviertler Abenteurer und Räuber Johann Georg Grasel (1790–1818) ein. Er hielt zehn Jahre lang das Waldviertel in Atem, indem er mit einer 60-köpfigen Bande, der auch sein Vater angehörte, das Gebiet mit Raub, Betrug und Hehlerei unsicher machte. Lange kümmerte sich die Obrigkeit wenig um ihn, doch nach einem Raubmord in Zwettl begann eine großangelegte Fahndung nach ihm. Von ehemaligen Bandenmitgliedern beim gemeinsamen Gelage durch Opium im Wein betäubt und verraten, wurde er

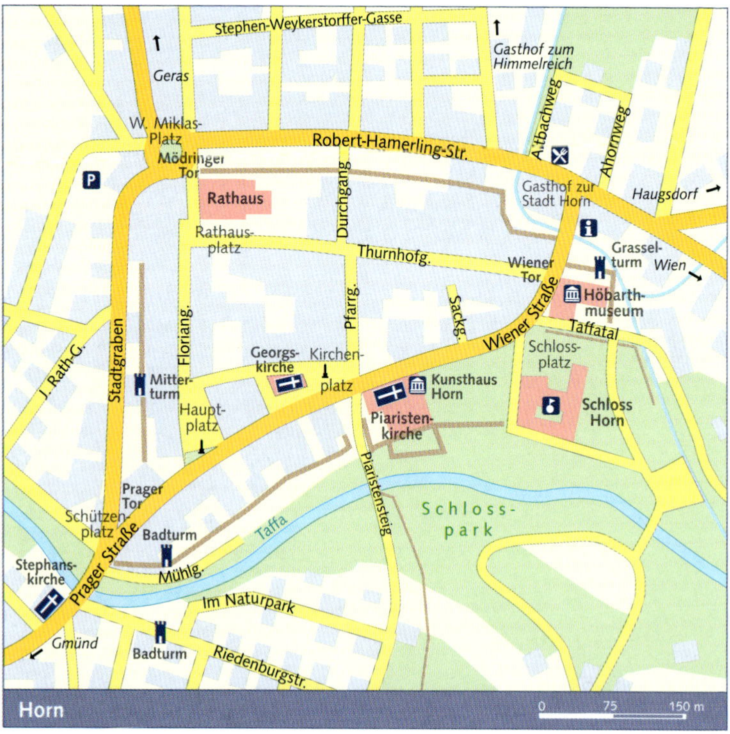

Im Madermuseum

alsbald nach Wien gebracht und dort am 31. Januar 1818 öffentlich gehängt. Sein Leben wurde 1968 mit Peter Vogel in der Titelrolle verfilmt.

Dem Turm gegenüber verläuft die Thurnhofgasse parallel zum Kirchenplatz bis zum Rathausplatz. An ihrem westlichen Ende steht das Haus der 1578 gegründeten Landwirtschaftsschule, einer Schule für die adelige Jugend vom Land; daneben das **Rathaus** aus dem Jahre 1582, der ehemalige Thurnhof. Unterhalb des Kirchenplatzes, nahe des Flusses Taffa, erhebt sich der **Badturm**, mit 15 Metern Höhe der mächtigste der Horner Stadttürme. Unweit davon, etwas flussaufwärts, befindet sich die **Stephanskirche**. Die älteste Kirche der Stadt stammt im Kern von 1046 und wurde später gotisch erweitert. Der Altar (um 1700) zeigt unter dem Kreuz die armen Seelen im Fegefeuer.

Horn ist ein guter Ausgangsort für eine Fahrt mit der Eisenbahn durch das idyllische Kamptal (www.kamptal.at).

Rund um Horn

In der Umgebung gibt es in **Breiteneich**, drei Kilometer nördlich, ein sehr schönes **Schloss** von 1541. Der Innenhof verknüpft gotische und Renaissance-Elemente, nach Voranmeldung kann man ihn besichtigen (Tel. 092 82/82 53).

Ein bedeutender Wallfahrtsort – mit Devotionalienständen – ist **Maria Dreieichen**, vier Kilometer östlich gelegen, mit den berühmten Fresken Paul Trogers von 1752 in der Kuppel der Kirche, die sich hier weit sichtbar über das Horner Becken erhebt. In der Mitte des 17. Jahrhunderts erschien einem Horner Kürschner die Mutter Gottes im Traum, als er hier unter einer Eiche schlief, die oben in drei dicke Stämme auslief. Man brachte ein hölzernes Andachtsbild an, das bald Gegenstand von Wallfahrten wurde. 1730 erfolgte der Bau einer Kapelle, und von 1744 bis 1750 erbaute man die Wallfahrtskirche in ihrer heutigen Form. Hinter dem Gnadenbild am Hochaltar sind angebliche Reste der drei Stämme aufbewahrt. Sehr sehenswert ist die Kanzel aus schwarzem Marmor. Bei der nahen Bründlkapelle befindet sich noch die **Graselhöhle**, in der der berüchtigte Räuber einst gehaust haben soll.

In **Sigmundsherberg**, zehn Kilometer nördlich, befand sich während des Ersten Weltkrieges eines der größten Kriegsgefangenenlager der Monarchie mit bis zu 125 000 Gefangenen – Russen und Italiener – und eigenem Gleisanschluss. Der Lagerfriedhof existiert noch, er liegt in Richtung Kainreith unmittelbar am Bahngleis. Sigmundsherberg ist Endpunkt der Kamptalbahn, die von hier über Horn, Gars, Langenlois bis Hadersdorf am Kamp nahe Krems fährt. Am Bahnhof von Sigmundsherberg kann man das **Waldviertler Eisenbahnmuseum** besichtigen.

Das **Zisterzienserinnenstift St. Bernhard**, sechs Kilometer nordwestlich von Horn, existiert seit 1277. In der Stiftskirche gibt es eine schöne Marienstatue von 1470. Der gotische Kapitelsaal wurde 1961 in einer großangelegten technischen Aktion abgebrochen und im Stift Klosterneuburg neu aufgestellt.

Im Dorf **Messern**, 14 Kilometer nordwestlich, steht das überaus malerische **Schloss Wildberg** mit seiner überdimensionierten Rauchküche mit Loggia im Burghof. Wildberg gilt als ›Wappenburg Österreichs‹. Den Bindenschild der um 1220 ausgestorbenen Grafen von Wildberg mit den Farben rot-gelb-rot sollen die Babenberger – leicht verändert zu rot-weiß-rot – übernommen haben. Es sind bis heute Österreichs Landesfarben.

Stift Altenburg

▲ Karte S. 207

Zweifellos gehört Stift Altenburg, das als Benediktinerkloster 1144 gegründet wurde, zu den größten Sehenswürdigkeiten Österreichs. Und nur selten musste ein Kloster soviel Leid erdulden: marodierende Soldateska, Einfälle der Kumanen – ein in Ungarn siedelndes kaukasisches Steppenvolk –, Hussitenkriege, Brände, Türkenbedrohung und schließlich die teilweise Zerstörung des Stifts durch die Schweden im Dreißigjährigen Krieg, was 1623 den damaligen Abt zwang, die wenigen verbliebenen Mönche wegzuschicken. Doch nach dem Ende des Dreißigjährigen Krieges wagte man einen Neubeginn. Der tatkräftige Abt Benedikt Leiß ließ einen großen Teil der zerstörten mittelalterlichen Anlage abreißen und entwarf einen großzügigen Neubau, der erst unter einem seiner Nachfolger, Placidus Much (reg. 1715–1756), vollendet werden konnte und eines der gewaltigsten Gesamtkunstwerke des Barock geworden ist. 1938 wurde das Kloster enteignet, und die russische Besatzungszeit 1945–1955 fügte der Anlage schwere Schäden zu. Zwar verschwanden in diesen Jahren viele Kunstgegenstände aus der Schatzkammer des Stifts, es lohnt aber als Gesamtkunstwerk dennoch auch eine weitere Anreise.

Sehenswürdigkeiten

Der **Marmorsaal** oberhalb des Eingangstors überwältigt durch seine feinabgestimmte Verwendung von Gold und Stuckmarmor. Hier begegnet dem Besucher das erste der Altenburger Meisterwerke Paul Trogers: das Fresko ›Der Triumph des Lichts‹. Durch den Prälatenhof, einen festlichen Vorhof, gelangt man zur **Stiftskirche St. Lambert**. Josef Munggenast (1680–1741), ein Neffe des ebenfalls sehr bedeutenden Malers und Architekten Jakob Prandtauer, gestaltete sie. Dieses Werk gilt neben dem Umbau von Stift Geras als Munggenasts bedeutendste Schöpfung. Der Grundriss seines Kirchenbaus ist ein Oval mit sechs Kapellennischen. Der lange Chorraum ist auf den Fundamenten der mittelalterlichen Kirche errichtet. Das Innere beeindruckt durch Paul Trogers Kuppelfresken (1733), darunter die Darstellung der Apokalypse aus der Offenbarung des Johannes in der Mittelkuppel mit der aufwühlenden Darstellung der Frau, die

Die ungewöhnlich ausgemalte Krypta

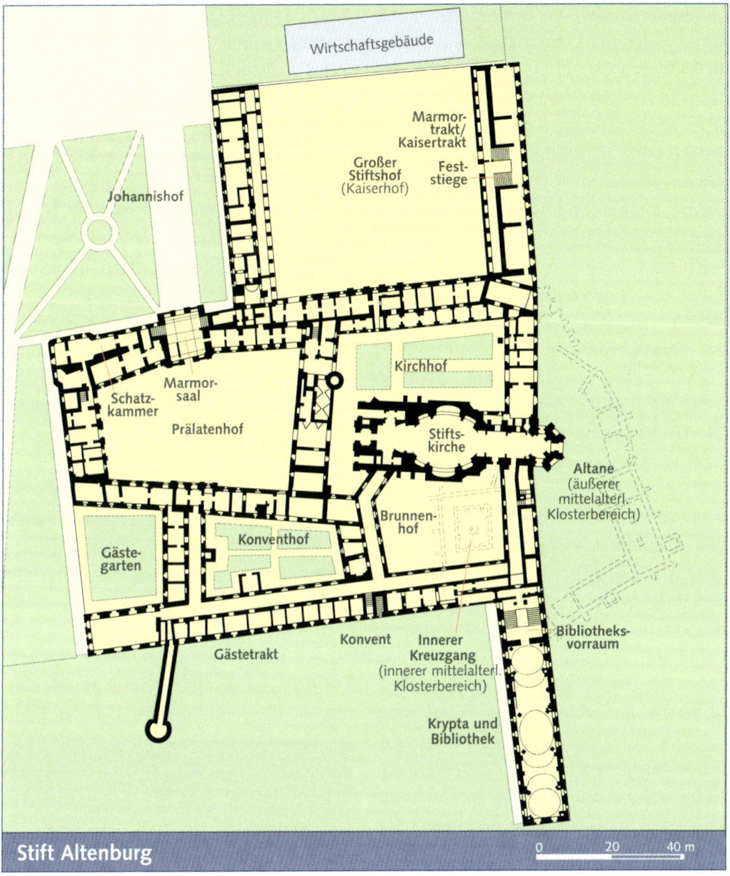

Stift Altenburg

vor einem Drachen flüchtet, wie auch durch den Hochaltar mit Trogers Bild der Himmelfahrt Marias.

Das Stift besitzt die wahrscheinlich schönste **Bibliothek** Niederösterreichs. Sie hat zwar ›nur‹ 10 000 Bände, doch strahlt der Raum eine erhabene Harmonie und Ästhetik aus. Die Farben aus Malerei und Stuck vereinigen sich zu einer leuchtenden Symbiose, deren Wirkung durch das Tageslicht noch verstärkt wird. Die Deckenfresken stammen auch hier von Paul Troger, der diesmal den Besuch der Königin von Saba bei König Salomo dargestellt hat.

Unter der Bibliothek geht es zur **Krypta**, eine ebenso gewaltige Schöpfung. Man rätselt über ihren ursprünglichen Zweck. War sie als Grablege für Abt Placidus Much oder doch als Meditationsraum geplant? Denn es ist eben kein düsterer Totenraum, sondern voller Licht, in hellen Farben gehalten. Die Wände sind voll phantasiereicher grotesker Totentänze. Diese mittelalterliche Darstellungsart ist im Barock sehr selten, und ungewöhnlich ist auch die Mitwirkung von römischen Göttergestalten wie Merkur und Neptun als grimmigen Skeletten, die zum Tanz bitten.

Über die Prunkstiege gelangt man zum **Kaisertrakt**, wo für den Kaiser bei seiner Anwesenheit im Stift Repräsentationsräume eingerichtet waren – doch hat niemals ein Kaiser das Stift besucht. Auch über der Prunkstiege schuf Troger eines seiner gewaltigen Fresken: ›Harmonie von Wissenschaft und Glaube‹, ein Thema, das im 18. Jahrhundert, dem Zeitalter der Aufklärung, fast politische Bedeutung besaß.

Die **Untergeschosse** unter dem Kaisertrakt wurden als ›sala terrena‹ angelegt und zeigen eine reiche malerische Wandausschmückung mit Motiven aus der antiken Mythologie. Gesondert kann das ›Kloster unter dem Kloster‹ besichtigt werden. Besonders beeindruckend wirkt Stift Altenburg von der sogenannten Altanplattform aus. Von hier hat man einen beeindruckenden Blick über die gesamte Anlage. Und man kann zu Ausgrabungen des mittelalterlichen Vorgängerbaus hinabsteigen.

Neben der wunderbaren Barockarchitektur ziehen die **Gärten** die Touristen nach Altenburg. Ein ›Garten der Religionen‹ lädt zum ›Dialog mit den nichtchristlichen Weltreligionen‹ ein. Von eher botanischem Interesse und im Wechsel der Jahreszeiten immer wieder neu zu erleben ist der ›Schöpfungsgarten‹. Ein neu eröffneter ›Garten der Stille‹ lädt zu ruhiger Besinnung ein.

Vom Stift (Wanderwege 06 und 620) führen sehr schöne **Spazierwege** zur Ruine des Öden Schlosses (eine Stunde Wanderzeit) oberhalb der Kamp und zur Rauschermühle (zwei Stunden) im Tal des Flusses, der hier ähnlich wie die Thaya zahlreiche Mäander aufweist.

▲ Karte S. 202

■ Die Umgebung

Die **Burgruine Schauenstein** neun Kilometer westlich gehört mit ihrem fünfeckigen Bergfried zu den schönsten Burgen des Waldviertels. Von ihr hat man einen großartigen Blick. Vom Dörfchen Krug an der Straße Altenburg–Neupölla führt ein bezaubernder Waldweg zur Ruine (30 Minuten Wanderzeit).

Die **Ruine Steinegg** sieben Kilometer westlich von Altenburg ist mit ihren romanischen Gewölberesten und Fenstern ebenso reizvoll. Sie kann über die Straße Fugau–St. Leonhard mit dem Auto erreicht werden (Kompass-Wanderkarte 203, Waldviertel mit Kamptal).

Schloss Greillenstein

Schloss Greillenstein ist nicht weniger als ein Märchentraum. Errichtet 1580–1590, ist es trotz seiner Mischung aus Renaissance und Barock von vollendeter Harmonie und verfügt über einen herrlichen, schier unendlichen Schlosspark. Die Anlage befindet sich seit ihrer Erbauung in den Händen der Familie Kuef-

Greillenstein, ein romanisch-gotisches Kleinod

stein und hatte das Glück, durch alle Zeiten hindurch nie zerstört oder geplündert zu werden. Allerdings verlor es einen Teil seiner Ausstattung durch Kaiser Franz I., der für sein Lieblingsschloss Laxenburg Greillensteiner Interieur und selbst Holzdecken abtransportieren ließ.

Im mächtigen Turm an der Schauseite befindet sich eine Kapelle mit originaler Renaissanceausstattung. Um den Wehrgraben zieht sich eine barocke Balustrade mit zahllosen Tieren, allegorischen Gestalten und Figuren der antiken Mythologie. Im Arkadenhof gibt es einen Nischenbrunnen mit kolossalem Drachenwächter. Von den zwei Bibliotheken musste die große ihre Holzdecke nach Laxenburg abgeben, doch ist in der kleinen die originale Ausstattung mit der Decke von 1590 noch vorhanden. Einem 200 Quadratmeter großen Festsaal steht ein Türkensaal gegenüber. Er erinnert mit Gemälden und Exponaten an Hans Ludwig von Kuefstein, den Kaiser Ferdinand II. 1628 als Diplomaten nach Konstantinopel schickte, und dem es durch politische Geschicklichkeit gelang, für 30 Jahre die Türkengefahr zu bannen, sowie an seinen Gegner Sultan Murad IV., genannt der Grausame.

In Greillenstein verbrachte der junge Franz Grillparzer (1791–1872) als Gast des Schlossverwalters einige Wochen. Er soll hier – das aber wird von vielen Schlössern Österreichs behauptet – Anregungen für sein Schauerdrama ›Die Ahnfrau‹ erhalten haben. Denn damals wie heute, so wird erzählt, geistert die im 17. Jahrhundert verstorbene Susanna von Kuefstein durch das Schloss – als guter Geist, der alles Schlechte von der Familie abwenden will. Ein Grillparzer-Zimmer erinnert an Österreichs großen Dichter.

Die Stadtkirche in Eggenburg

Eggenburg

Eine der prächtigsten Stadtmauerstädte ist das 3500 Einwohner zählende Eggenburg: Es ist fast vollständig von einem Mauerring umgeben, besitzt eine imposante Stadtkirche und zahlreiche mittelalterliche Häuser. Seinen Namen erhielt Eggenburg von der Burg eines Egino, die auf einem Felsen in der Schleife des Flusses Schmida stand und von der heute nur noch der Bergfried erhalten ist. Trotz aller Feuersbrünste, Pestwellen und sogar Heuschreckenplagen (wie die Stadtchronik berichtet) blieb die Stadt immer wohlhabend. Dazu trugen neben dem Weinanbau insbesondere die Kalksandsteinbrüche in Zogelsdorf vier Kilometer südlich bei, deren Material selbst in Passau und Wien verbaut wurde und für Hausfassaden, Mariensäulen und Brückenstatuen Verwendung fand. So konnte die Stadt auch ein Zentrum der Steinmetzkunst Österreichs werden. Nicht von ungefähr kommen seit dem 17. Jahrhundert viele Steinmetzmeister von hier.

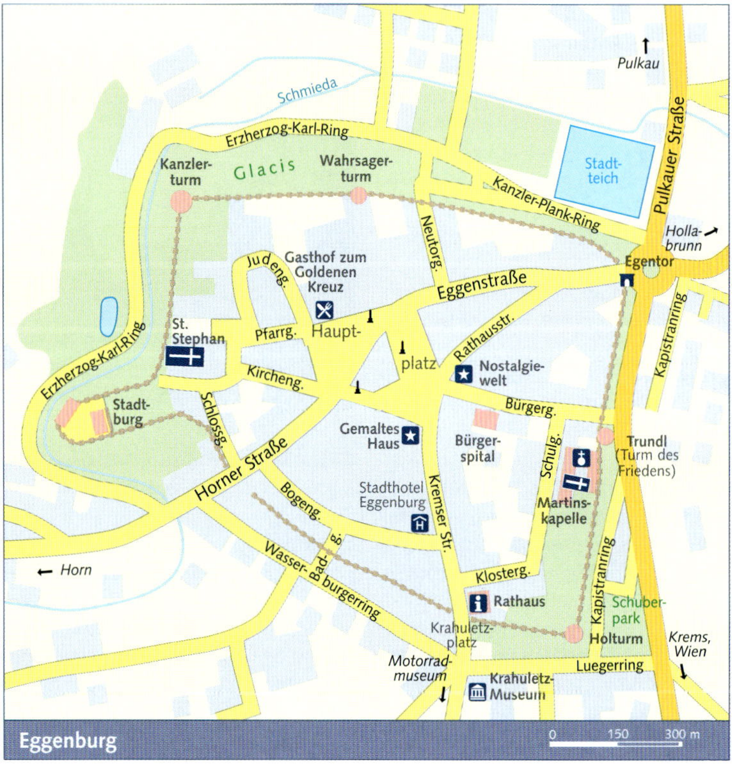

■ **Sehenswürdigkeiten**

Den großzügig angelegten **Hauptplatz** kann man nicht sofort überblicken, da sich in seiner Mitte ein Häuserblock befindet, das sogenannte Grätzl. Dessen Gebäude Nr. 2 ist ein schönes Beispiel eines Renaissance-Bürgerhauses. An der Südostecke des Platzes steht das prächtige **Gemalte Haus** (Hauptplatz 1) von 1547 mit seiner reichen Sgraffitokunst – unter anderem mit astrologischer Symbolik der Planeten – und den gotischen Schmuckformen am Erker. Die **Dreifaltigkeitssäule** oder Pestsäule fällt durch ihre Wolkenpyramide mit den Pestheiligen auf. Die **Nostalgiewelt** am Hauptplatz, Ecke Bürgerspitalgasse ist ein europaweit einzigartiges Panoptikum mit Motorfahrzeugen aus den 50er Jahren, Filmvorführungen aus über 100 Jahren Filmgeschichte, seltenen Fotoapparaten und Musikboxen. Auch auf das imposante **Bürgerspital** und die zugehörige **Martinskapelle** am Ende der Gasse sollte man einen Blick werfen.

Die **Stadtkirche St. Stephan** ist mit ihrer Westseite in die Stadtmauer integriert. Daher stehen die Türme, wie sonst unüblich, im Osten des Schiffs. Der gotische Chor (um 1330) wird von den zwei unsymmetrischen romanischen Türmen überragt – und diese nochmals vom Langhaus der Kirche (um 1500). Deren bedeutendstes Ausstattungsstück ist die Steinkanzel, die Ähnlichkeit mit der Kanzel Anton Pilgrams im Wiener Stephansdom hat. Vor der Kirche kann man einige Stufen zu einem unterirdischen Beinhaus hinabsteigen, wo die Knochen unzähliger Verstorbener säuberlich aufgehäuft liegen. Hinter der Kirche führt ein Durchgang durch die Stadtmauer auf einen malerischen Weg – hier befand sich das frühere Glacis der Stadtbefestigung –, auf dem man außen um die Mauer herum laufen kann.

Lohnend ist ein Spaziergang durch die Judengasse, die kurz vor der Kirche rechts abzweigt und durch die man zu einem der vier großen Wehrtürme an der **Stadtmauer** gelangt. Von hier kann man auf die Mauerkrone steigen und die Mauer begehen. Die Aussicht von diesem Kanzlerturm ist prachtvoll.

Die Kremser Straße führt vom Marktplatz südwärts zum **Rathaus**, das gleich am Durchlass durch die Stadtmauer steht. Hier befand sich das 1893 abgerissene Kremser Tor. Heute sind hier die Stadtinformation sowie das **Krahuletz-Museum** untergebracht. Es ist nach seinem Gründer Johann Krahuletz (1848–1928) benannt und besitzt die bedeutendste paläontologische Sammlung Niederösterreichs. Krahuletz, Büchsenmacher und Hobbyforscher, trug seit seiner Kinderzeit unzählige Objekte zusammen und genoss, obwohl er nie eine Universität besucht hatte, bei Fachleuten hohes Ansehen.

Die Umgebung

Die Umgebung der Stadt bietet viel Sehenswertes. So ist in **Zogelsdorf** im früheren Abbaubetrieb des Kalksandsteins ein **Schausteinbruch** eingerichtet, dem ein kleines **Steinmetzmuseum** angeschlossen ist. In **Burgschleinitz** weitere drei Kilometer südlich steht ein hübsches, leider nicht zu besichtigendes Wasserschloss, das architektonisch eine mittelalterliche Burg mit ausladenden Renaissanceformen kombiniert. Hier schrieb Franz Grillparzer das Drama ›Die Ahnfrau‹. Die **Michaelskirche** mit ihrem Karner, äußerst reizvoll gelegen, ist ebenfalls sehenswert.

Die erste weibliche Nobelpreisträgerin, Bertha von Suttner (1843–1914), verfasste in **Schloss Harmannsdorf**, neun Kilometer südwestlich von Burgschleinitz, ihren erfolgreichen pazifistischen Roman ›Die Waffen nieder‹. Das im 17. Jahrhundert erbaute Schloss ist durch Veränderungen im 19. Jahrhundert etwas verunstaltet, wie die Zinnen des markanten ›Höllenturms‹ zeigen.

In **Kühnring**, drei Kilometer südwestlich von Eggenburg, finden sich auf dem Kalvarienberg im Ort geringe Reste der ehemaligen Stammburg der Kuenringer. Hadmar I. von Kuenring soll die **Burg** um 1120 erbaut haben. Die Kreuzigungsgruppe steht direkt auf diesen wenigen Relikten. Die romanische **Dorfkirche** gilt als eine Gründung des Kuenringer-Stammvaters Azzo.

Die nördliche und östliche Umgebung Eggenburgs ist prähistorisches, neolithisches Siedlungsgebiet (etwa 5000 Jahre v. Chr.). An der Lokalität Feenhaube am Nordhang des **Kogelsteins** an der Straße nach Stoitzendorf ist ein **Kultplatz** aus dieser Zeit zu finden.

Maissau

Dieser Ort, ebenso eine Stadtmauerstadt, weist eine ungewöhnliche Sehenswürdigkeit auf: Die 1848 entdeckten Amethystvorkommen – Amethyst ist ein violettfarbener Bergkristall, d.h. Quarz – führten vor einigen Jahren zur Gründung der **Amethystwelt**, einem Multimedia-Erlebnispark mit Schauschleiferei,

Kraftgarten, Energieplätzen, Möglichkeiten zum Amethystsammeln und vor allem, wie es heißt, der Welt größtem Amethystgang. Der Amethyst entstand hier vor etwa 15 Millionen Jahren, als heiße Wässer, die unter Druck standen und dadurch bis zu 400 Grad Temperatur erreichen konnten, durch Gesteinsklüfte nach oben drangen und beim Abkühlen der in ihnen gelöste Quarz auskristallisieren konnte. Er war zunächst nur farblos, hat jedoch durch eine ganz schwache radioaktive Bestrahlung aus dem Nebengestein seinen violetten Farbton angenommen. Das neogotische **Schloss** in Maissau, das auf eine mittelalterliche Burg zurückgeht, ist nicht zu besichtigen. Dafür kann man den **Heilkräuter-Schaugarten** mit 180 Arten an der Stadtmauer besuchen.

Violettes Amethyst-Aggregat

In dem kleinen Ort **Oberdürnbach** vier Kilometer nördlich lebte bis zu seinem Tod 1996 der 1916 geborene Komponist Gottfried von Einem. Seit 1999 wird hier alljährlich im Juni ein kleines Festival mit seinen Werken veranstaltet. Sein Stil ist als gemäßigt modern und überwiegend tonal unter teilweiser Einbeziehung von Jazzelementen zu bezeichnen, sein bekanntestes Werk ist die Oper ›Der Prozeß‹ (1953) nach Kafka. In der Holocaust-Gedenkstätte Yad-Vashem ist er als ›Gerechter unter den Völkern‹ ausgezeichnet, da es ihm gelang, 1943 unter anderen den jüdischen Berliner Musiker Konrad Latte vor der Deportation zu bewahren.

Der östliche Waldviertel

Gästeinformation Horn, Wiener Str. 4 (im Höbarthmuseum), 3580 Horn, Tel. 029 82/237 21, www.horn.gv.at.

Tourismus-Information Eggenburg, Krahuletzplatz 1, 3730 Eggenburg, Tel. 029 84/34 00, www.eggenburg.at.

Kamptalbahn, Infos: www.kamptal-manhartsberg.at. Vom 31. Mai bis 27. September sonn- und feiertags um 14.20 Uhr ab Sigmundsherberg. Die Fahrt dauert 75 Minuten bis zur Endstation. Fahrradbeförderung ist gratis.

Gasthof zur Stadt Horn, Hamerlingstr. 17, 3580 Horn, Tel. 029 82/22 57, www.blie.at, p.P. im DZ 34–38 €.

Gasthof zum Himmelreich, Spitalgasse 30, 3580 Horn, Tel. 029 82/207.

Gasthof Kirchenwirt, 3744 Maria Dreieichen 78, Tel. 029 82/82 54, p. P. im DZ 29 €.

Stadthotel Eggenburg, Kremser Str. 8, 3730 Eggenburg, Tel. 029 84/35 31, www.oppitz.at, p.P. im DZ 36–38 €.

Gasthof zum Goldenen Kreuz, Hauptplatz 17, 3720 Eggenburg, Tel. 029-84/35 21.

▶ Karte S. 203

Landgasthof Surböck, 3751 Rodingersdorf Nr. 46, Tel. 02983/2204.

Höbarth- und Madermuseum, Wiener Str. 4, 3580 Horn, Tel. 02982/23722, www.hoebarthmuseum.at, April bis Okt. Di-So 10-17 Uhr.

Basilika Maria Dreieichen, 3744 Maria Dreieichen, Tel. 02982/8253, www.maria-dreieichen.at.

Waldviertler Eisenbahnmuseum, Museumsstr. 1 (im Heizhaus am Bahnhof), 3751 Sigmundsherberg, 09283/2307-0 bzw. 2307379, www.mytrains.at/museum.htm, Mai bis Okt Di u. Do 9-12 sowie Sa/So 9-16 Uhr, Anmeldung erwünscht.

Stift Altenburg, Abt-Placidus-Much-Str. 1, 3591 Altenburg, Tel. 02982/3451, www.stift-altenburg.at, Palmsonntag bis Allerheiligen tgl. 10-17 Uhr, Klos-terladen tgl. 9.30-18 Uhr, Tel. 02982/345121.

Schloss Greillenstein, Tel. 02989/80800, 3592 Röhrenbach, www.greillenstein.at, April bis Okt. tgl. 9.30-17 Uhr.

Nostalgiewelt Eggenburg, Hauptplatz 28, Tel. 02984/3505, www.nostalgiewelt.at, Fr-So 10-18 Uhr.

Krahuletz-Museum, Krahuletzplatz 1, 3730 Eggenburg, Tel. 02984/34003, www.krahuletzmuseum.at, tgl. 9-17 Uhr.

Steinmetzmuseum Zogelsdorf, 3730 Zogelsdorf Nr. 25, Tel. 02984/2653, April bis 15. Nov. Sa 14-17, So 10-12 u. 14-17 Uhr.

Amethystwelt Maissau, An der Horner Bundesstr., Tel. 02958/848400, www.amethystwelt.at, tgl. 9-17, Mai bis Sept 9-18 Uhr.

Zu allen Wanderungen im Kamptal: Kompass-Wanderkarte 203, Waldviertel mit Kamptal.

Am Kogelstein

Das untere Kamptal

Neben der Thaya ist der Kamp der bedeutendste Fluss des Waldviertels. Seine zwei Quellflüsse Großer und Kleiner Kamp entspringen nahe der oberösterreichischen Grenze und vereinigen sich bei Rappottenstein. Von hier strömt der Fluss ostwärts, nimmt die Zwettl auf, wird durch drei Stauseen in seinem Lauf gehemmt, biegt nahe Horn bei der Rosenburg nach Süden und bildet hier in seinem Unterlauf ein sehr reizvolles Tal aus. Nach 153 Kilometern mündet er bei Krems in die Donau, doch hat man beim Bau des Donaukraftwerks Altenwörth seine Mündung um etwa zehn Kilometer ostwärts in Richtung dieser Ortschaft verlegt.

Leicht erwandern und erfahren lässt sich das Kamptal durch Wege, die fast immer nahe des Flusses verlaufen. Besonders reizvoll ist auch die Fahrt mit der Kamptalbahn von Sigmundsherberg über Horn und Gars bis Hadersdorf östlich von Langenlois. Auf der Strecke fahren am Wochenende während der Saison Nostalgiezüge, an anderen Tagen wird sie durch normale Regionalzüge bedient (www.oebb.at). Das Kamptal gilt mit 19 bedeutenden Parks, Schloss- und Erlebnisgärten als das Gebiet mit der größten Gartenkonzentration Europas (www.kamptalgaerten.at).

Die Rosenburg

Das Wahrzeichen des unteren Kamptals ist die **Rosenburg** fünf Kilometer südlich von Horn, eine der Top-Sehenswürdigkeiten des Landes. Hoch ragt sie über dem 100 Meter tiefer liegenden Tal auf. Eine altes, einst vielgesungenes Volkslied aus dem 17. Jahrhundert, von Hoffmann von Fallersleben ins Hochdeutsche gebracht, machte die Burg zumindest in den Lesebüchern bekannt. Die erste Strophe ist noch heute populär: »Es liegt ein Schloß in Österreich / Das ist gar wohl erbauet / Von Silber und von rotem Gold, / Mit Marmorstein gemauert.«

Die Burg entstand bereits in der Mitte des 12. Jahrhunderts. Die Herren von Rosenberg schlossen sich früh der Lehre Luthers an, wodurch die Burg ein geistiges Zentrum des Protestantismus

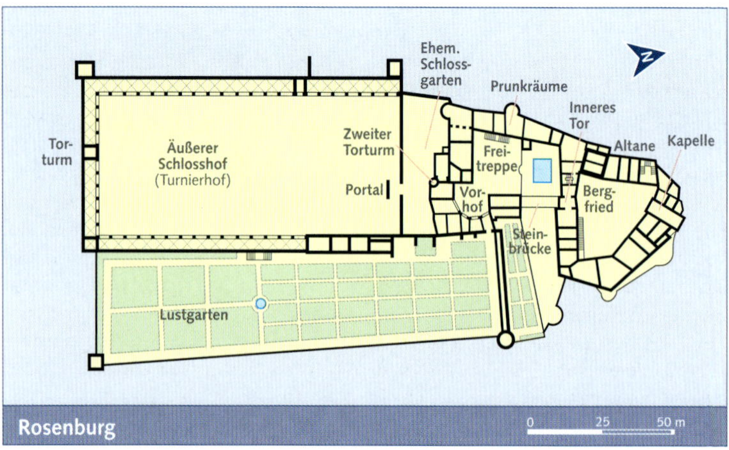

Die Schloss mit dem Turnierhof von Süden aus gesehen

wurde. 1597 wurde die mittelalterliche Anlage durch die neuen Besitzer, die Herren von Grabner, zu einem prächtigen Renaissanceschloss mit deutlichen venezianischen Anklängen umgebaut. Nach 1611 gelangte die Burg durch Verkauf in katholische Hände. Zunächst wurde sie weiter ausgebaut – so entstand ein riesiger Turnierhof –, doch bald wurden alle weiteren Maßnahmen wegen Geldmangels eingestellt. 1620 erstürmten protestantische Truppen die Burg und richteten ein großes Gemetzel an. Der Angriff auf die Burg war die Reaktion auf die Hinrichtung eines unschuldigen jungen Mannes. In den Jahren danach machte sich Verfall breit, und 1809 ließ ein Feuer die heruntergekommene Burg völlig zerstört zurück. Doch machte sich 1859 Ernst Graf Hoyos – die Familie war Eigentümer seit 1681 – daran, sie in den alten Formen zu restaurieren und stattete sie auch neu aus. Bis heute gehört die Burg der Familie Hoyos.

Ein Rundgang

Man betritt die Anlage durch den Torturm (1673) an der Südseite. Dahinter erstreckt sich der laubengesäumte **Turnierhof**, der drei Türme in der Umfassungsmauer aufweist. Östlich an ihn schließt sich der meist nicht zugängliche **Lustgarten** an, in dem eine Säule an die Bluttat von 1620 erinnert. Durch den Grabnerturm (Portal mit Bauinschrift von 1593) geht es in den eigentlichen Burgvorhof. Eine Freitreppe führt zu den Prunkräumen, über eine Steinbrücke gelangt man zu einem tiefergelegenen Hofteil. Neben dem Inneren Tor steht die Bildsäule eines Ritters, bei dem es sich vermutlich um den Bauherrn von 1593 handelt. Auf dem **Bergfried** gibt es eine schöne umlaufende Außengalerie.

Im Innern sind die **Bibliothek** mit ihrer Kassettendecke und der sogenannte Vortragssaal aus dem 16. Jahrhundert, der damals für protestantische Veranstaltungen diente, sehr sehenswert. In der **Kapelle** gibt es eine merkwürdige Darstellung der Heiligen Dreifaltigkeit mit drei männlichen Personen. Von den Altanen hat man einen schwindelerregenden Blick ins Kamptal hinab. Im ehemaligen Burggraben in einem Rosengarten ist eine ungeheure Blumenvielfalt zu bewundern, an manchen Tagen kann man im Sommer die Falknerei zu Pferd bestaunen. Bei sommerlichen Aufführungen auf der Rosenburg stehen vor allem Stücke Shakespeares auf dem Spielplan. Ein Kletterpark nahe des Schlossparkplatzes rundet die Fülle der touristischen Attraktionen ab (www.kletterpark.at).

Gars am Kamp

Gars hat 3500 Einwohner und ist eine der ältesten Siedlungen Niederösterreichs. Durch die Eröffnung der Kamptalbahn 1889 entwickelte sich der Ort zu einer beliebten Sommerfrische. Auch der Operettenkomponist Franz von Suppé (1819–1895) verbrachte hier viele Sommer, eine Gedenkstätte in der Kremser Str. 40 erinnert an ihn. Über dem Tor sind die Noten von Suppés populärem Lied ›O du mein Österreich‹ gesetzt. Es ist merkwürdigerweise Österreichs einziger Erinnerungsort an diesen Komponisten. Stefan Zweig und seine erste Frau Friederike verbrachten hier den Sommer 1912, und Karl Kraus kurte 1914 am Tag der Schüsse von Sarajevo in Gars.

Nach dem Zweiten Weltkrieg ließ sich die Bedeutung der Stadt als Erholungsort zunächst nicht wiederherstellen. Erst mit dem ›Bio-Vital-Hotel‹, das Willi Dungl 1986 in den Mauern des alten Garser Grandhotels eröffnete, gelang es zusammen mit weiteren ähnlichen Einrichtungen, den Ruf der Stadt als Wellness- und Gesundheitszentrum neu zu

Im Zentrum von Gars

festigen. Und nicht zuletzt lebt Gars heute von seiner gepflegten Kurarchitektur, die zusätzlich die Stadt sehr sehenswert macht, die aber auch in zahlreichen Renaissancebauten wie Rathaus und Pfarrhof von ihrer großen Geschichte erzählt. Das **Zeitbrücke-Museum** nahe des Hauptplatzes bündelt die Historie von Gars.

Sehenswürdigkeiten

Schon gegen Ende des 10. Jahrhunderts bestand hier auf dem Berg oberhalb des Kamptals eine Festung zur Abwehr der Awareneinfälle, und um 1080 residierte Markgraf Leopold II. hier. Er wurde in Gars begraben, sein Sohn Leopold III. (der Heilige) soll hier geboren sein. Wie die Rosenburg war die Festung zunächst eine Burg des Protestantismus. Um sie 1809 vor der Einnahme durch die Franzosen zu retten, wurde sie von den Einheimischen angezündet (heutiger Ortsteil Thunau). Die **Burg** ist seither als Ruine eine der größten des Landes. Das Eingangstor stammt aus der Zeit um 1600. Viele Umbauten aus dieser Zeit lassen jedoch heute nicht mehr erkennen, was aus der Babenbergerzeit stammt. Immerhin ist in der Mitte der

▲ Karte S. 203

Anlage noch der **Palas** mit seinen bis zu zwei Meter dicken Mauern deutlich zu erkennen. Vom **Bergfried** stehen in der Nordecke, hoch über Gars, nur wenige Mauerreste. In der malerischen Ruine finden alljährlich große Freilichtaufführungen statt, darunter das bekannte Garser Opernfestival.

Eine der bedeutendsten niederösterreichischen Kirchen ist die **Gertrudskirche**, gleich unterhalb der Ruine, aus der Zeit vor 1250. Ihr Turm auf der ungewöhnlich kantigen Westfassade wurde um 1700 mit einem Kuppelhelm und kleinen Eckpyramiden abgeschlossen. Sehr bedeutend sind die farbigen Fenster des Chorumgangs (um 1330), die Szenen aus dem Leben der heiligen Gertrud zeigen. Sieben von ihnen sind original erhalten. Gertrud von Nivelles (626–664) war die Tochter des Karolinger-Stammvaters Pippin d. Ä. und setzte sich für Kranke, Gefangene und Pilger ein. Sie ist die Patronin von Krankenhäusern sowie der Feld- und Gartenfrüchte. Gebete an die heilige Gertrud sollen Schädlinge vertreiben.

Die Umgebung

Zu empfehlen ist eine leichte, etwa dreistündige Rundwanderung um Gars. Vom Hauptplatz geht es über die Wozniczakgasse hoch zur Hamerlingwarte (372 Meter) mit einem guten Ausblick auf die Stadt. Entlang der Gärten von Zitternberg führt der Weg hoch zur Kirche dieses Orts und durch den Wald allmählich zum Kamptal hinab. Hier wird der Fluss gekreuzt und der Ort Buchberg durchschritten. An seinem westlichen Ende verläuft der Wanderweg 634 zur Ruine Klösterl, wo man auf den blauen Weg in Richtung Schanzberg wechselt. Oberhalb der Ruine Schimmelsprung (sehr schöner Talblick!) geht es mit einigen Richtungswechseln wieder zurück nach Gars

Die Umgebung von Gars besitzt noch einige kleine Sehenswürdigkeiten. Das **Schloss Buchberg** drei Kilometer südlich liegt sehr malerisch über dem Kamp. Das Schloss im Privatbesitz präsentiert ›Rauminstallationen‹ (www.bogner-cc.at/projekte/kunstraum) zeitgenössischer konstruktivistischer Künstler.

In **Kamegg** zwei Kilometer nördlich ist die reizvolle **Wallfahrtskapelle** (um 1700) sehenswert, **Maiersch** vier Kilometer südöstlich ist ein höchst idyllisches, großangelegtes Angerdorf, das von einem Bach durchflossen wird. In **Tautendorf** vier Kilometer südwestlich findet sich in der **Pfarrkirche St. Josef** eine landesweit einmalige Kanzel in Form eines Kahns. Petrus und Christus stehen an der Seite dieses Kahns, der mit barocker Symbol- und Sinnenfreude gestaltet ist. Das Motiv des Schiffes rührt von Christi Predigertätigkeit am See Genezareth her, wo er die Apostel zu ›Menschenfischern‹ ernannte. Im Kirchturm hängt die älteste Glocke des Waldviertels, sie stammt von 1263.

St. Leonhard

Die westlich und südwestlich von Gars gelegenen Gebiete bis Krummau im Nordwesten und Gföhl im Südwesten sind dünn besiedelt, voller Einsamkeit – und auch landschaftlicher Schönheit. So diente Wanzenau, ein weltfernes Dorf mit stiller Romantik, schon mehrfach als Filmkulisse.

Nicht von ungefähr konnte sich in dem abgeschiedenen Ort St. Leonhard die **Waldviertler Geisterwerkstatt** etablieren. Sie liegt etwas außerhalb an der Straße nach Gföhl. Von den Betreibern als ›mysteriösester Ort der Welt‹ apostrophiert, kann man hier in gespenstischem Ambiente an einem Geisterdinner teilnehmen und bei einer unheimlichen Kegelpartie um seine Seele spielen. Unmittelbar daneben liegt das **Gasthaus Staar**, dessen urwüchsige, aber echt bäuerliche Atmosphäre auch in den Lokalen des Waldviertels selten geworden ist.

Das **lebende Handwerksmuseum** präsentiert Handwerksgegenstände, und an jedem ersten Sonntag im Monat geben Handwerker verschiedener Berufe Einblick in ihre Arbeit. Außerdem werden Filme über das Leben der Handwerker und Bauern vor 50 Jahren gezeigt. Doch sind die Filme aktuell hergestellt und die Mitwirkenden Einwohner von St. Leonhard. Wie im bayerischen Tölz wird hier jeweils am 6. November ein Leonhardiritt mit Musik abgehalten, bei dem der Pfarrer und Reiter aus dem Ort mit einer Statue des Heiligen um den Ort ziehen.

Entlang des Wanderwegs 658 lassen sich von St. Leonhard im Horner Wald melancholische Spaziergänge unternehmen.

Naturpark Kamptal

Bei Plank etwa sechs Kilometer südlich von Gars ist der 25 Quadratkilometer große Naturpark Kamptal mit seiner reizvollen Verbindung kleiner Flussauen, Wäldern und terrassierten Weingärten erreicht. **Plank** besitzt an seinem nördlichen und südlichen Ortsausgang zwei schön renovierte historische **Mühlen**. Beliebt ist seine **historische Flussbadeanstalt**.

In **Altenhof** erblickt man die ersten Weinhänge. Sehr schön gelegen ist **Stiefern** mit seiner Wehrkirche, die noch ihre mittelalterliche Umfassungsmauer besitzt. **Schönberg** ist hauptsächlich Weinbauort. In der ›Alten Schmiede‹ von 1598 im Zentrum gibt es ein **Infozentrum des Naturparks** (Tel. 027 33/764, www.kamptal.at). Ein Spaziergang von Schönberg über den Kalvarienberg nach Schiefern bietet prächtige Landschaftserlebnisse.

In **Zöbing** ist man am unteren Ende des Kamptals angekommen. Der Ort wurde 2002 bei einem Hochwasser stark in Mitleidenschaft gezogen. Weit öffnet

Im beschaulichen Kamptal

▲ Karte S. 203

sich die Landschaft zur Donau und zum Tullner Becken hin. Hier endet der Manhartsberg mit dem Heiligenstein, auf dem die Kamptalwarte thront. An seinen Südhängen gedeiht ein berühmter Riesling. Schon vor über 600 Jahren besaßen Landesfürsten und Bischöfe hier ihre Lesehöfe. Von der Zöbinger Kellergasse, die eine der schönsten ihrer Art ist, geht es über den ›Weinwanderweg‹ steil zum Weinbergkreuz und zur Kamptalwarte mit dem an Wochenenden geöffneten **Aussichtsturm** hinauf. Von hier genießt man einen schönen Rundblick. Entgegen dem Uhrzeigersinn kann man um den Heiligenstein herum wieder nach Zöbing hinunterkommen. Für die Rundwanderung benötigt man etwa zwei Stunden.

Langenlois

Der ursprünglich Liubisa (›die Liebliche‹) genannte Ort mit 7250 Einwohnern ist eine uralte Siedlung. Die Landschaft ist Weinbaugebiet seit dem 12. Jahrhundert. Menschen siedelten jedoch wegen des günstigen, vor allem sehr trockenen Klimas schon in der Altsteinzeit hier. Die hohe Qualität der hier angebauten Weine machte Langenlois schon früh zu einem wohlhabenden Gemeinwesen. Mit einer durchschnittlichen Jahresernte von 13 Millionen Litern ist Langenlois der größte Weinbauort Österreichs. Bei Staatsbesuchen kredenzt Österreichs Regierung ausschließlich Weine aus Langenlois.

Am **Kornplatz**, dem zentralen Stadtplatz, stehen gut erhaltene Bürgerhäuser aus dem 16. bis 19. Jahrhundert. Das Haus Kornplatz 2 hat einen schönen Arkadenhof hinter der barocken Fassade, Nr. 6 besitzt eine Renaissancefassade und einen hübschen Erker. Die Ostseite des Platzes nimmt das ehemalige

Das Loisium zeigt viel Sehenswertes rund um den Wein

Bürgerspital mit der Elisabethkirche ein. Hier befindet sich ein auffälliges Sgraffitohaus, das eine vorzügliche Frühstückspension beherbergt. Das Haus stammt aus dem 14. Jahrhundert, die Sgraffiti mit Szenen aus dem Alten Testament entstanden um 1550. Sehr schön ist die **Pestsäule** von 1713. Die **Stadtpfarrkirche St. Laurentius** hat einen sehenswerten Barockturm (1754). Dem gotischen Hochaltar fehlten seit Jahrhunderten die Flügel, bis sie von dem phantastisch-realistischen Künstler Helmut Kies 1964 ergänzt wurden.

Am Holzplatz erinnert vor der Florianisäule eine Tafel im Boden an die österreichischen Schillingmünzen, die nach der Euro-Einführung hier ihre ›letzte Ruhestätte‹ fanden. Das Gebäude des **Heimatmuseums** (Rathausstr. 9) besitzt einen schönen halbrunden Erker mit dem Wappen seines Erbauers. Das Museum verfügt über eine große urgeschichtliche Sammlung mit dem größten Mammutzahn (3,40 Meter Länge) Mitteleuropas. Das **Rathaus** schräg gegenüber entstand 1728 unter Einbeziehung von Resten aus Gotik und Renaissance.

Einzigartig ist die **Kellererlebniswelt Loisium**. Durch einen quaderförmigen Eingangspavillon aus Aluminium gelangt man in das fast 900 Jahre alte unterirdische Kellerlabyrinth unter der Stadt. Dort befinden sich außergewöhnliche Präsentationen: unter anderem eine Gärshow (!), Rauminstallationen, virtuelle Gebäude, sogar nachgebaute Bürgerhäuser und Lösswände. Eine Vinothek und ein Geschäft mit regionalen Spezialitäten ergänzen diese mutimediale Schau rund um den Wein. Eine sehr besuchenswerte Vinothek findet man auch im Ursinhaus am Kornplatz – hier auch **Touristeninformation** –, wo es über 200 Weinsorten aus dem Kamptal zu kaufen gibt.

Die Umgebung

Im sechs Kilometer nordwestlich gelegenen **Schiltern** gibt es neben der **Pankratiuskirche** – sie ist nur über eine gedeckte Stiege zu erreichen – eine künstlerisch wertvolle **Pestkapelle** und das **Schloss** von 1636 mit seinen Zwiebeltürmen zu bewundern (Besichtigung innen nicht möglich).

Die ›Arche Noah‹ ist dem Schloss gegenüber an Land geschleudert worden. Unter diesem Namen existiert eine Gesellschaft zur Bewahrung der Artenvielfalt und Rettung bedrohter Pflanzen, die im Schlossgarten einen Schaugarten eingerichtet hat (www.arche-noah.at). Von Schiltern ist es nicht weit zur mächtigen **Ruine Kronsegg** über einem kleinen Stausee, der zum Baden einlädt. Malerisch ist **Mittelberg**, das von hier mit dem Auto nur über Langenlois zu erreichen ist, mit seinem etwas außerhalb im Südosten gelegenen **Weinkellerensemble**.

Das untere Kamptal

Touristeninformation Gars, Hauptplatz 83, Tel. 02985/2660, www.gars.gv.at.

Touristeninformation Schönberg, Alte Schmiede, Hauptstraße 36, 3562 Schönberg, Tel. 02733/76476, www.schoenberg.gv.at.

Touristeninformation Langenlois, Kamptalstraße 3 (Ursinhaus), Tel. 02734/20000 u. 200015, www.langenlois.at, www.ursinhaus.at.

Schlossgasthof Rosenburg, 3573 Rosenburg, Tel. 02982/30577, www.schlossgasthof-rosenburg.at.

Waldpension Mück, Wozniczakgasse 118, 3571 Gars, Tel. 02985/2365, www.waldpension-gars.at, p.P. im DZ ab 26 €.

Gasthof Hagmann, 3572 St. Leonhard Nr. 36, Tel. 02987/2231, www.gasthof-hagmann.at, p.P. im DZ 20–26 €. Außerhalb an der Straße nach Fuglau.

Bio-Vital-Hotel, Hauptplatz 58, 3571 Gars, Tel. 02985/2666, www.willidungl.info (wenn´s der Geldbeutel zulässt).

Pension Haus Maria, 3562 Schönberg, Stieferner Str. 15, Tel. 02733/8395, www.turbo.at/haus-maria, p.P. im DZ 25 €.

Pension Sgraffitohaus Weingartner, Bahnstraße 1, 3550 Langenlois, Tel. 02734/2420, www.sgraffitohaus-weingartner.at, p.P. im DZ 26 €.

Langenloiser Hof, Kornplatz 2, 3550 Langenlois, Tel. 02734/2475, www.langenloiserhof.at.

Gasthaus Poldiwirt, Horner Str. 201, 3571 Gars, Tel. 02985/2322.

Gasthaus Staar, 3572 St. Leonhard, Tel. 02987/2208.

▶ Karte S. 203

Schloss Rosenburg, 3573 Rosenburg, Tel. 02982/2911, www.rosenburg.at, 27. März bis 16. Okt. Juni, Juli und Aug. tgl. 9.30 bis 17 Uhr, März/April/Okt Mi-So 9.30-16 Uhr, Mai u. Sept. Di-So 9.30 bis 17 Uhr.

Zeitbrücke-Museum, Kollergasse 105, 3571 Gars, Tel. 0664/9465705, www.zeitbruecke.at, Mai bis Okt. Fr 10-12, Sa/So 10-12 u. 14-17 Uhr.

Waldviertler Geisterwerkstatt, 3572 St. Leonhard, Tel. 02987/2893, www.geisterwerkstatt.at, Öffnungszeiten außerhalb von Veranstaltungen Fr-So 10-18 Uhr, im Sommer u. nach Vereinbarung tgl. 10-18 Uhr.

Handwerksmuseum, 3572 St. Leonhard 84, Tel. 02987/24133.

Kellererlebniswelt Loisium, Loisiumallee 1, 3550 Langenlois, Tel. 02734/322400, Dez. bis März Mi-So 10-19, Apr.-Nov. Mo-So 10-19 Uhr.

Heimatmuseum Langenlois, Rathausstr. 9, 3550 Langenlois, Tel. 02734/210127, Di-So 10-12 Uhr.

Garser Opernfestival, www.opernair.at, Infos unter Tel. 02985/33000.

Für die Wanderungen um Gars: Wanderkarte 73 von Freytag & Berndt.

Das Dorf Stiefern im Kamptal

Das Waldviertel

Fast vollkommen frei von
Orientierungspunkten, wirkt
das Weinviertel wie ein Meer,
das zu wogen aufgehört hat.

Alfred Komarek

Das Weinviertel

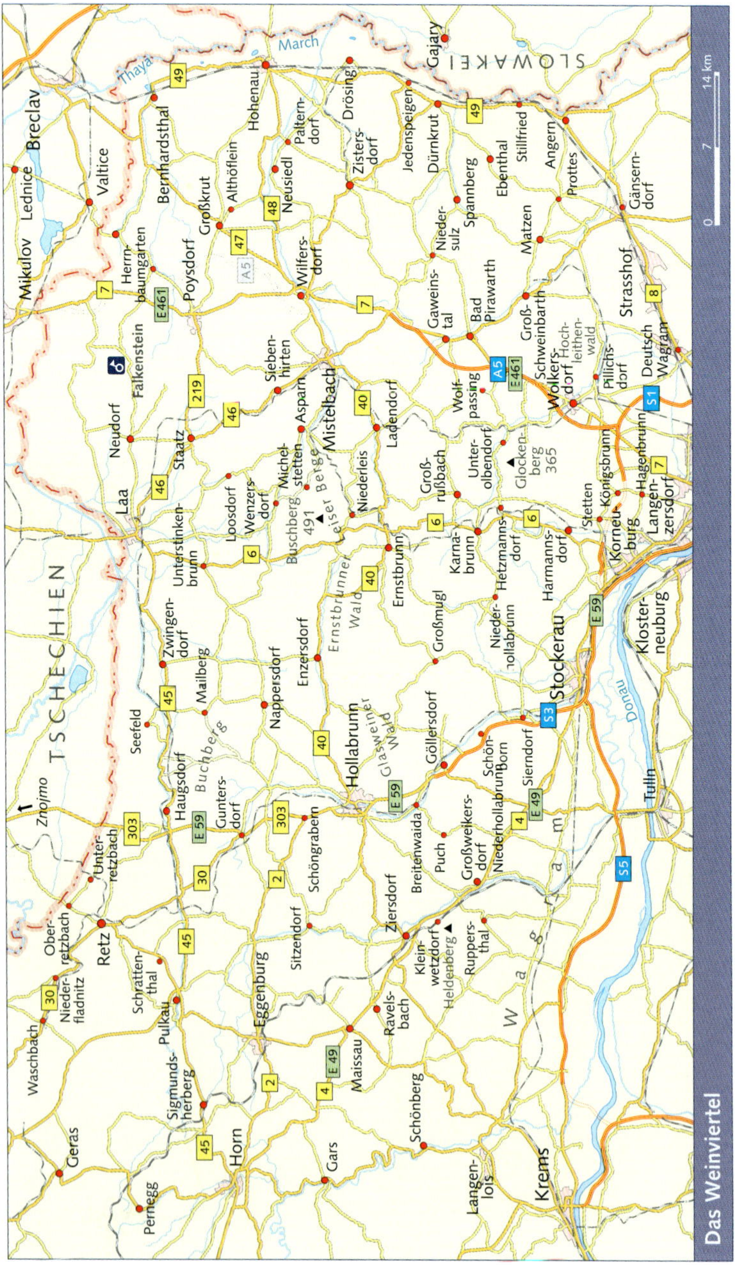
Das Weinviertel
TSCHECHIEN
SLOWAKEI
Breclav
Mikulov
Lednice
Valtice
Znojmo
Thaya
March
Donau
Waschbach
Geras
Pernegg
Horn
Sigmunds-
herberg
Pulkau
Schratten-
thal
Nieder-
fladnitz
Ober-
retzbach
Retz
Unter-
retzbach
Haugsdorf
Seefeld
Zwingen-
dorf
Mailberg
Buchberg
Gunters-
dorf
Eggenburg
Sitzendorf
Schöngraben
Maissau
Gars
Schönberg
Ravels-
bach
Ziersdorf
Klein-
wetzdorf
Heldenberg
Ruppers-
thal
Breitenwaida
Puch
Großweikers-
dorf
Niederhollabrunn
Hollabrunn
Glasweiner
Wald
Göllersdorf
Schön-
born
Sierndorf
Nappersdorf
Enzersdorf
Ernstbrunner
Wald
Ernstbrunn
Großmugl
Nieder-
hollabrunn
Stockerau
Langen-
lois
Krems
Tulln
Kloster-
neuburg
Laa
Neudorf
Falkenstein
Herrn-
baumgarten
Bernhardsthal
Unterstinken-
brunn
Staatz
Poysdorf
Großkrut
Althöflein
Hohenau
Loosdorf
Wenzers-
dorf
Buschberg
491
Leiser Berge
Michel-
stetten
Asparn
Sieben-
hirten
Mistelbach
Wilfers-
dorf
Neusiedl
Paltern-
dorf
Drösing
Zisters-
dorf
Niederleis
Ladendorf
Groß-
rußbach
Karna-
brunn
Hetzmanns-
dorf
Harmanns-
dorf
Unter-
olbendorf
Glocken-
berg
365
Wolf-
passing
Gaweins-
tal
Bad
Pirawarth
Nieder-
sulz
Spannberg
Jedenspeigen
Dürnkrut
Ebenthal
Stillfried
Angern
Matzen
Prottes
Groß-
Schweinbarth
Hoch-
leithen-
wald
Wolkers-
dorf
Pillichs-
dorf
Deutsch
Wagram
Strasshof
Gänsern-
dorf
Gajary
Stetten
Königsbrunn
Hagenbrunn
Korneu-
burg
Langen-
zersdorf
Wagram
A5
E461
E59
E49
S1
S3
S5
2
4
6
7
8
30
40
45
46
47
48
49
219
303
0
7
14 km

Östlich des Manhartsberges senkt sich die Landschaft zu einem weiten Tiefland, das nur an wenigen Stellen nennenswerte Erhebungen aufweist. Diese Region zwischen Manhartsberg, Wien, der mährischen und der slowakischen Grenze war nach 1945 als Grenzregion 45 Jahre lang in eine Randlage und dadurch fast ins Vergessen geraten.

Das Weinviertel ist von ganz anderem Charakter als das rauhe, knorrige Waldviertel: Weite Getreidefelder und Rebhänge dominieren, und die hier angebauten Weine – gerade auch der Grüne Veltliner – genießen weltweit einen großen Ruf. Das ›Viertel unter dem Manhartsberg‹, wie man vor 150 Jahren sagte, war auch zu theresianischen Zeiten teilweise wenig geschätzt. Das Urteil des Dichters Ignaz Franz Castelli zu Anfang des 19. Jahrhunderts ist typisch: »Die Gegend zwischen Brünn und Wien ist nur wenig besser wie gar keine Gegend.« In der Tat weist das weite Land nur wenig mittelalterliche Burgen, nicht soviele prunkvolle Barockschlösser und kaum die Vielfalt an Landschaften auf wie das benachbarte Waldviertel. Aber deshalb ist es nicht von geringerem Reiz; alles hier ist nur kleiner, dezenter.

Das Weinviertel erfuhr seine Prägung im 12. Jahrhundert, als die Babenberger die Wälder roden ließen, um Ackerflächen zu gewinnen. Im Waldviertel machte man das nicht, da der Boden dort aufgrund der Granite und Gneise weniger ertragreich war. Anders hier: Die fruchtbaren Böden, die aus den Sedimentgesteinen eines vorzeitlichen Meeres entstanden, ließen seit der Steinzeit die Menschen in dieses Gebiet kommen. Und das trockene pannonische Klima mit kühlen Wintern und heißen Sommern verbesserte die Lebensbedingungen ebenso.

War das abgeschiedene Weinviertel bis 1990 tatsächlich am Ende der Welt gelegen, so erwacht es doch seitdem allmählich aus diesem Schlaf. Immer noch ist es eine beschauliche Landschaft, doch besitzt es inzwischen eine Brückenfunktion. Tschechen fahren hindurch, oft zum Einkaufen nach Wien. Österreicher und Deutsch erkunden von hier aus Mähren – und eine der Hauptattraktionen, die Therme in Laa, hat zu gut einem Viertel vermögende tschechische Klientel. Aber die stillen, sanften Hügel des Weinviertels werden trotzdem eine Landschaft für Individualisten bleiben, frei vom Massentourismus.

Das Weinviertel ist auch das Land des Grünen Veltliners, der außerhalb Österreichs kaum angebaut wird. In den letzten Jahrzehnten mauserte sich der bis dato als ›Arme-Leute-Wein‹ verschrieene Trunk als höchst edler und eleganter Wein, der den Vergleich mit anderen Sorten schon lange nicht mehr zu scheuen braucht (www.veltlinerland.at).

Zu literarischer und cineastischer Bekanntheit kam das Weinviertel in jüngerer Zeit durch die Figur des Simon Polt. Die Hauptfigur in den Krimis des Alfred Komarek, ein etwas beleibter Mann, ist kein typischer Polizist: zu lange Haare, zottelige Koteletten, die Zivilkleidung etwas schäbig. Er ist introvertiert, sehr oft melancholisch. Tief ist er in seiner Heimat verwurzelt und lebt allein in seinem Haus in Brunndorf. Er ist in die Lehrerin Karin verliebt und kennt seinen Bezirk und die Menschen sehr gut. Er verfügt über einen starken Gerechtigkeitssinn, ist äußerst sensibel und kann dank seines Feingefühls im Gespräch oder beim Verhör schnell in Erfahrung bringen, was er wissen will. Polt liebt es nicht zu bestrafen, Gewalt anzuwenden oder gar zu schießen. Zum

Kellergasse in Falkenstein

Tatort fährt er stets mit einem alten Fahrrad. Er ermittelt auf seine besondere Weise, und dem melancholisch-phlegmatischen Ordnungshüter begegnen die Dorfbewohner misstrauisch. Alle vier Teile der Krimiserie spielen in und um dem fiktiven Ort Brunndorf, einem kleinen Weinbauerndorf im ebenfalls fiktiven Wiesbachtal nahe der tschechischen Grenze, reales Vorbild ist das Pulkautal. In Komareks Schilderungen scheint es manchmal, als wäre in der abgeschiedenen Idylle eine andere Zeit noch lebendig, doch wird bald klar, dass dieses Idyll nur oberflächlich ist. Komareks Romane sind Krimi und Milieustudie gleichzeitig. Er schildert auch die Probleme der Grenzbezirke wie Arbeitslosigkeit und Abwanderung.

Radfahren im Weinviertel

Anders als das Waldviertel, das wegen der oft kräftigen Höhenunterschiede nur erfahrenen Bikern zuzumuten ist, bieten die sanftgeschwungenen Hügel des Weinviertels beste Voraussetzungen für gemütliche Radwanderungen und damit auch weniger Trainierten die Möglichkeit zu sportlicher Entfaltung. Fahrradverleih erfolgt in allen größeren Orten auch über die Gemeindeverwaltung. Es gibt zahlreiche Weinradwege wie den Burgunder-, Sylvaner- und Rieslingweg, aber natürlich führt auch Niederösterreichs großer Fernradweg, der Kamp-Thaya-March-Weg, durch das Weinviertel. Besonders reizvoll ist der Veltlinerweg. Seine Rundstrecke, für eine Tagestour bestens geeignet, führt auf 70 Kilometern von Poysdorf über die Ruine Falkenstein nach Laa und zurück. Die Steigungen sind mäßig, die Ausblicke atemberaubend.

Der Tourismusverband bietet zwei Radkarten im Maßstab 1:80 000 an, für den westlichen und östlichen Teil des Weinviertels, die beim Weinviertel-Tourismus und in allen Infobüros erhältlich sind. Die Karte stellt sämtliche Radwege mit ihren Anforderungen, Höhenunterschieden, selbst mit ›radfreundlichen Gastronomiebetrieben‹ und weiteren Informationen vor (www.weinviertel.at und www.radviertel.at).

▲ Karte S. 224

Entlang der mährischen Grenze

Die ungewöhnlichen Kellergassen prägen das nördliche Weinviertel; sie sind hier so groß und zahlreich wie nirgendwo sonst. Mit Retz besitzt die Region zugleich eines der schönsten österreichischen Städtebilder.

Retz

Schon um die Mitte des 11. Jahrhunderts war in der Gegend von Retz der Weinbau bekannt, der dem 1279 gegründeten Retz seit alters her einen gewissen Wohlstand sicherte und ihm dabei eines der schönsten Städtebilder Österreichs erhalten ließ. Die Weine aus Retz, das übrigens als niederschlagsärmste Stadt Österreichs gilt, waren schon vor Hunderten von Jahren so begehrt, dass die Stadtväter mit ihnen oft die Befehlshaber heranrückender feindlicher Heere friedlich stimmen konnten. Friedrich der Große selbst nahm hier 1742 acht Eimer Wein entgegen und zog mit ihnen friedlich ab. Und auch die Soldaten der Sowjetarmee liebten nach 1945 den Wein sehr. Tragischerweise ertranken einige von ihnen, als sie sich bei einem Gelage berauschten, in den Kellern unter der Stadt in einem Weinstrom aus einem zerstörten Riesenfass.

■ Sehenswürdigkeiten

Die gewaltigen **Kelleranlagen** gehen auf das 15. Jahrhundert zurück. In dieser Zeit erhielt die Stadt von Friedrich III. das Privileg, dass jeder Bürger einen eigenen Weinhandel haben dürfe. Das machte natürlich den Bau großer Weinkeller nötig. Stockwerkskeller mit bis zu drei Etagen entstanden unter fast jedem Haus und wurden nach und nach miteinander verbunden. So entstand ein Netz von Kellergängen mit einer Länge von 20 Kilometern, die sich bis zu 20 Meter tief unter dem Boden befinden. Der Besuch dieser Keller, die nach der Lese drei Millionen Liter Wein aufnehmen konnten, ist ein eindrucksvolles Erlebnis.

Der **Hauptplatz** der Stadt ist nicht nur groß (1,2 Hektar), sondern auch hübsch. Das dominierende **Rathaus** in der Mitte ging aus einer Kirche hervor, in die man

Der schöne Marktplatz in Retz

Detail am Verderberhaus

1569 eine Zwischendecke einzog. Unten blieb eine Kapelle, im ersten Stock tagten die Ratsherren. Der ursprüngliche gotische Kirchturm wurde 1615 im Renaissancestil zum Rathausturm und erhielt eine umlaufende Galerie. Von ihm hat man einen wundervolle Aussicht ins Land.

Zweiter großer Blickfang ist das **Verderberhaus**, nach einer späteren Besitzerfamilie benannt. Es wurde 1583 für Hans Firenz von Görz gebaut, dessen gewaltiges Wappen am Haus den Spruch ›Alles mit der Zeit‹ trägt. Errichtet im Stil bester italienischer Renaissance, ist die rechte Hälfte des Hauses in der oberen Etage nur Fassade, dennoch hinterlässt es mit seiner burgähnlichen Form und seinen Zinnen einen majestätischen Eindruck. Das **Sgraffitohaus** von 1576 gegenüber, Ecke Kremser Straße, zeigt 120 Darstellungen aus der antiken Mythologie, daneben eine historische Ansicht von Retz, vor der drei Männer mit einer Riesentraube auf einer Stange gehen: ein ursprünglich biblisches Motiv, aber vom Künstler ins Weinviertel versetzt.

Die Znaimer Straße führt durch das Verderberhaus und unterquert 200 Meter weiter das **Znaimer Tor**, eines der zwei erhaltenen Stadttore. Hinter dem Tor führt die Kirchenstraße rechts zur **Stephanuskirche**, der ältesten der Stadt. Das erste Retz entstand im 13. Jahrhundert hier draußen, vor der späteren Mauer. Der Karner der Kirche ist allerdings zugeschüttet. Die ursprünglich gotische Kirche wurde 1729–1737 nach Plänen des kurz vorher verstorbenen Jakob Prandtauer vollständig barockisiert. Prandtauer schuf auch den nahen **Stiftshof**, heute eine Schule.

Retz ist eine der niederösterreichischen Stadtmauerstädte und war mit mächtigen Mauern bewehrt, die aber heute nur noch in Teilen vorhanden sind, unter anderem im Westen, wo das **Dominikanerkloster** ein Teil der Wehranlage war. Kunsthistorisch wertvoll ist das Tympanon über dem Nordportal: Maria sitzt auf dem Löwenthron des Königs Salomo. Die Westflanke der Stadtbefestigung, hinter diesem Kloster, ist von ausnehmend romantischem Charakter. Vom Vinzenziplatz führt die idyllische Ignazigasse auf die Wälle hoch. Ein Spaziergang von hier im Uhrzeigersinn nach Norden ist sehr lohnend, insbesondere der Blick vom Haberfelderturm. Unweit davon, auf einer Anhöhe, steht die vielbesuchte **Windmühle**. Dass das Weinviertel zu wenige Erhebungen mit Bächen aufwies, an denen Getreidemühlen bestehen konnten, wurden im 18. und 19. Jahrhundert zahlreiche Windmühlen angelegt. Die Retzer Mühle (1772 aus Holz erbaut, 1853 aus Stein) ist österreichweit die einzige, die noch funktionsfähig ist; sie gilt als ein Wahrzeichen der Stadt. In ihr gibt es eine Vinothek und Ausstellungen zur Historie.

Das heutige Luxusotel ›Althof‹ ging aus der mittelalterlichen **Burg Rezze** hervor, die ebenso in die Wehranlagen eingebaut war. Der große Innenhof des Hotels ist unübersehbar der einstige Burghof.

▲ Karte S. 224

Unbedingt muss man das **Fahrradmuseum** gesehen haben. Fritz Hurtls private Sammlung von Fahrrädern von 1820 bis heute ist österreichweit einzig. Es befindet sich in einem Anbau des ansonsten nicht für die Öffentlichkeit zugänglichen Schlosses Gatterburg.

Eine Einkehr beim **Stadtheurigen Brandstetter**, eines der gemütlichsten Lokale sicherlich des ganzen Weinviertels muss jeden Retz-Besuch abrunden. Und wer Süßes schätzt, darf in der Znaimer Straße keineswegs an der **Konditorei Wiklicky** vorbeigehen. In der Konditorei gibt es ein kleines Museum, das an die auch in Deutschland beliebte Fernsehserie ›Julia – Eine ungewöhnliche Frau‹ mit Christiane Hörbiger erinnert, die 1998–2001 in Retz gedreht wurde.

Die Umgebung

Fährt man von Oberretzbach, schon kurz vor der mährischen Grenze, an der Kirche Richtung Niederfladnitz/Hardegg ab, kommt man nach etwa einem Kilometer zu einer bedeutenden prähistorischen Kultstätte (Parkplatz rechts an der Straße): Der **Heilige Stein** ist einer der prächtigsten Schalensteine im Land, wahrscheinlich 5000 bis 25 000 Jahre alt. Er diente als Opfer- und Kultstein. Das Wasser in den Vertiefungen galt seit dem Mittelalter als heilbringend, insbesondere dann, als sich eine Legende des Steins bemächtigte, nach der hier Christus einst gekniet haben soll und seine Knie die Vertiefung im Granit hinterlassen haben sollen. Bald entstand eine Wallfahrtskirche, die 1785 aber durch Joseph II. abgetragen wurde. Wünschelrutengänger und Geomanten bestätigen dem Ort eine hohe positive Energie.

Schrattenthal, sieben Kilometer südwestlich von Retz, ist im Besitz der bayerischen Adelsfamile Eytzing und nach Hardtegg Niederösterreichs kleinste Stadt. Hier stellt die **Martinskapelle** nahe des Schlosses eine Besonderheit dar: Die kleine Wehrkirche von 1438 hat zwischen den Strebepfeilen oberhalb der Maßwerkfenster einen Wehrgang mit Gusslöchern. Der Schriftsteller Nikolaus Lenau (1802–1850) weilte oft auf **Schloss Schrattenthal**. Im Ort daneben wurde 1501 die erste niederösterreichische Buchdruckerei gegründet.

Pulkau

Pulkau ist sehenswert und war gleichzeitig im Mittelalter Schauplatz schrecklicher Taten. 1338 kam das Gerücht auf, die Juden hätten sich eine Hostie beschafft und sie dann geschändet. Es habe Blut aus ihr zu fließen begonnen. Die Juden sollen die Hostie in den Brunnen des Rabbinerhauses geworfen haben, dessen Wasser auch zu Blut geworden sei. Voll Entsetzen hätten die Juden nun versucht, die Hostie ans Vieh zu verfüttern, doch die Tiere seien schreiend zusammengebrochen. Das nun folgende Pogrom führte zur Ermordung fast aller Juden in den Städten des nördlichen Weinviertels und zerstörte ihre Häuser. In der Folge dieser Taten wurde die **Heiligblutkirche** 1396 zu bauen begonnen, sie blieb jedoch unvollendet. Ihr Mittel-

Pulkau, rechts die Pfarrkirche St. Michael

punkt ist jener Brunnen im ehemaligen Rabbinerhaus, der aber 1786 zugeschüttet wurde. Die Innenseite des Flügelaltars zeigt Szenen der vermeintlichen Hostienschändung. Die **Pfarrkirche St. Michael** liegt sehr schön auf einem Hügel am Ostrand Pulkaus, inmitten des Friedhofs. Ihr Inneres zeigt gotische Arkaden an romanischen Wänden. Bedeutend ist der romanische Karner von 1260 mit seinem Steinkegeldach und den figurengeschmückten Spitzgiebeln.

Guntersdorf

In Guntersburg gibt es eine Kuriosität: Das Bassin des **Barockbrunnens** auf dem Marktplatz ist ein römischer Sarkophag. **Schloss Ludwigstorff** mit seinen mächtigen Schornsteinen ist leider innen nicht zugänglich. Der sanfte Höhenzug des Buchbergs setzt dem flachen Pulkautal ein morphologisches Gegengewicht im Süden entgegen. Auf dem Buchberg konnten archäologische Untersuchungen einen eiszeitlichen Sammelplatz von Mammutjägern freilegen. Die Funde liegen im Eggenburger Krahuletzmuseum.

Mailberg und Seefeld

Das Mailberger **Schloss** ist die älteste Malteser- bzw. Johanniterkommende in Österreich. Das abgebrannte mittelalterliche Schloss wurde gegen Ende des 16. Jahrhundert neu aufgebaut und enthält jetzt ein Museum zur Geschichte dieses Ritterordens.

Das grandiose **Schloss Hardegg** in Seefeld gehört seit fast 400 Jahren der gleichnamigen Familie, kann jedoch nur von außen bewundert werden. Doch wartet die Seefelder **Pfarrkirche** mit etwas Besonderem auf: Unter einer einfachen Grabplatte ruht der 1595 verstorbene Ladislaus von Kuenring, der letzte des einst ruhmvollen Geschlechts.

Retz und Umgebung

Tourismusverein Retz, Hauptplatz 30, 2070 Retz, Tel. 029 42/27 00, www.weinstadt-retz.at, www.retz.at.

Fremdenverkehrsverband Pulkau, Rathausplatz 1, 3741 Pulkau, Tel. 029 46/270 80.

Hotel Althof, Althofgasse 14, 2070 Retz, tel. 029 42/37 11, www.althof.at, p.P. im DZ ab 75 €.

Stadtheuriger Brandstetter, Vinzenzigasse 5, 2070 Retz, Tel. 06 64/523 61 02, 4. Mai bis 26.10. tgl. ab 16 Uhr, 20. Juli bis 21. August Sa/So geschlossen.

Gästezimmer und Konditorei Wiklicky, Znaimer Str. 2, 2070 Retz, Tel. 029 42/23 48, www.felix-retz.at, p.P. im DZ ab 28 €. Der Inhaber ist Konditormeister und führt vorzügliche Torten und Süßgebäck.

Schlossgasthaus Brand, Schlossplatz 5, 2070 Retz, Tel. 029 42/24 94, www.schlossgasthaus-brand.at.

Maria-Theresien-Gasthof, 2061 Hadres 1, Tel. 029 43/23 01, p.P. im DZ ab 22 €, www.tiscover.com/hochmayer-winzerhof.

Retzer Erlebniskeller (Kartenverkauf im Tourismusbüro), www.erlebniskeller.at, Führungen Mai bis Okt. tgl. 10.30, 14 und 16 Uhr, Nov., Dez., März und April tgl. 14 Uhr, Jan. und Feb. Sa/So 14 Uhr. Info unter Tel. 029 42/27 00).

Windmühle (Info und Buchung beim Tourismusbüro), April–Okt. tgl. 11–17 Uhr, außerhalb nach Vereinbarung.

▲ Karte S. 224

Im Land der Kellergassen

Eine Besonderheit des Weinviertels stellen die zahlreichen Kellergassen dar. Es sind lange, in die weichen Sand- und Lößböden des Weinviertels eingegrabene Gassenfluchten mit kleinen Kellerhäusern, wo Wein gelagert und gepresst wird. Vielleicht tausend dieser Gassen mag es im Weinviertel geben. ›Dorf ohne Rauchfang‹ nennt der Volksmund diese manchmal ein-, manchmal beidseitig angelegten Keller. Und sie sind in ihrem Erscheinungsbild in der Tat wie Dörfer, doch wohnt niemand in ihnen. Es handelt sich im allgemeinen um weiß getünchte Häuschen abseits der Ortskerne, die nach hinten fast immer an einen Hügel angebaut sind. Als die Bauern im 17. Jahrhundert von ihren Grundherren das Recht bekamen, Weinbau zu treiben, gab es unter ihren kleinen Katen kaum Keller für die Weinlagerung. So bauten sie die Kellergassen außerhalb des Dorfs.

Der vordere Teil eines solchen Kellers ist in der Regel das sogenannte Presshaus. Durch einen schmalen Gang, den Kellerhals, geht es nach hinten, zum eigentlichen Weinlager. Es liegt mehrere Meter unter der Erdoberfläche, wodurch eine konstante Temperatur von acht bis zehn Grad Celsius garantiert ist, was für die Lagerung eines guten Weins unabdingbar ist. Innerhalb des Presshauses gibt es oft einen kleinen separaten Raum, der von großer gesellschaftlicher Bedeutung ist. Hier wird das Tagesgeschehen besprochen und natürlich verkostet. Für mehr als hundert Kellergassen gibt es besondere Führungen, mit interessanten kulturhistorischen Informationen und natürlich auch Weinverkostungen.

Um Pulkau, südwestlich von Retz, und östlich der großen Transitstraße E 59 von Wien nach Prag sind in den Weinorten die meist denkmalgeschützten Kellergassen am prächtigsten angelegt, wenngleich sie auch in anderen Teilen der Region bestehen. Die Öhlberg-Kellergasse in Pillersdorf ist von besonders ursprünglichem Charakter. Die von Straning, halb noch im Waldviertel, weist besonders große Presshäuser auf, und in der von Stoitzendorf ist jedes Wochenende Weinausschank (Anfragen unter Tel. 02984/3400). In der Kellergasse von Röschitz ließ die Familie Weber in ihrem Keller eine besondere Galerie entstehen: In den weichen Löss sind Szenen historischer Ereignisse und zahllose Porträts bedeutender Personen eingeritzt (ganzjährig geöffnet, Tel. 02984/3382, Bilder unter http://club.schrattenthal.at/swweberkeller.htm).

In Hadres, östlich der E 59, findet sich die mit 1,5 Kilometer längste aller Kellergassen. Sie liegt senkrecht zur Straße nach Laa und zieht sich in eine bukolische Landschaft voller Weinseligkeit mit prächtiger Fernsicht empor, direkt an der mährischen Grenze. Hier wurden die in Österreich sehr beliebten Fernsehfilme um den melancholischen Dorfgendarmen Simon Polt gedreht, die auf den Romanen von Alfred Komarek basieren.

Prächtige Kellergassen findet man in auch in Nappersdorf, in Unterstinkenbrunn südlich von Laa, wo die Kellergasse eher ungewöhnlich in einem Hohlweg liegt, und Mailberg. In Zellerndorf gibt es mit der Maulavern-Kellergasse eine der ältesten und schönsten ihrer Art.

Allgemeine Informationen: www.kellergassenerlebnis.at, www.weinviertel.at und www.weinstrassen.at.

Fahrradmuseum, Schlossplatz 5, 2070 Retz, Mai bis Okt. tgl. 14–17 Uhr, zu anderen Zeiten nach Vereinbarung, Tel. 0664/6431791, www.fahrradmuseum.at.
Schloss Mailberg, 2024 Mailberg, Tel. 02943/2251, Öffnungszeiten unter www.malteserorden.at.

Weinlesefest in Retz: stets am letzten Wochenende im September. Beliebtes Spektakel, bei dem u.a. (durch Schläuche herangeführt) Wein aus den Hauptplatzbrunnen strömt; www.retzer-weinlesefest.at.
Kürbisfest in Zellerndorf (5 km südlich von Retz), immer am letzten Oktoberwochenende; www.kuerbisfest.at.

Reblaus-Express von Retz nach Drosendorf im Waldviertel. Beliebte Nostalgiebahn, von Mai bis Ende Oktober jeweils Sa/So dreimal täglich, ca. 1.40 Std., einfache Fahrt 11 Euro. Tel. 0664/6176579, www.reblaus-express.at.

Znojmo

Nur knapp zehn Kilomter nordöstlich von Retz und doch schon in Mähren liegt Znojmo (Znaim), insbesondere als Stadt des traditionellen Gurkenanbaus seit dem 16. Jahrhundert bekannt. Znaim lohnt mit seinen historischen Bürgerhäusern und den herausragenden Kirchen und den verwinkelten mittelalterlichen Gassen mehr als nur einen Abstecher, besonders aber wenn Mitte September immer Weinlesefest ist.

Die Stadt, hoch über der Thaya erbaut, wurde 1049 erstmals als Grenzfestung erwähnt. Aus dieser Zeit stammt eines der ältesten Bauwerke der Tschechischen Republik, die **Katharinenrotunde** mit ihren Fresken von 1130. Sie steht heute auf dem Gelände der Brauerei. Die unweite mittelalterliche **Burg**, zum Barockschloss umgebaut, beherbergt heute das Südmährische Museum.

Die **Nikolauskirche**, 1338 begonnen, zählt zu den bedeutendsten mährischen Sakralbauten. Besonders wertvoll ist das Sakramentshaus, dessen Eisengitter Szenen aus dem Leben Marias zeigen. Nicht weit von hier befindet sich die ungewöhnliche, zweigeschossige **Wenzelskirche**, die in die Stadtmauer eingebaut war. Das **Prämonstratenserkloster Klosterbruck** (Louka), eine der großartigsten Abteien Mährens, südlich des Zentrums am Fluss gelegen, war bis 1990 Kaserne und wartet auf seine Revitalisierung. Vom **Rathaus** am Masarykplatz steht nach der Zerstörung 1945 nur noch der 69 Meter hohe begehbare Turm (Eingang vom Slepičí trh Nr. 2).

Ähnlich wie Retz ist auch Znaim im Untergrund von kilometerlangen Kellergängen durchzogen, die aber nicht nur Weinkeller waren, sondern auch Fluchtwege im Belagerungsfall waren.

Znojmo

Tourismuszentrum Znojmo, Obrokova 10, CZ-66902 Znojmo, Tel. 00420/515/1222552, www.znojmocity.cz. Anmeldung zu deutschsprachigen Führungen unter 515/221342.

Katharinenrotunde, Mai bis Sept Di–So ab 9.15 Uhr, Zutritt einmal pro Stunde bis 16.15 Uhr.

Weinfest-Infos: www.vinobrani.cz.

▶ Karte S. 224

Laa an der Thaya

Das 1190 gegründete Laa, nordöstlichste der Stadtmauerstädte, wurde von den Babenbergern zu einer wichtigen Grenzfeste ausgebaut und mit einer über zwei Kilometer langen Stadtmauer versehen. Eine Überlieferung besagt, dass um 1445 Aeneas Piccolomini, der spätere Papst Pius II., hier Pfarrer gewesen ist und den Ausspruch getan haben soll: »Du uralte Stadt Laa bist die Nebenbuhlerin Venedigs, so wie jene mitten im Koth, liegt diese mitten im Meer.«

Zwar ist die Mauer in großen Teilen nicht mehr vorhanden, auch sind die drei Stadttore verschwunden, – ihren Reiz aber hat die Stadt behalten. Sie wird überwiegend wegen des weithin bekannten Thermalbads besucht, das sicherlich in Österreich das erste seiner Art ist.

Daneben gibt es auch noch historische Sehenswürdigkeiten, die sich an den drei große Plätzen finden: dem verkehrsumrauschten **Stadtplatz** mit dem gewaltigen Neorenaissance-Rathaus von 1899, der Dreifaltigkeitssäule von 1735

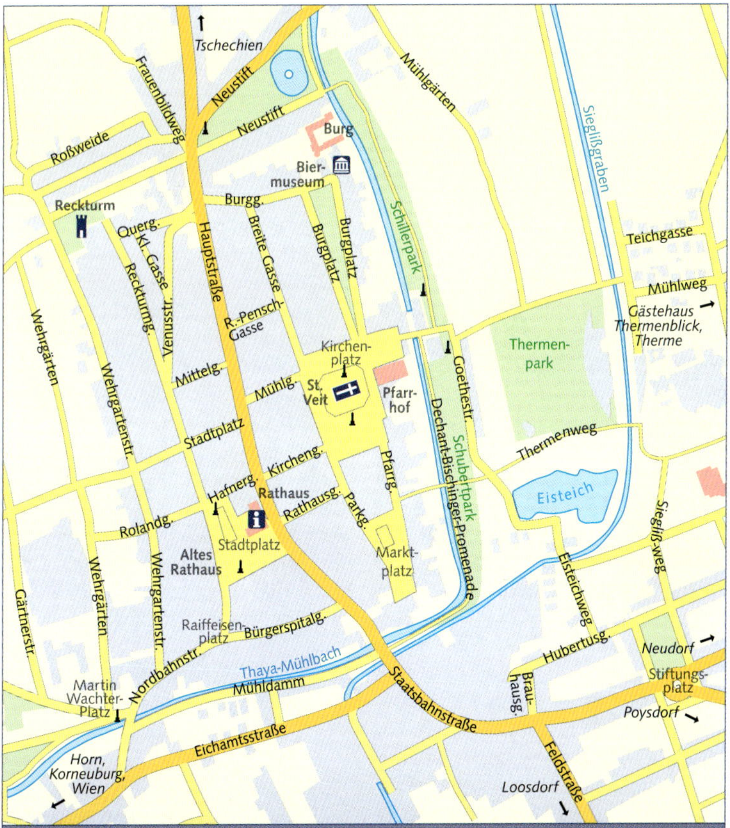

Laa an der Thaya

und dem ›Prangerhansl‹, einer Rolandsäule von 1575, dem stillen abgelegenen **Kirchenplatz** mit der Pfarrkirche St. Veit von 1260 (außen seitdem unverändert!) und dem ganz unscheinbaren **Marktplatz** südlich davon. Das **Alte Rathaus** liegt an der Westeite des Stadtplatzes. Dass Architekten aus mehreren Jahrhunderten in mehreren Stilformen daran arbeiteten, ist unübersehbar.

Die mittelalterliche, recht groß angelegte **Burg** in der Nordostecke der Altstadt ist im Privatbesitz und nicht zugänglich. Unweit der Burg befindet sich das österreichweit einzigartige **Biermuseum**.

Die Umgebung

Hanfthal, nahe der Stadt an der Straße nach Wien gelegen, besitzt die seltene Form des Rundangerdorfes. Das Dorf war im Mittelalter Zentrum des Hanfanbaus. Hanf war damals eine bedeutende Kulturpflanze zur Textilherstellung. Wahrscheinlich wurde im flachen Teich in der Ortsmitte Hanf zur Vorbereitung für die Fasergewinnung eingeweicht. Der Hanfanbau kam im 20. Jahrhundert zum Erliegen, doch hat man 2004 wieder mit ihm begonnen. Ein **Hanflehrpfad** mit kleinem Hanfmuseum lädt zur Begehung ein (www.hanfthal.at, Tel. 02522/85055).

Wer die Einsamkeit liebt, sollte zum abgeschiedenen **Schloss Alt-Prerau** nordöstlich von Laa fahren. Bei der Rücktour über Wildendrünberg können Besucher dort am Galgenberg eine besondere Kellergasse besichtigen: In drei übereinanderliegenden Ebenen sind 185 Keller angelegt (Juli/August tgl. ab 15 Uhr, www.wildenduernbach.at).

Auf dem Marktplatz in Laa

Poysdorf

Poysdorf im nördlichen Weinviertel wird manchmal als Weinhauptstadt und Sekthochburg Österreichs bezeichnet. Denn in der Region Poysdorf werden neben großen Weinmengen auch unglaubliche 25 Millionen Liter Sekt jährlich hergestellt. Urkundlich erwähnt wurden Weinrieden in Poysdorf schon 1338. Kein Wunder also, dass hier ein eigenes **Weinmuseum** entstehen konnte, das unter anderem über Weinmythen und Weingärten wie auch zur Stadtgeschichte informiert.

Die Landschaft um die Stadt ist von ausnehmender Schönheit. Das Tiefland um Pulkaubach und Thaya wird hier von sanften Bergzügen abgelöst, die bis zu 425 Meter Höhe erreichen. Eine Wanderung über diese höchste Erhebung, den Galgenberg, nach Falkenstein, bringt die schönsten Landschaftseindrücke, die das Weinviertel bereithält (Wanderweg 632). Ganz andere Eindrücke erhält man beim Traktorwandern. Wer den B-Führerschein besitzt, kann hier mit anderen Gleichgesinnten auf musealen Traktoren durch die Kellergassen und Weinberge brausen (Mai bis Okt. Sa um 14 Uhr).

Staatz

Auf einzelnen, von der Verwitterung herauspräparierten Kalkklippen stehen zwei grandiose Burgruinen. Weithin ist **Burg Staatz** sichtbar, die auf einem kegelförmiger Kalkfels aufragt, hundert Meter über dem Umland, und von weitem zunächst an einen Vulkan erinnert. Die Burg bestand seit 1050, ist aber seit 1645 zerstört. Am Burgberg, vor der beeindruckenden Kulisse, ist eine Felsen-

Burgruine Staatz

bühne errichtet, die wegen ihrer Musical-Aufführungen bekannt ist (www.felsenbuehne-staatz.at). **Die Hanselburg** – südlich des Orts, nahe Loosdorf – ist eine 1800 erbaute künstliche Ruine. Auch zu ihr lohnt ein Spaziergang.

Falkenstein

Ein ebenfalls großartiges Bild gibt die **Burgruine Falkenstein,** die allgemein als schönste des Weinviertels angesehen wird. Auch sie geht auf das 11. Jahrhundert zurück, ist aber auf den Resten einer 6000 Jahre alten Wallanlage gebaut. Diese Burg ist wie Burg Staatz beim Schwedeneinfall 1645 niedergebrannt worden. Den Aufenthalt in Falkenstein sollte man ruhig etwas länger planen, denn die dortige **Kellergasse** ist von besonderer Schönheit. Von der Kellergasse führt ein **Weinlehrpfad** an den Fuß des Galgenbergs, dessen Besteigung durchaus anzuraten ist. Die romanisch-gotische **Pfarrkirche St. Jakob** lohnt mit ihrer figurativen Fassade und einer schönen gotischen Madonnenfigur ebenfalls den Besuch.

Die Landschaft um Falkenstein ist lieblich, so dass sich zwei Bilderbuchwanderungen anbieten. Die eine Route verläuft hoch zum Galgenberg von der Kellergasse aus, von dort im Uhrzeigersinn um den Ort herum und von Norden her wieder ins Zentrum zurück. Die andere geht über Stützenhofen zum Südmährerkreuz, von wo es einen traumhaften Blick auf die Pollauer Berge in Mähren gibt (einfache Strecke zwei Stunden). Zurück geht es über Kleinschweinbarth und Guttenbrunn. Der Weg beginnt an der Falkensteiner Kirche und führt zunächst über den Höllenstein.

▲ Karte S. 224

Herrnbaumgarten

Ein ganz ungewöhnliches Dorf ist Herrnbaumgarten, vier Kilometer nordöstlich von Poysdorf. Die Dorfbewohner pflegen einen fast anarchischen Humor, wie seltsame Reklametafeln und ein einzigartiges Museum zeigen. Im **Nonseum** werden ›Erfindungen, die wir auch nicht brauchen‹ gezeigt. Dazu zählen beispielsweise Wäscheklammern mit Flügelschrauben, eigentümliche Toilettenschüsseln, Schlafsäcke für Fledermäuse und eine vergitterte Brille gegen Fliegen im Auge.

Im Haus Hauptstr. 49 kann man ein 350 Meter langes Kellerlabyrinth besuchen (Tel. 025 55/27 87), im gleichen Gebäu-

Im Weinlehrgarten

de, in der Galerie Preßhaus (www.presshaus.at), gibt es Ausstellungen, Konzerte und Kabarett in weinseliger Stimmung. Ein ›normales‹ **Dorfmuseum** zeigt dagegen Fundstücke zur Ur- und Frühgeschichte sowie bäuerlichen Hausrat (geöffnet wie Nonseum, Tel. 02555/2200. Aber diesem Museum ist eine ›Vermischte Warenhandlung‹ angeschlossen, was nichts Gutes verheißt. An der Straße nach Poysbrunn gibt es gleich hinter Herrnbaumgarten einen **Weinlehrgarten**, wo Reben aller Farben und Sorten angepflanzt sind. Die Trauben dürfen alle gekostet werden, um auch Wein-Nichtkennern zu zeigen, welche Geschmacksunterschiede es gibt.

Großkrut und Althöflein

Hauptsehenswürdigkeit von Großkrut ist die prächtige, 950 Jahre alte **Wehrkirche**. Sie zeigt sich außen romanisch-gotisch und im Innern barockisiert.

Althöflein wird oft wegen der merkwürdigen Erdställe besucht, künstlicher Höhlen aus dem Mittelalter. Am Kapellenberg gibt es ein riesiges **Höhlensystem** mit Kammern und Gängen, das teilweise begehbar ist. (Tel. 02556/5383, jedes 3. Wochenende im Monat 15 Uhr, http://erdstall.heim.at/home.htm) Bis heute weiß man weder über ihren Zweck noch über die Bauzeit etwas Sicheres.

Bernhardsthal

Österreichs nördöstlichste Siedlung, Bernhardsthal, liegt wieder im Tiefland. Hier, im Mündungsgebiet der Thaya in die March, ist eine breite sumpfige Flussniederung ausgebildet, die einen eigentümlichen Reiz besitzt. Wegen der Grenzlage blieb die Aue nach 1945 unberührt. Die älteste **Eisenbahnbrücke** Österreichs (1839) führt bei Bernhardsthal über den großen Landschaftsteich.

Etwa einen Kilometer südlich des Orts, an der Straße nach Hohenau, gibt es drei bronzezeitliche **Hügelgräber** zu bestaunen. In Richtung Rabensburg gibt es nochmals, rechts gelegen, einige Hügelgräber, die wegen der Kapelle unübersehbar sind.

Es lohnt auch ein Spaziergang östlich von Bernhardsthal durch den Wald bis zur Thaya, und vielleicht weiter südwärts bis **Rabensburg**, wo es ein leider nicht zugängliches, aber sehr prachtvolles **Schloss** gibt, das mit seinem Festsaal, der gotischen Spindeltreppe und dem Arkadenhof ein architektonisches Kleinod ist. Es gehörte einst der Familie Liechtenstein, die hier im mährisch-österreichischen Gebiet viele Besitzungen hatte, es allerdings 1991 einem vermögenden Steinbruchbesitzer verkaufte.

Ein Ausflug nach Mähren

Kurz hinter der Grenze liegen um Valtice (Feldberg) und Lednice (Eisgrub) mehrere bedeutende kulturgeschichtliche Gesamtkunstwerke Europas; sie stehen seit 1996 auf der UNESCO-Welterbeliste (http://de.czech-unesco.org/kulturlandschaft-Lednice-Valtice). Erst 1919 wurde das Gebiet um Feldberg von Österreich abgetrennt und der neu gegründeten ČSR zugeschlagen; daher ist ihm noch Habsburger Flair eigen.

Das Liechtensteinische **Schloss in Lednice**, gebaut um 1850 im Stil der Tudorgotik auf einem älteren Bau, ist mit seiner gewaltigen romantischen Landschaftsgartenanlage, die durch Trockenlegung der Thaya-Sümpfe in vielen Jahrhunderten entstand, und der sehr wertvollen Interieurs das meistbesuchte Kulturdenkmal Südmährens. Im Garten gibt es unter anderem ein Minarett, eine

Vollendete Turdorgotik: Schloss Lednice

künstliche gotische Ruine, ein Belvedere und andere Elemente, die ganz im Sinne exotischer Vorstellungen und mittelalterlicher Verklärung angelegt worden sind. Zur Kulturlandschaft gehört das nahe **Schloss von Valtice**, ebenfalls ein Liechtensteinischer Besitz. Sein Aussehen erhielt das Schloss zwischen 1630 und 1730, als auch hier eine mittelalterliche Burg umgebaut wurde. Der beeindruckende Komplex wird duch die nahe **Kirche Mariä Himmelfahrt** (1641–1671) ergänzt, die mit ihren gewaltigen Türmen ein Gegengewicht zur Schlossanlage bildet.

Genauso lohnend ist ein Besuch des nur wenige Kilometer entfernt gelegenen **Mikulov** (Nikolsburg) mit seinen hübschen **Bürgerhäusern**, dem **Renaissanceschloss** auf dem Burgberg und der ungewöhnlichen **Annenkirche** am Marktplatz, in der sich die erhabene Grablege der Famlie Dietrichstein befindet, die nach 1575 über Stadt und Umgebung herrschte. Nikolsburg hatte einst die zweitgrößte jüdische Gemeinde der böhmisch-mährischen Länder. An sie erinnert noch die Synagoge westlich der Burg und ein jüdischer Friedhof im Norden der Stadt (www.mikulov.cz/de/).

Laa, Poysdorf und Umgebung

Weinviertel Tourismus, Kolpingstr. 7, 2170 Poysdorf, Tel. 02552/3515, www.weinviertel.at.

Tourismusverein Laa, Stadtplatz 43 (Rathaus), 2136 Laa, Tel. 02522/25 0129, www.laa.at. Auch Radverleih.

Gästeinformation & Weinmarkt, Weinmarktplatz 1, 2170 Poysdorf, Tel. 02552/20371, www.poysdorf.at. U.a. Infos zu den Traktorwanderungen.

Therme Laa, Tel. 02522/84700-733, www.therme-laa.at.

Gästehaus Thermenblick, Mühlweg 15, 2136 Laa an der Thaya, Tel. 0650/6603091, www.thermenblick

▶ Karte S. 224

laa.at, p.P. im DZ 28 € (auch Kombipakete Nächtigung-Thermalbad).

Hanfwirt, 2136 Hanfthal Nr. 278, Tel. 02522/850550, www.hanfwirt.at, p.P. im DZ ab 31 €.

Frühstückspension Kolpinghaus, Kolpingstr. 7, 2170 Poysdorf, Tel. 02552/2409, www.kolpinghaus-poysdorf.at, p.P. im DZ 24 €.

Weinhof Luckner, Herrengasse 80, 2162 Falkenstein, tel. 02554/85539, www.weinhof-luckner.at, p.P. im DZ ab 23 €.

Gmoawirtshaus, Hauptstr. 43, 2171 Herrnbaumgarten, Tel. 02555/2204.

Biermuseum, Burgplatz 23, 2136 Laa an der Thaya, Tel. 02522/250129.

Nonseum, Friedhofstr. 2a, 2171 Herrnbaumgarten, Tel. 02555/2737, Palmsonntag bis Allerheiligen Sa/So 13–18 Uhr, www.nonseum.at.

Weinstadtmuseum, Brünner Str. 9, 2170 Poysdorf, Tel. 02552/20371, www.museum-poysdorf.at, Ostermontag bis Allerheiligen Mi 13–18, Sa/So 9–12 u. 13–18 Uhr.

Burgruine Staatz, Mai bis Oktober, www.ruine-staatz.at.lv.

Burgruine Falkenstein, April bis Nov. Sa/So 10–18 Uhr, www.falkenstein.gv.at.

Veltlinerland-Camping, Laaer Straße 106, 2170 Poysdorf, Tel. 02552/20371, 21 €, www.campingfuehrer.at.

Wanderkarte von Falkenstein und Umgebung zum Runterladen unter www.falkenstein.gv.at. Dazu auch Rother Wanderführer ›Weinviertel‹.

Das schöne Zentrum von Mikulov

Zwischen Hollabrunn und der March

Die Mitte des Weinviertels ist ein überwiegend bewaldetes Hügelland, das teilweise über 400 Meter erreicht und erst ganz im Osten zur March hin in deren breite Tiefebene abfällt. Die Kirche in Schöngrabern und die stille Schönheit der Leiser Berge gehören zu den bedeutendsten touristischen Anziehungspunkten in dieser Region und des Weinviertels überhaupt.

Hollabrunn

Der mit gut 11 000 Einwohnern größte Ort des westlichen Weinviertels ist im wesentlichen Verwaltungs-, Schul- und Einkaufsstadt. Dennoch gibt es einige Sehenswürdigkeiten wie die **Pfarrkirche St. Ulrich**, ihr gegenüber das **Erzbischöfliche Seminar**, das **Jugendstilhaus** am Hauptplatz und die **Alte Hofmühle**, in der heute das **Stadtmuseum** (Regionalgeschichte) untergebracht ist. Ein verfallener **jüdischer Friedhof** außerhalb der Stadt, nahe der Ausfahrt Hollabrunn-Süd, erinnert an die große jüdische Gemeinde, die hier bis 1938 bestand.

In der Bachpromenade gibt es eine Reihe von Musterhäusern aus den 1970er Jahren, die wegen ihrer Architektur damals viel diskutiert waren. Ein Kuriosum ist der **Pinkelstein** im Ortsteil Raschala im Süden der Stadt. Die Legende besagt, dass Wolfgang Amadeus Mozart bei seiner Reise nach Prag 1787 seine Notdurft an diesem Stein verrichtete. Die **Kellergasse** am Pinkelstein in Raschala ist aber genauso berühmt.

An der Znaimer Straße, kurz bevor man zur Umgehungsstraße kommt, steht eine **Gedenksäule**, der an die Napoleonischen Kriege erinnert.

Der bekannteste Sohn der Stadt ist Josef Fenz (geb. 1952), der unter dem Pseudonym Hermes Phettberg in den 90er Jahren als übergewichtiger, schriller Talkmaster auch in Deutschland bekannt wurde.

▲ Karte S. 224

Die Umgebung

Ungewöhnlich in **Schöngrabern** ist die **Pfarrkirche Mariä Geburt**, eine Kuenringergründung von 1217, die im 18. Jahrhundert verändert wurde: In den romanischen Plastiken der Außenseite des Chorumgangs (Apsis) sind verschiedene Szenen in ungewöhnlicher Darstellung zu finden, die ein wenig an aztekische Figuren erinnert. Die Szenen entstammen teils dem Alten Testament, teils sind sie aber nicht interpretierbar und werden daher oft als Templersymbolik angesehen. Man weiß nichts über ihre Entstehung, den Auftraggeber und auch nichts über den Künstler.

In **Breitenwaida** beginnt hinter der Kirche ein markierter Radweg (Hinweisschild zum Waldlehrpfad), über den man zunächst hoch zum Pankratzberg und von bald zum Beginn des **Waldlehrpfads** gelangt, über den man in ein Ameisen-Schutzgebiet spazieren kann (Rundweg fünf Stunden).

Im nahen **Puch** gibt es eine der merkwürdigen, im Weinviertel verbreiteten neolithischen **Kreisgrabenanlagen**. Die etwa 7000 Jahre alte Anlage ist der Rest eines vermutlichen Walls, doch kann sie auch kultischen Handlungen gedient haben. Die Kreisgraben sind in ihrer ursprünglichen Funktion umstritten.

Am Rosenberg bei **Sitzendorf** haben Archäologen die österreichweit bisher größte **keltische Freilandsiedlung** freigelegt, wie fast überall im Schmidatal prähistorische Wohnstätten gefunden werden konnten (Info beim Naturhistorischen

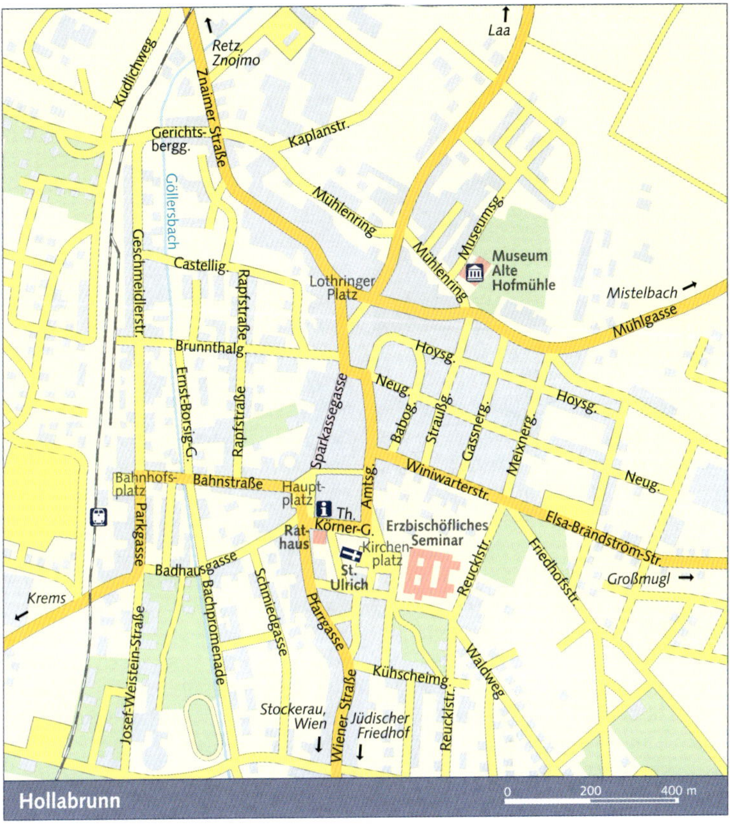

Museum Wien, Tel. 01/52 17 72 81). Sitzendorf selbst besitzt einen ausnehmend schönen Hauptplatz.

Das große Waldgebiet östlich von Hollabrunn – der **Glasweiner** und **Ernstbrunner Wald** –, das sich über 15 Kilometer bis zu den Leiser Bergen hinzieht, ist größtenteils in Privatbesitz. Es kann zwar mit dem Fahrzeug auf öffentlichen Straßen durchquert werden, ein großer Teil der Waldwege ist aber nicht öffentlich. Doch gibt es einen hübschen **Walderlebnisweg**. Er beginnt etwa einen Kilometer östlich Porrau an der Straße nach Großmugl.

Die Leiser Berge

Bei den Leiser Bergen handelt es sich um ein Kalkmassiv. Das härtere Kalkgestein ließ die Berge weniger anfällig für die Erosion werden, wodurch sie – im Gegensatz zum Umland mit seinen weichen Sedimenten – als sogenannter Härtling herauspräpariert wurden. Von den Höhen der Leiser Berge finden sich phantastische Fernsichten in das teils mehr als 200 Meter tiefer liegende Umland, denn sie sind durchwegs waldlos und nur mit trockenen Steppengräsern und Buschwerk bewachsen. Wie die zahllosen bronzezeitlichen Funde in die-

Abendstimmung in den Leiser Bergen

ser Gegend beweisen, bekamen sie dadurch bereits vor 5000 Jahren eine strategische Bedeutung. Höchste Erhebung ist mit 490 Metern Höhe der Buschberg. Auf dem Berg steht Österreichs niedrigstgelegene Hütte des Alpenvereins.

Die größte Siedlung (3000 Einwohner) um die Leiser Berge ist **Ernstbrunn**. Das gewaltige, wenngleich etwas heruntergekommene **Schloss** mit seinen vier Höfen überragt den Ort, kann aber leider nicht besichtigt werden. Von Ernstbrunn kann man auf der alten Bahnlinie nach Asparn mit einer **Fahrraddraisine** reisen (www.weinvierteldraisine.at, Tel. 0664/4476944; Voranmeldung erforderlich).

Das **Schloss** im nahen **Niederleis**, ein ehemaliges Wasserschloss mit Graben, ist nach Vereinbarung zu besichtigen (Tel. 02576/3184). Ein kleines Museum darin zeigt Sammlungen der Besitzerfamilie Wallis, unter anderem Plastiken vom Altertum bis zur Renaissance, Gobelins und Fayencen.

Lohnend ist auch ein Besuch von **Michelstetten**. Hier gibt es eine mittelalterliche **Wehrkirche** (Chor von 1290) mit Pechnasen und Schießscharten, die im Innern schöne Fresken aufweist. Eine ehemals gotische **Burg** wurde im 16. Jahrhundert zu einem Renaissance-Schloss umgebaut, aber 1883 bei einem Brand zerstört und ist seitdem Ruine. Ein Unikum ist das **Schulmuseum**, das Schulgeschichte von der Antike bis zur Gegenwart dokumentiert. Um den Ort gibt es am Halterberg Reste einer mittelalterlichen **Fluchtburg**.

Die malerische **Renaissanceruine Wenzersdorf** nördlich des Buschbergs kann leider nur von außen besichtigt werden.

▲ Karte S. 224

Wanderungen

Eine Wanderung auf den Buschberg, am besten von Niederleis aus, von der Straßenkreuzung am dortigen Schloss, ist ein schönes Erlebnis. Eine Ganztageswanderung auf den Buschberg beginnt man am besten in Ladendorf – wo allein die drei Kilometer lange, vierreihige Lindenallee aus dem 18. Jahrhundert zum Schloss hin den Besuch lohnt – und geht nördlich um die Stadt durch den Wald über Garmanns, die stillgelegte Bahnlinie nach Asparn und den Rosenberg zum Buschberg hoch und mit kleinen Variationen zurück.

Asparn an der Zaya

Die 58 Kilometer lange Zaya entspringt in den Leiser Bergen und mündet südlich von Hohenau in die March. Weil sie stark verbaut wurde und ihr die Auwälder fehlen, überflutet sie oft ihr Umland.

Im sehr sehenswerten **Schloss** von Asparn ist das mit rund 3000 Exponaten landesweit größte **Museum für Urgeschichte** untergebracht, in einem Außenbereich sind prähistorische Wohngebäude rekonstruiert. Ein zweites bedeutendes **Museum**, im ehemaligen Minoritenkloster eingerichtet, erläutert die Kulturgeschichte des Weinviertels.

In nahegelegenen Schletz ereignete sich vor etwa 5000 Jahren das sogenannte ›Massaker von Schletz‹. Man fand hier vor einigen Jahren 50 Skelette mit eingeschlagenen Schädeln und weitere Knochenreste, die bis 200 Tote vermuten lassen. Die Skelette waren ursprünglich in einen die Siedlung umschließenden Graben geworfen worden; das langsame Eindringen von Humus in den Graben hat sie konserviert. An der Ausgrabungsstätte hat ein Künstler das Gemetzel in Form kämpfender dürrer Bäume dargestellt.

Mistelbach

Mistelbach ist mit rund 11 000 Bewohnern die größte Siedlung im östlichen Weinviertel, sein Einkaufs-, Verwaltungs- und Kulturzentrum. Oberhalb und östlich des Hauptplatzes steht die **Pfarrkirche St. Martin** (um 1480), eine alte Wallfahrtskirche. Zu ihr führen zwei Treppengänge mit Kreuzweg empor. Auffallend ist am Dachgesmims der Westseite eine Kröte als Wasserspeier. Am **Karner**, der ungewöhnlicherweise eine Apsis aufweist, sollte man sich im Bogenfeld über dem Portal den kleinen Menschenkopf betrachten, der von zwei Drachen gesäumt wird. Der barocke **Pfarrhof**, die ehenalige Propstei der Branabiten (heute Salvatorianer genannt) von 1700, hat eine schöne Kapelle. In der **Bibliothek** befinden sich berühmte Fresken von Franz Anton Maulbertsch von 1760. Den Marktplatz dominieren das **Neorenaissance-Rat-**

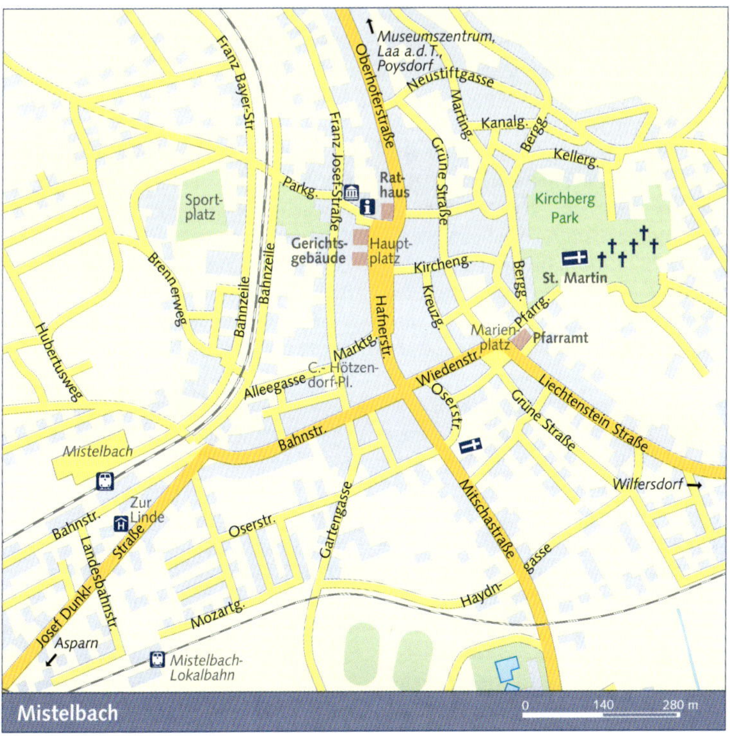

Am Marktplatz in Mistelbach

haus von 1901 sowie die barocke **Dreifaltigkeitssäule** von 1780. Nördlich vom Hauptplatz steht das Barockschlössl von 1727, einst ein bloßes Wohnhaus, seit 1929 Heimatmuseum.

Mistelbach besitzt weiterhin ein besonderes **Museumszentrum**, das u.a den zeitgenössischen Aktionsmaler Hermann Nitsch würdigt, daneben noch die ›Lebenswelt Weinviertel‹ darstellt und ein ganz ungewöhnliches ›Meßweinarchiv‹ neben einem Puppentheater besitzt.

Die bedeutendsten Söhne der Stadt sind der Landschaftsmaler Wilhelm Bernatzik (1853–1906) und der Dirigent Oswald Kabasta (1896–1946). Der Landschaftsmaler Bernatzik stand dem Symbolismus nahe. Kabasta war war in den 30er und 40er Jahren Leiter der Wiener Symphoniker sowie der Münchner Philharmoniker und galt als herausragender Bruckner-Interpret. Er erhielt nach Kriegsende wegen seiner NSDAP-Mitgliedschaft Berufsverbot, was ihn in solche Depression stürzte, dass er Selbstmord beging. Seine wenigen Aufnahmen sind gesuchte Raritäten.

Wilfersdorf

In Wilfersdorf steht das **Stammschloss** des berühmten Geschlechts derer von Liechtenstein, die es seit 1436 besitzen. Gegen 1600 ist die mittelalterliche Burg in ein vierflügeliges Wasserschloss umgebaut worden, von dem drei Flügel 1802 wegen Einsturzgefahr abgetragen werden mussten, so dass heute nur noch der Westflügel und die Nebentrakte erhalten sind. In der napoleonischen Zeit verwüstet, diente das Schloss dann unterschiedlichen Zwecken. 1866 war es preußisches Feldlazarett. Während der Kämpfe im Weinviertel im Frühjahr 1945 erlitt das Schloss schwere Schäden, heute ist es vorbildlich renoviert. Das Schlossmuseum dokumentiert die Geschichte der Familie Liechtenstein, sowie die Regionalgeschichte, und im Schlosskeller gibt es eine schöne Einkehrmöglichkeit.

Die ›Erdölstraße‹

In der Gegend um Zistersdorf wird Öl gefördert, was der Bundesstraße 48 den Namen ›Erdölstraße‹ verlieh. Sie hat eine Länge von 21,9 Kilometern und führt von Wilfersdorf entlang der Zaya zur slowakischen Grenze bei Hohenau. Die Gemeinde Neusiedl an der Zaya ist das Zentrum der österreichischen Erdölförderung, nicht von ungefähr trägt sie die Worte Wein–Öl–Brot im Stadtwappen. Am Nordhang des Steinbergs bei Neusiedl liegt das niedrigst gelegene Skigebiet Österreichs, wo man aus einer Höhe von etwa 240 Metern auf 180 Meter herunterrauschen kann.

Zistersdorf

Zistersdorf ist nicht reich an bedeutenden Sehenswürdigkeiten. Sein Schloss von 1278 – heute beherbergt es eine Berufsschule – ist sehr stark verändert, und von der Stadtmauer ist nur noch wenig vorhanden; es gibt es noch einen **Turm** und ein **Stadttor.** Die **Stadt-**

▲ Karte S. 224

Österreichs Erdölvorkommen

Es mag unglaublich erscheinen, dass das Habsburgerreich vor dem Ersten Weltkrieg das drittgrößte Ölförderland der Erde war. Knapp drei Millionen Tonnen wurden 1912 aus der Erde gepumpt. Diese Menge stammte aus Galizien, der heutigen Westukraine, und ging somit nach 1918 dem neuen, nun sehr klein gewordenen Reststaat Österreich verloren. Doch auch in den ersten Jahren nach dem Zweiten Weltkrieg konnte dieses kleine Land seinen Ölbedarf zur Gänze aus eigenen Vorkommen decken - obwohl die Sowjetunion bis 1955 einen großen Teil des österreichischen Öls als Wiedergutmachung für Kriegsschäden konfiszierte.

Durch den Wegfall des galizischen Öls war man gezwungen, im eigenen Land zu prospektieren, obwohl man sich nicht viel davon erhoffte. Aber in den Jahren nach 1930 wurden im Linzer Raum und insbesondere im Weinviertel - überwiegend um die Stadt Zistersdorf - große Ölvorkommen entdeckt. Ganz im Norden wurde 1942 noch das Feld Mühlberg erschlossen, das innerhalb einer Teufe von 1500 bis 1700 Metern 15 (!) höffige Horizonte aufwies, aus denen bis heute über 10 Millionen Tonnen Öl gefördert werden konnten. In diesem kleinen Dorf nahe Bernhardsthal steht heute ein Schaupumpenbock, der an diese Blütezeit erinnert. Die Sowjetarmee nahm 1945 alle Ölfelder in Besitz und gründete die RMV, die Russische Mineralölverwaltung, aus der 1955 dann die OMV entstand, die Oesterreichische Mineralölverwaltung. 1949 gelang es in Matzen südlich von Zistersdorf, das größte je in Mitteleuropa entdeckte Ölfeld Mitteleuropas aufzufahren. In diesem Teil des Wiener Beckens sind auch heute noch große Mengen Öl zu finden. Im Jahr 1955, als die sowjetischen Besatzungstruppen das Land verließen, konnte man eine Förderung von 3,7 Millionen Tonnen erreichen und damit die Höchstfördermenge in dieser Region überhaupt.

Nach dem Wegfall der russischen Reparationsforderung gelang es für 20 Jahre, die Förderung etwa bei 2,5 Millionen Tonnen zu halten. Der steigende Verbrauch im Wirtschaftswunderland Österreich ließ aber nur bis 1958 den Bedarf durch eigene Vorkommen decken; der Selbstversorgungsgrad betrug 1997 nur noch 11 Prozent. Insgesamt wurden bis heute insgesamt rund 110 Millionen Tonnen Röhol gefördert, doch beträgt die Jahresförderung heutzutage weniger als ein Drittel der Menge von 1955; gut 700 kleinere und größere Lagerstätten sind in ganz Österreich bekannt. Die Region um Matzen ist auch heute noch das ergiebigste aller österreichischen Felder. Dank fortschreitender Bohrtechnik konnten die Ingenieure auf über 3000 Meter Teufe vorzustoßen und damit auch tiefere Lagerstätten erschließen. 1977 gelang es sogar, Erdgas aus 6100 Meter Tiefe zu fördern. Eine Prospektionsbohrung bei Zistersdorf erreichte im Jahr 1983 gar 8553 Meter und galt lange Zeit die tiefste Bohrung Europas außerhalb der UdSSR.

Das österreichische Rohöl wird zur Gänze in der Raffinerie Schwechat der OMV verarbeitet, die eine Kapazität von zehn Millionen Tonnen pro Jahr hat und fast vollständig ausgelastet ist. 2008 erreichte die inländische Erdgasgewinnung ein Volumen von rund 1,54 Milliarden Kubikmetern und die Erdölförderung von rund 862 000 Tonnen. Mit diesen Fördermengen kann Österreich wie in all den Jahren davor seinen Bedarf an Erdöl zu 11 sowie an Erdgas zu 13 Prozent decken.

Unverkennbar liegt Zistersdorf an der Erdölstraße

kirche ist die Stiftskirche eines ehemaligen Franziskanerklosters von 1640 und hat einen Turm von 1880.

Die **Wallfahrtskirche Maria Moos** aber stellt eine Besonderheit dar: Neben einer Quelle entstand 1160 ein romanischer Vorgängerbau, dessen Chor in die jetzige gotische Basilika einbezogen wurde, wobei die Quelle immer noch in einem Untergeschoss der Sakristei sprudelt. Der Hochaltar trägt ein wertvolles Altarblatt Paul Trogers von 1753 mit der Himmelfahrt Marias.

Im August 1930 wurde in Zisterdorf erstmals Rohöl gefördert. Allerdings reichte die vorhandene Menge nicht zur industriellen Förderung aus. Im nahen Gösting aber konnte 1934 ein anderes Vorkommen mit einer Tagesproduktion von 30 Tonnen Erdöl erschlossen werden. Gegen Ende des Zweiten Weltkriegs, nach dem Verlust der rumänischen Ölfelder, spielte das Weinviertler Öl insbesondere für die Treibstoffindustrie eine große Rolle.

Der **Guglhupfberg** nahe Gaiselberg bei Zistersdorf ist eine ungewöhnliche Erhebung, da er von drei Wällen und einem tiefen Graben umgeben ist.

▲ Karte S. 224

Palterndorf

Jahrtausendelang führte die Bernsteinstraße von der östlichen Ostsee über das Marchtal zum Mittelmeer. Seit in der Mitte des 13. Jahrhunderts der Deutsche Ritterorden einen eigenen Staat in jener Ecke der Ostseeküste errichten konnte, besaß er auch das Privileg des alleinigen Bernsteinverkaufs. So ist es kein Wunder, dass die Ritter daher auch über diesen Handelsweg wachten. Die nahe B49 von Angern nach Hohenau, entlang der Grenze, wird nicht von ungefähr Bernsteinstraße genannt.

Im Jahr 1290 schenkte Leutold von Kuenring die **Wehrkirche Maria am Bühel** in Palterndorf dem Deutschen Orden, und bis zum heutigen Tag wird die Pfarrei durch ihn betreut. Das Relief an der Nordseite der **Pestsäule** von Palterndorf zeigt einen Mann und eine Frau in der vornehmen Tracht des Mittelalters. Der gotische **Wehrturm** vom Anfang des 15. Jahrhunderts diente der Dorfbevölkerung als Zufluchtsort, wo man im Fall feindlicher Belagerung eine gewisse Zeit leben konnte, aber auch als Vorratsspeicher. Innerhalb Österreichs ist er nördlich der Donau der einzige seiner Art.

Das Stadtwappen von Palterndorf

Hohenau

Hohenau an der March ist der Geburtsort des bedeutenden Schauspielers Oskar Sima (1896–1969). Er wirkte zwischen 1930 und 1967 in über 200 Filmen der heiteren Muse mit und war jedem Kinobesucher jener Epoche bekannt, obwohl er es nie zu einer Hauptrolle bringen konnte. Daher wurde er oft als ›König der Nebenrollen‹ bespöttelt. Eine **Ausstellung** in seinem Geburtshaus erinnert an ihn.

Die nahegelegenen Niederungen an der March sind ein Vogelparadies. Unmittelbar am Grenzübergang geht an der March führt ein **Spazierweg** südwärts in den sogenannten Pürstenwald, von wo man auf verschiedenen Möglichkeiten wieder zurück zur Grenze oder nach Hohenau gelangen kann. Ebenso faszinierend ist ein Weg vom Zollhaus nordostwärts zur Thayamündung (etwa zwei Kilometer), ebenfalls entlang der March. Über den Fluss hinweg lässt sich auch ein Abstecher in die slowakische Region Zahorie machen. Im grenznahen Bereich liegen nur einige mittelgroße Siedlungen, nicht unbedingt voll großer Sehenswürdigkeiten, aber er ist voll beschaulicher Idylle.

Dürnkrut und Jedenspeigen

Die beiden im Tiefland, in unmittelbarer Nähe zur slowakischen Grenze gelegenen Orte Dürnkrut und Jedenspeigen haben in Österreich einen geradezu mythischen Klang. In den Auen und Hügeln um diese Orte fand am 26. August 1278 eine der bedeutendsten Schlachten des Mittelalters statt: Böhmenkönig Ottokar II. Přemysl kämpfte gegen Rudolf von Habsburg um österreichische Lande. Rudolf siegte, Ottokar fiel im Kampf, und für 640 Jahre blieb Österreich habsburgisch. Ein Denkmal an der

Erinnerung an die Schlacht von 1278

Straße auf dem ehemaligen Schlachtfeld zwischen Dürnkrut und Jedenspeigen erinnert an das Ereignis. Fast immer finden sich hier frische Kränze und Schleifen mit den tschechischen Landesfarben blau-weiß-rot – den alten Přemyslidenfarben –, niedergelegt von böhmischen Patrioten. Dürnkrut besitzt ein kleines **Renaissanceschloss**, das 1529 auf den Resten einer Kuenringerburg aus dem 11. Jahrhundert erbaut wurde; darin verdeutlicht ein Diorama die für Österreich so wichtige Schlacht. Gleicht daneben kann man einen Blick auf die Fresken und Stuckarbeiten der **Pfarrkirche St. Jakob** (1698) werfen. Im kleinen **Dorfmuseum** sind altsteinzeitliche Werkzeuge des Homo erectus zu bestaunen, die vor rund 800 000 Jahren hergestellt worden sind.

In Dürnkrut wurden vor wenigen Jahren **Erdställe** entdeckt, merkwürdige künstliche Höhlen des Mittelalters, über die kaum Kenntnisse vorliegen (www.erdstall.at).

In Jedenspeigen findet alle zwei Jahre ein großes Mittelalterspektakel statt, das zwar von dem historischen Ereignis angeregt ist, jedoch keinerlei Bezug darauf nimmt. Aber es lohnt eine Blick auf

König Ottokar von Böhmen

Ottokar von Böhmen war zweifellos der bedeutendste und mächtigste aller Přemyslidenherrscher. Er kam um 1232 als als Sohn des böhmischen Königs Wenzel I. zur Welt. Nach dem Tod des letzten Babenbergers Friedrich II. 1246 setzten in Österreich so große innenpolitische Wirren ein, dass die Stände den Böhmenkönig Wenzel I. als Schlichter zu Hilfe riefen. Mit Zustimmung der österreichischen Adligen wurde aber Ottokar als Statthalter eingesetzt und zum Herzog ernannt. Er heiratete 1252 Margarete, die Schwester Friedrichs II., die fast 30 Jahre älter war als er.
Nach dem Tod seines Vaters übernahm Ottokar 1253 die böhmische Krone, strebte jedoch von Anfang an auch nach der Kaiserwürde. Dem Ungarnkönig Béla IV. gefiel aber keineswegs, dass sich westlich seines Landes ein österreichisch-böhmischer Doppelstaat festigen sollte, und er zog gegen Ottokar in den Krieg. Ottokar unterlag, verlor die Steiermark an Ungarn, nahm das aber zunächst hin, da er einen anderen Plan verfolgte, um seine Macht zu stärken. Er begab sich 1254 an die Ostsee, um dort den Deutschen Ritterorden mit Truppen und Logistik zu unterstützen. Mit dieser Aktion hoffte er, stärkeren Rückhalt bei Papst und Kirche zu bekommen. Denn die Deutschritter waren damit befasst, die heidnische Bevölkerung der Gegend zu christianisieren. Bei dieser Gelegenheit gründete er die spätere ostpreußische Hauptstadt Königsberg. Ottokar gewann 1261 in einem neuen Feldzug gegen die Ungarn die Steiermark zurück. Er nahm die Kinderlosigkeit seiner Ehe zum Vorwand, sich von seiner Frau scheiden zu lassen, um die 16-jährige Kunigunde, Enkelin des ungarischen Königs, heiraten zu können. Otto kar besetzte 1266 das reichsunmittelbare Egerland, und durch einen 1267 geschlossener Erbvertrag mit dem kinderlosen Herzog von Kärnten fiel ihm nach dessen Tod 1269 auch dieses Land zu.
Die immer größer werdende Macht Ottokar vesetzte andere Reichsfürsten in große Aufregung. Als es 1273 zu einer neuen Königswahl im Reich kam, wählten sie daher nicht Ottokar, sondern den unbedeutenden, nicht sehr reichen Rudolf von Habsburg (1218–1291). Ottokar erkannte die Wahl nicht an und verweigerte sich auch der Forderung Rudolfs, das Egerland zurückzugeben. Rudolf verhängte die Reichsacht über Ottokar; er war isoliert und geschwächt. In Böhmen brachen zudem Aufstände aus; viele Adelsgeschlechter wollten ihre von Ottokar beschnittenen Privilegien zurückerhalten. Im Frieden von Wien 1276 musste Ottokar alle eroberten und erheirateten Territorien bis auf seine Kernlande Böhmen und Mähren wieder abtreten. Ein letzter Versuch, mit militärischer Gewalt seine alte Herrschaft wieder zu errichten, endete 1278 auf dem Marchfeld bei Dürnkrut mit seinem Tod.

Ottokar gründete in Böhmen und Österreich etwa 40 Städte, er baute die Wiener Hofburg aus und siedelte deutsche Bauern und Handwerker in den Randgebieten Böhmens und Mährens an; er scheiterte aber mit seinem Plan, selbst ein mächtiges Königreich Böhmen gründen zu können. Ottokars Gebeine liegen im Prager Veitsdom begraben. Sein Prunkgrabmal im Kloster Goldenkron an der Moldau ist daher leer.

die hübsche Dorfanlage, und im **Schloss** gibt es eine große Ausstellung zur Schlacht von 1278.

Ein schöner **Wanderweg** mit Sicht über das Schlachtfeld beginnt vor dem Schloss, von dem es hoch zur Papstkapelle geht. Von hier hat man einen Blick bis zu den Kleinen Karpaten. Jetzt geht es wieder bergab nach Sierndorf. Über den Niederösterreichischen Landesrundwanderweg kann man parallel zur Eisenbahn zurück nach Jedenspeigen laufen, oder man schlägt weiter ostwärts einen Bogen in die Flussauen der March und trifft am Bahnhof Jedenspeigen auf den Niederösterreich-Rundwanderweg. Für die kleine Runde benötigt man etwa 2 Stunden, für die große 3,5 Stunden.

Zwischen Hollabrunn und der March

Stadtgemeinde Hollabrunn, Hauptplatz 1, 2020 Hollabrunn, Tel. 02952/2102, www.hollabrunn.gv.at.

Stadtgemeinde Mistelbach, Hauptplatz 6, 2130 Mistelbach, Tel. 02572/2515, www.mistelbach.at.

Stadtgemeinde Zistersdorf, 2225 Zistersdorf, Hauptstr. 12, Tel. 02532/240119, www.zistersdorf.at.

Marktgemeinde Dürnkrut, 2263 Dürnkrut, Schlossplatz 1, Tel. 02538/80562, www.duernkrut.at.

Gasthof Pelzer-Altinger, Klosterplatz 4, 3714 Sitzendorf, Tel. 02959/2200, p.P. im DZ ab 20 €.

Gasthaus Zur grünen Insel, Bahnstr. 8, 2115 Ernstbrunn, Tel. 02576/2219, p.P. im DZ ab 28 €.

Gasthaus und Metzgerei Achter, 2151 Michelstetten Nr. 18, Tel. 02525/236. Bekannt gute Küche.

Hotel Zur Linde, Josef-Dunkl-Str. 8, 2130 Mistelbach, Tel. 02572/2409, www.zur-linde.at, p.P. im DZ 44 €.

Hotel Am Steinberg, Am Steinberg 1, 2225 Zistersdorf, Tel. 02532/2703, www.hotel-steinberg.at, p.P. im DZ ab 33 €. Nördlich der Stadt, idyllisch am Steinberg, zu erreichen über Maustrenk oder über die Straße nach Paltersdorf; Kurt Windsteig gilt als einer der großen österreichischen Köche. Berühmt sind seine ›Knödeltrilogie auf Rieslingkraut‹ und die Fenchel-Sämlingssuppe.

Gasthaus Schinhan, Moosgasse 9, 2225 Zistersdorf, Tel. 02532/2285. Alteingesessene Traditionsgaststätte.

Museum Alte Hofmühle, Mühlenring 2, 2020 Hollabrunn, Tel. 02952/20127, www.altehofmuehle.at, Sa 14.30–17.30, So 10–11.30 u. 14.30–17.30 Uhr.

Schulmuseum Michelstetten, 2151 Michelstetten Nr. 8, www.michelstettnerschule.at, Feb. bis Nov. Di–So 9–17 Uhr.

Museum für Urgeschichte, Dr. Franz Hampl-Platz 1, 2151 Asparn/Zaya, Tel. 02577/84180, www.urgeschichte.at.

Weinlandmuseum, 2151 Asparn Nr. 169, Tel. 02577/8240, www.asparn.at, Mai bis Nov. Sa 13–17, So 10–17 Uhr.

Museumszentrum Mistelbach, Waldstraße 44–46, 2130 Mistelbach, Tel. 02572/20719, Di–So 11–17 Uhr, www.mzmistelbach.at.

Museum Schloss Wilfersdorf, Hauptstraße 1, 2193 Wilfersdorf, Tel. 02573/3356, www.liechtensteinschloss-wilfersdorf.at, Apr. bis Okt. Di–So 10–16 Uhr.

Erdölmuseum, Bahnstr. 5a, 2183 Neusiedl/Zaya, Tel. 02533/89255.

Oskar-Sima-Museum, 2273 Hohenau/March, Tel. 02535/31505, www.museumhohenau.at, Apr. bis Okt. Sa/So 14–17 Uhr.

Schlossmuseum Jedenspeigen, 2264 Jedenspeigen, Tel. 02536/8224, www.jedenspeigen.at, Mitte Mai bis 26. Okt. Sa 12–17, So 10–17 Uhr.

Zu den angegebenen Wanderungen ausführlicher und empfehlenswert: Rother Wanderführer ›Weinviertel‹. Eine Karte des Rundwegs Jedenspeigen gibt es unter www.jedenspeigen.at.

Vom Wagram an die slowakische Grenze

Der Wagram, ein Produkt eiszeitlicher Sedimentationsprozesse, ist eine bis zu 40 Meter hohe Geländestufe, die sich von Krems donauabwärts bis Gänserndorf hinzieht. Sie wird nach Osten hin immer flacher und verschwindet schließlich. Der folgende Abschnitt behandelt die oberhalb des Wagram befindlichen, also südlichen Abschnitte des Weinviertels; die donaunahen Zonen des Weinviertels, ›unterhalb des Wagram‹, werden im Kapitel ›Entlang der Donau‹ behandelt.

Um die Wagram-Weinstraße

Die lokalen Tourismusverbände haben die bedeutendsten Weinorte nahe der Donau über die Wagram-Weinstraße verbunden, die von Feuersbrunn – südöstlich von Langenlois – über Gösing, Kirchberg nach Großweikersdorf führt. Diese Landschaft hat ihren Reiz: Die sanften Weinhänge gehen über die scharfe Wagramkante in die Donauniederung über.

Im kleinen Dorf **Ruppersthal** steht die weltweit einzige Gedenkstätte für Ignaz Pleyel (1757–1831), der hier geboren wurde und um 1800 ein europaweit bekannter Komponist war. Er verfasste unter anderem für die französischen Revolutionäre eine effektvolle Revolutionskantate. Dies rettete ihn vermutlich vor der Guillotine, denn die Revolutionsgarden hatten ihn gerade verhaftet. Er begründete in Paris einen Musikverlag und eine bedeutende Klavierfabrik, die heute noch bestehen.

▲ Karte S. 224

Zu Niederösterreichs meistbesuchten Reisezielen zählt der **Heldenberg** bei Kleinwetzdorf. Hier ließ 1832 Joseph Pargfrieder, ein vermögend gewordener Armeelieferant, im Park seines gerade erworbenen Schlosses Wetzdorf 200 Büsten und Denkmäler bedeutender österreichischer Armeeführer und Herrscher aufstellen. Zusätzlich entstanden eine gewaltige Säulenhalle und ein Wohnheim für ausgediente Offiziere sowie eine Gruft dazu. Zwei der bedeutendsten Militärs dieser Zeit fanden darin ihre letzte Ruhestätte: Feldmarschall Maximilian von Wimpfen (1770–1854), Generalstabsmeister, und Josef Graf Radetzky, Volksheld und Sieger

An der Weinstraße

über die italienischen Aufständischen 1848/49 (1766–1858). Der glühende Patriot Pargfrieder konnte durch inständiges Bitten die Militärs dazu bewegen, ihn später in seiner Gruft beisetzen zu lassen. Auch er wurde 1863 hier begraben – in einer Ritterrüstung sitzend.

In **Großweikersdorf**, wenige Kilometer südöstlich, wurde die **Pfarrkirche** von Johann Bernhard Fischer von Erlach und seinem Sohn Josef Emanuel erbaut und ist allein daher sehr sehenswert.

Göllersdorf und Umgebung

In Göllersdorf bilden die barocke **Pfarrkirche** und zwei **Kapellen** ein herausragendes Gebäudeensemble. Das nahegelegene **Schloss Schönborn**, ein Werk von Lukas von Hildebrandt, zählt zu den großen österreichischen Adelspalais. Das 1714 vollendete Bauwerk wurde für Friedrich von Schönborn gebaut, damals Vizekanzler Kaiser Karls VI. und Fürstbischof von Würzburg und Bamberg. Die Anlage galt wegen des architektonisch gegliederten Gartens und der besonderen Perspektivenwirkungen, die sich aus verschiedenen Blickrichtungen ergaben, als Gesamtkunstwerk. Die gewaltige Nepomukkapelle im Schlosspark mit ihrem Baldachin zählt zu den merkwürdigsten ihrer Art. 1945 erlitten Schloss und Garten schwere Schäden, die aber beseitigt wurden. Der Bau gehört heute noch der Familie Schönborn und ist innen nicht zugänglich. Seit einigen Jahren existiert auf den Ländereien der Schönborns ein nobler Golfclub (www.gcschoenborn.com).

Das **Renaissanceschloss Sierndorf**, drei Kilometer südöstlich von Schönborn, ist nicht zugänglich, doch lässt sich in der Schlosskapelle ein gewaltiger Flügelaltar von 1518 bewundern: Sein Mittelstück ist aus Keramik gearbeitet.

Als Wahrzeichen des Weinviertels gilt ein gewaltiger **Tumulus** in **Großmugl**, der ›Große Mugl‹ oder ›Leeberg‹ genannt wird. 16 m hoch ist er das größte Fürstengrab der Hallstattzeit in Mitteleuropa (www.grossmugl.at). Er befindet sich südwestlich des Orts an der Straße nach Geitzendorf. Dass es sich bei diesem Grab um etwas ganz Bedeutendes handelt, zeigt der Ortsname. Mugl kommt vom slawischen ›mogila‹, was ›Grab‹ heißt.

Niederhollabrunn ist Geburtsort des bedeutenden Lyrikers Theodor Kramer (1897–1958). Er war bis zu seiner Emigration in der NS-Zeit sehr bekannt, geriet aber noch zu Lebzeiten weitgehend in Vergessenheit, obwohl er von Thomas Mann sehr geschätzt wurde und Stefan Zweig und Carl Zuckmayer ihn förderten. Sein gewaltiger Nachlass ist größtenteils unveröffentlicht, seine Gedichte haben das Leben der Proletarier und Ausgestoßenen zum Thema. Man kann Kramer als den François Villon des 20. Jahrhunderts bezeichnen.

An der Stadtgrenze Wiens

Um **Harmannsdorf** nördlich von Korneuburg liegen am Rohrwald mehrere seltsame Erdhöhlen im Lössgestein, die vermutlich aus der Zeit des Dreißigjährigen Krieges stammen und daher **Schwedenhöhlen** heißen. Sie sind auf eigene Gefahr frei zugänglich; man erreicht sie am besten vom Parkplatz Goldenes Bründl an der Straße Oberrohrbach–Harmannsdorf.

Bei **Hetzmannsdorf** wurde an der B6 ein besonders **Kunstprojekt** aus zahlreichen Granitstelen und -quadern errichtet. Wie die Bildhauer mitteilen, soll »das Kunstfeld zu einer Auseinandersetzung mit dieser Kulturlandschaft führen. Die Skulpturenlinie möchte durch ihre Do-

Schloss Harmannsdorf, Stich von G. M. Vischer (1681)

minanz auf die Landschaft aufmerksam machen und sie in ihrer Besonderheit darstellen. Das Kunstwerk will aber auch auf die Arbeit der Bauern hinweisen, die diese Landschaft Jahr für Jahr gestalten und diese mit Farben und Strukturen umgeben, denn sie sind untrennbare Mitgestalter in der notwendigen Gesamtheit. Dadurch ergibt sich um das Bestehende eine lebhafte abwechslungsreiche Veränderung, abhängig von den Jahreszeiten, vom Wetter, von Tag und Nacht.«

In **Königsbrunn** südöstlich von Harmannsdorf findet man die einzige unveränderte romanische **Dorfkirche** des Weinviertels. Im nahen **Hagenbrunn** trifft man auf eine weitere vielbesuchte Sehenswürdigkeit: **My way – Das Leben – Die Stationen** heißt hier eine 777 Meter lange Straße mit sieben Stationen, die Abschnitte des Lebens darstellen. Sie möchten jedem, der hier durchgeht, ein Bild des eigenen Daseins widerspiegeln. Der Weg lässt sich auch virtuell begehen (www.myway.at/virtuell.php).

▲ Karte S. 224

Ein sehr schöner Aussichtspunkt ist die Kreuttaler Aussichtswarte auf dem **Glockenberg** (365 m). Weit kann der Blick über das Marchfeld bis zu den Kleinen Karpaten schweifen. Von Unterolberndorf führen markierte Fußwege empor (45 min).

Die **Nikolauskirche** von **Wolfpassing** gilt als eine der größten des Weinviertels. Die nahe **Wallfahrtskirche** am Heiligen Berg besitzt eine der ältesten Glocken des Landes (1452). Esoteriker schätzen ihre mythische Ausstrahlung.

Der **Hochleithenwald** östlich von Wolkersdorf ist ein fast unberührtes Wandergebiet. Hier liegt **Pillichsdorf** mit seinem großen Komplex mehrerer Kellergassen. Im freistehenden **Kirchturm** der Pfarrkirche ist ein **Museum zur Archäologie und Heimatkunde** eingerichtet. Sehenswert ist in **Groß Schweinbart** das **Landesmuseum für Volkskultur** mit Bauernmuseum, das auch die Kulturgeschichte der Bernsteinstraße erläutert.

In **Bad Pirawart** präsentiert ein **Skulpturenpark** mit Originalarbeiten das

Schaffen des hier geborenen Hans Knesl (1905–1971). Seine Personendarstellungen, überwiegend in Beton gegossen, sind, wie manche Experten urteilen, von ›archaisierender, entindividualisiernder Natur‹.

Vor über 15 Millionen Jahren war die Region des östliche Weinviertels von einem tropischen Flachmeer bedeckt, in dem große Austernriffe gediehen. Eines dieser fossilen Riffe ist konserviert, überdacht und in den **Erlebnispark Fossilienwelt** in Stetten integriert. Lehrpfade und Multimediaschauen machen den Park nicht nur für Geologen interessant.

In Richtung Zistersdorf findet man in Niedersulz das größte **Freilichtmuseum** Niederösterreichs, das auf schönste Weise Volksarchitektur und Volksleben dokumentiert und insbesondere auch der Kulturgeschichte der 1945 aus Südmähren vertriebenen Deutschen gedenkt. 80 Gebäude aus dem ganzen Weinviertel wurden abgetragen und hier neu in einem homogenen Dorfbild wieder aufgestellt.

Matzen und seine Umgebung

Bei Matzen wurde in den Nachkriegsjahren das größte Ölfeld Mitteleuropas entdeckt. Auch heute noch prägen über 160 nickende Förderpumpen die Umgebung. Hoch über dem Ort steht das **Schloss**, das über einer mittelalterlichen Burg erbaut wurde. Es birgt verschiedene völkerkundliche Exponate.

In **Prottes** gibt es ein sehr informatives **Erdöl- und Erdgasmuseum**. Von diesem führt ein 4,5 Kilometer langer **Öl- und Gas-Lehrpfad** mit 150 Exponaten in die Landschaft der Umgebung. Auf der Höhe des Matzener Waldes hat man einen schönen Blick auf die Karpaten; zu erreichen über Weg 952 Richtung Matzen.

Das **Schloss** von **Ebenthal** stammt aus der ersten Hälfte des 18. Jahrhunderts. Der spätbarocke Bau mit Schlosskapelle und Festsaal wurde 1945 stark verwüstet, aber in den Nachkriegsjahren unter wechselnden Besitzern restauriert. Das seit 1978 im Schlosspark stehende Ottokarkreuz erinnert an die Schlacht auf dem Marchfeld 1278. Nur der Park kann besichtigt werden.

Stillfried und Angern

Stillfried ganz im Südosten des Weinviertels ist ein besuchenswerter Ort. Die **Pfarrkirche** zeigt an der Außenmauer einige sehr alte Grabsteine. Südlich davon, am Ortseingang von Mannersberg, thront über der weiten Ebene auf 191 Metern Höhe die imposante **Rochuskapelle** (1637–1652), auch Wutzelburg genannt. Das Stillfrieder **Urzeitmuseum**, das die Geschichte der Region von der Altsteinzeit bis ins Mittelalter dokumentiert, ist eines der besten seiner Art.

Südlich davon, in Angern, gibt es eine grenzüberschreitende **Fähre** über die March in die Slowakei. In Angern quert man die Gleise der Nordbahn, ein Teil der alten Verbindung Wien–Krakau. Als ›Kaiser-Ferdinand-Nordbahn‹ wurde die Strecke 1837 begonnen, doch erst 1856

Diese Fähre verbindet Österreich und die Slowakei

vollendet. Wenngleich es einen durchgehenden Verkehr nach Krakau nicht mehr gibt, ist die Nordbahn immer noch eine wichtige europäische Route. Denn über sie verkehren alle Züge von Wien nach Prag und weiter nach Berlin und Hamburg. Die Trasse gilt gleichzeitig zumindest bei den Tourismusverbänden als südliche Begrenzung des Weinviertels; südlich davon beginnt das Marchfeld.

Gänserndorf

In der Bezirksstadt Gänserndorf (knapp 10000 Einwohner) gibt es seit Herbst 2009 ein **Piefke-Denkmal**, das aber nicht auf antideutschen Ressentiments beruht, sondern an den preußischen Militärmusiker Johann Gottfried Piefke (1815–1884, Komponist unter anderem von ›Preußens Gloria‹ und ›Königgrätzer Marsch‹) erinnert, der hier 1866 mit seiner Kapelle ein Konzert gab. Nachdem Preußen Österreich in der Schlacht von Königgrätz besiegt hatte, fand im nahen Schönkirchen eine Militärparade der Sieger statt. Zu ihr gehörte ein großes Militärkonzert, das unter Piefkes Leitung in Gänserndorf stattfand. Das Denkmal ist eine ›Klangskulptur‹ und erinnert an einen Plattenspieler. Gänserndorf wird oft auch ›Stadt der Säulen‹ genannt: Junge Künstler errichteten hier in den letzten Jahren verschiedene Einzelsäulen und Säulenkomplexe, die sowohl Stadttore symbolisieren als auch abstrakten Charakter besitzen.

Strasshof und Deutsch Wagram

Beide Städte sind im wesentlichen durch Museen bedeutend: **Das Eisenbahnmuseum** in Strasshof mit unter anderem 80 Lokomotiven und einer funktionsfähigen Drehscheibe sowie das **Museum mit Napoleonzimmer** in Deutsch Wagram. Am 5. und 6. Juli 1809 kämpften hier 180000 Franzosen gegen 120000 österreichische Soldaten unter Erzherzog Karl (1771–1847). Karl hatte kurz zuvor die Schlacht bei Aspern (Ortsteil Wiens) gegen Napoleon gewonnen, ver-

Die Schlacht bei Wagram, Darstellung eines unbekannten Malers

▲ Karte S. 224

lor nun aber die von Deutsch Wagram. Er musste sich von Napoleon daher den Frieden von Znaim diktieren lassen, in dessen Folge die Österreicher Tirol und Vorarlberg den Franzosen überlassen sollten. Der unglückliche Feldherr wurde daraufhin von Kaiser Franz I. seines Amtes enthoben, erhielt jedoch postum (1860) auf dem Wiener Heldenplatz ein großes Reiterdenkmal, das ganz ungewöhnlich das Pferd im Aufsprung darstellt. Die **Monumentalkapelle** am Sahulkaplatz war die Familiengruft von Angehörigen eines hier 1809 gefallenen Offiziers. Das große **Heimat-, Ordens- und Napoleonmuseum** erläutert in dem Haus, in dem der Erzherzog 1809 Quartier bezogen hatte, die Regionalgeschichte und insbesondere jene entscheidende Schlacht. Im ältesten Bahnhof Österreichs von 1837 befindet sich ein weiteres **Eisenbahnmuseum**. Es zeigt unter anderem einen Arbeiterwartesaal (3. Klasse) von 1908.

Vom Wagram bis zur Slowakei

Gemeindeamt Gänserndorf, Tel. 022 82/26 51 11.

Marktgemeinde Matzen-Raggendorf, Hauptplatz 1, 2243 Matzen, Tel. 022 89/22 73 ,www.matzen-raggendorf.gv.at.

Gasthof zum Goldenen Adler, Hauptplatz 15, 3701 Großweikersdorf, Tel. 029 55/702 48, www.gasthof-maurer.at, p.P. im DZ ab 24 €.

Ignaz-Pleyel-Museum, 3701 Rupersthal Nr. 137, Tel. 029 55/706 45, www.pleyel.at, Sa 14–17, Mo, Fr, So 7–13 Uhr.

Heldenberg, 3704 Kleinwetzdorf, Tel. 029 56/812 40, www.schmidatal.at, April bis Anf. Nov. Di–So 9–18 Uhr.

Niederösterreichisches Museum für Volkskultur und Bauernmuseum, Hauptplatz 1, 2221 Groß Schweinbarth, Tel. 022 89/26 87, www.museum.gross-schweinbarth.at, Palmsonntag bis Mitte November.

Museumsdorf Niedersulz, 2224 Niedersulz, Tel. 025 34/333, www.museumsdorf.at, April bis 1. Nov. Mo 9.30–16 Uhr, Sa/So 9.30–18 Uhr.

Museum zur Archäologie und Heimatkunde, Pillichsdorf, Tel. 022 45/23 82, www.pillichsdorf.at; geöffnet nur auf Anfrage.

Fossilienwelt Weinviertel, Austernplatz 1, 2100 Stetten, Tel. 022 62/624 09, www.fossilienwelt.at.

Erdöl- und Erdgasmuseum, Hauptplatz 1, 2242 Prottes, Tel. 022 82/21 82, www.prottes.at, Ostern bis 26. Okt. tgl. 10–16 Uhr.

Zentrum der Urzeit, Hauptstraße, 2261 Stillfried/March, www.museumstillfried.at, Mitte April bis Okt. So 13.30–17.30 Uhr.

Eisenbahnmuseum Strasshof, Sillerstraße 123, 2231 Strasshof an der Nordbahn, Tel. 022 87/30 27 11, www.eisenbahnmuseum-heizhaus.com, 1. Apr. bis 31. Okt. Di–So 10–16 Uhr.

Heimat-, Napoleon- und Ordensmuseum, Erzh.-Karl-Str. 1, 2232 Deutsch Wagram, Tel. 022 47/42 82, www.noemuseen.at, Mitte März bis Nov. So 10–16 Uhr, Gruppen nach Voranmeldung.

Eisenbahnmuseum, im alten Bahnhof, 2232 Deutsch Wagram, Tel. 022 47/23 03 und 4282, www.noemuseen.at, Mitte März bis Nov. So 10–16 Uhr, Gruppen nach Voranmeldung.

Es ist, als führe man die ganze Zeit durch dieses van-Gogh-Bild des Glühenden Kirschzweigs vor strahlend blauem Himmel. Gut, hier sind es Birn- und Apfelblüten. Aber dasselbe weißrosa Leuchten aus den Blüten, derselbe Himmel, der hinter den Bäumen hervorstrahlt, wie der Goldmund hinter Renaissancemadonnen, als wolle er die Bäume segnen für ihr verschwendrisches Blühen.

Alex Rühle, Mostviertler Exstase

Das Mostviertel

Das südwestliche Viertel Niederösterreichs, das Mostviertel, wird im Norden von der Donau begrenzt, im Westen grenzt es an Oberösterreich, im Süden an die Steiermark. Im Osten bildet der Wienerwald eine natürliche Grenze, daher wurde das Mostviertel oft auch als ›Viertel ober dem Wienerwald‹ bezeichnet. Sein Kerngebiet ist die Region zwischen Ybbs und Enns im Bezirk Amstetten.

Der Volksmund sagt, das Mostviertel liege dort, »von wo man die Basilika Sonntagberg sehen kann.«

Das Mostviertel weist sehr unterschiedliche Landschaften auf. Von den lieblichen Ebenen südlich der Donau steigt es über die Berge der Eisenwurzen bis ins Hochgebirge von Hochkar und Ötscher mit seinen Talschluchten, schließt die idyllischen Täler von Pielach und Traisen genauso wie die industrialisierten Gebiete um St. Pölten ein und geht im Osten nahtlos in den Wienerwald über. So prägt der Obstanbau keineswegs das ganze Mostviertel, sondern hat seinen Schwerpunkt im Norden und Nordwesten in eben jenem erwähnten Kerngebiet, das mit Obstsäften und deren vergorenen Derivaten dem ganzen Viertel seinen Namen gab.

Sanfte Hügel prägen weite Teile des Mostviertels

▲ Karte S. 259

An der Moststraße

Der Westen des Mostviertels ist gleichzeitig die westlichste Region Niederösterreichs. Das Gebiet zwischen Donau, Enns und Erlauf wird ganz und gar vom Anbau der Birnen und deren Weiterverarbeitung bestimmt. Das ist in Europa einzigartig, denn Mostregionen werden fast immer von Äpfeln dominiert. Etwa eine halbe Million Birnbäume gibt es in dieser Region, und besonders im Frühjahr, während der Baumblüte, ist die sanft gewellte Landschaft von großem Liebreiz. Die Mostbirnbäume wachsen überwiegend auf Streuobstwiesen. Auf solchen Wiesen stehen hochstämmige Obstbäume unterschiedlichen Alters und unterschiedlicher Arten. Traditionell verzichten die Bauern auf Pflanzenschutzmittel, und ebenso üblich ist die landwirtschaftliche Mehrfachnutzung der Flächen: Sie dienen sowohl der Obsterzeugung als auch der Grünlandnutzung zur Heugewinnung oder als Weide für Kühe und Schafe. Die sehr alten Obstsorten, die zum Anbau kommen, sind traditionell widerstandsfähig gegenüber Krankheiten und Schädlingen, so dass sich fast 300 seltene Birnsorten erhalten konnten. Sie tragen so wohlklingende Namen wie Grüne Pichlbirne, Schmotzbirne, Blut-birne oder Speckbirne.

Eine 200 Kilometer lange ›Moststraße‹ schlängelt sich zwischen Amstetten und St. Valentin landauf-landab durch die sanftbewegte Hügellandschaft und führt an den schönsten Wirtshäusern, typischen Vierkantbauernhöfen, Heurigenstationen und anderen Sehenswürdigkeiten vorbei. Eine Fahrt durch diese Landschaft sei wie eine Reise durch ein Bild von van Gogh, wie der Niederösterreichkenner Alex Rühle meint. In diesem größten zusammenhängenden Obstan-

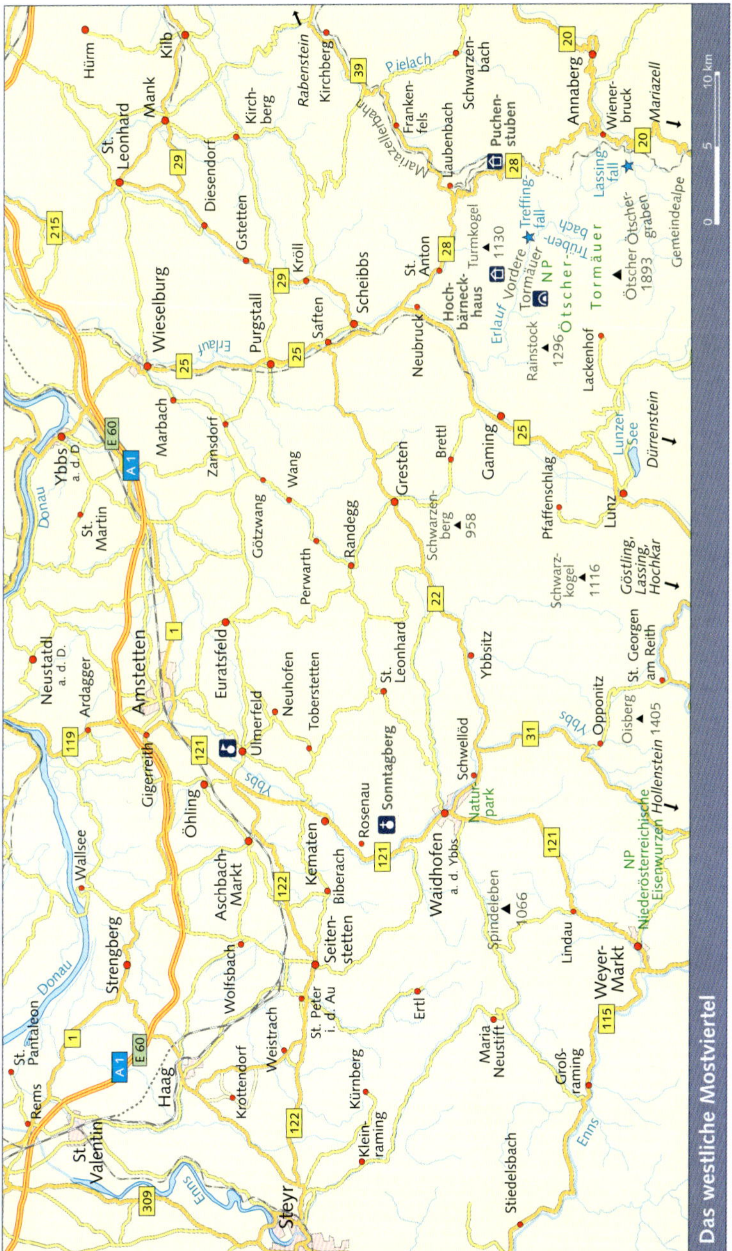

Das Mostviertel

baugebiet Österreichs werden die Früchte neben Most zu Säften, Likören und Edelbränden verarbeitet. Der Most spielt natürlich auch eine große Rolle in der regionalen Küche und ist die Basis für verschiedene Speisen, insbesondere auch zur Verfeinerung von Soßen, Desserts und als Birnen-Balsamico-Essig für Salate (www.mostrezepte.at).

St. Valentin und Umgebung

In Österreich ist St. Valentin als Produktionsstätte der Steyr-Traktoren sehr bekannt. Diese Fabrik ging aus dem 1939 errichteten Nibelungenwerk hervor, in dem ein Drittel aller Panzer der deutschen Wehrmacht produziert wurde. Wegen dieser Industrie wurde St. Valentin 1944/45 bei Bombardements schwer getroffen. Die Statute des heiligen Valentin von Rhätien, des Patrons der Stadt, schmückt den **Hauptplatz**. Er war im 5. Jahrhundert Bischof von Passau. An der Mauer der **Stadtkirche** weisen römische Grabsteine auf einen schon in der Antike bestehenden Siedlungsort an der Stelle des späteren St. Valentin hin.

In **Rems**, nahe der Landesgrenze, gibt es eine sehr sehenswerte spätromanische **Kirche** mit reichgeschmücktem Südportal, das Masken, Vögel und Drachen verzieren. Eine ebenfalls interessante **Kirche** steht in **St. Pantaleon**, die einen ungewöhnlichen quadratischen Grundriss aufweist und auch einen seltenen Doppelchor besitzt. Die Krypta (12. Jahrhundert) ist eine der ältesten ganz Österreichs. Im Ort befindet sich die mit 88 Meter Spannweite längste **Rundholzbrücke** Mitteleuropas.

▶ Karte S. 259

■ Haag und Umgebung

Nach Amstetten ist Haag (5300 Einwohner) das kulturelle und wirtschaftliche Zentrum des Mostviertler Kernlands. Die Innenstadt bildet mit den **Wehrmauern** und dem **Kirchenplatz** einen idyllischen Anblick. Die spätgotische Stadtkirche St. Michael besitzt ein besonders schönes Netzrippengewölbe. Das **Mostviertelmuseum** zeigt alles zum Thema Most, Feldwirtschaft, daneben zur Bienenwirtschaft und alten Wohnkultur. Zu den beliebtesten Ausflugszielen in Niederösterreich zählt der **Tierpark**, der am Südrand der Stadt im Park des Schlosses Salaberg eingerichtet wurde. 800 Tiere leben auf 33 Hektar, besonders die Raubkatzen und die Bären ziehen die Touristen an. Das Schloss Salaburg, ein prächtiges Renaissanceschloss, ist leider nicht zu besichtigen.

Das nahe **Strengberg** besitzt in seiner **Pfarrkirche** einen herausragenden Barockaltar aus farbigem Marmor. Von **Wallsee** (Schloss und Römermuseum), das nur einige Kilometer weiter nordöstlich direkt an der Donau liegt, hat man einen beeindruckenden Blick auf den Fluss, das Donaukraftwerk Wallsee-Mitterkirchen und die Niederung des Machlands am gegenüberliegenden Ufer.

Wer einen guten Most in gemütlicher Umgebung genießen will, probiert beim **Mostheurigen Hansbaue**r im Krottendorf (Nr. 7) südlich von Haag einmal dessen hervorragende Produkte (www.hansbauer.at, Tel. 07434/44702).

Stift Seitenstetten

Die bedeutendste Sehenswürdigkeit dieses westlichsten Gebiets des Landes ist das Stift Seitenstetten, wegen seiner Form auch ›Vierkanter Gottes‹ genannt. Das auch heute etwas abgelegene Kloster, fernab von den großen Handels- und Touristenwegen, lag immer abseits jener Kaiserstraßen, die Wien mit Frankfurt, Prag oder Italien verbanden. Daher fehlt ihm jede imperiale Komponente,

jeder Kaisertrakt. Doch ist es sehr prunkvoll gestaltet – zur Ehre Gottes.
In den ersten Jahren des 12. Jahrhunderts wurde hier von den beiden Rittern Reginbert von Hagenau und Udalschalk von Stille – sie hießen wirklich so – ein Mönchskloster gegründet, in das 1112 die Benediktiner einzogen. Die Stifter überließen dabei dem Kloster ihren großen Grundbesitz. Ein Feuer zerstörte 1250 fast das ganze Kloster. 1440 veranlasste man von Seitenstetten aus den Bau einer Kapelle auf dem Sonntagsberg bei Waidhofen, die bald Ziel von Wallfahrern wurde. Die Reformation setzte dem Kloster sehr zu, mit der Gegenreformation erfolgte jedoch ein großanlegter Ausbau des bis dahin wenig bedeutenden Klosters. Benedikt Adelzhauser (Abt 1687–1717) trieb die Neugestaltung voran und kaufte für das Stift viele Kunstwerke an. Das Kloster ist jedoch in seinen heutigen Ausmaßen von 160 mal 90 Metern erst nach dem Tod des Abtes und dem des Baumeisters Josef Munggenast 1747 fertiggestellt worden. Weder die josephinischen Reformen noch die NS-Zeit konnte dem Kloster etwas anhaben. Seit nun 900 Jahren leben und arbeiten Benediktiner in Seitenstetten.

Die Stiftskirche geht auf einen gotischen Ursprungsbau zurück

Die **Stiftskirche** (um 1300) konnte ihren frühgotischen Charakter trotz der Barockisierung durch Abt Abelzhauser erhalten. Aus der ersten Bauperiode des Klosters stammt die romanische Ritterkapelle, die in den Bau von 1300 integriert wurde. Ungewöhnlich ist in der Stiftskirche die schwarzgoldene Farbe der Einrichtung. Im Stiftsgebäude selbst ist der Deckenschmuck der Abteistiege besonders beeindruckend. Das Fresko – Triumph des heiligen Benedikt – schuf Bartolomeo Altomonte 1744.
Das **Stiftsgymnasium** besitzt mit dem Promulgationssaal über der Einfahrtshalle einen Festraum ohnegleichen. Den Marmorsaal (1735) mit dem Thema der Verknüpfung von Tugend, Askese, Kunst und Wissenschaft, Leitmotiv für das Stift, gestaltete Paul Troger, einer der bedeutendsten in Niederösterreich wirkenden Barockkünstler. Auch die Bibliothek wurde von Troger ausgestaltet. Eine Szene aus der Apokalypse – das Lamm Gottes öffnet die sieben Siegel des geheimen Buches – beherrscht den Raum. Im Sommerrefektorium sind 19 Gemälde des Kremser Schmidt ausgestellt.
Eine **Mineralien- und Stiftsgalerie** mit Werken von der Antike bis zum 20. Jahrhundert zeugt von dem weiten Horizont und der Kunstbegeisterung der Seitenstettener Äbte. Unbedingt sehenswert ist auch der Hofgarten mit dem zugehörigen barocken Meierhof. Der **Hofgarten** weist fünf Teilgärten auf, darunter Kräutergarten, Labyrinth und Gemüsegarten; hier wurde im 17. Jahrhundert in Österreich erstmalig die Kartoffel angebaut.

St. Peter

Die barocke **Pfarrkirche** von St. Peter in der Au zeigt in ihrer seltsamen Form noch die Abkunft aus einer Wehrkirche auf. Deutlich sind die ehemaligen Wehrgänge zwischen den Strebepfeilern zu sehen. Eine gedeckte Brücke verbindet die Kirche mit dem Schloss.

Im St. Peter wurde der Operettenkomponist Carl Zeller (1842–1898) geboren. Viel gespielt wurden einst ›Der Vogelhändler‹ (1891) und ›Der Obersteiger‹ (1894), und einige Lieder aus dem ›Vogelhändler‹ wurden geradezu Weltschlager: ›Grüß euch Gott, alle miteinander‹, ›Wie mein Ahnl zwanzig Jahr‹, ›Ich bin die Christel von der Post‹, ›Schenkt man sich Rosen in Tirol‹ und ›Als geblüht der Kirschenbaum‹ zählen noch heute zu den meistgespielten Operettenliedern. Zeller komponierte nur im Nebenberuf, er war Jurist und Ministerialrat im österreichischen Staatsdienst.

Die Umgebung

Im unweiten **Weistrach** ist in der **Pfarrkirche** das Netzrippengewölbe von 1520 höchst phantasievoll gestaltet: Es wächst aus oktogonalen Pfeilern empor.

Die Moststraße führt südlich der B 122 durch ein besonders unberührtes und landschaftlich begeisterndes Gebiet. Eine Wanderung zur **Elisabethwarte** auf den Plattenberg bei Kürnberg ermöglicht herrliche Rundsichten. Die Wanderkarte 51 von Freytag & Berndt (Eisenwurzen-Waidhofen-Hochkar) gibt viele Hinweise. Die Region südlich von St. Michael am Bruckbach sei dabei besonders empfohlen. Den berühmten Voralpenblick vom Buchenberg darf man sich nicht entgehen lassen. Zum Buchenberg gibt es einen schönen Wanderweg vom Gasthaus Hundsmühle an der Straße Seitenstetten-Waidhofen/Ybbs. Und auch

▸ Karte S. 259

Das wundervolle Gewölbe der Weistracher Kirche

Autotouristen werden auf dem Weg zur Hundsmühle über Seitenstraßen von den Panoramen begeistert sein.

Waidhofen an der Ybbs

Ein schönes historisches Stadtbild weist Waidhofen an der Ybbs (11500 Einwohner) auf. Die Stadt geht auf eine Gründung des bayerischen Bistums Freising im 11. Jahrhundert zurück, daher hat sie noch den Freisinger Mohren im Wappen und war bis ins 20. Jahrhundert hinein ein Zentrum der Eisenverarbeitung. Eisen aus den steirischen Bergbaugebieten um Eisenerz wurde über den Pass am Hochkar über die Eisenstraße nordwärts zur Donau verbracht. Der Steirische Bergbau setzte schon um 1150 ein, und in Waidhofen, wo sich die Eisenstraße aus der Steiermark mit einer anderen wichtigen Eisenstraße aus dem Ennstal kreuzte, entstanden bald die ersten Schmiede- und Hüttenbetriebe. Die Güte der Produkte wurde so schnell legendär, dass der Minnesänger Neithart von Reuenthal um 1235 die Qualität der Waidhofener Schwerter besingen konnte. Um 1450 bestanden 200 Schmieden in der Stadt. In den Eisenwurzen, wie die eisenreichen Gebirgsregionen um Hochkar und Ötscher heißen, sowie den nördlich davon gelegenen größeren und kleineren Verhüttungsorten wurde um 1550 etwa ein Viertel der europäischen Eisenproduktion erzeugt. Das Eisen wurde bis nach Venedig und in den Orient geliefert. Waidhofen wurde so zu einem äußerst wohlhabenden Ort, was noch an den prächtigen Gebäuden der Stadt zu erkennen ist. ›Ferrum chalybsque urbis nutrimenta‹ – Eisen und Stahl ernähren die Stadt – steht als Motto noch heute über dem Ybbsturm, dem südöstlichen Stadtturm, durch das man den Ort vom Gebirge her betrat.

Während der ersten Türkenbelagerung belagerten die Osmanen 1532 auch Waidhofen, doch gelang es den tapferen Stadtverteidigern, sie durch einen gewagten Ausfall zurückzudrängen; um 11.45 Uhr – der genaue Tag ist nicht überliefert – war der Kampf entschieden. Man baute 1534 den 50 Meter hohen Stadtturm in Erinnerung an dieses Ereignis und ließ die Zeiger seiner Uhr auf 11.45 stehen.

Die Reformation spaltete die Bürgerschaft und ließ einen großen Teil der protestantisch gewordenen Bürger abwandern. Dennoch kam es im 17. Jahrhundert zu wirtschaftlicher Erholung, und der Umstieg auf die Sensen- und Sichelproduktion ließ die Wirtschaftskraft Waidhofens wieder wachsen. Die jährliche Herstellung von 360 000 Sensen und 200 000 Sicheln machte die Stadt gegen 1780 zum größten Produzenten dieser Werkzeuge weltweit. Die Industrialisierung und damit die Möglichkeit der kostengünstigen Massenproduktion führte letztlich um 1860 zum Verschwinden der Kleineisenproduktion.

Sehenswürdigkeiten

Waidhofens Stadtbild verbindet in seltener geschlossener Form Gotik, Renaissance und Barock. Die Straße Graben vor dem Ybbsturm ist mit den **Stadtmauerresten**, den hübschen **Biedermeierhäusern** und einer **Klosterkirche** ein Idyll. Am Oberen Stadtplatz steht neben dem **Stadtturm** (Aussichtsplattform!) die **Mariensäule** (1665). Am Freisinger Berg ist das im Kern gotische **Rathaus** direkt mit dem Stadtturm verbunden. Den Platz schmücken sehr schöne **Bürgerhäuser**. Im Haus Oberer Stadtplatz 22 wohnte 1878 der Liederkomponist Hugo Wolf, das **Heimatmuseum** (Nr. 32) verdeutlicht die Geschichte der Eisenproduktion und auch die Wassernot der Stadt: Die Ybbs trat oft über ihre Ufer. Am Nordende des Platzes steht die **Stadtpfarrkirche St. Maria Magdalena und Lambert** (1510), zu der man durch das frühere Friedhofstor gelangt. Zu ihrer eindrucksvollen Raumwirkung tragen

Der Ybbsturm

besonders die filigranen Netz- und Kreuzrippen im Gewölbe bei. Die Fenstermalerien wirken wie aus dem 14./15. Jahrhundert, sind aber erst in der Nachkriegszeit entstanden. Im Kirchenschatz befindet sich die Messerermonstranz, ein wundervolles, einen Meter hohes Kunstwerk aus Gold, das alljährlich zu Fronleichnam durch die Stadt getragen wird. Sehenswert ist weiterhin in der Johanneskapelle der Kirche eine ausladend gestaltete barocke Grablegungsgruppe wie auch die gotische Ölbergszene an der Außenwand.

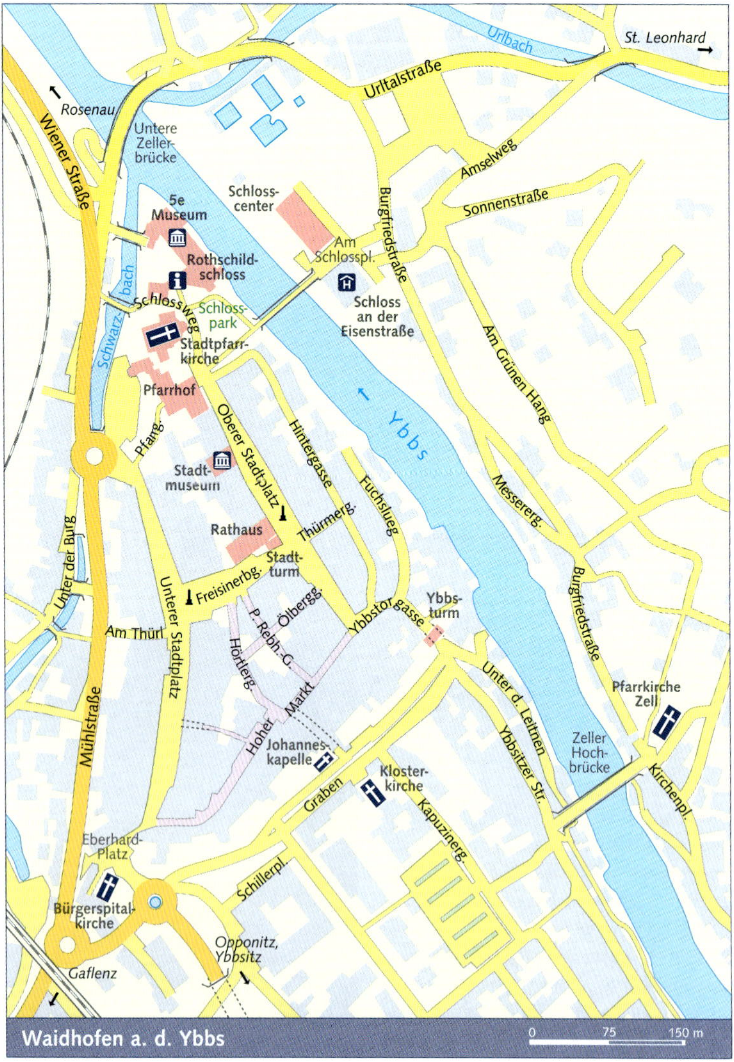

Rothschildschloss

Hinter der Kirche öffnet sich der Blick zu einer ungewöhnlichen neogotischen Burganlage, dem Rothschildschloss. Der begehbare Bergfried stammt aus dem 14. Jahrhundert und erhielt seinen gläsernen Aufbau erst vor wenigen Jahren. Diese lichtdurchflutete Turmstube wird gern für Konferenzen und Ausstellungen genutzt. Innerhalb des Turmes gibt es ein frei zugängliches **Museum**, das an Hexenverfolgungen und Folter im Mittelalter gedenkt. Ein bedeutenderes Museum ist das erst kürzlich entstandene **5e-Museum** im Schloss selbst: 5 Elemente, 50 Experimente, 500 Exponate. Gemeint sind dabei die für die Waidhofener Kulturgeschichte so wichtigen Faktoren Erde, Metall, Wasser, Holz und Feuer. Das interaktive und höchst phantasievolle Museum ist auch bei Kindern beliebt, ein virtueller Rundgang ist online möglich.

Das Rothschildschloss selbst geht auf das Mittelalter zurück und war bis 1803 Verwaltungssitz der Freisinger Bischöfe. Damals verlor durch den Reichsdeputationshauptschluss das Hochstift Freising seine Güter im Ybbstal. Das Schloss begann zu verfallen, bis es Baron Albert Rothschild 1875 kaufte und wiederherstellen ließ. Die Rothschilds besaßen im Mostviertel bedeutende Domänen. 1890 war der Wiederaufbau im neogotischen Stil beendet. 1938 wurde die jüdische Familie Rothschild Opfer der Nationalsozialisten, ihr Besitz, darunter eben das Schloss, wurde enteignet. Als die Familie später ihre Besitzungen zurückerhielt, vermachte Louis Rothschild das Schloss dem österreichischen Staat mit der Auflage, für die ehemaligen noch lebenden Arbeiter der Domäne einen Pensionsfonds zu errichten, der sie finanziell absichern sollte. Heute gehört das

Rothschildschloss, Bergfried mit modernem Aufbau

Schloss der Gemeinde Waidhofen und ist Veranstaltungs- und Kulturzentrum. Der Wiener Architekt Hans Hollein hat es nochmals umgeändert und ihm seine faszinierende äußere Gestalt gegeben, die sehr geschickt Mittelalter, Neugotik und 20. Jahrhundert verbindet.

Vom Schloss geht es, vorbei an der Kirche, über einen Durchgang und die Pfarrgasse hinab zum Unteren Stadtplatz, der das stille Gegenstück zum Oberen Stadtplatz bildet. An dessen Südende steht am Eberhardplatz die **Bürgerspitalkirche** mit ihrer wertvollen Steinkanzel.

Die Umgebung

Am Buchenberg südlich der Stadt besteht eine besondere Freizeitattraktivität mit **Naturpark, Wildpark und Kletterpark** in einer Einheit. Die frei begehbaren Eulenanlagen – Waldkauz Ossi ist der Liebling aller Besucher –, Streichelzoo, Abenteuerspielplatz und Weidenlabyrinth begeistern vor allem Kinder, während Österreichs größter Kletterwald mit verschiedenen Schwierigkeitsgraden alle Altersgruppen entzückt.

Ein beliebtes Wanderziel in Waidhofens Umgebung ist die **Spindeleben** (1066 m), zu erreichen über die Straße nach Großraming a.d. Enns. Der nicht allzu schwierige Weg bietet schöne Aussichten und ist auch für Familien geeignet. Man steigt entweder vom Neustifter Sattel (706 m) über den Wanderweg 28 zu ihr empor, kann dann über den Wanderweg 27 bis nach Waidhofen laufen (5 Std.), oder geht vorher entlang des Bikerwegs und des Klettergartens Falkenmauer zurück ins Tal (3 Std.) und kehrt dort beim Eckerwirt ein. Von hier geht es mit dem Bus zurück zum Neustifter Sattel. In jedem Falle sollte man sich um eine Rückfahrmöglichkeit kümmern. Doch der hinreißende Blick vom Gipfel entschädigt für alle Vorbereitungen.

Eine technische Sehenswürdigkeit ist das **Schaukraftwerk Schwellöd** an der Straße nach Ybbsitz, Eisenbahnfreunde schätzen die Fahrt mit der gemütlichen Ybbstalbahn, die auch Schafkäs-Express genannt wird. Sie fährt mehrmals täglich entlang des Flusstals empor bis Lunz und zurück. Die 71 Kilometer lange Strecke wurde 1898 vollendet; Fahrtdauer etwa 105 Minuten.

Sonntagberg

Die **Wallfahrtskirche** Sonntagberg, etwa fünf Kilometer nördlich von Waidhofen, zählt zu Österreichs großen Wallfahrtsorten. Auf einer keltischen Kultstätte, dem Zeichenfels, soll hier im 14. Jahrhundert ein hungriger Hirtenjunge, der eingeschlafen war, beim Aufwachen ein Brot gefunden haben. 1440 wurde über dem Stein eine Kapelle errichtet, die nach dem Türkeneinfall die Pilger in Scharen anzog; besonders in der Gegenreformation nahm der Zulauf zum Berg nochmals zu. Die Pferde türkischer Reiter sollen an einer Quelle am Berg in die

▲ Karte S. 259

Kaiser Otto III.

Knie gebrochen sein; hier steht heute die Türkenbrunnenkapelle. 1490 entstand eine erste spätgotische Kirche. Das hier verehrte Gnadenbild stammt aus jener Epoche. Von 1705 bis 1718 wurde die gotische Kirche durch einen gewaltigen Neubau Jakob Prandtauers ersetzt. Das Langhaus wird von dem gewaltigen Deckenfresko Daniel Grans (1738) dominiert, das die Heilige Dreifaltigkeit darstellt.

Gleich bei der Basilika beginnt der **Panoramahöhenweg** (Nr. 208 bzw. 204), der ostwärts zu den schönsten Punkten des Mostviertler Voralpenlands führt. Mit dem traditionellen Brauch des ›Feuer am Berg‹ werden alljährlich am am 24. Juni um 22 Uhr gleichzeitig 25 Feuerstellen entlang des Wegs zwischen Sonntagberg, St. Leonhard und Ybbsitz angezündet.

Neuhofen an der Ybbs

Zwar hat Neuhofen nur 2700 Einwohner; der Ort, südlich von Amstetten gelegen, hat für Österreich dennoch größte geschichtliche Bedeutung. Kaiser Otto III. übergab am 1. November 996

dem Bischof Gottschalk von Freising eine Urkunde, durch die den Freisingern ein Stück Land von etwa zehn Quadratkilometern Fläche zwischen den Alpen und der Donau übereignet wurde, gelegen um »Niuvanhova, in regione vulgari vocabulo ostarrichi« – also um ›Neuhofen, in einer Gegend, die gemeinhin Ostarrichi genannt wird‹. Die Region mit diesem Namen nahm bald an Fläche zu und blieb eine Verwaltungseinheit inerhalb des Herzogtums Bayern bis zu ihrer Unabhängigkeit 1156, nun als Herzogtum Österreich.
Der **Ostarrichi-Kulturhof** in Neuhofen erläutert mit Ausstellung und Konzerten jene Geburtsstunde Österreichs. Das Original der Urkunde befindet sich im Bayerischen Staatsarchiv München. Fünf Granitfelsen symbolisieren in Neuhofen die fünf Kontinente und mahnen als **Platz der vergessenen Völker** an Menschlichkeit und Toleranz.

Toberstetten

Im nahen Toberstetten weist die Veitskirche etwas ganz Ungewöhnliches auf. Hinter dem Hochaltar ist ein seltsamer Hühnerstall erhalten. Dem heiligen Veit als Helfer unter anderem gegen Schlangenbisse und Epilepsie – nicht umsonst heißt diese Krankheit im Volksmund Veitstanz – wurden Hühner geopfert, die man prophylaktisch gleich in der Kirche bereit hielt.

Amstetten

Die Stadt mit ihren 23 000 Einwohnern ist Verwaltungs-, Wirtschafts- und kulturelles Zentrum des westlichen Mostviertels und wurde im Jahr 1111 erstmals urkundlich benannt. Bis in die Mitte des 19. Jahrhunderts war der Ort verhältnismäßig wenig bedeutend. Er war als Bahnknotenpunkt während des Krieges von strategischer Wichtigkeit und wurde deshalb mehrmals schwer bombardiert. Der heute wichtige Handels- und Bankort weist im Zentrum daher kaum große Sehenswürdigkeiten auf. Das Stadtzentrum wurde in den letzten Jahrzehnten völlig umgestaltet, letzlich ist die Stadt nur Transitort bzw. Einkaufsplatz. Das Ortsgebiet ist zudem durch die Westbahn-Hochgeschwindigkeitsstrecke und zwei Bundesstraßen zerris-

Das Mostviertel

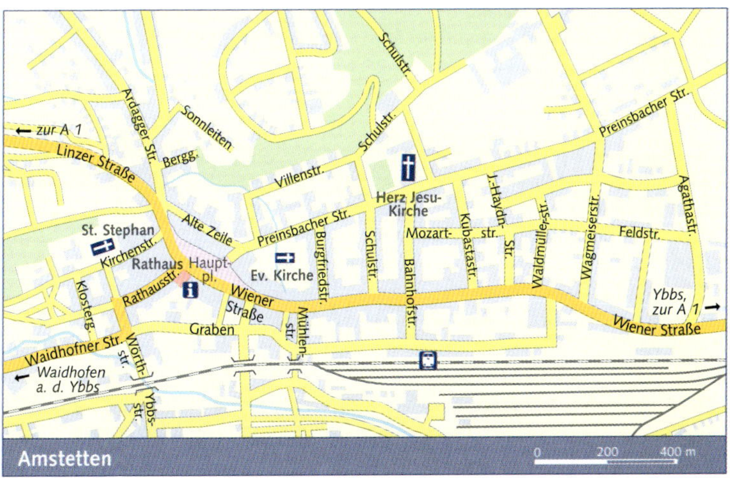

sen. Dennoch ist man um ein gutes Image bemüht, so finden alljährlich überregional bekannte Musicalaufführungen statt.

Die Umgebung

Einen Besuch lohnt die etwas südwestlich gelegene **Burg Ulmerfeld**, wo im Schlossturm eine historische Waffensammlung mit Äxten, Spießen, Hellbarden und vielem mehr aus allen Epochen sehr sehenswert ist. In **Gigerreith**, an der Straße nach Ardagger, gibt es das höchst originelle, private **Mostviertler Bauernmuseum** mit seinen riesigen volkskundlichen Sammlungen.

Südlich der Ybbs befindet sich eine architektonische Sehenswürdigkeit: In Freidegg bei Ferschnitz stand einst eines der größten Renaissanceschlösser Niederösterreichs. Hier lebte der Gelehrte und Staatsmann Reichard Streun oder Strein (1538–1600), der an den Höfen Ferdinands I. und Maximilians II. eine führende Position als hoher Verwaltungsbeamter innehatte und sich um die Lande verdient gemacht hat. Das herrlich gelegene und kunstvoll ausgestattete **Schloss Freidegg** verfiel nach dem Tode des Besitzers zusehends. Heute stehen nurmehr ein Torturm und ein Teil des ehemaligen Wirtschaftsgebäudes.

An der Moststraße

Mostviertel-Tourismus, Adalbert-Stifter-Str. 4, 3250 Wieselburg, Tel. 07416/52191, www.mostviertel.info.

Stadtgemeindeamt Haag, Sparkassestr. 3, 3350 Haag, Tel. 07434/4242316, www.haag.gv.at.

Tourismusbüro Waidhofen, Schlossweg 2 (Rothschildschloss), 3340 Waidhofen/Ybbs, Tel. 07442/511255, www.waidhofen.at.

Gemeindeverwaltung Amstetten, Lonetalstraße 19, 73340 Amstetten, Tel. 07331/3006-0.

Gaststätte Zur Post, Hauptstr. 96, 7334 Amstetten, Tel. 07331/7260. DZ ab 30 €; Sa/So ist das Restaurant geschlossen.

Hotel und Gasthof Zur Post, Westbahnstr. 36, 4300 St. Valentin, Tel. 07435/53277, www.hotel-rogl.at, DZ 70 €.

Gasthof Mitter, Linzer Str. 11, 3350 Haag, Tel. 07434/424260, www.mitter-haag.at, p.P. im DZ 35–40 €.

Hotel Schloss an der Eisenstraße, Am Schlossplatz 1, 3340 Waidhofen/Ybbs, Tel. 07442/505, www.schlosseisenstrasse.at, p.P. im DZ ab 60 €. Sehr schönes Hotel in den Räumen des historischen Zeller Schlosses, dem Sitz der Herren von Gleiß, die jahrhundertelang Grundherren der Region waren.

Gasthaus Hundsmühle, Dorf 113, 3353 Seitenstetten, Tel. 07477/42370. Do geschlossen.

Landgasthof Gafringwirt, 3324 Mittergafring 4 (bei Euratsfeld), Tel. 07474/268-0, www.gafringwirt.at, p.P. im DZ ab 32 €.

Mostviertelmuseum, 3350 Haag, Tel. 07434/4242317; nur während großer Mostfeste in der Stadt geöffnet.

Stift Seitenstetten, Am Klosterberg 1, 3353 Seitenstetten, Tel. 07477/42300233, www.stift-seitenstetten.at. Nur mit Führung zugänglich, Führungen Ostermontag bis 31. Okt. tgl. 10 und 15 Uhr, Stiftsgarten 8–20 Uhr.

▸ Karte S. 259

Heimatmuseum, Oberer Stadtplatz 32, 3340 Waidhofen/Ybbs, Tel. 07442/511247, Ostern bis Ende Okt. Di-So 10-17 Uhr.
5e-Museum, Schlossweg 2, 3340 Waidhofen, Tel. 07442/511255, Ende April bis 2. Nov. Di-So 10-18 Uhr, www.waidhofen.at.
Schaukraftwerk Schwellöd, Mai bis Ende Okt. nur mit Führung Sa/So um 15 Uhr.
Ostarrichi-Kulturhof, 3364 Neuhofen/Ybbs Nr. 130, Tel. 07475/59065, www.ostarrichi-kulturhof.at, Mai bis Ende Okt. Di-Fr 10-12 u. 13-15, Sa/So 10-12 u. 13-16 Uhr bzw. nach Voranmeldung.
Veitskirche, Toberstetten, Info unter Tel. 07475/52700 und 59065.
Burg Ulmerfeld, Burgweg 1, 3363 Ulmerfeld, Tel. 07475/54037 oder 07475/52326-11, So 14-17 Uhr.
Mostviertler Bauernmuseum, Ödhof, 3300 Gigerreith Nr. 39, Tel. 07479/7334, www.distelberger.at, nur nach Voranmeldung.

Ybbstalbahn, Fahrplanauskünfte Tel. 07442/55680/382, Personenkasse Waidhofen.

Haager Theatersommer, in den Sommermonaten, www.2011theatersommer.at.
Musicalsommer, Amstetten, www.musicalsommeramstetten.at.

Wanderung um Spindeleben: Wanderkarte 051, Eisenwurzen, Freytag & Berndt.

Tierpark Waidhofen, Tel. 0676/88511444, www.tierpark.at, März bis Nov. tgl. 9.30-19 Uhr.
Tierpark Stadt Haag, Salaberg, 3350 Haag, Tel. 07434/454081, www.tierparkstadthaag.at, April bis Sept. tgl. 8.30-17 Uhr, Okt bis März 9-16 Uhr.

Die Wallfahrtskirche Sonntagberg scheint die Region zu bewachen

In den Eisenwurzen

Der alte Transportweg der steirischen Eisenerze nordwärts zu den Schmiede- und Hüttenzentren an Ybbs und Enns verläuft von der Region um den steirischen Eruberg über Hieflau und Palfau bis zum Pass am Hochkar und dann ybbsabwärts bis zu den Schmiede- und Hüttenstandorten an Enns und Ybbs. Entlang dieses Weges ist von den Touristenverbänden ein Kulturpark Eisenstraße (www.eisenstrasse.info) ins Leben gerufen worden, der die Kulturgeschichte der Region lebendig aufbereitet. Ihr traditionelle Name ist Eisenwurzen, wenngleich die genaue Etymologie des Worts unklar ist. Das ›Land der Schwarzen Grafen‹, wie eine andere Bezeichnung lautet – gemeint sind die früheren Herren der Eisenhämmer –, ist eine von den großen Touristenströmen kaum beeinträchtigte Bergwelt von schlichter Schönheit.

Die Ybbs

Die 130 Kilometer lange Ybbs entspringt nahe der steirischen Grenze im abgelegenen Gebiet des Großen Zellerhuts, und heißt hier Weiße Ois, fließt an Lunz und Göstling vorbei und trägt erst ab hier ihren eigentlichen Namen. Sie passiert Hollenstein, Waidhofen und Amstetten und mündet bei der Stadt Ybbs in die Donau. Die Kleine Ybbs entspringt bei Ybbsitz, heißt zunächst Schwarze Ois und mündet bei Waidhofen in ihre große Schwester. In seinem Unterlauf war der Fluss bis vor etwa 30 Jahren eines der meistverschmutzten Gewässer Österreichs, wofür insbesondere die Papierfabriken in Ulmerfeld und Kematen verantwortlich waren. Strenge ökologische Vorschriften haben heute dem Fluss seine alte Klarheit wiedergegeben.

Ybbsitz

Im Tal der Kleinen Ybbs liegt Ybbsitz, trotz des Niedergangs im 19. Jahrhundert seit alters her ein traditioneller Ort des Schmiedehandwerks. Die **FeRRUM-Welt** des Eisens führt den Besucher auf eine multimediale Begegnung mit dem Eisen und seiner Verarbeitung, wechselnde Ausstellungen zu anderen Indus-

▲ *Die Ybbs in Waidhofen*

Karte S. 259

trierohstoffen ergänzen das Programm. Beim ›Anschmieden‹ jedes Jahr Ende April zeigen alle Schmieden und Hammerwerke in Ybbsitz innerhalb eines großen dreitägigen Festes ihr Können. Entlang der ›Schmiedemeile‹ sind im Ort mehrere wichtige eisenverarbeitende Betriebe angesiedelt, die für das Publikum ihre Arbeit präsentieren. Ein Schmied wie anno dazumal ist Sepp Eybl, sein **Eybl-Hammer** zählt zu den originellsten historischen Werkstätten. Sepp Eybl stellt beispielsweise Vogelskulpturen aus Metall her, die weltweit begehrt sind.

Gresten und Umgebung

Der Marktflecken Gresten genoss als Handelsplatz an der berühmten Dreimärktestraße - die anderen sind Scheibbs und Pürgstall - im 16. Jahrhundert große Bedeutung und wurde zu Beginn des 20. Jahrhunderts. eine beliebte Sommerfrische. In der **Stadtkirche St. Nikolaus** gibt es einige schöne Marmorepitaphe.

Die **Kulturschmiede Gresten** kennt man in ganz Niederösterreich als beliebte Plattform für Veranstaltungen aller Art. Um den Ort erinnern zahllose ehemalige Hammer- und Nagelschmieden an die große Tradition der Eisenverarbeitung, genau wie das **Proviant-Eisen-Museum** im Karner der Stadtkirche. Die Grestener Region war einst verpflichtet, die Abbaugebiete in den höheren Lagen der Eisenwurzen mit Proviant zu beliefern. Im Tauschhandel wurde minderwertiges Eisen, sogenanntes Provianteisen, ins Erlauftal gebracht und dort zu Pfannen, Hufeisen, Nägeln und verschiedensten Werkzeugen verarbeitet.

Gresten ist übrigens das Greenwich von Österreich. Nur anderthalb Kilometer westlich der Stadt verläuft der 15. Meridian. Zwei Kilomer nordwestlich von Gresten, an der Straße nach Randegg, steht ein **Meridianstein**. Er zeigt den Kreuzungspunkt des 15. Meridian mit dem 48. Breitengrad. Ein weiterer existiert nördlich, nahe Steinakirchen/Forst. **Randegg** selbst besitzt eine höchst pittoreske, einsame **Burgruine**.

Im unweiten **Reinsberg** exisitiert mit **ferroArte** eine großangelegtes Kulturprojekt, in dem sich Künstler mit der Tradition, der Landschaft und dem hier verarbeiteten Eisen auseinandersetzen. Die malerische Burgruine Reinsberg dient für Theater und Opernaufführungen, insbesondere provokative Inszenierungen. Die Ruine ist ganzjährig frei zugänglich.

Opponitz

Die kleine Gemeinde Opponitz ist als Anglerparadies bekannt, besonders den Fliegenfischern bietet das klare Wasser gute Möglichkeiten. In Opponitz wurden einst wie in Waidhofen Sicheln produziert; ein **Museum** in einem alten Hammerwerk gedenkt dieses alten wichtigen Instruments, das hier bis 1980 hergestellt wurde. Opponitz besitzt einen Haltepunkt der Ybbstalbahn.

Eine schöne, nicht allzu schwere Wanderung geht von Opponitz westwärts über den Wanderweg 208 hoch zur Amstettner Hütte (922 m) und zum Wetterkogel (1078 m). Der Weg führt über sanfte Waldberge, Wiesen und vorbei an einsamen Höfen. Etwa 2,5 Stunden muss man bis zum Wetterkogel einplanen, bis zur Amstettner Hütte über den Hirschkogel eine weitere Stunde.

Von Opponitz weiter flussaufwärts verengt sich nach und nach das Tal. Bei der Bahnhaltestelle Klein Hollenstein kann man über einen bequemen Weg (Nr.

54) entlang des Krenngrabens hoch zur Annahütte beim Bauernboden am Fuß des 1373 Meter hohen Schneekogel steigen und von dort nach Opponitz zurückkehren. Diese schöne Ganztageswanderung ist nicht allzu anstrengend, doch gibt es keine Einkehrmöglichkeit: Die Annahütte ist nur unregelmäßig bewirtschaftet.

Hollenstein und Umgebung

Wegen des **hübschen Stadtbildes** und der vielfältigen **Wandermöglichkeiten** lohnt ein Besuch in Hollenstein. Ein Sagen-Wanderweg macht mit seltamen Ereignissen aus der Geschichte des Ortes bekannt. Er führt zum Wentsteinhammer, einer verfallenen Schmiede. Die Besteigung des nahen Gallenzer Kogel (782 m) ist als Panoramatour ausgewiesen (Wanderweg 3). Etwas anstrengender ist der Weg zu den Schneegruben an der 1770 Meter hoch gelegenen Stumpfmauer im kleinen Massiv der Voralpe. Es ist eine lange, einsame Tour, die allerdings mit prachtvollen Aussichten belohnt. Trittsicherheit ist nötig, vier Stunden muss man für dem Aufstieg einkalkulieren. Von der Stumpfmauer mit ihrem großartigen 360-Grad-Blick kann man über einen himmelstürmenden Grat noch zum Tanzboden (1727 m) kommen, von wo sich eindrucksvoll die Gesäuseberge zeigen (1 Std.). Leider gibt es auf dieser Wanderung keine Einkehrmöglichkeit, nur in Hollenstein selbst kann man sich stärken.

Die südliche Umgebung des Orts ist als **Naturpark Niederösterreichische Eisenwurzen** ausgewiesen. Ihn erblickt, erläuft, erlebt man am besten mit einer Wanderung auf die auf 1284 Meter

Bei Hollenstein

gelegene Kitzhütte (Jausenstation) auf dem Könisgberg-Massiv. Von Hollenstein gelangt man über den Rundwanderweg RW 3 auf zwei Möglichkeiten dorthin: entweder über eine nördliche Variante über die Lokalität Hochschlag oder in einer etwas längeren Südvariante, der ›Kitzhüttenalmtour‹ um das Köthler Eck herum. Es heißt, dass beim Blick von der Kitzhütte alles irdische Treiben wesenlos wird.

Ybbsaufwärts erreicht man **Moosau** mit einem **Renaissance-Getreidespeicher** und dann **St. Georgen am Reith**. Ein schönes **Herrenhaus** und die Reste eines **Hammerwerks** künden vom einstigen Wohlstand des Orts.

Göstling

Das touristische Zentrum des oberen Ybbstals ist zweifellos Göstling. Es ist einer der traditionsreichsten Urlaubsorte Niederösterreichs, besitzt ein schönes **historisches Ortsbild** – darunter Sgraffitohaus, Pfarrkirche mit Bildern des Kremser Schmidt – und am Hochkar das größte und schneesicherste Winter-

Romantisches Abenteuer: eine Fahrt mit der Ybbstalbahn

Das schöne Sgraffitohaus in Göstling

sportgebiet des Bundeslands. Es sind **Skipisten** sämtlicher Schwierigkeitsgrade vorhanden, von leichten Hängen bis zu steilen Buckelpisten. Die Lifte befördern die Skifahrer von der Talstation (1380 m) in eine Höhe von 1800 Metern, die Gesamtlänge der Abfahrten beträgt 18,6 Kilometer.

Wanderungen

Für den **Skilanglauf** existieren über 20 Kilometer Loipen auf der südlich des Orts gelegenen Hochreit, die sich im Sommer als besonders hübsches Wanderziel (Rundwanderweg 7) anbietet, das ohne große Schwierigkeiten in zwei Stunden zu erreichen ist. Um die Hochreitkapelle lässt sich eine vielfältige Natur erkunden. Über Wanderweg 23 (Richtung Ringkogel) kann man auf knapp 900 Meter Höhe zu dem geheimnisvollen Leckermoor gelangen. Empfehlenswert ist auch die Wanderung vom Stanglwirt am südlichen Ortsausgang über den Wanderweg 12 zur Siebenhütten (Jausenstation) und von dort über den Niederösterreich-Landesrundwanderweg am Schwarzkogel entlang zur Kitzhütte, hinab nach Hollenstein und von dort mit öffentlichen Verkehrsmitteln zurück – eine erlebnisreiche Ganztagestour. Das Gebiet um den Hochkar und den östlich gelegenen Dürrenstein zählt mit 157 Kilometer Wanderwegen in Höhen zwischen 500 und 2000 Meter zu den besterschlossenen Wandergebieten. Nicht zuletzt sei hier noch das malerische Steinbachtal östlich von Göstling erwähnt. Hier ist ein Themenweg zur ›Kraft des Wassers‹ angelegt.

Lassing und der Hochkar

Im Göstlinger Ortsteil Lassing überquert die Eisenstraße den Pass über die Göstlinger Alpen hinüber in die Steiermark. Hier, im Mendlingtal, ist in einer malerischen Schlucht eine der letzten Holztriftanlagen Europas in einem attraktiven, 2,5 Kilometer langen **Lehrpfad** zu begehen, der sich gut für Familienaus-

▲ Karte S. 259

flüge eignet. Vorbei an einer historischen Brettersäge, einer alten Getreidemühle und einem Abenteuerspielplatz erreicht man das Hammerherrenhaus mit seiner gerühmten Jausenstation. Das Mendlingtal mit seinem **Erlebnispark** zählt zu den meistbesuchten Sehenswürdigkeiten Niederösterreichs.
Von Lassing führt eine mautpflichtige, serpentinengezierte und für Gespanne (Wohnwagen) gesperrrte Bergstraße empor zum **Hochkarschutzhaus** (1491 m). Von hier kann man mit der (Sommer-) Sesselbahn empor zum Geischlägerhaus (1780 m) fahren und dann mit etwa 20 Minuten Fußmarsch den Gipfel des Hochkar (1808 m) erreichen. Bis zum Waldviertel im Norden, bis zu Schneeberg und Rax im Osten und bis zum Großglockner im Westen kann der Blick von hier über die Berge gleiten.

Wanderungen um den Hochkar

Unentwegte ziehen den direkten Aufstieg zum Hochkar vom Schutzhaus über den Wanderweg 16 vor; allerdings sind Trittsicherheit, Kondition und Erfahrung nötig. Bergerfahrene Wanderer schätzen die 17 Kilometer lange Ganztagesrundwanderung vom Hochkargipfel ostwärts zum Ringkogel (Teilstück des Alpintourwegs Hochkar–Dürrenstein–Ötscher) und von dort über die Brunneckerhütte zurück zum Hochkarhaus; der Weg ist jedoch teilweise mangelhaft markiert. Wer sich jedoch nicht abschrecken lässt, den erwartet eine eindrucksvolle, einsame Grat- und Almenwanderung. Wer nur einen kleinen Spaziergang machen will, kann vom Hochkarhaus in 30 Minuten zum Bergsee gehen (Weg 23). Auch diese Route ist voll landschaftlicher Schönheit.

In der Nähe des Hochkar

Hochkarhöhle

Unterirdische Pracht kann man in der Hochkarhöhle (www.hochkar.com), einer der größten Tropfsteinhöhlen des Lands bewundern. Sie kann wegen der Skipisten nicht mehr durch ihren natürlichen Eingang betreten werden und ist daher nur über einen künstlichen Stollen zugänglich, der von der Talstation des Sessellifts in 10 Minuten Fußweg zu erreichen ist. 30 Minuten Fußweg sind es zu einem frei zugänglichen Klettersteig (www.freelife.at), der Geübten eindrucksvolle adrenalingesteuerte Naturerlebnisse bietet.

Am Dürrenstein

Wie auch der Hochkar gehört der zwölf Kilometer nordöstlich gelegene Dürrenstein (1878 m) geologisch zu den Nördlichen Kalkalpen, die hier ein breites Gipfelplateau ausgebildet haben, in dem zahlreiche Dolinen - Einbrüche durch unterirdische Gesteinsauslaugung - ausgebildet sind. Eine davon, die Doline Grünloch, wird manchmal als Kältepol Mitteleuropas angesehen, denn hier wurden in den Wintermonaten schon Temperaturen von 50 Grad unter Null gemessen. Daher testete die Wehrmacht hier Fahrzeugmotoren für den Russlandfeldzug. Metallreste von jenen Versuchen finden sich auch heute noch.

Am Rothwald existiert der mit 2,4 Quadratkilometer Fläche neben Kubany im Böhmerwald größte **Urwaldrest** Mitteleuropas. Er ist jedoch öffentlich außer durch gesonderte Führungen nicht zugänglich. Mit sehr vel Glück kann man dabei sogar Bären und Luchsen begegnen. Bereits 1875 initiierte Baron Albert Rothschild das Projekt, den Rothwald als vom Menschen unberührtes Gebiet für die Nachwelt zu erhalten.

Den Dürrenstein erreicht am am besten über die **Ybbstaler Hütte** (1344 m), die wiederum am besten von der Straße Göstling–Lunz über den Wanderweg 14 zugänglich ist.

Lunz am See

Folgt man hinter Göstling der Ybbs weiter aufwärts, erreicht man bei Kasten die Töpperbrücke. Hüttenbesitzer Andreas Töpper ließ sie 1861 als Zufahrtsbrücke für sein auf dem anderen Ufer gelegenes Werk errichten und dabei mit gusseisernen Heiligenfiguren schmücken.

Das nahe Lunz ist wie Göstling ein traditioneller Erholungsort, der als die im Winter kälteste Gemeinde Österreichs gilt. Hier endet die von Waidhofen kommende Ybbstalbahn. Auch hier gibt es mit dem **Amonhaus**, heute Rathaus und Museum, ein sehr schönes Sgraffitogebäude. Das **Hammerherrenmuseum** stellt die Kulturgeschichte der Gegend von der Urzeit über das Mittelalter unter anderem mit einem rekonstruierten

Am Lunzer See

Bergwerksstollen dar. Der **Lunzer See**, der größte natürliche See Niederösterreichs, ist mit seiner Seebühne und dem alljährlich im Juli stattfindenden Festival Wellenklänge (www.wellenklaenge.at) ein Ort musikalischer Großereignisse zwischen Klassik, Volksmusik und Techno. Doch ist der See mit seinem schönen Seebad vor allem als Badeplatz sehr beliebt.

Vom Schloss Seehof am Ostende des Sees geht ein wunderbarer Spazierweg durch das Seetal empor zum Dürrenstein. Der wenig anstrengende Weg führt am Mittersee vorbei, erreicht den pittoresken Ludwigfall an der Ellmauer, steigt dann auf 1114 Meter zum Obersee an, von dem es himmelstürmend empor zum Leonhardskreuz auf 1400 Meter Höhe geht. Auch im unteren Abschnitt – sechs Kilometer sind es bis zum Ludwigfall – bleiben die Eindrücke dieser Wanderung unvergesslich.

In den Eisenwurzen

Tourismusbüro Naturpark Eisenwurzen, Dorf 3, 3343 Hollenstein, Tel. 07445/21821, www.hollenstein-ybbs.gv.at.

Tourismusverein Lunz am See, Amonhaus, Amonstr. 16, 3293 Lunz am See, Tel. 07486/ 80815, www.lunz.at.

Tourismusverein Göstlinger Alpen, 3345 Göstling/Ybbs Nr.1, Tel. 07484/ 50219, www.goestling-hochkar.at, bzw. www.goestling.com.

Gasthof Zellhofer, Durlmühle, Wiesengraben 13, 3264 Gresten, Tel.

Karte S. 259

07484/2404. Ca. 4 km südlich von Gresten, www.durlmuehle.at, p.P. im DZ 25 €.

Kirchenwirt Aigner, Hauslehen Nr. 19, 3342 Opponitz, Tel. 07444/7223, p.P. im DZ um 30 €.

Gasthof Stanglwirt, Strohmarkt 12, 3345 Göstling, Tel. 07484/2250.

Gasthof Fahrnberger, Lassing Nr. 19, 3345 Göstling, Tel. 07484/7234, www.gasthof-fahrnberger.at. Sicherlich eine der besten Adresse im Hochkargebiet. p.P. im DZ ab 50 €.

Hochkarschutzhaus, Tel. 07484/7203, www.sportpension-hochkar.at; während der Skisaison (Dez.–März) tgl., Juli–Sept. Sa–Mi, Mai, Juni, Okt. und Nov. auf Anfrage.

Ötscherland Camping, Zellerhofstraße 23, 3293 Lunz am See, Tel. 07486/8413, www.oetscherlandcamping.at.

FeRRUM, Markt 24, 3341 Ybbssitz, Tel. 07443/85300, www.ferrum-ybbsitz.at, Mai bis Okt. Di–So 9–18 Uhr, in der Wintersaison meist 13–17 Uhr.

Eybl-Hammer, In der Noth 49, 3341 Ybbssitz, Tel. 07443/86459.

Proviant-Eisenmuseum, 3264 Gresten, Tel. 07487/231016, So 10–17 Uhr bzw. nach Voranmeldung.

Sichelmuseum, Hauslehen 14, 3342 Opponitz, Tel. 07444/7280, www.opponitz.gv.at. Nach Voranmeldung.

Erlebniswelt Mendlingtal, 3345 Göstling/Ybbs, Tel. 07484/502019, Mai bis Okt. tgl. 9–17 Uhr. Schautriftvorführung während dieser Zeit jeweils am 1. So und 3. Sa im Monat um 13.30 Uhr bei der Klaushütte und um 14 Uhr beim Rechen.

Hammerherrenmuseum, Amonstraße 16, 3293 Lunz, Führungen Juni bis Sept. Di–So 10 und 11 Uhr, Okt. bis Mai Mi 10 Uhr. Besuch nur mit Führung möglich.

Urwald bei Kubany, Tel. 07484/5020-19/20, www.goestling-hochkar.at.

Reinsberg: Infos zu **ferroArte** unter www.freiraum-winkler.at/ferroarte.htm, zu den Aufführungen auf der **Burgruine** unter www.reinsberg.at.

Wanderungen um Opponitz und Göstling: Wanderkarte 051 ›Eisenwurzen‹, Freytag & Berndt, ist anzuraten, da der Weg nicht überall markiert ist. Hütte: Mitte März bis Oktober am Wochenende und an Feiertagen, auch Übernachtungsmöglichkeiten, Tel. 07353/570.

Kitzhüttenalmtour: Die Kitzhütte, Tel. 07445/495 und 0664/1059827, bietet vom 25. Mai bis 31. Oktober 25 Schlafplätze.

Zu den **Wanderungen am Hochkar**: Rother-Wanderführer ›Eisenwurzen‹.

Sesselbahn am Hochkarschutzhaus, www.hochkar.com, Mitte Juni–Mitte Okt. tgl. außer Fr 9–16 Uhr.

Geischlägerhaus, Tel. 07484/7212, ganzjährig geöffnet.

Ybbstaler Hütte, Tel. 0664/988680, von Juni bis Ende Okt. bewirtschaftet.

Seebad Lunz, Tel. 07486/8730, www.lunz.at.

Hollenstein ist ein lokales Wintersportzentrum, www.koenigsberglifte.at.

Am Ötscher

Der 1893 Meter hohe Ötscher ist der alles beherrschende Berg in den Mostviertler Alpen. Sein Name stammt aus dem Slawischen und bedeutet ›Väterchen‹, was der majestätischen Natur und Statur des Massivs durchaus entspricht. Innerhalb der Mostviertler Alpen ist der Ötscher isoliert und daher bereits aus weiter Entfernung sichtbar. Geologisch zählt er wie der Hochkar zu den Nördlichen Kalkalpen. Das Massiv ist von zahllosen tief eingeschnittenen Tälern durchfurcht, die der Landschaft am Fuß des Ötscher einen ungewöhnlichen Canyon-Charakter geben. Begrenzt wird der Ötscher durch die Täler von Erlauf und Jessnitz im Norden, durch die Ois (Große Ybbs) im Süden und durch die Eisenstraße Mariazell-St. Anton a.d.Jessnitz und im Osten. Entlang dieser Wege gibt es verschiedene Zugangsmöglichkeiten; das attraktive Skigebiet bietet für alle Ansprüche ein geeignetes Angebot (www.oetscher.at). Die Schönheit der Natur lockt hier mit einer seltenen Ursprünglichkeit. Es ist eine etwas bizarre Welt inmitten wilder Schluchten sowie kühn angelegter Steige und Brücken über die Gräben mit ihrer schäumenden Gischt und dem tosenden Wasser. Hier befinden sich mit Treffling-, Mira-, Lassing- und Schleierfall einige großartige Wasserfälle, und eine prächtige Alpenflora mit seltenen Pflanzen wie Almrausch, Enzian, Steinbrech und Orchideen erfreut die Naturliebhaber.

Winter am Ötscher

▲ Karte S. 259

Der Naturpark Ötscher-Tormäuer

Der Naturpark Ötscher-Tormäuer ist der größte niederösterreichische Naturpark. Er erstreckt sich auf einer Fläche von 170 Quadratkilometern vom Erlaufsee an der steirischen Grenze bis nach St. Anton im Jessnitztal im Norden. Tormäuer nennt man die gewaltigen, durch rasche Erosion entstandenen Felsenwände über dem Erlauftal im Norden des Naturparks. Der Ötschergraben südlich davon ist ein ebenso prächtiger Canyon, den der Ötscherbach gegraben hat. Der Besuch des Naturparks ist mit einer geringen Eintrittsgebühr möglich, an allen wichtigen Zugängen befinden sich kleine Informationszentren. Ein Besuch des Ötschergrabens und der Tormäuer zählt zum landschaftlich Großartigsten, was Österreich zu bieten hat – vor allem ist diese wundervolle Felsenwelt selbst Österreichern wenig bekannt. Für Besucher aus dem Ausland sind sie ohne Übertreibung eine Offenbarung.

■ Wanderungen und Wintersportmöglichkeiten

Entlang der Täler besteht eine Fülle wunderbarer Wanderwege; wir können hier nur die besonders attraktiven Touten nennen. Unter www.puchenstuben.at gibt es eine einfache Wanderkarte zum Herunterladen.

Gottesdienst am Ötscher-Schutzhaus

Im Bereich der Vorderen Tormäuer liegt die **Ötscher-Tropfsteinhöhle**. Man erreicht sie über den Gasthof Schindelhütte, zu dem von Kienberg bei Gaming eine Straße führt. Sie ist 575 Meter lang, in ihr gibt es zwei kleine Seen. Unterhalb der Höhle führt Wanderweg 605 durch das Erlauftal zum **Trefflingfall** (4 km ab Gasthof) – ein leicht begehbarer Weg voller schöner Eindrücke.

Nördlich der Vorderen Tormäuer erhebt sich das **Hochbärneckhaus** auf 916 Metern. Zu ihm gelangt man von Norden her direkt von St. Anton. Um die Hochbärneckalm, die das Haus umgibt, verläuft ein schöner Panoramawanderweg. Eine **Astrostation** erläutert Besuchern in besonderen Programmen den Sternhimmel.

Wer keine großen Wanderstrecken zurücklegen und dennoch eine Ahnung von der Großartigkeit dieser Talschluchten bekommen möchte, parkt am **Besucherzentrum des Nationalparks** in Wienerbruck, an der B 20. Fast ein Geheimtipp ist der Weg zum Marienstein. Von dort hat man einen schönen Überblick über den Ötschergraben (Zugang südlich Wienerbruck von einer der Kehren an der Bundesstraße, s. Wanderkarte).

In Wienerbruck gibt es am Eingang zum Nationalpark die sehr empfehlenswerten ›Lassingfallstuben‹, ein kleines, preiswertes und gutes Restaurant. Von hier kann man in etwa 45 Minuten zunächst bis zu den gewaltigen **Lassingfällen** durch das herrliche Tal des Ötscherbachs laufen, vor dem sich schon die Schönheit des **Ötschergrabens** auftut. Die Route zu den anderen Wasserfällen ist nur für Wanderer mit ausreichend Zeit möglich. Weiter durch den Ötschergraben hinab erreicht man dann nach einer weiteren Stunde die Jausenstube Ötscherhias. Von hier sind es weitere 20 Minuten zu den Mirafällen und nochmals knapp eine Stunde bis zum Schleierfall (750 m). Von hier kann man zunächst südwärts zum Schutzhaus Vorderötscher auf 888 Meter aufsteigen und von da entlang des Radwegs 11b zurück zum Ötscherhias gelangen. Diese **Ganztagswanderung** ist neben dem Erlebnis Schneeberg sicherlich die großartigste Naturerfahrung in den niederösterreichischen Alpen.

Natürlich darf dabei die **Mariazellerbahn** nicht vergessen werden, mit der man in diese Berglandschaft gelangen kann. Denn von der Trasse gewinnt man Blicke, die von der Autostraße oder von

Eine Wanderung durch den Ötschergraben bietet wunderbare Naturerlebnisse

Der Erlaufsee

den Wanderwegen so nicht zu erhaschen sind.

Wer aber als Nur-Automobilist einen Eindruck von den Ötschertälern haben möchte, biegt in Puchenstuben an der B28 westwärts Richtung Treffling ab. Entlang der schmalen Bergstraße, die auch für Wanderungen sehr gut geeignet ist, besteht ein **geologischer Lehrpfad**. Von den einzelnen Stationen bieten sich beeindruckende Blicke in die Vordere Tormäuer. Die Strecke ist für Gespanne ungeeignet. Man passiert **Trübenbach** mit der **Teufelskirche** und dem **Holzknechtmuseum** und erreicht Erlaufboden am oberen Ende des Erlauftals. Dann windet sich der Weg empor nach Reith, wo der Bahnhof Annaberg der Mariazellerbahn liegt. Von Puchenstuben fährt eine Bimmelbahn auf Rädern (**Ötschi´s Bahnorama** genannt) zweimal täglich ab diese Straße entlang bis Erlaufboden und von dort zurück.

Der **Ötschergipfel** selbst ist nicht einfach zugänglich. Von Lackenhof bringt ein Doppelsessellift die Besucher nur bis zum Ötscher-Schutzhaus (1418 m). Es ist ganzjährig bewirtschaftet. In etwa zwei Stunden ist dann per Fuß (Weg 9d) der Gipfel erreicht, 480 Höhenmeter müssen bis dahin überwunden werden. Etwa zwei Kilometer östlich des Gipfels liegen die mystischen **Ötscherhöhlen**, das Geldloch und das Taubenloch. Das Betreten dieser Höhlen ist lebensgefährlich, überhaupt sollte die ganze Tour nicht unterschätzt werden. Man benötigt Trittsicherheit und gute Kondition. Der Absteig kann am Ostende des Rauhen Kamms über Weg 4a bzw. 9d erfolgen, die hinab nach Ötscherwiese und Lackenhof führen. **Lackenhof** selbst ist ein Wintersportort am Ötscher mit verschiedenen Pisten, natürlich existiert auch ein Skilift zum Kleinen Ötscher. Die große Piste dient im Sommer Mountainbikern als Abenteuerstrecke (www.lackenhof.at).

Auch die südlich des Ötschergrabens gelegene **Gemeindealpe** (Skigebiet) lohnt einen Besuch. Von Mitterbach führt ein Sessellift zum auf 1626 Meter gelegenen **Terzerhaus**.

Die Straße Mitterbach–Lunz ist eine wunderbare Panoramastraße. An ihrem unteren Ende findet man um Langau und Holzhüttenboden eine Fülle von **Bauernhäusern** in phantasievoller, etwas ungewöhnlicher Bauweise. Der **Erlaufsee** direkt an der steirischen Grenze ist ein beliebter Badesee; hier gibt es auch einen Campingplatz.

Gaming

Zur Gemeinde Gaming gehören verwaltungstechnisch alle Orte im Westen des Ötschermassivs. Daher findet man viele weitere Hinweise zum Tourismus des Ötschergebietes auch auf der Homepage dieser Gemeinde (www.gaming.gv.at).

Der Lassingfall

▲ Karte S. 259

Kartause Gaming

Neben dem Stift Lilienfeld war die Kartause von Gaming bis zu ihrer Aufhebung 1782 das geistige Zentrum der Mostviertler Berge. Sie hieß zu ihrer Zeit Marienthron und wurde 1330 vom Habsburger Albrecht II. (1298–1358) gegründet. Dieser hatte gelobt, im Falle der Befreiung seines unglücklichen Bruders Friedrich des Schönen, der in bayerischer Gefangenschaft saß, ein Kloster zu stiften. Kartäuser aus Mauerbach bei Wien besiedelten dieses neue Kloster, das sich zur größten Kartause Mitteleuropas entwickelte. Die Brüder begannen die Wälder zu roden, erbauten Straßen und gründeten Dörfer. Wie überall im Land brachte die Reformation starke Rückschläge, doch mit der Gegenreformation blühte das Kloster wieder auf. Abt Hilarion Danichius ließ die Gebäude erneuern, baute 1625 den Torturm (schönes Relief ›Maria auf dem Thron‹) am Eingang, ließ aber weitgehend die mittelalterliche Anlage bestehen. Mit der Auflösung 1782, der die Zerstörung vieler Kunstwerke und von Teilen der Bibliothek folgte, begannen Niedergang und Verfall. Erst 1984 (!) erfolgte eine denkmalgerechte Restaurierung der Kartause. Heute gibt es hier ein Hotelrestaurant, eine Außenstelle der Franziskaneruniversität Ohio, und insbesondere findet hier alljährlich im August ein weitbekanntes Chopin-Festival statt (www.chopin.at, bzw. www.kartause-gaming.at).

Die Kartausenkirche

▲ Karte S. 259

Hinter dem **Torturm** liegt der **Prälatenhof** mit seinen Arkadengängen (um 1600). Besonders sehenswert sind der Prälatensaal mit seiner Stuckdecke und die Bibliothek mit den Fresken der sieben freien Künste in der Kuppel. Die Innenausstattung der ursprünglich gotischen, aber barockisierten Kirche stammt ebenfalls aus dem Barock, ist jedoch nicht original, sondern kommt aus verschiedenen Kirchen der Umgebung. Original dagegen sind die Fresken der spätgotischen Zwischendecke mit Szenen aus dem Leben des heiligen Bruno. Seit 1985 ruhen der Stifter Albrecht II., seine Ehefrau Johanna von Pfirt und seine Schwiegertochter Elisabeth von Böhmen, die mit der Klosterauflösung in die Pfarrkirche von Gaming umgebettet wurden, wieder in ihrer früheren Gruft.

Weitere Sehenswürdigkeiten

Die **Ortskirche** wurde im Jahr 2000 renoviert. Dabei wurden Fundamente eines frühromansichen Vorgängerbaus freigelegt, die zu besichtigen sind. Die Orgel dieser Kirche, auf der einst Mozart gespielt haben soll, ist wahrscheinlich die einzige Orgel der Welt, an der eine Uhr angebracht ist.

Die Gemeinde Gaming-Kienberg ist Talstation der Bergstrecke der **Ybbsthalbahn Kienberg-Lunz**, die 1898 als ihr letzter Abschnitt eröffnet wurde. Hier finden regelmäßig mit dem Ötscherlandexpress Nostalgiefahrten mit Dampf- und Diesellok auf 760 Millimeter Spurbreite statt. Während der etwa einstündigen Fahrt werden zwei sogenannte Spinngewebs-Viadukte überquert, von denen man atemberaubende Blicke ins Ybbstal hat.

Die Umgebung

In **St. Anton an der Jeßnitz**, zehn Kilometer nordöstlich von Gaming, ließ der Industrielle Andreas Töpper 1869 in der ehemaligen Heiserschen Gewehrfabrik ein Wohn- und Versorgungshaus für seine Arbeiter errichten – ungewöhnlich für diese Zeit. In der **Bruderlade** erinnert eine Ausstellung an diesen sozialen Industriellen. Das Geländer der **Brücke** über die Jeßnitz ist unter anderem aus Gewehrläufen gestaltet, die somit an den Waffenproduzenten Josef Heiser erinnert. Nordwestlich, bei **Neubruck**, wird die 2. Wiener Hochquellwasserleitung über einen eindrucksvollen **Viadukt** über die Jeßnitz geführt.

Am Ötscher

Verein Naturpark Ötscher-Tormäuer, 3214 Puchenstuben Nr. 25, Tel. 027 26/238, www.naturpark-oetscher.at.

Tourismusbüro Lackenhof, Käferbichlstraße 14, 3295 Lackenhof am Ötscher, Tel. 074 80/200 20, www.lackenhof.at.

Tourismusbüro Gaming, Im Markt 1, 3292 Gaming, Tel. 074 85/973 08–12, www.gaming.gv.at. Mo, Mi, Do 7.30–12 u. 13–16 Uhr; Di 7.30–12 u. 13–18 Uhr, Fr 7.30–13 Uhr.

Gasthof Lassingfallstubn, Langseitenrotte 96, 3223 Wienerbruck, Tel. 06 64/394 59 99, www.lassingfallstubn.at.

Alpenhotel Gösing, 3221 Gösing/Mariazellerbahn 4, Tel. 027 28/217, www.goesing.at, p.P. im DZ ab 55 €.

Gasthof Zum Ötscherblick, 3295 Lackenhof, Tel. 074 80/52 50.

Landgasthof Taverne, 3295 Lackenhof, Tel. 074 80/52 38.

Camping Erlaufsee, Erlaufseestraße 3, 8630 St. Sebastian, Tel. 038 82/21 48, www.st-sebastian.at.

Kartause Gaming, 3292 Gaming, Tel. 074 85/986 82, Führungen ganzjährig gegen Voranmeldung Mai–Oktober täglich um 11.00 Uhr und 15.00 Uhr, www.kartause.at.

Bruderlade, St. Anton an der Jeßnitz, Tel. 074 82/482 40.

Zu den zahlreichen Wandermöglichkeiten: Wanderkarte Ötscherland, Freytag & Berndt Nr. 051. Infos nicht nur zu allen Wanderungen: www.oetscher.at.

Ötscher-Tropfsteinhöhle, Führungen Mai bis Oktober am Wochenende, Infos beim Naturparkverein (s.o.) und unter Tel. 074 85/985 59.

Astrostation, Tel. 06 64/263 32 36, www.astrostation.at.

Jausenstube Ötscherhias, Mitte Mai bis Mitte Okt., Tel. 06 64/275 98 88.

Ötschi´s Bahnorama, Fahrplan und Info unter www.puchenstuben.at, beim Gemeindeamt unter 027 26/238 und beim Naturpark (s.o.).

Ötscher-Schutzhaus, Tel. 074 80/52 49, www.oetscherhaus.at.

Terzerhaus, Tel. 074 84/23 25, www.terzerhaus.at, Juli bis Sept. tgl., Mai, Juni und Okt. an Wochenenden und Feiertagen.

Das Pielachtal

Die Pielach, ein rechter Nebenfluss der Donau, entspringt bei Annaberg auf 976 Metern Höhe und mündet nach 70 Kilometern östlich von Melk in die Donau. Das Pielachtal ist eines der zentralen Flusstäler des Mostviertels und liegt eingebettet zwischen dem Traisental im Osten und dem Erlauftal im Westen. Früher wurden an den von der Pielach abgezweigenden Mühlbächen viele Mühlen und Fabriken betrieben, heute dient die Pielach noch einigen Kleinkraftwerken zur Stromerzeugung.

Die Pielach zählt zu den saubersten Flüssen Österreichs, durch ihre naturnahe Uferstruktur ist sie sehr fischreich. So lebt auch der bis zu 1,5 Meter große Huchen hier wieder. Auch einige Biber sind aus den Donauauen hierher eingewandert. Trotzdem gibt es in diesem Tal kaum unberührte Natur – zu sehr hat es der Mensch in eine Kulturlandschaft mit Wäldern, Streuobstwiesen, Viehweiden und Wiesen umgewandelt, über denen Burgruinen thronen. Mit gut 400 Kilometern Wanderwegen bietet es viele Möglichkeiten zu seiner Erkundung, der Pielachtal-Rundwanderweg (Nr. 652) verbindet auf 107 Kilometer Länge die wichtigsten Orte und Lokalitäten des Tals (www.pielachtal.at und www.pielachtal.info).

Mit dem Pielachtal aufs Engste verbunden, gleichsam sein Aushängeschild, ist die Dirndl. Damit ist nicht eine Tracht gemeint, sondern eine Wildfrucht, die anderswo auch Kornelkirsche genannt wird.

Um Frankenfels

Unterhalb der Pielach-Quelle ist **Schwarzenbach/Pielach** der erste größere Ort. Von hier führt Wanderweg 604a auf den 1185 Meter hohen Eisenstein mit der Julius-Seitner-Hütte. Knapp zwei Stunden benötigt man für den Aufstieg, der aber mit wunderbarer Fernsicht belohnt. Ein weiterer Wanderweg, ein Teil des ›Pielachtaler Pilgerwegs‹ von St. Pölten nach Mariazell, führt nach Annaberg und passiert unterwegs die seltsame hölzerne **Kapelle Zur Heiligen Familie** (1899). Der Legende nach hat der Esel,

Schwarzenbach auf einer Ansichtskarte von 1912

▲ Karte S. 259

Die Dirndl

Die imposanten sechs bis acht Meter hohen Dirndlsträucher, bei den Pielachtalern Dirndlstauden genannt, wachsen am Waldrand, auf Lichtungen oder Viehweiden, und entwickeln hier teils groteske Wachstumsformen. Sie lieben kalkige Böden und finden daher im Pielachtal beste Wachstumsmöglichkeiten. Ursprünglich diente der langsam wachsende Großstrauch nur dazu, landwirtschaftlich genutzte Flächen voneinander abzugrenzen. Die Blütezeit beginnt früh, teils schon im Februar, und die Pflanze entwickelt leuchtend gelbe Blüten, die in Doldenform angeordnet sind. Auffallend ist, dass sich die Knospen und damit die Blätter am Zweig stets paarig gegenüberstehen. Während des Spätsommers und bis zum Frühherbst reifen dann je nach Sorte gelb-orangene bis schwarz-rote Früchte heran, die etwa hagebuttengroß sind. Die Dirndl ist sehr saftig, von eigentümlich süßsaurem Geschmack. Obwohl die Frucht manchmal auch Kornelkirsche genannt wird, hat sie nichts mit einer Kirsche zu tun. Sie zählt anders als diese Steinfrucht zu den Hartriegelgewächsen.

Schon in der Antike war die Dirndl bekannt. Die Rinde verwendete man damals zum Färben und Gerben, das sehr harte Holz für die Herstellung von Waffen und Werkzeugen. Das Dirndlholz ist so schwer, dass es auf dem Wasser nicht schwimmt. Unreife Früchte wurden bei den alten Griechen ähnlich wie Oliven eingelegt, im Mittelalter beschrieb Hildegard von Bingen die Heilkraft der Frucht, seit Maria Theresia ist sie verbriefte Nutzpflanze. Ein Bad aus Holz und Blättern hilft gegen die Gicht, die Früchte selbst helfen dem Magen. Daher und wegen des sehr hohen Vitamin-C-Gehalts kann man die Dirndl als Nahrung wie als Arzneimittel ansehen (www.dirndlwiki.at).

Roh genießbar ist die Dirndl nur bei Überreife, da die Früchte ansonsten etwas zu sauer sind. Außerdem sind sie weicher und leichter pflückbar. Die Frucht der Kornelkirsche ist erst dann reif, wenn sie vom Strauch fällt, und zwar ohne Schütteln. Das ist Ende August bis Mitte Oktober der Fall. Traditionell erfolgt im Pielachtal die Dirndllese in Handarbeit. Die Vielfalt der Dirndlprodukte ist groß: Saft, Marmelade, Gelee, Likör, Dirndlbrand, ja selbst Pralinen, Tee, Torten und Bier. Der Original Pielachtaler Dirndl-Brand ist eine österreichweit geschützte Marke. Geschmacklich ist dieser Brand eine Rarität, das Aroma zeigt einen süßlich feinen Fruchtcharakter mit dezentem Trüffelton, ist zart grasig und leicht ölig im Abgang. In Alkohol eingelegte ganze Dirndln eignen sich auch einfach so zum Naschen oder für raffinierte Desserts

Die ganzen Produkte lassen sich am besten bei einem der vielen Mostheurigen genießen wie beispielsweise im ›Steinschaler Hof‹ in Rabenstein, wo es auch einen gut sortierten Laden mit allen Erzeugnissen des Pielachtals gibt (unter www.pielachtal.info eine Auflistung der besten Einkaufsadressen). Ein Tip ist die Fleischerei Hubmayer in Kirchberg, deren Dirndlpastete und die Pielachtaler Hirschwurst die Gourmets sogar aus dem Ausland anziehen. Die Dirndlverkostung zur Erntezeit, der Dirndlkirtag im September und nicht zuletzt die Dirndlblütenwanderung am letzten Wochenende im März auf den Gaisbühel, dem Tausend-Dirndl-Berg, ziehen nicht nur Verehrer dieser Frucht an.

auf dem Maria mit dem Christuskind nach Ägypten floh, hier eine Spur hinterlassen. Die Quelle am Eselstritt soll bei Augenleiden helfen.

Weiter flussabwärts liegt **Frankenfels**. Die **Dirndtaler Greißlerei** – Greißler nennt man in Österreich traditionell kleine Einkaufsläden – im Steinschaler Dörfl, einem Komplex von Hotels, Pensionen und Wellness-Einrichtungen, ist ein landesweit bekannter Anlaufpunkt für Spezialitäten aus der Gegend. In den Steinschaler Gärten lassen sich hochwertige Kräuter erwerben – besonders Wildkräuter ergänzen die traditionelle Küche des Pielachtals. Wer sich weniger den Kulinaria ergeben möchte, besucht das **Bergbauernmuseum** oder die 1400 Meter lange **Nixhöhle**, die beide an der Bundesstraße westlich von Frankenfels liegen. Die märchenhaft weißen Tropfsteingebilde, die man lateinisch ›nihilum album‹ – weißes Nichts (Nix) – genannt hat, sollen der Höhle ihren Namen gegeben haben. Eine Alternative zu den Tiefen der Höhle ist der Aufstieg (knapp zwei Stunden) auf den **Falkenstein** gleich oberhalb von Frankenfels. Vom 464 Meter hohen Gipfel öffnet sich der Blick pielachabwärts. Ein **Klettergarten** am Falkenstein mauserte sich in den letzten Jahren zu einem richtigen Kletter-Mekka. Weiter oberhalb, in **Laubenbach**, beginnt die Bergstrecke der **Mariazellerbahn**.

Unterhalb von Frankenfels befindet sich über dem Tal die **Ruine Weißenburg**, die vor kurzem renoviert wurde. Sie ist in Privatbesitz und kann nicht besichtigt werden, doch auch von außen bietet sie eine imposante Kulisse über dem hier recht malerischen Pielachtal.

Kirchberg und Rabenstein

Dieser kleine Ort ist der Hauptort des oberen Pielachtals und wird nicht nur wegen des Erlebnis-Freibads viel besucht. Das landesweit einzige **Modellbahnmuseum** stellt die Bergstrecke der Mariazellerbahn im Kleinformat nach. Die ehemalige **Wasserburg** ist heute eine Wohnanlage, doch dennoch sehenswert. Weiterhin lohnen die erhöht auf einem Berg liegende **Pfarrkirche** und die schönen **Kreuzwegstationen** in der Kirchengasse sowie die architektonisch interessante, gotische und turmlose **Andreaskirche**, etwas flussabwärts außerhalb, den Besuch. Um den Ort gibt es mehrere **Aussichtswarten**, die sämtlich den Aufstieg mit wunderbaren Fernsichten belohnen.

Die **Ruine** oberhalb von Rabenstein ist ein markanter Punkt im Pielachtal. Die einst mächtige Burg verfiel in den letzten 250 Jahren immer mehr, konnte erst vor wenigen Jahren vor der völligen Zerstörung gerettet werden und dient heute als Freilichtbühne für Jazzkonzerte und den Rabensteiner Kulturherbst. Das **Pielachbad Rabenstein** schließlich ist besonders für Kinder ein paradiesisches Vergnügen.

Pielachtal

Regionalbüro Pielachtal, Schlossstr. 1, 3204 Kirchberg, Tel. 02722/730925, www.pielachtal.info.

Gasthof Steinschalerhof, Warth 20, 3203 Rabenstein/Pielach, Tel. 02722/2281, www.steinschaler.at. Sicherlich eine Top-Adresse und eine der besten traditionellen Übernachtungsmöglichkeiten des Gebiets, mit phantasievoll angelegtem Naturgarten, hervorragende Küche, p.P. im DZ ab 41 €.
Gasthof Strohmaier Zur Linde, Hauptplatz 4, 3202 Hofstetten, Tel. 02723/

▸ Karte S. 259

8202, www.gasthof-strohmaier.at, p.P. im DZ 31 €.

Bergbauernmuseum Hausstein, 3213 Frankenfels, Tel. 02725/218, www.frankenfels.at.
Nixhöhle, 3213 Frankenfels, Tel. 02725/245-14/15, Führungen von Mai bis 26. Okt. Sa/So 13, 14.30 u. 16 Uhr, Juli/Aug. Mi u. Sa 14 Uhr.
Mariazellerbahn-Modellbahnmuseum, 3204 Kirchberg, Tel. 02722/7309, www.mzb-modellbahnmuseum.at, So 13–16 Uhr.

Ruine Rabenstein, Tel. 02723/2250, www.rabenstein.gv.at.

Fleischerei und Bauernladen Hubmayer, Soisstr. 1, 3204 Kirchberg/Pielach, Tel. 02722/7411.
Dirndtaler Greißlerei, Frankenfels, Tel. 02722/2281, www.steinschaler.at.

Julius-Seitner-Hütte, Tel. 0664/9107735, Sa/So ganzjährig, außerhalb des Wochenendes auf Anfrage.

Malerisch: Ruine Rabenstein

Entlang des Traisentals

Die 80 Kilometer lange Traisen ist neben der Ybbs der bedeutendste rechte Nebenfluss der Donau in Niederösterreich. Auf ihrem Lauf von ihren beiden Quellen nahe St. Aegyd am Wald und Türnitz bis zur Mündung bei Traisenmauer legt sie eine Höhendifferenz von 1750 Metern zurück. Der nördlichste Flussabschnitt, zwischen St. Pölten und der Mündung, liegt weitgehend im Tiefland, so dass man kaum von einem Tal reden kann. Doch hier liegt eine verführerische Weinregion des Mostviertels, der auch die hohe hohe Dichte an Verkehrswegen und die Industrialisierung kaum etwas anhaben können. Südlich von St. Pölten setzt sich flussaufwärts der stark industrialisierte Zug des Traisentals fort, nur dass es jetzt weitaus stärker in die Voralpen eingeschnitten ist. Entlang des Tals verläuft die wichtige B20 den Fluss aufwärts bis zum Ostsaum des Ötschermassivs, wo sie unmittelbar vor Mariazell auf steirisches Gebiet gelangt. Auf 111 Kilometer Länge führt der Traisental-Radweg (www.traisentalradweg.at) entlang des Flusses. Die Traisentalbahn verbindet St. Pölten mit St. Aegyd am Neuwalde mehrmals täglich hin und zurück bei knapp 1,5 Stunden Fahrzeit. Besonders bei Wanderern ist diese Linie sehr geschätzt.

Idylle bei St. Aegyd

▲ Karte S. 289

Wilhelmsburg

Die traditionsreiche Industriestadt Wilhelmsburg (6500 Einwohner) war viele Jahrzehnte lang durch ihre Porzellanherstellung berühmt. Insbesondere wurde hier, im Werk Lilien-Porzellan, auch hochwertiges Designer-Geschirr hergestellt. In Österreich wurde dabei die Form ›Daisy‹ in fast allen Familien heimisch. An ›Daisy‹ und andere einst beliebte Geschirrmodelle erinnert in Wilhelmsburg ein **Geschirrmuseum**.

Das **Schloss Kreisbach**, das aus der Zeit um 1180 stammt, war im 16. Jahrhundert ein Zentrum des Protestantismus und im Besitz einer Familie Jörger, die aber durch den Kaiser in der Gegenreformation ihren Besitz verlor. Das Stift Lilienfeld übernahm die Burg, ließ sie teilweise abreißen und einen Teil des Festsaals zur Kapelle umbauen. Mittlerweile völlig verfallen, wurde das Schloss 1999 saniert und erhielt 2004 den Kulturerbepreis des ORF.

Rund um Traisen

In Traisen trifft die Via sacra – der alte, 120 Kilometer lange Wallfahrerweg von Wien nach Mariazell – auf die Traisentalstraße. Die Via sacra kann man als österreichisches Pendant zum Jakobsweg bezeichnen: Mariazell ist einer der bedeutendsten Orte der Marienverehrung in der ganzen Welt (www.viasacra.at). Ein weiterer Pilgerweg ist der Wiener Wallfahrerweg. Er verläuft von Wien bis Kaumberg parallel der Via sacra, führt von dort über Unterberg–Rohr

Pöggstall
Aggsbach Markt
Gansbach
Heiligenkreuz-Gutenbrunn
Herzogenburg
Karlstetten
Kapelln
Pottenbrunn
Untergrafendf.
Artstetten
Melk
Donau
Traisen
St. Pölten
Böheimkirchen
Loosdorf
Wien
Erlauf
Melk
Sooß
Pybra
Harland
Hurm
Petzenkirchen
Ruprechtshofen
St. Leonhard
Ober-Grafendorf
Tonach
Wald
Wieselburg
Mank
Mariazellerbahn
Wilhelmsburg
Kilb
Grünau
Wolfpassing, Ernegg, Steinakirchen
Diesendorf
Triestingtal/Araburg
Gstetten
Kirchberg
St. Veit
Rabenstein
Purgstall
Plankenstein
Texing
St. Gotthard
Traisen
Rainfeld
Hainfeld
Kröll
Grüntalkogel
886
Saften
Blassenstein
844
Kirchberg
Lilienfeld
Halbach
Scheibbs
Schrambach
Hohenstein
1195
Muckenkogel
1243
Kleinzell
Frankenfels
Pielach
Reisalpe
1399
Hinteralm
1343
Neubruck
St. Anton
Schwarzenbach
Laubenbach
Türnitz
Türnitzer Höger
1372
Unrechtstraisen
Turmkogel
1130
Erlauf
N.P. Ötscher-Tormäuer
Eibl
1002
Traisen
Hohenberg
Wiener Neustadt
Annaberg
St. Aegyd
Mariazellerbahn
Ötscher
1893
Lackenhof
Schmelz
Wienerbruck
Handelsberg
1370
Ötschergraben
Erlaufstausee
Obersberg
1467
Gippel
1669
Göller
1766
Erlaufsee
Mariazell
Gloggnitz
Gr. Sonnenleitstein
1639
Gr. Zeller Hut
1639
Hohe Student
1539
Tonion
1699
Windberg
1903
Heukuppe
2007
Salza
Mürz
A 1
E 60
1
216
215
25
29
39
20
18
214
28
21
27
24
23
71
Das östliche Mostviertel
0 5 10 km

i.G.-St. Aegyd nach Mariazell. Beide Wege sind miteinander verbunden und in verschiedenen Varianten begehbar.

Die B18 nimmt ihren Weg ab Altenmarkt nach Traisen durch das Gölsental auf der Route der via sacra. Im nahen **St. Veit** gibt innerhalb der Wehrmauer des Kirchhofs ein kleines, aber feines geologisch-botanisches **Freilichtmuseum**.

Hainfeld und Umgebung

Nur etwa zehn Kilometer östlich von Traisen liegt Hainfeld, in der österreichischen Geschichte bekannt als Gründungsort der Sozialdemokratischen Partei Österreichs, die hier in der Silvesternacht 1888 das Licht der Welt erblickte. Hainfeld, erstmals erwähnt 1161 als Haginvelt, hat das traurige Los, nach Wiener Neustadt bei Kriegsende die am stärksten zerstörte Stadt Österreichs gewesen zu sein. Ein erbitterter Kampf zwischen der anrückenden Roten Armee und SS Einheiten führte im April 1945 zur völligen Vernichtung der Kleinstadt. Doch lohnen Österreichs einziges **Bierkrugmuseum** – 300 Exponate vom 16. Jahrhundert bis heute – und die schöne Umgebung einen Besuch. Insbesondere ist der Aufstieg zur Hainfelder Hütte (ganzjährig an Wochenenden und Feiertagen geöffnet) auf dem 922 Meter hohen **Kirchberg** zu empfehlen; diese Wanderung auf dem Wanderweg 04 dauert etwa 1,5 Stunden.

Von Rainfeld westlich von Hainfeld führt eine sehr schöne, wenig befahrene **Panoramastraße** südwärts über Kleinzell durch das Halbachtal und weiter zur B21 Gutenstein-St. Aegyd.

Etwas weiter östlich von Hainfeld hat man bereits das **Triestingtal** erreicht. Die **Araburg** – der Name bedeutet soviel wie Adlerburg – leuchtet über dem Tal auf. Diese auf 800 Meter gelegene Anlage, seit der Türkenbelagerung 1683 eine Ruine, lohnt in jedem Fall einen Besuch. Angeblich kann man von ihr bei gutem Wetter den Wiener Stephansdom erblicken. Vom nahen Kaumberg fährt man bis zum Fuß des Burgbergs und erreicht die Burg nach 30 Minuten Fußmarsch. Das Burgstüberl ist von April bis Oktober geöffnet und bietet sogar Übernachtungsplätze an (Tel. 02765/362 und 250)

▲ Karte S. 289

Stift Lilienfeld

Zu den historisch bedeutendsten und auch äußerlich beeindruckendsten Klosteranlagen Österreichs zählt Lilienfeld. Es ist gleichzeitig das größte mittelalterliche Kloster des Landes. Die Klosterkirche ist mit ihren Ausmaßen von 82 mal 21 mal 25 Metern das größte Gotteshaus Niederösterreichs, auch der Kreuzgang ist mit 478 Säulen einer der größten im Land, die Anlage gilt sogar als größtes Zisterzienserkloster Mitteleuropas. Der Babenbergerherzog Leopold VI. stiftete dieses Kloster 1202 und ließ es durch Zisterziensermönche aus Heiligenkreuz besiedeln. Es erhielt seinen heutigen Namen von der in seiner Umgebung stark verbreiteten Feuerlilie. Leopold, dem die Herzogtümer Österreich und Steiermark gehörten, wollte Lilienfeld, das in etwa in der Mitte seines Territoriums lag, zu dessen geistigem Zentrum machen. Von einem Kreuzzug brachte er 1219 einen Splitter des heiligen Kreuzes Christi mit, der neute noch im Kloster vorhanden ist. Stiftsgründer Leopold starb jedoch sechs Monate vor der Einweihung der Klosterkirche, die im November 1230 stattfand. Leopolds Sohn Friedrich bestätigte in einer Pergamenturkunde die Gründung des Strifts durch seinen Vater. Und hier erschien

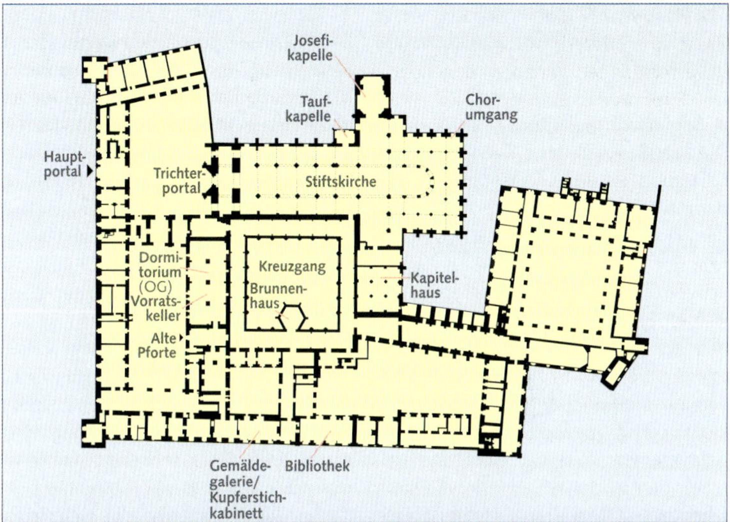

Stift Lilienfeld

zum erstenmal in einem Siegel der sogenannte Bindenschild, jenes rot-weiß-rote Babenbergerwappen, aus dem später die Nationalfarben und die Flagge Österreichs hervorgingen. Aus diesem Grund fand hier 1976 die große Ausstellung über 1000 Jahre Babenberger in Osterreich statt, die viele Jahre als Dauerausstellung bestehen blieb.

Leopold wurde seinem Wunsch gemäß vor dem Hochaltar der neuen Kirche beigesetzt, wo später auch weitere Familienmitglieder ihre Ruhestätte fanden. In den folgenden Jahrhunderten erfolgte vom Stift nicht nur die Erschließung und Kolonisierung der Wildnis unterhalb des Ötschers und des Traisentals, sondern es entwickelte sich hier auch ein Zentrum der Wissenschaften und Künste. Auch entstand in Lilienfeld eine philosophisch-theologische Klosterschule, die bis ins 19. Jahrhundert Bestand hatte.

Von 1641 bis 1716 wurde der mittelalterliche Klosterkomplex durch frühbarocke Anbauten des Gasttraktes, des Westtraktes mit den Kaiserzimmern, der Prälatur und der Bibliothek ergänzt. In der ersten Hälfte des 18. Jahrhunderts wurden der Turm, Bibliothek und Kircheninneneinrichtung im Barockstil, teils durch Martin Altomonte, errichtet. Doch 1789 ließ Kaiser Joseph das Kloster aufheben, wobei es zur Zerstörung vieler Kunstschätze kam, sein Nachfolger Leopold II. setzte es aber 1790 bereits wieder ein. 1809 zerstörte ein Brand große Teile des Klosters. Mit Johann Ladislaus Pyrker (1772–1847) wurde 1812 ein weitblickender, universell gebildeter Mann zum Abt gewählt, der später bis in die höchsten geistlichen Ränge aufsteig und seine Laufbahn als Patriarch von Venedig und Erzbischof des ungarischen Erlau beendete. Musikfreunde kennen seinen Namen als Textdichter zweier von Franz Schubert vertonter Lieder (›Das Heimweh‹ und ›Die Allmacht‹). Im April 1945 wurde das

Kloster in den Kämpfen zwischen deutschen und sowjetischen Einheiten stark beschädigt.

Sehenswürdigkeiten

Die 1263 vollendete Kirche und die Stiftsgebäude sind von langgestreckten barocken Trakten mit Ecktürmen umgeben. Durch das Hauptportal aus rotem Marmor gelangt man direkt zum großartigen **Trichterportal** mit seinen 16 kleinen Säulen an den schrägen Wänden. Am Portal ist wunderbar der Übergang von der Romanik zur Gotik zu erkennen; die Rundbögen sind bereits ein klein wenig zugespitzt. Fast möchte man meinen, dass der Übergang zwischen den beiden Stilen wie bei einem lebendigen Organismus erfolgt ist. Eine Barockfassade umrahmt das Tor. Die beiden Seitenstatuen stellen Leopold den Heiligen (den III.) und den Klostergründer Leopold VI. dar.

Die **Kirche** hatte, wie bei Zisterziensern üblich, zunächst nur einen Dachreiter; der 54 Meter hohe Turm entstand erst 1703. Das Innere besitzt eine in Schwarz und Gold gehaltene spätbarocke Einrichtung. Den gewaltigen Hochaltar von

Die kostbare Bibliothek

Karte S. 291

1740, von schwarzem Marmor aus dem nahen Türnitz, schmückte Daniel Grans Altarbild 1745 mit der Himmelfahrt Marias. Überhaupt bemerkt man überall im Altarraum in der Ornamentik stilisierte Lilien. Vor dem Altar befinden sich das Stiftergrab und das der Herzogin Cimburga von Masovien, die Mutter Kasiser Friedrichs III. An der linken Westwand des Querschiffs liegt Abt Kolweiß begraben, der 1683 das Kloster auch vor den Türken retten konnte.

Der großartige **Kreuzgang** ist in seiner künstlerischen Phantasie der Konsolen, Schlusssteine und Kapitelle überaus malerisch. In seinem Nordgang sind einige künstlerisch sehr wertvolle Glasmalereien aus dem 14. Jahrhundert erhalten. Als Besonderheit in Österreich sind unverändert aus dem Mittelalter das **Dormitorium** der Laienbrüder, das Cellarium maius (der **Vorratskeller**) und die wieder aufgedeckte alte **Pforte** – alles an den Westtrakt des Kreuzgangs anschließend – original erhalten. Sehenswert ist auch die um 1700 von Laienbrüdern geschaffene **Bibliothek** mit ihren 40 000 Bänden und Handschriften. Eine **Gemäldegalerie** und ein **Kupferstichkabinett** sowie ein **Stiftsgarten** mit exotischen Bäumen ergänzen die Sehenswürdigkeiten des Stifts.

Die Umgebung

Ein wundervolles **Wander- und Skigebiet** liegt südlich von Lilienfeld am Muckenkogel (1243 m) und an der hohen Hinteralm (1343 m). Ein Sessellift bringt die Besucher empor.

Sehr lohnend – doch sollte man Bergerfahrung mitbringen – ist die Wanderung weiter vom Muckenkogel zur Reisalpe auf 1399 Meter (Wanderweg 04a), wo ein Schutzhaus (Tel. 0664/505 21 08, geöffnet nur von Ostern bis Pfingsten

Im Traisental, im Hintergrund der Muckenkogel

an Wochenenden) Unterkunft gewährt.

Der Wintersportpionier Mathias Zdarsky (1856–1940), eigentlich ein Universalgenie als Maler, Lehrer und Bildhauer, veranstaltete 1905 am Muckenkogel weltweit erstmalig mit 24 Teilnehmern einen Slalom-Abfahrtslauf mit Toren und wurde zum Begründer des modernen Wintersports in den Alpen. Er konstruierte eine Bindung mit stark gefederter Stahlsohle, die zur Grundlage moderner Skibindungen wurde. Wie bei den überlieferten norwegischen Skifahrtechniken benutzte er nur einen Skistock. Im Lilienfelder Stadt-Torturm erinnert im **Heimatmuseum** eine eigene Abteilung mit originalen Sportgerät jener Zeit und vielen weiteren Exponaten an Mathias Zdarsky.

Im Tal der Unrechtstraisen

Oberhalb von Lilienfeld kommt der von Südosten kommende Quellfluss Unrechttraisen, die ›unrichtige‹, mit der ›normalen‹, der Türnitzer Traisen, zusammen. Sie entspringt am Südhang des 1230 Meter hohen Traisenbergs. Beim Dörfchen Hohenberg grüßt die malerische **Ruine Hohenberg** ins Tal herunter. Reste des Bergfrieds und des Palas sind erhalten, der kurze Aufstieg lohnt in jedem Fall.

Mit **St. Aegyd am Neuwald** ist das touristische Zentrum des Unrechttraisentals erreicht. Die Gemeinde wirbt damit, der waldreichste Ort Mitteleuropas zu sein. Die riesigen, dichten Wälder, die sich um den 2000-Seelen-Ort zusammenballen, gibt es so bei kaum einem anderen Ort Österreichs, und sie sind wunderbar für stundenlange Berg- und Waldwanderungen geeignet. Im Winter laden 100 Kilometer **Langlaufloipen** und die schneesicheren **Hänge** am Göller (www.goeller-lifte.at) zu uneingeschränktem Schneevergnügen ein. Wer nicht wandern und skifahren will, stattet im nahen Kernhof vielleicht dem Kameltheater einen Besuch ab, weltweit das einzige seiner Art. In einem Park mit 80 Tieren kann man in einem Streichelzoo die höckrigen Wesen näher kennenlernen, doch werden im Sommer auch Tier-Shows geboten. Die Besitzerfamilie Eder betreibt auch einen Gasthof, in dem man das selbstgebraute Kamelbier ruhig

Der Wintersportpionier Mathias Zdarsky um 1908

probieren sollte (www.kameltheater.at).

Eine andere Berühmtheit in St. Aegyd ist die **Herzerl-Mitzi**. Auf einem prächtigen traditionsreichen Bauern- und Gasthof backt Maria Eder auf höchstem Niveau kleine und große kunstvolle Lebkuchenherzen und verziert sie. Laut Guinness-Buch gibt es bei ihr das größte Lebkuchenherz der Welt (32 Quadratmeter), das 1989 am Hauptplatz von St. Aegyd ausgestellt war.

Türnitz, Annaberg und Umgebung

Wer sich hinter Lilienfeld beim Abzweig nach St. Aegyd rechts hält, erreicht entlang der Türnitzer Traisen alsbald Türnitz, in Österreich dank des **Eibl-Jets**, einer Allwetter-Rodelbahn, sehr bekannt. Auf einer Länge von 1007 Metern geht es 110 Meter ins Tal hinunter, über Steilkurven, Wellen und kleine Sprungschanzen; Sicherheitsgurte und Videokontrolle sorgen für die Sicherheit.

Wer andere Vergnügungen vorzieht, besucht die ehemalige **Wehrkirche** oder betrachtet den reizvollen **Marktplatz**. Alternativ wandert man südwärts über den Weg 606a zur Nixhöhle und zur Falkenschlucht oder empor zum Annaberger Haus auf dem Tirolerkogel (1377 m) und von dort über 606b zurück nach Türnitz oder über 655 nach Annaberg. Bis zur Falkenschlucht (8 km) ist der Weg nur ganz sanft ansteigend, etwas anstrengend ist der letzte Anstieg zum Tirolerkogel (Weg 73), doch mühelos der Abstieg zurück nach Türnitz. Das Annaberger Haus ist ganzjährig geöffnet und bietet auch Übernachtungsmöglichkeiten (Tel. 0664/4432003 und 02728/305). Landschaftlich sehr lohnend ist bei einer Wanderzeit von etwa vier Stunden der Aufstieg zum Hohenstein und der Otto-Kandler-Hütte (1195 m). Sie ist von Mai bis Oktober an Wochenenden geöffnet (Tel. 0664/5286733 und 02762/54168).

▲ Karte S. 289

Einen der merkwürdigsten **Kirchtürme** Österreichs gibt es in Annaberg. Er wurde 1755 aus Holz errichtet und erinnert sehr an Skandinavien. Sehr sehenswert ist in der Kirche eine hölzerne Anna-Selbdritt-Gruppe von 1440. Annaberg war insbesondere im 18. Jahrhundert durch den Silberbergbau wohlhabend geworden, aber schon um 1820 waren die Vorkommen abgebaut. Erst zu Beginn des 20. Jahrhunderts, als durch die nahe Mariazellerbahn Touristen in das Traisental kamen, begann erneut der Aufschwung des kleinen Orts, der seit langem als Ausgangspunkt für die Erkundung des **Naturparks Ötscher-Tormäuer** beliebt ist. Von hier ist auch der Aufsteig zum Tirolerkogel weniger mühevoll als von Türnitz. Die Blicke auf Schneeberg, Hochschwab, Gesäuse und Ötscher sind überwältigend. Wintersportlern bietet Annaberg Abfahrten für alle Ansprüche, allein neun Lifte gibt es hier (www.annabergerlifte.at, Tel. 02728/8477) Besonders Familien fahren zum Skisport gerne hierher.

Unterwegs im ›Eibl-Jet‹

Entlang des Traisentals

Gemeindeamt Lilienfeld, 3180 Lilienfeld, Dörflstraße 4, Tel. 02762/52212-0, www.lilienfeld.at.

Gemeindeamt St. Aegyd am Neuwalde, Kirchenplatz 2, 3193 St.Aegyd/Neuwalde, Tel. 02768/2290, www.staegyd.at.

Gemeindeamt Türnitz, 3184 Türnitz, Tel. 02769/8204, www.tuernitz-noe.at.

Tourismusbüro Annaberg, Annarotte 14, 3222 Annaberg, Tel. 02728/8245, www.annaberg.info.

Gasthof Haginvelt, Hauptplatz 1, 3170 Hainfeld, Tel. 02764/2465, www.haginvelt.at, p.P. im DZ 21 €.

Gasthof und Fleischerei Gnedt, Kernhof 2, 3195 Kernhof, Tel. 02768/2535, www.gnedt.at, p.P. im DZ 33 €.

Gasthof zum Goldenen Ochsen, Markt 10, 3184 Türnitz, Tel. 02769/8323, www.goldenerochse.at, p.P. im DZ 25 €.

Terrassen-Camping Traisen, Kulmhof 1, 3160 Traisen, Tel. 02762/62900, www.camping-traisen.at.

Gasthof Meyer, Annarotte 8, 3222 Annaberg, Tel. 02728/8204, www.tiscover.at/gasthof-meyer, p.P. im DZ 31 €.

Jausenstation Holzhof, Weißenbach Nr. 93, 3193 St. Aegyd, Tel. 02768/6146, www.holzhof-herzerl-mitzi.at.

Geschirrmuseum Wilhelmsburg, Färbergasse 11, 3150 Wilhelmsburg, Tel. 02746/4644, www.geschirr-museum.at, Fr 14–17, Sa/So 10–17 Uhr bzw. nach Vereinbarung.

Bierkrugmuseum, Wiener Str. 16, 3170 Hainfeld, Tel. 0699/15499153, www.bierkrugmuseum.at, ganzjährig Fr–So 14–18 Uhr.

Schloss Kireisbach, Tel. 0664/464 71 40, www.kreisbach.at. Besichtigung nur nach Voranmeldung.

Stift Lilienfeld, Klosterrotte 1, 3180 Lilienfeld, Tel. 02762 /5420, www.stift-lilienfeld.at, außer Weihnachten und Neujahr Mo–Sa 8–12 u. 13–16, So 13–16 Uhr. Führungen Mo–Sa 10 u. 14, So nur 14 Uhr, Kirche nur mit Führung zugänglich.

Bezirksheimatmuseum Lilienfeld mit Zdarsky-Museum, 3180 Lilienfeld, Babenbergerstraße 3, Tel. 02762/52478 und 52212–13, www.zdarsky-ski-museum.at, Do u. Sa/So 16–18 Uhr bzw. nach Vereinbarung.

Kameltheater, Kamelplatz 1, 3195 Kernhof, Tel. 0664/1111012, www.kameltheater.at, die unregelmäßigen und häufig wechselnden Öffnungszeiten am besten zeitnah auf der Internetseite erfragen.

Herzerl-Mitzi, s. Jausenstation Holzhof.

Sessellift Muckenkogel, Tel. 02762/52229, www.muckenkogel.at, 1. Mai bis 11. Okt. Di–So von 9–16 Uhr.

Eibl-Jet, Eiblstr. 12a, 3184 Türnitz, Tel. 02769/8245, www.tuernitz.at, 1. Mai bis 21. Juni Sa/So 9–18, 22. Juni bis 6. Sept. tgl. 9–18 Uhr, 12. Sept. bis 1. Nov. Sa/So 9–18 Uhr.

Infos zu Wanderungen rund um Türnitz unter www.tuernitz-noe.at.

Das Melker Alpenvorland

Die touristisch etwas unbeachtete Region zwischen Donau, Erlauftal im Westen und Pielachtal im Osten wird Melker Alpenvorland genannt. Melk selbst zählt zwar nicht mehr dazu, doch ist diese weite sanfte Hügellandschaft sein südliches Hinterland. Die Tourismusverbände zählen Wieselburg, Purgstall und Scheibbs noch zur Region Eisenwurzen, aus geographischen Gründen stellen wir diese Orte aber im folgenden Kapitel vor.

Wieselburg

Insbesondere als Bier- und Messestadt ist Wieselburg (3600 Einwohner) bekannt: Gleichzeitig im Juni finden hier die Landwirtschaftsmesse und ein Volksfest statt. Bedeutend ist die **Pfarrkirche** der Stadt. Bereits um 900 bestand auf dem Kirchberg südlich des Stadtzentrums eine Wehrkirche, die etwa hundert Jahre später zu einer romanischen, achteckigen Kapelle umgebaut wurde. Die Kuppelfresken aus jener Zeit sind erhalten und wahrscheinlich damit die ältesten in Österreich. Dieses Oktogon, in der Architektur Österreichs etwas Außergewöhnliches, ist später der Chor einer gotischen, gegen 1510 errichteten Kirche geworden, wobei drei der acht Seiten aufgelassen wurden. Diese Kirche ist in der Nachkriegszeit nach einem Brand erneut umgestaltet worden, wodurch das Oktogon nicht mehr als solches erkennbar ist.

Ungewöhnlich ist die oktogonale Form der Pfarrkirche

▲ Karte S. 289

Wieselburg bietet eine weitere Besonderheit: gleich **vier Schlösser** befinden sich hier innerhalb der Stadt. Das Marktschloss liegt am Hauptplatz, das Schloss Weinzierl im Südwesten Wieselburgs war Aufenthaltsort von Joseph Haydn, der hier um 1757 als Gast des Fürsten Joseph von Fürnberg seine ersten Streichquartette verfasste. Es handelt sich dabei um die ersten Werke einer Gattung, die Haydn selbst begründete und durch die er einer der größten Meister der Wiener Klassik wurde.

Eine weitere berühmte Persönlichkeit ist Paul Hörbiger. Der berühmte Volksschauspieler lebte von 1965 bis zu seinem Tod 1981 in Wieselburg.

Eine vielbesuchte Attraktion ist **Haubi´s Wunderwelt des Backens** in **Petzenkirchen**, nur einige Kilometer nordöstlich von Wieselburg. Das ist eine Back-Erlebniswelt, in der Besucher alles über die Backkunst erfahren und Kinder selber backen können. Das Schloss im Ort ist nicht zu besichtigen; es beherbergt ein ›Institut für Kulturtechnik und Bodenwasserhaushalt‹.

Purgstall

Wenige Kilomter erlaufaufwärts von Wieselburg liegt Purgstall, mit nur 5300 Einwohnern schon die größte Siedlung im Melker Alpenvorland. Ihre vielen Sehenswürdigkeiten lohnen mehr als einen kurzen Stopp. Purgstall lag am alten Handelsweg der Dreimärktestraße - die anderen Märkte sind Scheibbs und Gresten -, und viele schöne **Bürgerhäuser** an der Pöchlarner Str. zeugen noch von der Bedeutung des Orts. Das **Renaissanceschloss** mit seinen Wehrbauten am Ende dieser Straße ist leider nicht zugänglich. Die **Pfarrkirche St. Petrus** ist ein spätgotischer Bau, der unter Mitwirkung von Jakob Prandtauer um 1715 barockisiert wurde und zu den größten Kirchen des Mostviertels zählt. Besonders beeindrucken der Hochaltar mit seiner Goldfassung und das Hochgrab des Volkhard von Auersberg. Nahe der Kirche, am Erlaufufer, steht das **Ledererhaus** mit seiner prächtigen Sgraffitofassade aus dem 16. Jahrhundert, einst eine Gerberei. Das **Heimatmuseum** darin informiert über die Handels- und Handwerksgeschichte der Stadt, das **Erlauftaler Feuerwehrmuseum** kann unter anderem mit historischen Wagenspritzen aufwarten und beleuchtet auch die Geschichte der Kriegsgefangenenlager: Von 1915 bis 1918 wurden in Wieselburg und Purgstall mehr als 80 000 Kriegsgefangene interniert. Für kurze Zeit befand sich unter den Wächtern auch Egon Schiele, der hier seinen Militärdienst ableistete und einige seiner bedeutendsten Gemälde mit Motiven des Erlauftals schuf. Im Ortsteil Schauboden - Richtung Wieselburg - wurde dazu der **Weg des Friedens** eingerichtet. Der Rundweg beginnt beim Gasthaus ›Schager‹ in Schauboden und führt auch am ehemaligen Lagerfriedhof vorbei.

Die Umgebung

In der westlichen Umgebung gibt es weitere sehenswerte Orte. In **Wolfpassing** besteht ein mittelalterliches, von Jakob Prandtauer umgestaltetes **Schloss**, im nahen **Ernegg** ist ein schönes **Renaissanceschloss** Teil einer noblen Golfanlage, und in **Steinakirchen** am Forst gibt es europaweit neben der in Amberg in der Oberpfalz die einzige **Kirche** mit einer den ganzen Innenraum umlaufenden Empore.

Weiterhin sehr interessant ist hier der **Sonnwendkreis** am Fuß der Rudolfshöhe (sehr schöne Aussicht, rasch erreichbar) westlich des Orts. Der Kreis besteht aus 24 Hochstammbäumen; Apfel und Birne wechseln sich ab, dazwischen sind Zwetschgenbäume und Mispeln gesetzt. Das Zentrum bildet ein 6,5 Meter hoher Obelisk aus Granit mit Sonnenuhr. Schienen der ehemaligen Schmalspurbahn durch das Kleine Erlauftal und Kanonenkugeln aus der Kanonenfabrik im steirischen Gusswerk wurden verwendet, um markante Zeitpunkte im Jahresablauf anzuzeigen.

Scheibbs

Die reizvolle, aber wenig besuchte Stadt Scheibbs hat heute lediglich 4200 Bewohner, zählte aber jahrhundertelang wie Waidhofen und Ybbs zu den bedeutendsten Zentren der Eisenverarbeitung im Alpenraum. Die äußerlich schlichte **Burg** unweit des Kirchplatzes geht auf das Jahr 1150 zurück und wurde in der Renaissance zu einem schönen Schloss mit prächtigem Arkadenhof umgebaut. Mittelalterlichen Zauber verströmt die **Stadtmauer** mit ihren drei gut erhaltenen Türmen. Die spätgotische **Pfarrkirche St. Magdalena**, 1726 barockisiert, ist eine der größten Kirchen Niederösterreichs. Die großen roten Rundsäulen

Blick auf Scheibbs

haben, ungewöhnlich genug, goldene Barockkapitelle, die ein kompliziertes Netz-rippengewölbe tragen, das die Apsis ›auffängt‹. Sehenswert ist auch die **Klos-terkirche St. Barbara**, eine Gründung der Kartause Gaming. Die Gaminger Kartäuser legten in Scheibbs ihr gleichsam weltliches Verwaltungszentrum an. Das **Marktrichterhaus** von 1583 ist heute Rathaus, in der Hauptstraße gibt es eine große Fülle weiterer prunkvoller **Bürgerhäuser**.

Das **Schützenscheibenmuseum** von Scheibbs ist zwar das bedeutendste seiner Art, bedeutender ist aber das **Keramikmuseum**, das die fast expressionistisch zu bezeichnenden Produkte dieses Scheibbser Industriezweigs aus den 1920er Jahren präsentiert. Von der **Jelinek-Warte** auf der Rudolfshöhe hat man den besten Blick über die Stadt selbst.

Die Umgebung

Die östliche Umgebung von Scheibbs ist sehr reizvoll. Von der **Urlingerwarte** am Blassenstein (844 m) überblickt man Ötscher, Alpenvorland und kann sogar tief ins Waldviertel hineinsehen.

Zwölf Kilometer östlich von Scheibbs befindet sich die **Ruine Plankenstein**. Oft als Märchenschloss apostrophiert, ist sie eine gute Einkehrmöglichkeit, wird oft für Feste und Seminare genutzt,

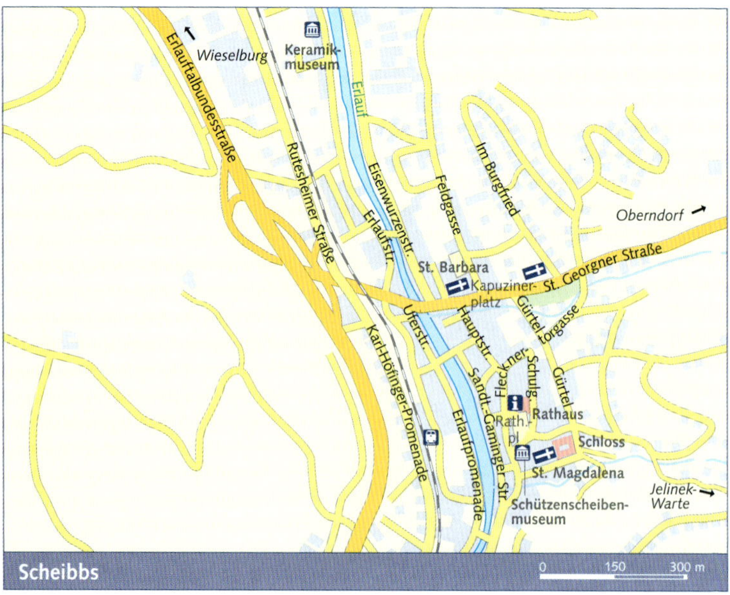

bietet schöne Übernachtungsmöglichkeiten und zeigt Sammlungen zur Ethnologie Afrikas sowie zur Textilindustrie (www.burgplankenstein.com).
Der nahe **Grüntalkogel** (886 m) ist ein beliebtes Wanderziel. Die Hütte auf seinem Gipfel ist von Mai bis Oktober geöffnet, und über den Pielachtaler Rundwanderweg (Nr. 652) von Plankenstein wie auch von Texing und aus dem Pielachtal einfach erreichbar. Gerühmt wird die Aussicht in die Donauebene.

Rund um Texing

Der kleine Ort Texing nördlich des Grüntalkogels ist Geburtsort von Engelbert Dollfuß (1892–1934). In seinem Geburtshaus erinnert ein **Museum** an das Leben und Wirken des österreichischen Politikers.
Nördlich von Texing, in **Kirchberg an der Mank**, befindet sich ein sehr schönes architektonisches Ensemble. Das **Schloss**, ein ehemaliges Klostergebäude, und die spätgotische Pankratiuskirche bilden eine bemerkenswerte Harmonie.
Nur wenige Kilometer südlich liegt die **Wallfahrtskirche St. Gotthard** mit ihrem frühbarocken Hochaltar. An der Quelle bei der Kirche soll einst der heilige Gotthard (960–1038) seinen Durst gestillt haben, worauf das Wasser heilkräftig geworden sein soll.

Kilb und Mank

Kilb liegt an der Schmalspurbahnbahn Ober-Grafendorf–Gresten, die das Pielachtal mit den unteren Eisenwurzen verbindet. Ähnlich wie in Scheibbs gibt es hier eine verhältnismäßig große gotische **Pfarrkirche**, deren steinerner Turmhelm besonders auffällig ist. Hier finden alle fünf Jahre die Kilber Passionsspiele statt (das nächste Mal 2014). Sehenswert ist daneben das **Schloss Grünbichl**, ein mittelalterlicher Bau, der in der Renaissance und im 19. Jahrhundert Umbauten erfuhr.
Erst seit 1987 Stadt, ist Mank das Zentrum des Melker Alpenvorlands. Mit dem **Schloss Strannersdorf** besitzt die Stadt ein Baujuwel, das leider nicht besichtigt werden kann. Zugänglich ist dafür die sehenswerte **Fotoausstellung** im Rathaus mit 6000 Darstellungen der Gemeinde in Vergangenheit und Gegenwart (www.mank.at). Das Netzrippengewölbe der **Pfarrkirche** ist eines der schönsten seiner Art.

Um St. Leonhard

Ganz im Norden des Melker Alpenvorlands liegt St. Leonhard am Forst (3000 Einwohner). Sein rechteckiger Marktplatz und die rechtwinklig verlaufenden Straßen zeigen, dass es sich um eine planmäßig angelegte Stadt handelt, die um 1180 gegründet wurde. Das am Marktplatz befindliche **Schloss** stammt aus dem 16. Jahrhundert, ist aber im 19. Jahrhundert umgebaut worden und heute Sitz kommunaler Einrichtungen. Die spätgotische **Pfarrkirche** besitzt eine ausladende Barockeinrichtung und eine schöne Hängekanzel.
In das idyllische Waldhügelgebiet des **Hiesbergs** führt von St. Leonhard der Wanderweg 68. Man startet am besten an der Ruine Pielstein etwas außerhalb von St. Leonhard und spaziert zur sechs Kilometer Wallfahrtskirche Maria Steinparz und fährt von dort mit dem Bus zurück. Ebenso empfehlenswert ist der Weg zur **Ruine Zelking** (Wanderweg 256). Man beginnt in Au an der Straße nach Zelking, etwa 2,5 Kilometer nordwestlich von St. Leonhard. Um die Ruine lässt sich mit Weg 68 eine schöne Rundwanderung machen (Hin- und Rückweg ca. 8 km).

Der leidenschaftliche Jäger und Schriftsteller Friedrich von Gagern (1882–1947) lebte von 1927 bis zu seinem Tod in seiner Villa im St. Leonharder Ortsteil Geigenberg und liegt auf dem Stadtfriedhof begraben. Ein **Gedächtniszimmer** im Schloss-Rathaus erinnert an den einst mit Jagd- und Amerika-Erzählungen (›Der böse Geist‹, ›Das Geheimnis‹, ›Der Marterpfahl‹) vielgelesenen Autor. Sein Theaterstück ›Ozean‹ von 1921 wurde 2009 (!) in der Berliner Volksbühne mit viel Aufsehen erstaufgeführt.

An eine andere kaum noch bekannte Persönlichkeit erinnert ein **Museum** im benachbarten **Ruprechtshofen**. Hier kam 1802 Benedict Randhartinger zur Welt, der mit 91 Jahren in Wien starb, Hofkapellmeister während der Epoche Franz Josephs war und eine Vielzahl großartiger Kompositionen hinterlassen hat, die aber größtenteils unveröffentlicht geblieben sind. Er war zu seiner Zeit auch als einer der bedeutendsten Tenöre Österreichs bekannt (www.randhartinger.at).

Melker Alpenvorland

Mostviertel-Tourismus, Adalbert-Stifter-Str. 4, 3250 Wieselburg, Tel. 07416/52191, www.mostviertel.info.

Tourismusverband Melker Alpenvorland, Schulstraße 1, 3240 Mank, Tel. 07416/52191.

Stadtgemeinde Wieselburg, Hauptplatz 26, 3250 Wieselburg, Tel. 07416/52319, www.wieselburg.at.

Stadtgemeinde Scheibbs, Rathausplatz1, 3270 Scheibbs, Tel. 07482/425110, www.scheibbs.com.

Gasthof Pitterle, Rametzberg 4, 3233 Kilb, Tel. 02748/7269, www.pitterle.at. An der Straße Kilb–Hofstetten i. Pielachtal, bekannt für seine hervorragenden Backhendln.

Burg Plankenstein, 3242 Texing-Plankenstein, Tel. 02755/7254, www.burgplankenstein.com, p.P. im DZ ab 40 €.

Braumuseum, Dr.-Beurle-Str. 1, 3250 Wieselburg, Tel. 07416/50102. Betriebsbesichtigung nur nach Voranmeldung.

Haubi´s Wunderwelt des Backens, Kaiserstr. 8, 3252 Petzenkirchen, Tel. 07416/503499, www.haubis.at, tgl. 8–18 Uhr.

Feuerwehrmuseum, Pöchlarner Str. 56, 3251 Purgstall/Erlauf, Tel. 07489/2914, www.museum.fuv.at, 25. April bis 26. Okt. Sa/So 13–17 Uhr.

Museum im Ledererhaus, Mariazeller Str. 2, 3251 Purgstall/Erlauf, Tel. 07489/271117, www.purgstall.at, Mai bis 26. Okt. Sa/So 13–16 Uhr.

Keramikmuseum Scheibbs, Erlaufstraße 32, 3270 Scheibbs, Tel. 0676/5584091, www.keramikmuseum scheibbs.at, April bis Okt. Mi–So 10–12 u. 14–17 Uhr bzw. nach Vereinbarung.

Dollfuß-Museum Texing, 3242 Texing, Tel. 0664/9540586, Mai bis 26. Okt. So 14–17 Uhr oder nach Voranmeldung unter Tel. 02755/7228.

Fotomuseum, Hauptplatz 3, 3240 Mank, Tel. 02755/2782, während der offiziellen Zeiten der Stadtverwaltung (www.mank.at).

Randhartinger-Museum, Hauptplatz 1, 3244 Ruprechtshofen, Tel. 0676/9302655, www.randhartinger.at, Mai bis Okt. So 14–17 Uhr.

▸ Karte S. 289

Engelbert Dollfuß

Engelbert Dollfuß wurde am 4. Oktober 1892 in Texing als uneheliches Kind der Bauerntochter Josepha Dollfuß geboren und wuchs in Kirnberg bei seinem Ziehvater Leopold Schmutz auf. Ein Stipendium ermöglichte ihm 1904 den Eintritt in das fürsterzbischöfliche Knabenseminar der Erzdiözese Wien in Oberhollabrunn; 1913 legte er das Abitur ab. Dollfuß studierte zunächst in Wien Theologie und Jura. Er meldete sich bei Kriegsausbruch als Freiwilliger, wurde aber wegen seiner geringen Größe von 1,55 Metern erst beim zweiten Anlauf angenommen und kämpfte 1916 als Oberleutnant an der italienischen Front.

Dollfuß setzte nach Kriegsende in Wien sein Studium fort und promovierte 1922. Er heiratete 1921 und trat früh den österreichischen Christsozialen (CP) bei. Er wurde 1919 als Jurist beim Niederösterreichischen Bauernbund angestellt. Zu seinen Aufgaben zählte eine Reformierung der Landwirtschaft Niederösterreichs, in deren Folge er 1927 Direktor der Landwirtschaftskammer wurde. Er führte die Sozialversicherung für Bauern sowie das Arbeitslosengeld für bäuerliche Lohnarbeiter ein. Der erfolgreiche Wirtschaftsmann avancierte 1930 zusätzlich zum Präsidenten der österreichischen Bahnen, deren Reform er ebenfalls vorantrieb. Von Anfang an war er ein Gegner der österreichischen Nationalsozialisten und überhaupt der Strömungen, die nach 1919 immer wieder den Anschluss Österreichs an das Deutsche Reich forderten.

Im März 1931 wurde Dollfuß Minister für Land und Forstwirtschaft und nach den Parlamentswahlen im Mai 1932 mit sehr knapper Mehrheit als Bundeskanzler mit der Regierungsbildung beauftragt. Er war seitdem gleichzeitig Außen- und Landwirtschaftsminister. Als Christdemokrat hatte er nicht nur die Nationalsozialisten, sondern auch die Sozialdemokraten zum Gegner, die mit ihm keine Regierung eingehen wollten.

Daher koalierte er, um regierungsfähig zu sein, mit dem sogenannten Heimatblock und dem Landbund und hatte so gerade 83 von 165 Sitzen im Parlament. Um Österreichs kritische wirtschaftliche Situation in diesen Jahren zu bewältigen, nahm die Regierung Dollfuß am 15. Juli 1932 eine Völkerbund-Anleihe von 300 Millionen Schilling auf, die an ein 20-jähriges Anschlussverbot an Deutschland geknüpft war. Die Nationalen beschimpften ihn daraufhin als Verräter, der Heimatblock drohte mit Koalitionsbruch. Ein Koalitionsangebot an die rechten Kräfte wurde von diesen brüsk abgelehnt. Streiks führten zu Sondersitzungen des Parlaments, die drei Parlamentspräsidenten traten zurück,

Engelbert Dollfuß, Aufnahme von 1933

und plötzlich war die Regierung beschlussunfähig geworden. Dollfuß bot seinen Rücktritt an, doch entließ ihn Bundespräsident Wilhelm Miklas nicht.

Ähnlich wie im Deutschland dieser Jahre setzten die Extremen von beiden Seiten der jungen Republik mehr und mehr zu. Um die Ordnung im Staat einigermaßen aufrecht erhalten zu können, setzte Dollfuß die verfassungsrechtlich geltende Gewaltentrennung außer Kraft und löste den Republikanischen Schutzbund, eine paramilitärische Einheit der Sozialdemokraten, und die KPÖ auf. Nach dem 30. Januar 1933 versuchte die NSDAP, die nun in Deutschland die Macht besaß, auch Österreichs Politik noch stärker zu beeinflussen. Terroristische Aktivitäten der illegalen österreichischen Nazipartei, die aus Deutschland mit Geld und Waffen unterstützt wurde, ließen Dollfuß, im Versuch, kein Chaos entstehen zu lassen, in einem weiteren Schritt die parlamentarische Republik zu einem autoritäten Regierungssystem verändern; die radikalen Gegner der Republik – von beiden Seiten – wurden in sogenannten Anhaltelagern interniert. Im Februar 1934 versuchten die Sozialdemokraten zu putschen, was in bürgerkriegsähnliche Auseinandersetzungen zwischen dem Bundesheer und dem Republikanischen Schutzbund mündete und viele Tote und zum Tode verurteilte Schutzbundführer zur Folge hatte. Mit den Linken hatte es sich Dollfuß nun gründlich verdorben.

Gut vier Wochen später wurde mit den ›Römischen Protokollen‹ die Bindung Österreichs an Ungarn und Italien weiter gefestigt. In der sogenannten Maiverfassung vom 1. Mai 1934 erfolgte die Verabschiedung jener auf christlich-ständischen Vorstellungen definierten neuen Staatsordnung, die sich an eine päpstliche Enzyklika anlehnte und von Sozialdemokraten und Kommunisten sofort bekämpft wurde. Doch auch die rechten Kräfte bekämpften die Verfassung, da ihnen die Vereinigung mit Deutschland das Hauptanliegen war und sie die ›deutsche Sache‹ an die Magyaren und Italiener verraten sahen. Am 25. Juli 1934 stürmten österreichische Nationalsozialisten das Bundeskanzleramt und erschossen Engelbert Dollfuß. Kurt Schuschnigg (1897–1977) wurde Kanzler und regierte ähnlich autoritär wie Dollfuß. Er versuchte, dem ›Austrofaschismus‹ ein christliches Gesicht zu geben. Im März 1938 zwang ihn Hitler zum Rücktritt.

Dollfuß' Bedeutung und Rolle sind bis heute umstritten. Zweifellos leistete er als Agrarfachmann Vorbildliches, doch ansonsten gehen die Beurteilungen über ihn weit auseinander. Während Dollfuß einesteils wegen seines Widerstandes gegen den Nationalsozialismus als ›Heldenkanzler‹ und ›Märtyrer‹ gesehen wird, bezeichnen ihn andere als ›Arbeitermörder‹ und ›Faschisten‹. Meist wird seine Epoche als ›Ständestaat‹ oder ›Austrofaschismus‹ bezeichnet. Erst jüngst, Ende 2006, kam es wegen eines Dollfuß darstellenden Wandgemäldes im Altarbereich der Prandtauerkirche in St. Pölten wieder zu Kontroversen. Otto von Habsburg sagte 2008 über Dollfuß: »Es gibt kein anderes Land in Europa, das einen Kanzler gehabt hat, der in der Schlacht gegen Hitler gefallen ist. Darauf sollten wir auch stolz sein.« Kaum kann man Otto von Habsburg hierbei nicht widersprechen. Zwar ließ Dollfuß durch die Hitlerschergen sein Leben, doch hatte er andererseits durch die Bekämpfung und letzliche Ausschaltung der Arbeiterbewegung, der Gewerkschaften und der Sozialdemokratie die Hitlergegner und ihren aktiven Widerstand gegen den Nationalsozialismus entscheidend geschwächt.

Das nordöstliche Mostviertel

Die Landschaft um das untere Traisental ist dicht besiedelt und industrialisiert und sicherlich die am stärksten vom Menschen umgestaltete Region des Mostviertels. Es handelt sich weitgehend um ein Tiefland, das vom Osthang des Dunkelsteinerwalds nahtlos in die Tullner Donauauen übergeht. Hier liegt die Landeshauptstadt St. Pölten.

St. Pölten

Mit 52 000 Einwohnern ist die Hauptstadt Niederösterrreichs auch dessen größte Gemeinde. Sie ist eine der ältesten Städte Österreichs, schon im 1. Jahrhundert existierte hier die Römerstadt Aelium Cetium. 771 wurde durch zwei Mönche aus St. Denis bei Paris ein Benediktinerkloster gegründet, das dem heiligen Hippolyt geweiht war, und von dem der Stadtname herrührt; 1081 wurde das Kloster aber in ein Augustinerchorherrenstift umgewandelt. St. Hippolyten erhielt 1058 eines der ersten Marktrechte in Österreich und wurde 1247 Stadt. In dieser Epoche entstanden der rechteckige Marktplatz und eine Stadtbefestigung mit Türmen und vier Toren. Allerdings wurde diese im 18. Jahrhundert, nach dem Ende der Türkenkriege abgerissen, um den Ausbau St. Pöltens nicht zu behindern. In der österreichischen Geschichte spielte die Stadt aber zugegeben bis dahin kaum eine Rolle.

Die Barockzeit war die große Blütezeit St. Pöltens, als die Architekten Jakob Prandtauer und Josef Munggenast sein Antlitz in prachtvoller Form veränderten. Mit der Auflösung des Bistums Wiener Neustadt wurde St. Pölten 1785 Bischofssitz. Zur gleichen Zeit begann die Industrialisierung, zunächst mit Hammerwerken, Tuchmachereien und einer Baumwollmanufaktur, denen sich dann die Papier-, Textil- und Maschinenindustrie in stürmischer Entwicklung anschloss. Dazu trug insbesondere der Anschluss an die Westbahn bei. Wegen der ansässigen Rüstungsbetriebe wurde St. Pölten im April 1945 mehrfach bombardiert und zu 40 Prozent zerstört, was man der Innenstadt an einigen Lücken noch immmer ansieht.

St. Pölten ist eine sehr junge Landeshauptstadt. Denn bis 1986 wurden die Geschicke Niederösterreichs von Wien aus gelenkt. Die Bürger wünschten aber eine stärker dezentralisierte Verwaltung und setzten einen Volksentscheid über eine neue Landeshauptstadt durch, aus der St. Pölten als Sieger hervorging.

St. Pölten ist Geburtsort mehrerer bedeutender Personen. Der Karikaturist Manfred Deix (geb. 1949), bekannt durch seine schonungslosen Darstellungen der österreichischen Politiker und vor allem des ›gemeinen Volks‹, stammt von hier, ebenso der Pianist Jörg Demus (geb. 1928), die Schlagersängerin Lolita (geb. 1931) und der Regisseur Bernhard Wicki (1919–2000). Wicki errang internationalen Ruf durch seinen Antikriegsfilm ›Die Brücke (1959) sowie durch Fernsehverfilmungen einiger Werke von Joseph Roth: – ›Das falsche Gewicht‹, ›Das Spinnennetz‹.

Sehenswürdigkeiten

Nach den Kriegszerstörungen wurde das Zentrum in vorbildlicher Weise wiederhergestellt. Es gleicht heute wieder einem barocken Schatzkästchen, das bei den meisten Österreich-Touristen aber nicht die Wertschätzung genießt, die es verdient. Die Neubauten des Regie-

Beeindruckende Pracht im Dom

rungsviertels, Landhausviertel genannt, sind mindestens genauso sehenswert. Ein kostenloser Altstadtexpress in Form einer Art Bimmelbahn fährt von April bis Oktober täglich, im Dezember von Donnerstag bis Samstag im Stundentakt vom Rathausplatz über das Landhausviertel zum Domplatz und wieder zum Rathausplatz; er hält an allen bedeutenden Sehenswürdigkeiten.

Der Reisende, der die Stadt vom Banhof her betritt, befindet sich in der Kremser Gasse, der alten Nord-Süd-Achse der Stadt mitten in der Fußgängerzone. Gleich rechts springt mit dem **Stöhr-Haus** von 1899 (Nr. 41) das sicherlich schönste Jugendstilhaus der Stadt ins Auge. Am Haus Nr. 20 erinnern große **Reliefplastiken** an die Klostergründer von 771. In der hier ostwärts abzweigenden Klostergasse befindet sich das **Wohn- und Sterbehaus Jakob Prandtauers** (Nr. 15), von dem lediglich der linke Trakt mit einer Toreinfahrt vorhanden ist. Nach Prandtauers Tod wurde das Haus als bischöfliche Taubstummenanstalt genutzt (Wappen im Giebel).

Zurück auf der Kremser Gasse, gelangt man über die Domgasse zum **Domplatz**, der Stätte des alten Römerlagers und jenes ersten Klosters von 771. Auf dem Domplatz findet jährlich ab Ende Juni das beliebte Open-air-Filmfestival ›Film beim Dom‹ statt. Die Nordseite des Platzes dominiert der **Bischofshof**, das alte Augustiner-Stiftsgebäude. Es wurde 1653 vollendet und war damit einer der ältesten barocken Klosterbauten Österreichs. Der Turm, die Apsis und Teile der Außenfassade lassen am **Dom** noch dessen romanischen Vorgängerbau von 1150 erkennen. Dieser wurde nach 1720 barock umgestaltet und ist heute eine der großartigsten Barockkirchen Österreichs, von dessen reicher Innenausstattung insbesondere die Fresken von Bartolomeo Altomonte und Daniel Gran sowie der Hochaltar mit dem Gemälde ›Maria Himmelfahrt‹ von Tobias Pock herausragend sind. Im Chor rechter Hand geht es in die Rosenkranzkapelle, ein Rest des romanischen Baus, der unverändert erhalten ist. Vom nördlichen Seitenschiff gelangt man in den Kreuzgang mit seinen interessanten mittelalterlichen Grabplatten und ins Diözesanmuseum mit großartigen Sammlungen sakraler Kunstwerke. Sehenswert sind weiterhin der Brunnenhof und der Gästetrakt des Bischofshofs, die ebenfalls über den Kreuzgang erreicht werden können.

Der Domplatz geht nach Südwesten in den kleinen **Herrenplatz** über, den schöne **Caféhäuser** und prächtige **Bürgerpa-**

▶ Karte: hintere Umschlagklappe

Am belebten Herrenplatz in St. Pölten

lais säumen. Zu nennen sind etwa Nr. 2, das Stadtpalais der Familie von Thürburg, das vom berühmten Lukas von Hildebrandt erbaut wurde, Nr. 4 von 1914 im Stil jener Zeit oder das frühere Dreikronenwirtshaus (Nr. 5), in dem Franz Schubert 1822 seine Oper ›Alfonso und Estrella‹ verfasste. Der **Brunnen** von 1990 stellt ›Tratschende Frauen‹ dar.

Von hier führt die Wiener Straße, Teil der alten Handelsstraße Wien–Linz, ostwärts. An der Ecke zur Schmiedegasse steht das alte **Franziskanerkloster** von 1450, in dem seit 1791 die Theologische Hochschule des Bistums untergebracht ist.

Am westlich gelegenen Riemerplatz trifft man ebenfalls auf verschiedene hübsche **Barockhäuser**, die überwiegend von Prandtauer stammen. Die Skulptur in der Mitte des Platzes wird als ›offenes Ohr des Bürgermeisters‹ bezeichnet. In der hier abzweigenden Linzer Straße steht der langgestreckte Bau des **Instituts der Englischen Fräulein** von 1706, der wohl der großartigste Barockbau der Stadt ist. Vier plastische Portale mit drei Vorbauten beherrschen ihn, die Fenster schmücken schmiedeeiserne Gitter, und die Fassade wird von einer Kapellenkuppel mit Pyramide überragt. Die **Institutskirche** von 1718 stammt ebenfalls von Prandtauer, großartig das Kuppelfresko Paul Trogers.

Markt auf dem Domplatz

▲ Karte: hintere Umschlagklappe

Vom westlichen Ende der Linzer Straße führt die Prandtauerstraße zum Rathausplatz. Hier steht die **Karmeliterkirche** von 1712, auch Prandtauerkirche genannt. Sie ist auffällig durch ihre Freitreppe und die konkave Fassade. Nach der Aufhebung des Klosters 1787 diente die Kirche lange als Militärmagazin und Lagerhaus und wurde erst 1934 wieder geweiht. Im ehemaligen Klosterhof befinden sich das **Stadtmuseum** und das **Landesdokumentationszentrum für Moderne Kunst**.

Die Mitte des Rathausplatzes ziert die **Dreifaltigkeitssäule** von 1782. Das **Rathaus** selbst entstand im 16. Jahrhundert durch den Zusammenbau zweier älterer gotischer Häuser, denen 1591 ein achteckiger Turm aufgesetzt wurde, der 1674 einen barocken Helm erhielt. Die Renaissancefassade wurde 1726 durch Josef Munggenast barockisiert. Stilelemente aller Epochen sind so am Rathaus erkennbar. Das barocke Bürgermeisterzimmer ist wegen seiner eindrucksvollen Stuckdecke besonders sehenswert, frühgotische Elemente zeigt noch die sogenannte Wachstube, ebenso stammen die Nischen in der Einfahrt noch aus der Gotik.

Dem Rathaus gegenüber steht die **Franziskanerkirche**, die zwischen 1757 und 1779 erbaut wurde. Berühmt sind ihre vier Seitenaltarbilder des Kremser Schmidt. In der Nordwestecke des Platzes befindet sich das **Stadttheater** von 1820. Die Heßstraße ist die Verlängerung der Wiener Straße westlich des Rathausplatzes. Im Haus Nr. 9 dokumentiert das **Museum im Hof** die Arbeiterbewegung der Stadt

An der Karl-Renner-Promenade, unweit der Lederergasse, steht die **ehemalige Synagoge** (1912/13). Sie beherbergt heute ein jüdisches Institut.

Landhausviertel

Südöstlich der Innenstadt befindet sich am Ufer der Traisen das in originellen architektonischen Formen errichtete **Landhausviertel**, entstanden in den 1990er Jahren und heute Sitz der Landesregierung. Neben dem schiffsähnlichen Landtaggebäude (dem Landhaus), entstanden unter anderem ein Festspielhaus, das Landesstudio des ORF, die Landesbibliothek (250 000 Bände), das Landesarchiv, das Institut für Landeskunde, das Landesmuseum und der 80 Meter hohe sogenannte Klangturm, der zum Wahrzeichen des Viertels avancierte. Das **Landesmuseum** ist ein multimediales Erlebnismuseum mit 3D-Kino, Museumslabor und Natur- und Skulpturengarten. Im **Klangturm** sind begehbare Klangräume optisch schwebend angebracht. Der Architekt Ernst Hoffmann konzipierte ihn als ›begehbares Musikinstrument‹.

Die Mariazellerbahn

Von St. Pölten führt die berühmte Mariazellerbahn seit über hundert Jahren als Schmalspurbahn durch das Pielachtal in den steirischen Wallfahrtsort Mariazell. Die 85 Kilometer lange Bahnstrecke gilt als technische Meisterleistung, überwindet sie doch mehr als 600 Höhenmeter, erreicht dabei Steigungen bis zu drei Prozent, führt duch 180-Grad-Kehren, Viadukte und zahllose Tunnels. Und sie bietet sie wunderbare Landschaftserlebnisse!

St. Pölten und Umgebung

Tourismusinformation St. Pölten, Rathausplatz 1, 3100 St. Pölten, Tel. 027 42/35 33 54, www.st-poelten.gv.at.

Infos zur Mariazellerbahn: www.mariazellerbahn.at.

Infos zum Festival ›Film beim Dom‹: www.cinema-paradiso.at; zum attraktiven Kulturprogramm generell: www.st-poelten-gv.at.

Gasthof Roter Hahn, Teufelshoferstr. 26, 3100 St. Pölten, Tel. 027 42/729 06, www.gasthof-boeck.at, DZ 80 €. Etwas abseits des Zentrums gelegen, doch vorzügliches Traditionshaus mit gutem Preis-Leistungs-Verhältnis.

Gasthof Fasslboden, Purkersdorfer Str. 43, 3100 St. Pölten, Tel. 027 42/25 43 14, www.fasslboden.at, p.P. im DZ ab 32 €.

Diözesanmuseum, Domplatz 1, 3100 St. Pölten, Tel. 027 42/32 43 31, www.dz-museum.at, Mai bis Okt. Di–Fr 10–12 u. 14–17 Uhr, Sa/So 10–13 Uhr.

Stadtmuseum, Prandtauerstr. 2, Tel. 027 42/333 26 43, www.stadtmuseum-stpoelten.at, Mi–So 10–17 Uhr.

Museum zur Arbeiterbewegung (Museum im Hof), Prandtauerstr. 4/Heßstr. 4, Tel. 027 42/353 477, nach Voranmeldung.

Niederösterreichisches Landesmuseum, Franz-Schubert-Platz 5, 3100 St. Pölten, Tel. 027 42/908 090 153, www.landesmuseum.net, Di–So 10–18 Uhr.

Das Mostviertel

Herzogenburg

Die Stadt Herzogenburg, etwa fünf Kilometer nördlich von St. Pölten, hat ihren Namen nach einer Burg, die im 9. Jahrhundert als Festung gegen die Mähren von den beiden herzoglichen Brüdern Wilhelm und Engelschalk errichtet wurde. Um die Burg entstand als späterer ›Unterer Markt‹ der älteste Teil der Stadt – heute das Viertel um die Wiener Straße –, der heutige Rathausplatz war der Marktplatz dieser ersten Siedlung.

Zu Beginn des 11. Jahrhunderts errichtete man auf einer höhergelegenen Ebene im Gebiet des heutigen Kirchenplatzes die St. Stephanskirche, und etwa 100 Jahre später entstand um diese ein Augustiner-Chorherrenstift, das wegen der Überschwemmungen von St. Georgen hierher verlegt wurde. Siedler und Handwerker folgten, und es entstand eine zweite Siedlung, ›Herzogenburg auf der Widem‹, die 1548 als ›Oberer Markt‹ das Marktrecht erhielt.

Das **Kloster**, das in seiner ersten Form erst um 1550 vollendet war, erfuhr zwischen 1714 und 1740 einen großangelegten Umbau durch Jakob Prandtauer, Josef Munggenast und Johann Bernhard Fischer von Erlach. Der alte Bau wurde fast vollständig niedergerissen, doch die hochfliegenden Pläne mussten wegen Geldmangels vorzeitig beendet werden. Der Stiftsbau blieb unvollendet, auch wenn man ihm das nicht ansieht. Die alte **Stephanskirche** wurde 1743 bis auf den Unterbau des Turms abgerissen (Turmportal noch aus dem 15. Jahrhundert) und von Munggenast neu erbaut, doch erst 1785 als letzte bedeutende Barockkirche geweiht – es war ja bereits die Zeit der josephinischen Klosterniederlegungen. Ihre Freskenpracht und der Hochaltar von Daniel Gran, Paul Troger und Franz Anton Maulbertsch sind unerhört, auch die Orgel von 1750 ist ein beeindruckendes Kunstwerk.

Im **Stift** selber sind die Prälatenstiege (Deckenfresko), der Festsaal, die Schatzkammer mit ihren kostbaren liturgischen Geräten und die Bibliothek besonders sehenswert. Die Kunstsammlungen des Stifts mit Werken insbesondere des 16. Jahrhunderts – daneben unter anderem ein römischer Helm aus dem Jahr 150 – zählen zu den bedeutendsten ganz Österreichs.

Das würdevolle Stift

Blick von der Max-Schubert-Warte auf den Ort Kapelln

Die Umgebung

Das südöstlich von Herzogenburg an der B1 gelegene **Kapelln** gilt als offizieller Landesmittelpunkt Niederösterreichs. Von der **Max-Schubert-Warte** hat man einen schönen Blick zum Schneeberg und zum Ötscher wie auch zum Waldviertel hin. Ein kulturgeschichtlicher **Lehrpfad** erläutert an zwölf Stationen niederösterreichische Rekorde, Bräuche, Dialekte, Berge, Klöster, die Natur und Kuriosa. Er beginnt in der Ortsmitte und führt über Etzersdorf hoch zur Schubert-Warte zu jenem Mittelpunkt, wo es einen berühmten Treffpunkt an einem Imbissstand gibt. Der Kapellner Lehrpfad und der Imbissstand sind die besten Orte, um mehr und Ungewöhnliches über Niederösterreich zu erfahren: Hier treffen sich Insider und selbsternannnte Niederösterreich-Spezialisten, auch der Imbisswirt besitzt große Landeskenntnisse.

In der nahen Gemeinde **Heiligenkreuz-Gutenbrunn** gibt es mit dem sehenswerten spätbarocken **Schloss** von 1745, in dem bis 2001 das Niederösterreichische Barockmuseum bestand und in dessen Komplex die **Pfarrkirche** integriert ist, etwas sehr Besuchenswertes. In der Kirche ist insbesondere der großartige Hochaltar von 1757 sehr eindrucksvoll.

Das mittelalterliche Wasserschloss in **Pottenbrunn** erfuhr in der Renaissance eine Umgestaltung, und einen Blick wert ist auch die **Wallfahrtskirche Maria Jeutendorf** in Untergrafendorf.

Herzogenburg und Umgebung

Gasthof zur Linde, Auring 10, 3130 Herzogenburg, Tel. 02782/83422, p.P. im DZ 25 €.

Stift Herzogenburg, Stiftsgasse 3, 3130 Herzogenburg, Tel. 02782/83112, www.stift-herzogenburg.at, Apr. bis Okt., Besichtigung nur mit Führung.

Lehrpfad, Imbissbude: von Mai bis Okt. an Wochenende ab 14.30 Uhr, Tel. 02784/2283.

Hier melodiert das Urgebirge
der Alpen den Schöpferpsalm
gar lieblich zu Ende.

Richard Billinger

Das Industrieviertel mit Wienerwald und Wiener Alpen

Das nachfolgend vorgestellte Gebiet ist gemäß der traditionellen Aufteilung Niederösterreichs das vierte Viertel. Es wurde und wird als Industrieviertel bezeichnet, obwohl es nur zu einem Drittel von der Industrie geprägt wird und Wienerwald und die Wiener Alpen zwei Drittel der Fläche einnehmen. Die Tourismusämter schufen mit den ›Wiener Alpen‹ einen Terminus, der sich auf das südwestlich an den Wienerwald bis zur steirischen Landesgrenze anschließende Alpengebiet um Rax, Schneeberg, Hohe Wand und Semmering bezieht: dieser Begriff ist eine relativ junge Schöpfung. Der südliche Teil des Wiener Beckens, östlich der erwähnten Thermenlinie und südlich der Donau, zwischen Wiener Neustadt und Schwechat, ist in einigen Bereichen in der Tat stark industrialisiert; die Tourismusvertreter verwenden den Begriff ›Industrieviertel‹ wegen der – vermeintlich – negativen Assoziationen aber kaum.

Die berühmte Lichtsäule in Wiener Neustadt

▲ Karte S. 313

Durch den Wienerwald

Kaum eine große Hauptstadt hat in ihrer unmittelbaren Nähe ein solch wunderbares Naturkleinod, wie es Wien mit dem Wienerwald besitzt. Er schmiegt sich im Halbkreis südlich um die Stadt. Die hügelige, idyllische Landschaft, in die teils recht steile Täler eingekerbt sind, ließ Dichter und Musiker durch alle Zeiten ein Loblied auf den Wienerwald singen. Johann Strauß komponierte beispielsweise den Walzer ›G'schichten aus dem Wienerwald‹ und dazu viele weitere Tänze, die einen Bezug zu dieser Landschaft haben. Und unter den Schriftstellern war es insbesondere der Wahlwiener Adalbert Stifter, der einen Hymnus auf die unberührte Natur des Wienerwalds anstimmte: »Als wärest du in der Wildnis, nicht eine bis zwei Meilen von einer der lebhaftesten Hauptstädte der Welt«, schrieb er begeistert 1840. Im zentralen Teil des Wienerwalds, nördlich von Heiligenkreuz, gibt es noch heute einsame Täler, in denen sich seit der Biedermeierzeit kaum etwas verändert hat; es sind Täler, die trotz der Erschließung durch Autostraßen nichts von ihrer Beschaulichkeit eingebüßt haben.

Die Hügel dieses nordöstlichsten Alpenausläufers recken sich bis zu 893 Meter Höhe (Gipfel des Schöpfl) empor. Im Osten wird er vom Stadtgebiet Wiens begrenzt und der sogenannten Thermenlinie, dem geologischen Abbruch der Alpen zum Wiener Becken, an der sich zahlreiche Heilquellen befinden. Im Süden markieren in etwa der Triestingfluss, im Südwesten der Gölsen entlang der Strecke Hainfeld–Altenmarkt, im Westen die Große Tulln und im Norden das Tullner Feld die Grenzen des Wienerwalds. Er besitzt damit Ausmaße von etwa 45 mal 25 Kilometern.

Der Wienerwald

Die Bedeutung des Walds als Rohstofflieferant war allen in Wien ansässigen Herrschenden früh bewusst, denn Holz war bis zur Mitte des 18. Jahrhunderts die einzige Energiequelle, der Wald lieferte auch das Brennholz für den kaiserlichen Hof und die Behörden. Die erste Waldordnung wurde daher schon 1512 erlassen. Sie regelt genau den Holzbedarf der Untertanen, wie auch die Menge des zulässigen Holzschlags festgelegt war. Arg in Mitleidenschaft gezogen wurde der Wienerwald während der Türkenkriege. Einerseits war für den Ausbau der Stadtbefestigungen viel Holz nötig, andererseits fällten die Osmanen für den Eigenbedarf ebenso große Mengen. In der Mitte des 18. Jahrhunderts war vom Baumbestand nur noch wenig geblieben, so dass Maria Theresia eine neue Waldordnung erließ. Es durfte nur noch gesägt und nicht gehackt werden; Holzzäune mussten durch Hecken ersetzt werden, Maibäume wurden gar verboten. In der Zeit Franz Josephs wurde darüber nachgedacht, die Staatskasse durch verstärkten Holzverkauf zu füllen. Dafür sollten gut 30 Prozent des Wienerwalds abgeholzt werden. Eine erste Umweltbewegung mobilisierte sich, der es gelang, diese Pläne zu vereiteln. 1905 beschloss die Gemeinde Wien einen besonderen Schutz ihres Grüngürtels. Die Statuten jener Schutzmaßnahme ließen 2005 den Wienerwald zum UNESCO-Biosphärenreservat werden, in dem leider derzeit eine Wildschweinplage zu Problemen führt.

Über 1000 Kilometer richtige Trails wie auch gemütliche Radelwege sind im Wienerwald vorhanden. Doch die Mehrzahl der Routen ist wegen der nicht zu unterschätzenden Gefälle nur etwas für trainierte Biker (www.mtbwienerwald.at). Infos und Kartenmaterial beim Wienerwald-Tourismus in Purkersdorf.

Purkersdorf

Mit 8800 Einwohnern ist Purkersdorf ist die größte Ortschaft im nördlichen Wienerwald. Ihre bedeutendste Sehenswürdigkeit ist das berühmte **Sanatorium** in der Wiener Straße, ein Bau des Jugendstilarchitekten Josef Hoffmann. Der jüdische Fabrikant Victor Zuckerkandl besaß hier eine private Kaltwasserheilanstalt und beauftragte 1903 Hoffmann, einen Schüler des berühmten Otto Wagner, mit dem Bau eines neuen Kurkrankenhauses. Es entstand mit der Betonung von Kubus, Raute und Quadrat ein Musterbeispiel auch heute noch moderner

▲ Karte S. 313

Der Schöffelstein bei Purkersdof

Architektur, ganz im Stil der ›Wiener Sezession‹, wie man den Jugendstil in jener Epoche Österreichs bezeichnete. Leider kam es noch vor der Vollendung des Baus zum Streit zwischen Baumeister und Bauherrn, der daraufhin Hoffmann entließ und durch einen anderen Architekten das Gebäude vollenden ließ. Dieser zerstörte 1926 in einer Ausbauphase Hoffmanns perfekt dimensionierte Konstruktion durch Aufstockung. Aber dem Ruhm des Sanatoriums als traditionellen Treffpunkt der Künstlerelite – neben anderen hielten sich hier Gustav Mahler, Franz Werfel und Arthur Schnitzler auf – beeinträchtigte dies nicht. Nach 1945 richtete die Sowjetarmee ein Militärlager ein, viel der originalen Innenrichtung wurde demoliert oder verschwand. 1952 wurde das Sanatorium ein Spital der Evangelischen Kirche, was seinen Verfall aber nicht aufhielt, insbesondere als dieses Spital 1975 seinen Betrieb einstellte. 1991 erwarb ein Privatmann den Bau, trug die Aufstockung ab und richtete eine Seniorenresidenz ein, in der aber auch kulturelle Veranstaltungen stattfinden wie insbesondere die aufsehenerregende ›Alma-Mahler-Show‹.

Schöffelstein

Südlich von Purkersdorf erinnert der Schöffelstein (Aufstieg 30 min über den rotweißroten Wienerwald-Wanderweg) an Josef Schöffel, dessen persönlichem Einsatz 1872 es zu danken ist, dass der Wienerwald nicht abgeholzt wurde. Ein Denkmal mit dem Hinweis ›zum Sporne und Beispiele für künftige Geschlechter‹ gedenkt diesem frühen Umwelt-Aktivisten.

Mauerbach

In Mauerbach, nur wenig nördlich von Purkersdorf, wurde 1313 das erste **Kartäuserkloster** Österreichs gegründet. Die Anlage wird neben Klosterneuburg und Heiligenkreuz nicht zuletzt wegen der wissenschaftlichen Arbeiten der Mönche, die in engem Kontakt mit der Wiener Universität standen, zu den kulturhistorisch bedeutenden Klöstern gezählt. Die ersten Türkenkriege setzten dem Klostergebäude übel zu. Ein Neubau 1615 ließ von der alten Gründung kaum noch Bausubstanz bestehen, Er symbolisiert in strenger Funktionaliät die ebenso strengen Ordensregeln, gemäß derer die Mönche einzeln untergebracht und mit Sprechverbot lebten.

Durch ein ausladendes barockes, mit Adler und Wappen geschmücktes Tor erreicht man den quadratischen Innenhof, der von den Zellenhäusern der Mönche umgeben ist. In der barockisierten, einschiffigen und turmlosen **Klosterkirche** ist der schwarzgoldene Hochaltar mit seiner kolossalen Darstellung der Himmelfahrt Marias sehr sehenswert.

Bis zur Auflösung des Klosters 1782 war hier der Gründer Herzog Friedrich der Schöne (1289–1330) beigesetzt, der danach im Wiener Stephansdom seine letzte Ruhestätte fand. Das Kloster diente bis 1945 als Hospiz für alte und unheilbar Kranke, verfiel in der Nachkriegszeit, und seit den 1980er Jahren sind hier die niederösterreichische Landesdenkmalpflege und eine Restaurierungswerkstatt untergebracht.

Wanderungen und Panoramarouten im nördlichen Wienerwald

Von Mauerbach kann man eine schöne Wanderung auf den **Tulbinger Kogl** mit der Leopold-Figl-Warte machen. Über den Reiterhof geht es nach Hirschengarten, zum Wirtshaus Passauerhof und dann auf fast 500 Meter empor zum

Zellenhäuser des Klosters Mauerbach

Hotel Tulbinger Kogl. Und nur der letzte Anstieg empor zur Aussichtsplattform der Figlwarte ist etwas steiler.
Überhaupt ist der Westen von Purkersdorf um den 642 Meter hohen Troppberg hinunter bis Pressbaum ein Gebiet voll herrlicher Wanderrouten. Um nur eine daraus zu erwähnen: Von der Bahnhaltestelle Purkersdorf empor zur Hochramalm, südlich an Gablitz vorbei, und empor zum **Troppberg**. Von hier geht man entweder auf dem Wienerwald-Weitwanderweg 404 nordwärts bis Riederberg (Wanderzeit dorthin insgesamt 3 Std.) oder weiter westwärts zum Gasthof Rieder am **Heinratsberg**, wo die Reste einer mittelalterlichen Burg grüßen. Von hier dann hinab ins Tal und von der Straße Rappoltenkirchen–Purkersdorf über Irenental geht es entweder mit dem Bus oder weiter zu Fuß zurück nach Purkersdorf (Rother Wanderführer ›Rund um Wien‹). Bei den Tourismusverbänden ist eine besondere Broschüre ›Wandern rund um den Troppberg‹ erhältlich.
Auch für den Motortouristen bietet der Wienerwald wundervolle Fahrstrecken. Die Route von Königstetten bis hoch zum Exelberg und dann hinab über die Wienerwald-Höhenstraße bis zur Donau bei Klosterneuburg auf atemberaubenden Serpentinen, vorbei am Kahlen- und Leopoldsberg, sei nur beispielhaft erwähnt. Unbedingt muss man auf dem 542 Meter hohen **Hermannskogel** den Blick über das Land schweifen lassen. Es ist die höchste Erhebung im Stadtgebiet Wiens, das die Route kurz berührt. Fußreisenden ist natürlich auch diese Region des Wienerwalds bestens durch Wanderweg erschlossen. Und Einkehrmöglichkeiten bestehen allenthalben. Die Zahl der Heurigenschenken am Rand des Wienerwalds ist fast legendär.

▸ Karte S. 313

Preßbaum

Gutsituierte Wiener haben sich schon immer gern in Preßbaum eine Sommerfrische errichtet. Auch der Wahlwiener Johannes Brahms verbrachte hier oft die Sommermonate, 1881 vollendete er in Preßbaum sein B-Dur-Klavierkonzert. Schon zur Antike war die Region besiedelt, wie ein im nahen Au am Kraking gefundenes sehenswertes **Keltengrab** zeigt. Am **Pfalzberg** findet man am ›Kaiserbründl‹ die Quelle des Flusses Wien, der von hier der Donau zueilt. Das alte Wienerwalddorf Preßbaum zeigt in der Hauptstraße, wo der Weg in die sogenannte Pfalzau abzweigt, noch Reste seines ursprünglichen Charakters.

Die Umgebung

Der **Wienerwaldsee** östlich von Preßbaum ist ein 1895–1897 künstlich angelegtes Trinkwasserreservoir für Wien. Hier verunglückte 1901 Wilhelm Kress mit seinem selbstgebauten Wasserflugzeug. Das Testflugzeug versank, der 65-jährige Ingenieur überlebte. Ein erfolgreicher Flug hätte Kress nach Lilienthal und vor den Gebrüdern Wright zum Flugpionier werden lassen.

Das Wappen von Preßbaum

Eine landschaftlich sehr schöne Fahrstrecke verläuft vom Wienerwaldsee südwärts Richtung Stangau über den Pass des Kleinen Semmering (463 m). Hier geht es ostwärts nach Breitenfurt, wo die Schlosskapelle des bereits 1796 abgerissenen Barockschlosses als **Pfarrkirche** erhalten blieb. In Breitenfeld kam die Schauspielerin Gerda Maurus (1903-1968) zur Welt. Sie spielte unter anderem die Hauptrollen in Fritz Langs Filmen ›Spione‹ (1928) und ›Frau im Mond‹ (1929). Wegen ihres eindringlichen, markanten Gesichts wurden ihre Züge ins Logo des Potsdamer Filmmuseums aufgenommen.

Alt- und Neulengbach

Die beiden Orte liegen etwa fünf Kilometer voneinander entfernt, am Westsaum des Wienerwalds. Altlengbach lohnt einen Besuch wegen der Reste des von den Türken zerstörten **Schlosses** und seiner schönen spätgotischen **Hallenkirche**, die auf eine Kirchenburg des 12. Jahrhunderts zurückgeht und der Stammsitz der Familie Lengbach ist (www.altlengbach.at). Durch geschickte Hausmachts- und Heiratspolitik erlangten die Lengbachs schnell großes Ansehen und beherrschetn damals große Teile der Region. Nicht von ungefähr wurden ihre Wappenfarben gelbblau die Landesfarben Niederösterreichs. Gegen Ende des 12. Jahrhunderts gründeten sie Neulengbach. Die dortige **Burg**, die mit acht flachen Türmen markant die Umgebung überstrahlt, erhielt ihr Aussehen in der Renaissance. Toskanische Doppelsäulenund ein steinernes Brunnenbecken prägen ihren stimmungsvollen Hof. Im Bezirksgericht gegenüber der Stadtkirche saß 1912 Egon Schiele wegen angeblicher Verbreitung pornographischer Zeichnungen zweieinhalb Wochen ein. Eine Ausstellung in seiner ehemaligen Zelle erinnert an diesen bedeutenden österreichischen Künstler und dokumentiert das Gerichtsverfahren von damals. Einen Blick lohnt der Hof des Hauses Wiener Str. 37 mit der dortigen gotischen **Synagoge**, eine der ältesten Österreichs.

Die Neulengbacher Burg scheint die Umgegend zu bewachen

Vom nordöstlich der Stadt gelegenen Buchberg (469 m) genießt man einen prachtvollen Rundblick. Die Wanderung dort hinauf kann in Burgstall oder in Johannesberg beginnen (30 min).

In Markersdorf, vier Kilometer nördlich, steht eine ungewöhnliche Kirche: Die **Laurenzikapelle** mit ihrem romanischen Rundbau entstand im 10. Jahrhundert aus dem Dankgefühl des Siegs über die Ungarn heraus. In der Gotik erhielt die Kirche den Chor und den etwas seltsam aussehenden Nordturm.

Der Schöpfl

Der Besuch des Schöpfl, des höchsten Berges des Wienerwalds, mit seinen steilen, dicht mit Laubwäldern bestandenen Abhängen bildet sicherlich den Höhepunkt einer Reise in den Wienerwald. Der Schöpfl ist ein vielbesuchtes Ausflugsziel und über gut ausgebaute Forstwege ohne Schwierigkeiten zu ersteigen.

Genau genommen besteht der Berg neben dem 893 Meter hohen Hauptgipfel noch aus dem 11 Meter niedrigeren Mitterschöpfl, wo sich seit 1969 das – für die Öffentlichkeit allerdings nicht zugängliche – Figl-Observatorium befindet. Am Gipfel steht die **Matraswarte**, von der man bei günstigem Wetter die höchsten Berge Niederösterreichs, den Schneeberg und die Rax, Richtung Westen den Ötscher und nach Norden die Donau sehen kann. Knapp unterhalb des Gipfels, auf 870 Meter lädt das **Schöpfl-Schutzhaus** zur Einkehr ein; es hält auch einfache Übernachtungsmöglichkeiten bereit.

Der Aufstieg erfolgt am besten von Laaben aus (rotweißroter Wienerwald-Weitwanderweg 404, 2 Std.), doch ist es auf etwas steilerer, aber kürzerer Route auch vom Forsthof bei Laaben möglich. Eine zweite Variante beginnt in St. Corona südlich des Bergs; hierfür braucht man etwa 1,5 Stunden. Seit 1000 Jahren gilt der Heilige Brunnen in St. Corona als wundertätig, sein heutiges Aussehen hat er seit 1877.

Die Gegend um den Schöpfl wie auch das östlich anschließende Gebiet jenseits der Autobahn um Roßgipfl und Steinplattl gehört zu den unberührtesten Zonen des Wienerwalds und ist nur von wenigen Fahrstraßen durchzogen. Östlich von Sulz ändert sich das Bild jedoch, mit der Annäherung an Wien nimmt die Be- und Zersiedelung schnell zu.

Nördlicher Wienerwald

Wienerwald-Tourismus, Hauptplatz 11, 3002 Purkersdorf, Tel. 022 31/62 176, www.wienerwald.info.

Stadtgemeindeamt Neulengbach, Kirchenplatz 82, 3040 Neulengbach, Tel. 027 72/521 05, www.neulengbach.com.

Gasthof zur Schönen Aussicht, Hochroterdstraße 14, 2385 Breitenfurt-Hochroterd, Tel. 022 39/22 52, www.gasthofschoeny-noerikertiger.at, p.P. im DZ 18 €.

Gasthof Wienerwaldhof Rieger, Strohzogl 67, 3011 Tullnerbach, Tel. 022 33/531 07, www.wienerwaldhof.at, DZ 80 €.

AHOM, Mühldorfgasse 8a, 3001 Mauerbach, Tel. 06 99/19 23 99 16, www.kunstundmagie.com, DZ pro Person ab 25 €. Dieses ›Haus für die Seele‹ gibt spirituelle Ruhe.

Kartause Mauerbach, Kartäuserplatz 2, 3001 Mauerbach, Tel. 01/979 88 08, www.bda.at/dossier/9466/, Fr–So 10–18 Uhr.

Seniorenresidenz Purkersdorf, Wiener Str. 64–66, 3002 Purkersdorf, Tel. 022 31/615 10, www.hoffmannpark.at, Besichtigung nur nach Voranmeldung.

Burg Neulengbach, Schlossbergstraße 66, 3040 Neulengbach, Tel. 027 72/521 05, www.neulengbach.com. Mai bis Okt. Führungen nach Voranmeldung.

Schiele-Gedenkzelle, Hauptplatz 2, 3040 Neulengbach, Tel. 027 72/521 05 52, www.neulengbach.com, tgl. 9–17 Uhr.

Schöpfl-Schutzhaus, März bis Dezember Di–So (wenn Mo ein Feiertag, dann Dienstag Ruhetag); Jan./Feb. nur an Wochenenden.

Karte S. 313

Perchtoldsdorf

Wie Preßbaum ist auch Perchtoldsdorf (14500 Einwohner) ein Ort traditioneller Sommerfrischen, doch anders als jenes voll historischer Bedeutsamkeiten. Bereits im 12. Jahrhundert bestand hier eine Grenzfestung gegen die Ungarn. Während der zweiten Türkenbelagerung kam es zu einem Massaker, dem die ganze Bevölkerung des Orts zum Opfer fiel, obwohl sich Stadtkommandant und Zivilisten vorher ergeben hatten. Auch wurde der ganze Ort niedergebrannt, nur die steinernen Gebäude blieben stehen. Dazu zählte der 45 Meter hohe **Wehrturm**, das Wahrzeichen der Stadt. Er wurde gegen 1520 vollendet und ist mit seinem Walmdach, das von vier Zwiebel-Ecktürmchen flankiert wird, einer der größten und schönsten seiner Art. Eine Gedenkstätte (Sakralzimmer genannt) erinnert im Turm an Thomas Ebendorfer (1388–1464), einen der größten Historiker und Theologen des deutschen Mittelalters, der in der Augustinuskirche beigesetzt ist. Ebendorfer verfasste unter anderem eine Chronik Österreichs (1463). Des weiteren beherbergt der Wehrturm ein **archäologisches Museum**, das die Frühgeschichte des Wienerwalds dokumentiert. Der Turm gehört zu einem ehemaligen, den Marktplatz im Norden begrenzenden Wehrkomplex. Ein anderer Teil davon ist die **Pfarrkirche St. Augustinus** von 1340, die durch ihre Raumwirkung beeindruckt. Die nahe **Martinskapelle** ist ein ehemaliger Karner und durch Reste der alten Wehrmauern mit der vormaligen **Babenbergerburg**, einer malerischen Ruine verbunden, die auf romanische Zeit zurückgeht; heute ist darin ein Kultur- und Veranstaltungszentrum untergebracht.

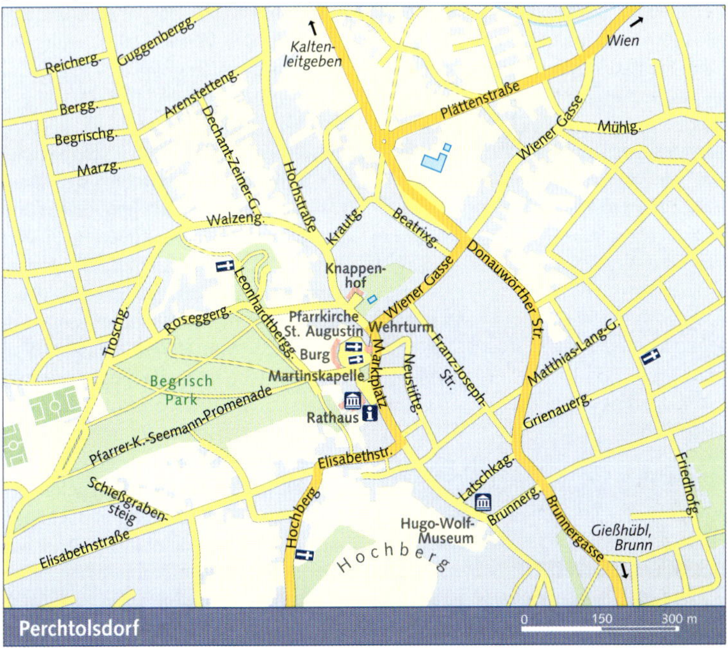

Perchtoldsdorf besitzt eine Fülle weiterer Museen und Gedenkräume. An die Türkenzeit erinnert das **Osmanenmuseum** im Alten Rathaus (Marktplatz 10). Im gleichen Gebäude erläutert das **Deutschmeistermuseum** die jahrhundertelange Verknüpfung der Habsburger mit dem Deutschen Orden, seine Geschichte und seine auch heute noch bestehende Bedeutung. Insbesondere das Regiment der ›Hoch- und Deutschmeister‹, das 1696 gegründet wurde und heute noch ein Nachfolgeregiment im österreichischen Bundesheer besitzt, erfährt breite Darstellung. Die **Hans-Fronius-Ausstellung** widmet sich dem expressionistischen Maler (1903–1988), der insbesondere durch seine Illustrationen der Werke Franz Kafkas und Edgar Allen Poes bekannt wurde.

Dem bedeutendsten österreichischen Liedkomponisten nach Franz Schubert, Hugo Wolf, gedenkt das **Hugo-Wolf-Museum** im Haus Brunner Gasse 26. Wolf hielt sich um 1890 oft bei einer befreundeten Familie auf und komponierte über hundert Lieder. An einen anderen bedeutenden Tonmeister erinnert eine Ausstellung im **Knappenhof** in der Wiener Str. 17. Franz Schmidt (1874–1939), nach Gustav Mahler der bedeutendste österreichische Symphoniker in der ersten Hälfte des 20. Jahrhunderts, verbrachte in Perchtoldsdorf seine letzten Lebensjahre. Der barocke Knappenhof ist unter anderem wegen seiner Freitreppe im Hof eines der schönsten Profangebäude der Stadt, ebenso wie das sogenannte **Gottschallhaus** am Marktplatz, bei dem im Arkadenhof Elemente aus Gotik und Renaissance verknüpft sind.

Im Zentrum von Perchtoldsdorf, rechts der Wehrturm aus dem 14. Jahrhundert

▲ Karte S. 319

Die Umgebung

Der **Hintere Föhrenberg** westlich der Stadt ist ein beliebtes Wanderziel. Vom Marktplatz über die Hyrtlallee und die Perchtoldsdorfer Heide, die aber wegen der starken Überbauung kaum noch ihren steppenartigen Charakter zeigen kann, ist er in knapp 1,5 Stunden zu erreichen. Von der Josefswarte auf dem Berg sind das Wiener Becken und die Ostkante des Wienerwalds eindrucksvoll zu betrachten.

Um Hinterbrühl

Hauptsehenswürdigkeit in **Sparbach** ist die **Burgruine Johannstein** mit ihren gotischen und romanischen Resten und dem kleinen Zwingergärtlein hoch über dem Tal. Charakteristisch für den **Naturpark Sparbach** sind ein dichter Wildbestand und mehrere Baumriesen. Ursprünglich von Fürst Johann von Liechtenstein als Jagdgehege errichtet, ließ er auch – typisch für das 19. Jahrhundert – künstliche Ruinen und Zierbauten errichten. In den vergangenen Jahrzehnten wurde ein Besucherzentrum am einzigen Eingang im Ort Sparbach geschaffen, daneben ein **Streichelzoo** und ein **Naturspielplatz**. Eine schöne Wanderung führt in zwei Stunden durch den Naturpark. Entlang des

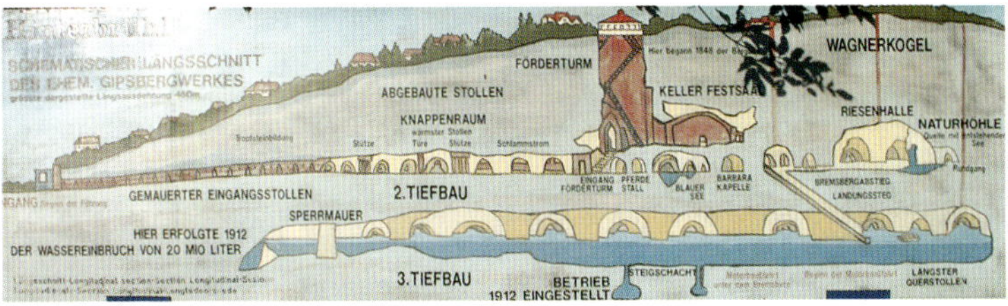

Schematische Darstellung der Seegrotte bei Hinterbrühl

Mödlingbachs ragen malerische Kalkfelsen auf – kein Wunder, dass die Wiener Künstler jener Zeit bevorzugt hierher reisten und die Natur genossen.

Am Ortseingang von **Hinterbrühl** liegt die berühmte **Höldrichsmühle**. Von dem Lindenbaum davor soll Franz Schubert zu seinem weltberühmten Lied ›Am Brunnen vor dem Tore‹ angeregt worden sein. Auch für den Liederzyklus ›Die schöne Müllerin‹ (1823) soll Schubert hier Impressionen empfangen haben. Zwar stammen die Texte zu diesen Liedern, die Baum und Mühle besingen, nicht von Schubert – sie sind von dem Dessauer Wilhelm Müller –, aber der renommierte Traditionsgasthof wie auch die Gedenkstätte werden dennoch von Schubert-Verehrern oft besucht.

Meistbesucht in Hinterbrühl ist aber die **Seegrotte**, mit 6500 Quadratmetern Europas größter unterirdischer See, auf dem eine Bootsfahrt ein einmaliges Erlebnis ist. 9 Grad Lufttemperatur herrscht über dem See, der über eine etwa 400 Meter lange Stollenwanderung erreicht wird. 1912 strömten nach einer Sprengung im damaligen Gipsbergwerk mehr als 20 Millionen Liter Wasser in die Stollen, wodurch der See entstand. 1932 wurde die Seegrotte dann für den Publikumsverkehr geöffnet. Während des Zweiten Weltkrieges wurde die Höhle von der deutschen Wehrmacht beschlagnahmt. Da die unterirdische Anlage Schutz vor Bombardierungen bot, errichteten die deutschen Heinkel-Werke 1944 in den ausgedehnten Gängen eine große, unterirdische Flugzeugfabrik für die Produktion der ME-162, dem ersten deutschen Düsenjäger. Als die Rote Armee sich näherte, zerstörte ein Sprengkommando die Anlage; erst 1950 war die Seegrotte wieder für die Öffentlichkeit zugänglich.

Burg Liechtenstein nördlich von Hinterbrühl ist das herausragende Bauwerk dieser Gegend. Sie wurde gegen 1170 erbaut und ist seit 1250 im Besitz der Famlie von Liechtenstein. Die Türkenkriege ruinierten sie, doch Johann von Liechtenstein ließ sie nach 1873 im historisierenden Stil wieder aufbauen, wobei eine idealisierte romantische Ritterburg entstand. Aus der romanischen

Märchenhaft: Burg Liechtenstein

Zeit ist aber noch einiges erhalten: Grundmauern, Kapelle und Rittersaal mit den Rundbogenfenstern. Leider ist das Innere nicht zu besichtigen. Die Burg ist der Mittelpunkt eines künstlichen romantischen Parks mit künstlichen Ruinen, Seen und einem Amphitheater. Ungewöhnlich sind die unzähligen Schirmföhren, die diesen Park prägen, weshalb er auch Naturpark Föhrenberge genannt wird.
Jenseits des Mödlingtals, auf dem **Kleinen Anninger**, befindet sich ein Husarentempel, der ebenfalls auf Fürst Johanns Bauvorhaben zurückgeht und der zusammen mit dem klassizistischen Schlösschen von 1822 am Fuß des Burgberges die ganze einzigartige Anlage abschließt.

Stift Heiligenkreuz

Es gilt als mystisches Herz des Wienerwalds, es wird charakterisiert als unvergleichliche Harmonie von Natur und Kultur, von Mystik und Geschichte, als einzigartige Verbindung von Gotik, Romanik und Barock: Stift Heiligenkreuz. Es wurde 1133 gegründet und ist somit eines der ältesten Zisterzienserkloster Österreichs. Markgraf Leopold III. rief Mönche aus dem französischen Citeuax in die damalige Wildnis um Wien, um das Gebiet zu kolonisieren und neben Klosterneuburg ein weiteres geistliches Zentrum entstehen zu lassen. 1150 begann man, das Kloster in Stein auszubauen; bis dahin hatte nur ein Holzbau bestanden. 1187 brachte Leopold V. von einem Kreuzzug einen Splitter des Heiligen Kreuzes Christi mit, später schenkte Ludwig der Heilige von Frankreich noch ein Stück der Dornenkrone Christi dazu. Der letzte Babenberger, Friedrich II., ließ in Heiligenkreuz die Gruft des Geschlechts errichten; zwölf Mitglieder der Familie sind hier, teils nach Umbettungen, beigesetzt.
Vom Kloster ging eine ungemein reiche Kolonisationstätigkeit aus: Zwettl, Lilienfeld, Neuberg (Steiermark) und Goldenkron in Südböhmen entstanden neben Klöstern in Ungarn und noch im 20. Jahrhundert Mönchhof im Burgenland und Stiepel in Bochum.

▲ Karte S. 313

Ein Rundgang

Die ungeheuer eindrucksvolle Anlage kann im Inneren nur im Rahmen einer Führung besichtigt werden. Eine **Mauer** umgibt den ganzen Komplex. Einfach zugänglich ist der barocke **Stiftshof** mit seinen **Arkadengängen**. In seiner Mitte steht die **Dreifaltigkeitssäule**, erbaut von Giovanni Giuliani (1664–1744), der von 1711 bis 1744 ausschließlich für Heiligenkreuz tätig war und das barocke Antlitz des Klosters gestaltete. Die Westfassade der Klosterkirche ist romanisch, die drei großen Mittelfenster repräsentieren die Heiligen Dreifaltigkeit. Rechts von der Kirche führt die Klosterpforte in den **Kreuzgang**, der bei allen Zisterzienserbauwerken den zentralen Teil der Anlage bildet. 300 Säulen aus rotem Marmor säumen die vier Seiten, der Westflügel stammt noch unverändert aus der Zeit des ersten Klosterbaus.

Stift Heiligenkreuz

Die Kreuzreliquie

Über die Annakapelle, die ehemalige Sakristei der Klosterkirche, erreicht man den **Kapitelsaal**, den alten mönchischen Versammlungssaal. Hier sind die babenbergischen Herrscher beigesetzt, darunter auch der letzte, Friedrich der Streitbare (gest. 1246), mit seinem mächtigen Hochgrab. Südlich schließt sich die prachtvoll barock ausgestaltete **Totenkapelle** an. Tanzende Skelette leuchten als Kerzenträger dem Verstorbenen, der in der Mitte der Kapelle auf einem schwarzen Katafalk aufgebahrt wird, den Weg in die Ewigkeit. Das **Brunnenhaus** des Kreuzgangs von 1290 ist besonders beeindruckend. Die Glasfenster stammen teilweise noch aus dieser Epoche. Auf ihnen sind Babenberger zu sehen, auch der Klostergründer Leopold III. Der aus Blei gefertigte **Brunnen** stammt dagegen aus der Renaissance.

Die **Stiftskirche Maria Himmelfahrt** wird oft als eine der bedeutendsten Kirchen des deutschen Sprachraums bezeichnet. Das Innere überwältigt mit der Erhabenheit der schlichten romanischen Pfeilerkonstruktion; Säulen sind nach der Ordensregel verboten. Die Weihe der Kirche wurde 1295 vollzogen, als in Frankreich längts die Gotik Fuß gefasst hatte. Die Barockisierungswut des 18. Jahrhunderts umfasste glücklicherweise nur den Chor, der verbreitert wurde. Doch ließ sie auch das großartige Chorgestühl entstehen, dessen Plastiken von Giovanni Giuliani stammen. Viel der Barockausstattung wurde aber um 1880 durch neugotisches Interieur ersetzt, um die mittelalterliche Raumwirkung wieder herzustellen; auch der Hochaltar ist dadurch verhältnismäßig jung.

Die **Kreuzkirche** von 1982 schließt auf der Nordseite des Querhauses und des Glockenturms an. Sie birgt die kostbare Kreuzreliquie und ist normalerweise nicht für die Öffentlichkeit zugänglich. Ihr Grundriss besitzt Kreuzform, der nach Westen weisende Kreuzstamm ist wie eine Apsis gerundet; normalerweise befindet sich die Apsis im Osten.

Seit Anfang 2009 wurde Heiligenkreuz auf ganz ungewöhnliche Weise europaweit bekannt: Denn eine CD des Stiftschors erhielt unerwartet große Aufmerksamkeit. Die Geschichte, wie die Zisterziensermönche von Heiligenkreuz mit ihrem Album ›Chant – Music for Paradise‹ in den englischen Charts Madonna und Amy Winehouse auf die Plätze verwiesen, ist märchenhaft.

Am östlichen Ortsrand, Richtung Mödling, führt links ein Weg den Berg zum Friedhof hinauf. Hier ist die unglückliche Mary Vetsera beigesetzt, die Geliebte des Kronprinzen Rudolf (s. S. 325).

Alland

Eine gewisse historische Bedeutung besitzt Alland. Denn hier soll schon im 8. Jahrhundert eine Holzkirche bestanden haben, die im 11. Jahrhundert durch einen steinernen Neubau ersetzt wurde. Damit wäre Alland die älteste geistliche Siedlung des Wienerwalds. In der mehrfach umgebauten **Pfarrkirche** fällt in einer Seitenkapelle ein merkwürdiger Grabstein auf, der einen liegenden Hund zeigt, aus dem eine Lilie wächst. Die Symbolik ist nicht ganz geklärt.

In einem der beiden **Babenbergerhäuser** (Nr. 32 und 33) ist mit gewisser Wahrscheinlichkeit 1249 Friedrich von Österreich und Baden, der, wenn man so will, tatsächlich letzte Babenberger geboren. Denn er war der Großneffe des Herzogs Friedrich des Streitbaren (1210–1246), der allgemein als der ›letzte‹ apostrophiert wird. Friedrich schloss sich 1267 seinem Freund Konradin (geb. 1252) von Hohenstaufen bei dessen Italienzug zur Rückeroberung des staufischen Erbes an. Konradin verstand sich als König von Jerusalem und Sizilien, was der Papst nicht anerkannte und weshalb er Konradins Gegenspieler Karl von Anjou zum König von Sizilien machte. Darauf hin begannen Konradin und Friedrich 1267 einen Feldzug gegen Karl. Der Papst exkommunizierte Konradin und setzte ihn als König von Jerusalem ab. Trotzdem wurden Konradin und Friedrich beim Einzug in Rom gefeiert und konnten in einer Schlacht Karl von Anjou besiegen. In einer weiteren Schlacht siegte Karl, der die beiden Jünglinge, nicht zuletzt auf besonderen Wunsch Ottokars von Böhmen, am 29. Oktober 1268 in Neapel hinrichten ließ.

Sehenswert ist der **Gedeckte Steg** über die Schwechat, eine mit Schindeln gedeckte Brücke (1745). Oft besucht wird die **Tropfsteinhöhle** am 467 Meter hohen Buchberg. In ihr dürfen die Besucher das 10 000 Jahre alte Skelett eines Höhlenbären wie auch Höhlenheuschrecken und Fledermäuse bestaunen.

▶ Karte S. 313

Mayerling

Ein sehr mysteriöser Vorfall ereignete sich im Januar 1889 im **Jagdschloss** Mayerling, das zu dieser Zeit dem einzigen Sohn des Kaiserpaares gehörte, Kronprinz Rudolf. Er hatte das vormalige Wirtschaftsgebäude des Stifts Heiligenkreuz 1886 gekauft und ausbauen lassen. Am 30. Januar 1889 wurden Rudolf und seine Geliebte, die 17-jährige Baronin Mary Vetsera, hier tot aufgefunden. Der Hof versuchte den Vorgang zu vertuschen, wodurch zahlreiche Gerüchte in Umlauf kamen. Rudolf hat wahrscheinlich Mary getötet und dann sich, aber manche glauben, dass Mary nicht von Rudolf getötet worden ist, sondern durch konservative Hofkreise. Die Gründe und der genaue Hergang der Tat werden sich nicht mehr aufklären lassen, denn der Hof ließ Beweismittel beiseite bringen. Kaiser Franz Joseph ließ noch 1889 das Schlösschen umbauen und veranlasste den Einzug von Karmeliterinnen, um die Tat zu sühnen. Rudolfs Sterbezimmer wurde zur Kirche umge-

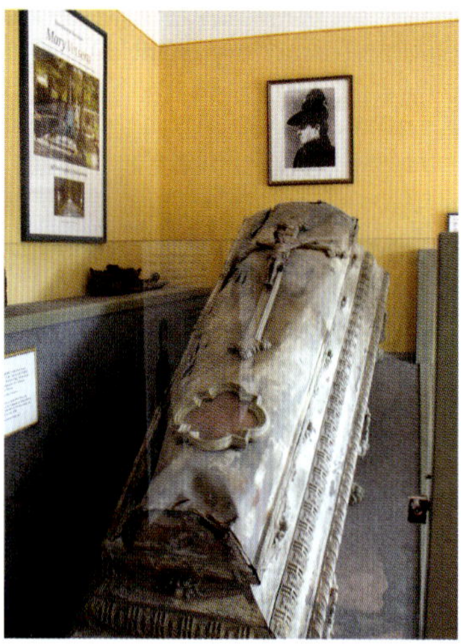

Der Sarg der Mary Vetsera in Mayerling

Kronprinz Rudolf

Am 21. August 1858 kam Rudolf, der einzige Sohn Kaiser Franz Josephs und seiner Ehefrau Elisabeth (›Sisi‹), auf Schloss Laxenburg zur Welt. Franz Joseph wünschte eine harte Erziehung für Rudolf und stellte ihm Graf Leopold Gondrecourt als Erzieher bei, der aber durch drakonische Erziehungsmethoden – mit dem Zweck der physischen und seelischen Abhärtung – den jungen Prinzen psychisch an den Rand des Zusammenbruchs brachte und 1865 durch den liberaleren Graf Latour von Thurnburg ersetzt wurde. Bis zu seinem 18. Lebensjahr unterrichteten Rudolf etwa 50 verschiedene Lehrer. Er fühlte sich insbesondere zu den Naturwissenschaften hingezogen, stand aber dem Katholizismus stets kritisch gegenüber, ja war direkt antiklerikal eingestellt. Beeinflusst durch die liberale Erziehung, stand er adelskritischen und sozialreformerischen Gedanken nahe, was ihm bei Hofe Isolierung und sogar Verachtung einbrachte.

Zu seinen Eltern blieb das Verhältnis stets distanziert, insbesondere als er abweichende politische Ansichten zu entwickeln begann. So hegte er für Ungarn besondere Sympathien und lehnte dagegen die sakrosankte Bindung an das deutsche Hohenzollernreich ab. Ebenso suchte Rudolf die Aussöhnung mit Russland, die Annäherung an England und Frankreich und vor allem die Aufkündigung des Bündnisses mit dem unsicheren Kantonisten Italien – alles außenpolitische Ziele, die in völligem Gegensatz zu der offiziellen Politik standen.

Auf Wunsch Franz Josephs verlobte sich Rudolf 1880 mit Stephanie von Belgien (1864–1945), einer Tochter König Leopolds II. Beide hatten nur wenig gemeinsam, jeder galt als streitsüchtig – sie gingen sich meist aus dem Weg. Stephanie wurde dennoch schwanger, doch Rudolf stand seiner Frau in dieser Zeit nicht bei. 1883 wurde ihr einziges Kind geboren, Elisabeth Marie. Rudolf zog sich durch außereheliche Affären eine Geschlechtskrankheit zu und steckte Stephanie an, wodurch diese unfruchtbar wurde. Rudolf vergnügte sich weiterhin fast nur mit Prostituierten, aber auch Stephanie hatte zumindest seit 1886 ebenfalls ihre Liebhaber wie den polnischen Grafen Artur Potocki. Rudolf entfremdete sich nicht nur deshalb von seinem Vater. Seine liberalen und reformerischen Ansichten, die im Falle eines Regierungsantritts vermutlich zu weitreichenden politischen Veränderungen geführt hätten, machten ihn genau wie später Franz Ferdinand sehr unbeliebt. Er vereinsamte immer mehr, wollte sogar 1888 gemeinsam mit der Edelprostituierten Mizzi Caspar Selbstmord begehen. Im Spätsommer 1888 lernte Rudolf die 17-jährige Baronesse Mary Vetsera kennen. Er traf sich nur heimlich mit ihr, und nur wenigen Personen am Hof war das Verhältnis bekannt.

Am 26. Januar 1889 kam es in der Hofburg zu einer Auseinandersetzung mit dem Vater. »Du bist nicht würdig, mein Nachfolger zu werden«, soll Franz Joseph dabei gesagt haben. Er warf Rudolf vor, mit ungarischen Oppositionellen in Verbindung zu stehen. Rudolfs Cousine, die Gräfin Larisch, ließ Mary Vetsera heimlich nach Mayerling kommen und setzte die Polizei vom angeblichen Verschwinden der Baronesse in Kenntnis. Am Morgen des 29. Januar frühstückte Rudolf mit Jagdgästen, die sich gerade in Mayerling aufhielten, doch wussten sie nichts über die Anwesenheit der Vetsera. Rudolf nahm wegen einer vorgegebenen Erkältung nicht an der Jagd teil und zog sich am Abend um 21 Uhr zurück. Was sich von diesem Zeitpunkt an ereignete, ist nicht mehr sicher. Mary Vetsera starb wahrscheinlich noch der Nacht durch einen Schuß in die linke Schläfe. Am frühen Morgen des 30. Januar erschien Rudolf noch im Nachtgewand bei seinem Diener und wies ihn an, ihn gegen 7.30 Uhr zu wecken. Rudolf erschoss sich wohl kurze Zeit später, doch niemand hörte den Schuss. Als um 7.30 Uhr niemand die Tür öffnete, wurde sie gewaltsam geöffnet. Man fand Mary Vetsera tot auf dem Bett, mit Blumen in den gefalteten Händen, Rudolf saß auf dem Bett, ebenfalls tot.

Für den Hof war dieser Vorfall ein unerhörter Skandal und er beeilte sich, ihn so schnell und so gründlich wie möglich zu vertuschen. Rudolfs Leiche wurde am Abend nach Wien gebracht und am 5. Februar in der Kaisergruft beigesetzt. Offiziell sprach man von einem Jagdunfall. Die tote Mary wurde in einem ganz einfachen Holzsarg heimlich aus dem Schloss gebracht und in der Nacht unbemerkt auf dem Friedhof von Heiligenkreuz beerdigt. Im Mai 1889 ließ ihre Mutter den Holzsarg durch einen prächtigen Kupfersarg ersetzen. Russische Soldaten erbrachen im Mai 1945 die Vetsera'sche Grabstätte und verwüsteten sie. 1959 erfolgte die nächste Umbettung in einen Zinnsarg, der 1988 von einem Privatmann erneut erbrochen wurde. Er war ein angeblicher Mayerling-Hobbyforscher, der an den Gebeinen gerichtsmedizinische Untersuchungen anstellen lassen wollte. Doch diese Untersuchungen wurden von der Familie der Toten untersagt. Im Oktober 1993 wurde Mary Vetsera ein letztes Mal beigesetzt und die Gruft gesichert, um weitere Grabschändungen zu vermeiden. Ob sich nach den Vorgängen von 1945 tatsächlich die unglückliche Baronesse in dem Grab befindet, kann nicht mit Sicherheit gesagt werden. Nur eines ist gewiß – es liegt darin eine etwa 18-jährige Frau, die vor etwa 120 Jahren gestorben ist und in der Kleidung jener Epoche begraben wurde.

Kaiser Franz Joseph war ein unglücklicher Herrscher. 1867 wurde sein Bruder Maximilian in Mexiko erschossen, 1889 beging sein Sohn Rudolf Selbstmord, 1898 wurde seine Frau Elisabeth in Genf von einem Anarchisten erschossen, und noch 1914 musste er den Tod seines Neffen Franz Ferdinand erleben, der in Sarajevo Opfer eines Attentats wurde. Ihm bleibe nichts erspart, soll er geäußert haben.

Hätte Kronprinz Rudolf die Regierung übernehmen können, wäre die Geschichte des 20. Jahrhunderts aller Wahrscheinlichkeit nach völlig anders verlaufen. Nicht nur die Schüsse von Sarajevo veränderten die Welt; die Weichen wurden schon in Mayerling gestellt.

Rudolf von Habsburg und Stephanie von Belgien, offizielles Verlobungsfoto (1881)

baut; an der Stelle des Bettes, auf dem die Toten gefunden wurden, steht seit damals ein Altar. Das Karmeliterinnenkloster besteht auch heute noch, der Orginalschauplatz kann besichtigt werden.

Von Perchtolsdorf bis Mayerling

Fremdenverkehrsamt Perchtoldsdorf, Marktplatz 11, 2380 Perchtoldsdorf, Tel. 01/866 83 34 bzw. 8352.

Gemeindeamt Hinterbrühl, Hauptstr. 29a, 2371 Hinterbrühl, Tel. 022 36/26 24 90, www.hinterbruehl.gv.at.

Hotel-Restaurant Höldrichsmühle, Gaadner Str. 34, 2371 Hinterbrühl, Tel. 022 36/26 27 40, www.hoeldrichs muehle.at, DZ 119 €.

Gasthof Skilitz, 2532 Siegenfeld im Wienerwald, Badnerstraße 2, Tel. 022 52/411 87, www.skilitz.at, p.P. im DZ ab 23 €.

Alle Museen etc. in **Perchtoldsdorf**: von Palmsonntag bis Anfang Nov. Sa/So 10–17 Uhr, außerhalb der Öffnungszeiten nach Voranmeldung, Tel. 01/866 83-210/211.

Schubert-Gedenkstätte Höldrichsmühle, Gaadner Str. 34, 2371 Hinterbrühl, Tel. 022 36/26 27 40, www.hoeld richsmuehle.at.

Seegrotte, Grutschgasse 2a, 2371 Hinterbrühl, Tel. 022 36/263 64, www. seegrotte.at, April bis Okt. tgl. 8.30–12 u. 13–17 Uhr, Nov. bis März tgl. 9–12 u. 13–15.30 Uhr.

Burg Liechtenstein, Infos unter www. burgliechtenstein.at.

Tropfsteinhöhle Buchberg, Tel. 022 58/22 45, Apr. bis Okt. Sa/So 9–17 Uhr; Juli/Aug. auch Mo–Fr 13–17 Uhr.

Karmeliterinnenkloster Mayerling, Mayerling 3, 2534 Alland, Tel. 022 58/22 75, www.karmel-mayer ling.at., im Sommer tgl. 9–18 Uhr (man muss am Kircheneingang meist klingeln), im Winter tgl. 9–17 Uhr.

Zisterzienserabtei Heiligenkreuz, 2532 Heiligenkreuz, Tel. 022 58/87 03, www.stift-heiligenkreuz.at, Führungen Mo–So 10, 11, 14, 15 u. 16 Uhr, Karfreitag geschlossen.

Perchtoldsdorfer Sommerspiele, www.sommerspiele-perchtoldsdorf.at. Jeweils im Juli, Sprechtheater im alten Burghof.

Naturpark Sparbach, Infos unter www. naturpark-sparbach.at; Apr. bis Okt. tgl. 9–17 Uhr.

Mödling

Als Medelihha ist Mödling schon 903 erwähnt worden. Seine reizvolle Umgebung, die hohe Qualität der hier angebauten Weine wie auch die Nähe zu Wien ließen sie früh zu einer Sommerfrische werden, insbesondere nach Eröffnung der Südbahn 1840, die unmittelbar an Mödling vorbeiführt. Vielleicht bedeutendster Gast war Ludwig van Beethoven, der hier die Sommer von 1818 bis 1820 verbrachte. Arnold Schönberg lebte von 1918 bis 1925 in der Stadt. Beiden sind Gedenkstätten gewidmet. Auch dieser **Burgruine** nahm sich Fürst Johann von Liechtenstein an. Er ließ die während der Türkenzeit zerstörte Burg oberhalb der Stadt um

Der heilige Florian an einer Hausfassade

18175 renovieren, was sie nicht vom erneuten Verfall bewahrte.

Die **Pfarrkirche St. Othmar**, erhöht über Mödling gelegen, wurde 1529 geweiht, alsbald von den Türken zerstört und blieb 100 Jahre als Ruine stehen, bis sie um 1650 wieder hergestellt wurde. So entstand eine seltsame Mischung aus Spätgotik und Renaissance. Der ungewöhnliche **Karner** ist im Untergeschoss ein Rundbau vom Ende des 12. Jahrhunderts, ein später angefügtes Obergeschoss mit Zwiebelhelm lässt ihn den Turm der Pfarrkirche ersetzen. Über seinem besonders prächtigen Portal gibt es ein Relief mit einem Reiter, der einen Hirschen verfolgt.

Die spätgotische **Spitalskirche St. Ägyd** ist ebenso sehenswert wie die gesamte Innenstadt mit ihren **Bürgerhäusern**, die überwiegend aus der Renaissance stammen. Herzoggasse 2 (Herzogshof), das Beethovenhaus (Hauptstr. 79, kleines Gedenkzimmer), das Thonetschlößchen (ehemaliges Kapuzinerkloster, Klostergasse 2) wie auch das **Rathaus** mit seiner schönen Loggia sind die wichtigsten Profangebäude.

▲ Karte S. 313

Ein sehenswertes technisches Bauwerk ist der 186 Meter lange und 24 Meter hohe Aquädukt der 1. Wiener Hochquellenwasserleitung, die von Wildalpen in der Steiermark von Südwesten her auf einer Länge von etwa 200 Kilometern Waser nach Wien transportiert.

Die Umgebung

Lohnend ist ein Ausflug ins nahe **Brunn**. Sehr schöne **Jugendstilhäuser** stehen dort in der Franz-Keim-Gasse, die von Otto Wagners Schüler Sepp Hubatsch stammen. In **Maria Enzersdorf** steht mit dem 1913 vollendeten gewaltigen Komplex des **Missionshauses St. Gabriel** die größte Missionarsschule der Welt.

Laxenburg

Schon im Tiefland gelegen und doch nur etwa fünf Kilometer von Mödling entfernt liegt Laxenburg. Es ist inmitten einer gesichtslosen Landschaft aus Shopping- und Fitnesszentren sowie Autobahnauffahrten geradezu eine Oase in der Ödnis.

Eine Wasserburg bestand hier seit 1388, Lachsendorf genannt. Sie war für Herzog Albrecht III. (1350–1395) erbaut und wie viele Schlösser und Burgen 1683 von den Türken zerstört worden. Kaiser Leopold I. verfügte den Neubau, sein Nachfolger Karl VI. ließ zusätzlich die heute noch bestehende Verbindungsallee nach Wien errichten. In diesem, heute **Altes Schloss** genannten Bauwerk ist das Österreichische Filmmuseum untergebracht. Um 1760 wurde der zum Schloss gehörige **Blaue Hof** – manchmal auch Neues Schloss genannt – zu einer repräsentativen zweigeschossigen spätbarocken Residenz ausgebaut, die bis ins 20. Jahrhundert hinein habsburgischer Sommersitz blieb. Kronprinz Rudolf kam hier 1858 zur Welt. Nur der

Speisesaal ist während Veranstaltungen zugänglich.
Aus dem 18. Jahrhundert stammen der französische **Park** des Schlosses, das **Parktheater** und der **Grüne Pavillon**. Nach dem Tod Maria Theresias ließ Joseph II. den Park erweitern, diesmal im englischen Stil. Sein heutiges Aussehen ist Kaiser Franz II. zu verdanken, der aus einer romantischen Mittelaltersehnsucht heraus den Park mit gotischen Attributen ausstatten ließ und 1798 auf einer künstlichen Insel die **Franzensburg** errichten ließ, die als Gartenhaus in Gestalt einer gotischen Burg mit Turnierhof, Zinnen und Türmen geplant war. Erst 1836, ein Jahr nach Franz' Tod, war der Bau fertig, ein frühes Beispiel einer quasi romantisch-klassizistischen Neugotik. Das Baumaterial ließ Franz von mittelalterlichen Ruinenbauwerken aus ganz Österreich herbeiholen, insbesondere aus den Waldviertler Burgen Rappottenstein, Greillenstein und Rosenburg. Aber auch Klöster mussten dafür den Tribut zahlen; so lieferte die Kartause Gaming mittelalterliche Glasfenster, das Stift Klosterneuburg Ledertapeten, auch wurde die dortige Capella Speciosa, der älteste erhaltene gotische Bau des Lands, extra für die Franzensburg abgerissen. In der Summe In der Summe entstand ein ungewöhnliches architektonisches Kunstwerk. Insbesondere die einzelnen Säle – Habsburgersaal, Lothringersaal, Ungarische Krönungsstube und andere – sind in ihrem großartigen Eklektizismus einzigartig.
Der Schlosspark bietet als Freizeitpark mit Bootsvermietung, Ponykutschfahrten und anderen Zerstreuungen den weniger Kunstinteressierten genug Unterhaltung. Aber Vorsicht: Die Ausmaße des Parks sind erstaunlich groß, die Franzensburg liegt gute 25 Gehminuten vom Haupteingang entfernt.

Maria Lanzendorf

Die weithin sichtbare **Wallfahrtskirche** im nahen Maria Lanzendorf wurde der Legende nach 1145 auf den Resten einer Kirche erbaut, die christliche römische Soldaten im 2. Jahrhundert errichtet hatten. Die Kirche Maria auf der Heide, wie sie lange Zeit hieß, war insbesondere nach der Türkenzeit ein vielbesuchter Wallfahrtsort geworden, so dass man 1695–1703 eine neue Kirche errichtete. Das Kuppelfresko gehört zu den letzten Schöpfungen Johann Michael Rottmayrs (1654–1730), dem bedeutendsten Maler des Frühbarock in Österreich. Die

Der langgezogene Blaue Hof in Laxenburg

Kirche erlitt im Mai 1945 große Schäden, auch das Deckenfresko wurde schwer in Mitleidenschaft gezogen.

Gumpoldskirchen

Wie in vielen Orten der Region ist durch die Türkenkriege kaum ältere Bausubstanz bis heute erhalten. Gumpoldskirchen hatte zumindest Glück, dass es nur während der ersten Belagerung 1529 betroffen war. Beim Wiederaufbau erhielt es sein einzigartiges Renaissance-Ortsbild, das dann 1683 glücklicherweise unversehrt blieb. Wie Baden und Laxenburg wurde Gumpoldskirchen vom 2. bis 5. April 1945 Frontgebiet und erlitt vor allem durch sowjetischen Beschuss schwere Schäden. Doch diese sind lange behoben, so dass Gumpoldskirchen zu den sehenswertesten Weinorten Österreichs zählt. Es ist einer der ältesten Weinbauorte Österreichs. Im nahen Weingut Thallern betrieben die Heiligenkreuzer Zisterzienser schon im 12. Jahrhundert Weinbau, und der Gumpoldskirchner – Grüner Veltliner, Neuburger – ist heute ein weltweit geschätzter Wein.

Sehr schön ist das **Rathaus** (1559) mit seinen ausladenden Lauben; vor ihm steht eine **Prangersäule** von 1563. Den Kirchenplatz prägt das **Deutschordensschloss**, das 1241 in dessen Besitz kam. Die **Michaelskirche** (um 1420) besitzt einen merkwürdigen Turm, der von quadratischem Querschnitt ausgehend im Dachgeschoss achteckig wird. Auch sind Langhaus und Chor von gleicher Breite und Höhe.

Wanderungen

▲ Karte S. 313

Reizvolle Wanderungen führen von Gumpoldskirchen hoch in die Wienerwald-Ausläufer zum **Anninger** (675 m) und zum **Eschenkogel** (653 m), die man in zwei Stunden bzw. 1,5 Stunden erreicht. Im Anninger-Schutzhaus am Eschenkogel gibt es eine schöne Einkehrmöglichkeit. Von den Aussichtswarten auf den beiden Gipfeln blickt man weit in die pannonische Ebene, fast bis zum Neusiedler See. Südwärts reicht der Blick bis zum steilen Abbruch der Hohen Wand. Besonders in der Abenddämmerung ist das Panorama von fast unirdischer Schönheit.

Baden

Einer der nobelsten Badeorte Österreichs ist Baden. Er liegt an einer geologischen Störungszone, entlang der schwefelhaltige Thermalwässer emporquellen, die schon zur Römerzeit der Heilung dienten. Aquae Pannonicae hieß der Ort damals. Durch alle Jahrhunderte hindurch eilten die Gebrechlichen der Welt hierher, heute selbst die aus den fernen Weiten Russlands – kein Wunder, dass der Charakter des Orts auch an seinem Wappen erkenntlich ist: Seit 1480 sitzen ein Mann und eine Frau nackt in einer hölzernen Wanne. Zum berühmten Kurort schwang sich Baden aber erst gegen Ende des 18. Jahrhunderts auf, wobei die Entwicklung 1812 durch einen Großbrand unterbrochen wurde, nach dem die ganze Stadt neu erbaut werden musste – im wesentlichen im klassizistischen Stil durch den Architekten Joseph Kornhäusl (1782–1860). Dominiert werden die Häuser dieser Epoche durch die Farben Schönbrunner Gelb, Weiß und Grün. Für die vermögenden Wiener Kommerzienräte wie auch für das Herrschergeschlecht und für den Adel aus aller Welt entstanden Villen und grazile Palais. So ist nicht nur im Zentrum zwischen Josefs- und Hauptplatz ein Freilichtmuseum jener ›guten alten Zeit‹ entstanden. Ein Bombenangriff am 2. April 1945 schlug einige Lücken, die in der Nachkriegszeit durch gesichtslose Neubauten geschlossen wurden. Zehn Jahre lang, bis 1955 blieb Baden Hauptquartier der sowjetischen Besatzungstruppen in Österreich, die sich damit einen besonders angenehmen Ort ausgesucht hatten.

Baden ist Geburtsort des berühmten Theaterregisseurs Max Reinhardt (1873–1943) und der langjährigen Geliebten Kaiser Franz Josephs, der Hofschauspielerin Katharina Schratt (1853–1940). Der international bedeutende Maler Arnulf Rainer (geb. 1929) kam ebenfalls hier zur Welt.

Sehenswürdigkeiten

Die historische Innenstadt liegt nördlich des Schwechatflusses. Unter den zahlreichen bedeutenden Bauten ist als erstes das **Kaiserhaus** am Hauptplatz (Nr. 17) zu nennen, die alte Habsburgerresidenz von 1812 bis 1834. Die Mitte des Platzes schmückt die barocke **Pestsäule**. Die Theresiengasse, die zum Kurpark führt, weist mit dem **Theresienschlößl** und dem **Metternichhof** zwei Bauten Kornhäusls auf. In der abzweigenden Renngasse wohnte im **Mozarthof** 1791 Wolfgang Amadeus Mozart, als er seine Frau Constanze besuchte, die in Baden kurte. Bei dieser Gelegenheit komponierte er die berühmte Motette ›Ave verum corpus‹ (KV 618), die in der **Stadtkirche St. Stephan** am Pfarrplatz ihre Uraufführung erlebte. Die Kirche besitzt einen 64 Meter hohen, merkwürdigen gotisierenden Turm mit einer Haube von 1697. Sehenswert ist das Hochaltarbild ›Steinigung des heiligen Stephanus‹ von Paul Troger. Das Haus an der Rathausgasse 10 ist das **Beethovenhaus**. Beethoven, der sehr oft nicht nur in Wien die Wohnung wechselte, wohnte auch in Baden an zahlreichen verschiedenen Adressen wohnte, vollendete 1823 hier die neunte Symphonie wie auch die Missa Solemnis.

Vom Hauptplatz führt die Frauengasse südwärts zum Josefsplatz. In ihr trifft man auf die **Frauenkirche**, die klassizistisch umgebaute ehemalige Klosterkirche des aufgelösten Augustinerklosters.

Baden, in der Pfarrgasse

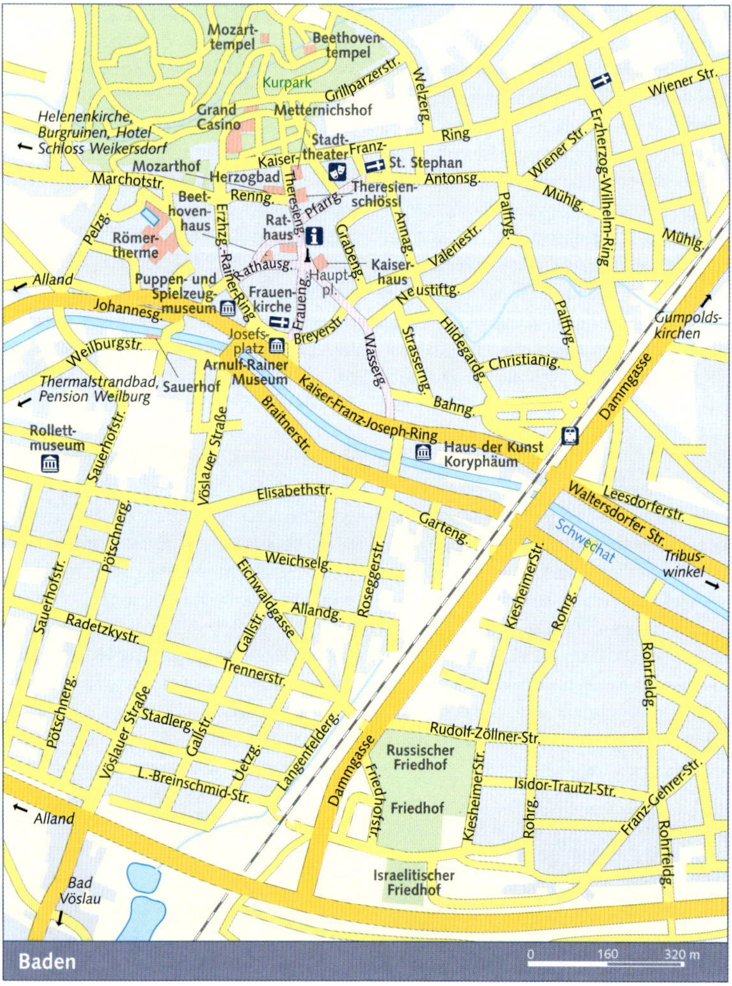

An der Ecke zum Josefsplatz steht das **Florastöckl**, ein reizvolles Bürgerhäus Josef Kornhäusls. Unweit dieser Stelle befinden sich zwei architektonisch reizvolle frühere Badegebäude: das **Josefsbad** mit seinem einem römischen Tempel nachempfundenen Pavillon, und das **Frauenbad**, heute eine Galerie für zeitgenössische Kunst, unter anderem ist es Arnulf-Rainer-Museum. Südwestlich des Josefsplatzes, an der Weilburgstraße, steht der **Sauerhof**, ebenfalls ein Bau Kornhäusls, heute ein elegantes Kurhotel.

Nördlich der Innenstadt liegt der **Kurpark** und darin gleich am Kaiser-Franz-Ring Europas größtes **Casino**. Hier lässt sich auf mondäne Weise Geld verlieren, vielleicht auch gewinnen. Die älteste Thermalquelle Badens, die **Römerquelle**, entspringt nahe des Casinos. Der breit angelegte Kurpark wie die über ihm thronende Ruine Rauhenstein lohnen sehr Besuche und Spaziergänge. Im Kurpark befindet sich die Sommerarena, wo in der Saison die berühmte Operettenaufführungen stattfinden.

Etwa anderthalb Kilometer westlich der Innenstadt liegt der ebenfalls großzügig angelegte **Doblhoffpark** mit seinem neun Hektar großen Rosarium. Hier liegt das zu einem gepflegten First-Class-Hotel umgebaute **Schloss Weikersdorf**, eine Renaissanceanlage, die auf das Mittelalter zurückgeht und zweifellos eine der ersten Adressen der Stadt ist. Wenn es der Geldbeutel zulässt, sollte man unbedingt einmal dort absteigen.

Das **Thermalstrandbad** an der südlich gelegenen Helenenstraße stammt aus den 1920er Jahren und ist in einer Art spätem Jugendstil gehalten. Mit 5000 Quadratmeter Becken- und Liegefläche ist es eines der größten Bäder Österreichs.

Die Helenenkirche, im Hintergrund Ruine Rauhenstein

Über die Helenenstraße weiter stadtauswärts trifft man auf die **Helenenkirche** von 1518 mit ihrem Töpferaltar. Dieser, um 1500 entstanden, zeigt neben Gottvater und Jesus Christus auch den Heiligen Geist in Menschengestalt, was nach 1745 nicht mehr zulässig war. Der Heilige Geist ist ab jener Zeit nur durch eine Taube dargestellt worden. Daher wurde der Altar aus dem Wiener Stephansdom, wo er sich bis dahin befunden hattte, in die Provinz ausgelagert. Über der Kirche ragt auf der Nordseite des Flusses die **Ruine Rauhenstein** empor, über das andere Ufer der Schwechat wacht die **Ruine Rauheneck** mit ihrem markanten dreiseitigen Bergfried. Beide Burgen wurden in den Türkenkriegen zerstört.

Am Weilburgplatz stand das im Jahr 1823 vollendete, 1945 ausgebrannte und erst 1964 abgerissene gewaltige **Schloss Weilburg**, an das heute nur noch eine **Gedenktafel** erinnert. Mit 201 Meter Länge war es eines der bedeutendsten klassizistischen Bauten des Landes und Joseph Kornhäusls größte Schöpfung. Errichtet wurde es für Erzherzog Karl, den Sieger von Aspern, und seine Frau, die Gräfin Henriette von Nassau-Weilburg.

Wanderungen

Vom Weilburgplatz geht es die Schwechat aufwärts ins schöne **Helenental**. Alternativ zum Helenental bietet sich die Wanderung zum Hohen Lindkogel (834 m) an, dem höchsten Berg im südlichen Wienerwald. Zweieinhalb Stunden benötigt man für den teilweise recht steilen und an einer Stelle (Brennersteig unterhalb des Gipfels) sogar schwierigen Aufstieg. Das Schutzhaus ›Eisernes Tor‹ ist trotzdem ein vielbesuchtes Ausflugsziel.

Bad Vöslau

Ganz der Nähe von Bad Vöslau finden sich Thermalwässer, uns so wurde dieser Ort neben Baden zum zweiten großen Treffpunkt der Heilung suchenden Wiener Gesellschaft. Vöslaus Wässer werden in entschwefelter Form als Mineralwasser abgefüllt und gelten als edelster Mineralsprudel des Lands. 1787 eröffnete der regionale Grundherr Johann von Fries den Badebetrieb, der nach 1820 zu internationaler Bedeutung gelangte. Ludwig van Beethoven, Johann Strauß, Hugo von Hofmannsthal und viele andere kurten hier.

Vöslau besitzt ein anheimelndes biedermeierliches Stadtbild. Neben dem prächtigen **Kurhaus** (1873 von Theophil Hansen) und dem **Kurpark** ist insbesondere das klassizistische **Fries'sche Schloss** sehr sehenswert, vor dem Umbau eine Wasserburg aus dem 17. Jahrhundert. Besuchenswert ist auch das hübsche **Stadtmuseum** mit Ausstellungen unter anderem zum berühmten Vöslauer Wein. Wanderfreunden ist der Aufstieg zur **Jubiläumswarte** auf dem Harzberg (466 m) zu empfehlen, Naturfreunden der Besuch des Schneckenreservats Hansybach.

Mödling, Baden, Bad Vöslau

Stadtamt Mödling, Pfarrgasse 9, 2340 Mödling, Tel. 022 36/400, www.moedling.at.

Tourismusbüro Gumpoldskirchen, Schrannenplatz 5, 2352 Gumpoldskirchen, Tel. 022 52/ 635 36, www.gumpoldskirchen.at.

Tourismusinformation Baden, Brusatiplatz 3, 2500 Baden, Tel. 022 52/226 00, www.baden.at.

Kurverwaltung Bad Vöslau, Schlossplatz 1, 2540 Bad Vöslau, Tel. 022 52/ 707 43, www.thermalbad-voeslau.at

Hotel Schloss Weikersdorf, Schlossgasse 9–11, 2500 Baden, Tel. 022 52/483 01, www.hotelschlossweikersdorf.at, DZ ab 120 €.

Pension Weilburg, Weilburgstr. 17, 2500 Baden, Tel. 022 52/430 11, p.P. im DZ 24 bis 44 €.

Schönberghaus, Bernhardgasse 6, 2340 Mödling, Tel. 01/712 18 88 31, www.schoenberg.at, Fr 10–13 u. 14–17 Uhr oder nach Vereinbarung.

Beethovenhaus, Hauptstr. 79, 2340 Mödling, nur nach tel. Anmeldung unter 022 36/241 59.

Schloss Laxenburg (Blauer Hof), Schlossplatz 1, 2361 Laxenburg, 022 36/712 26, www.schloss-laxenburg.at.

Franzensburg, 2361 Laxenburg, Tel. 022 36/712 26, www.schloss-laxenburg.at, Park ganzjährig, Schloss nur mit Führung (zu jeder vollen Stunde) zugänglich.

Rollettmuseum, Weikersdorferplatz 1, 2500 Baden, Tel. 022 52/482 55, Mi–Mo 15–18 Uhr. Zoologische, botanische und ethnographische Kuriositäten.

Koryphäum Kunsthaus, Kaiser-Franz-Joseph-Ring 7, 2500 Baden, Tel. 022 52/206 174, www.koryphaeum.at, Di–So 10–12 u. 14–18 Uhr, Jan./Febr. geschlossen.

Puppen- und Spielzeugmuseum, Erzherzog-Rainer-Ring 23 (Villa Attems), 2500 Baden, Tel. 022 52/410 20, www.baden.at. 1000 Exponate aus drei Jahrhunderten, Di–Fr 16–18, Sa/So 10–12 u. 16–18 Uhr, Führungen nach Voranmeldung.

▶ Karte S. 313

Arnulf-Rainer-Museum, Josefsplatz 5, 2500 Baden, Tel. 02252/209196, Mo 10–18, Mi 10–20, Do–So 10–18 Uhr.

Beethovenhaus, Rathausgasse 10, 2500 Baden, Tel. 02252/868002 31, Di–So 16–18, Sa/So 9–11 u. 16–18 Uhr.

Stadt- und Weinmuseum Bad Vöslau, Kirchenplatz 8, 2540 Bad Vöslau, Tel. 02252/76135, www.badvoeslau.at, Juni bis 26. Okt. Do 16–19, Sa/So 9–12 Uhr bzw. nach Vereinbarung.

Infos zu den Sommeraufführungen im Kurpark von Baden unter www.stadttheater-baden.at.

Anninger-Schutzhaus am Eschenkogel, Tel. 02236/23296, Di–So, Juli geschlossen.

Thermalstrandbad, Helenstraße 19–21, 2500 Baden, Tel. 02252/ 48670, www.baden.at. Mai–Sept. 8.30–18 Uhr (je nach Saison bis 20 Uhr, Kassenschluss 1 Std. früher) . Jugendstilbad mit größtem Sandstrand Österreichs !

Grand Casino Baden, Im Kurpark, 2500 Baden, Tel. 02252/44496, www.baden.casinos.at; Spielzeit tgl. ab 15 Uhr.

Das Triestingtal

Berndorf im Triestingtal ist mit der Stahlfamilie Krupp verbunden. Hermann Krupp baute hier 1843 eine Fabrik, die unter anderem Silberbesteck produzierte, das unter dem Markennamen Alpaca schnell zu Weltruf kam und dessen Erfolg die Produktionsanlagen nach kurzer Zeit erheblich vergrößern ließ. Zwischen 1880 und 1918 wurde eine **Arbeiter-Mustersiedlung** gebaut, denn die Firma hatte zu dieser Zeit über 1000 Beschäftigte. Auch die kommunalen Einrichtungen ließ Krupps Nachfolger Arthur Krupp ausbauen. Selbst die **Ortskirche St. Margarethen** wie ein 1899 eröffnetes **Theater** – letzteres nach Plänen der bekannten Wiener Baumeister Hermann Helmer und Ferdinand Fellner – entstanden durch sein Mäzenatentum. Vielleicht am bekanntesten sind die **Schulen** von Bernsdorf, die zu beiden Seiten der Ortskirche stehen und ebenfalls auf die Kruppfamilie zurückgehen (1909/10). Die einzelnen Klassenzimmer sind in zwölf unterschiedlichen Stilen ausgeführt – dorisch, ägyptisch maurisch, byzantinisch, Renaissance, Gotik, Barock, Empire usw. –, und der Unterricht findet noch in ihnen statt. Ein **Krupp-Stadt-Museum** vergegenwärtigt das Wirken der Krupps in Berndorf.

Pottenstein, das um eine prächristliche Kultstätte entstand, ist insbesondere durch die **Wallfahrtskirche Maria Trost** im Elend besuchenswert. Sie erhielt 1810 ein ungewöhnliches neoromanisches Hauptschiff, nachdem das ursprüngliche Hauptschiff eingestürzt war. Der Chor aber ist original romanisch. Originell ist auch der **Doppelkarner** (um 1320) mit seinen Kegeldächern, die von steinernen Kugeln bekrönt sind. Ein besuchenswertes Lokal ist der uralte **Gasthof zum Goldenen Hirschen**. Hier starb der Volksschauspieler und -dichter Ferdinand Raimund, der sein Leben lang hypochondrisch war und von Depressionen geqält wurde, am 5. September 1836: Nach einem Hundebiss fürchtete er, die Tollwut zu bekommen und zog den Freitod vor.

Theaterzettel für die Eröffnung des Stadttheaters Berndorf durch Kaiser Franz Joseph

Pottenstein war neben Berndorf ebenso ein wichtiger Industriestandort. im 19. Jahrhundert existierte eine Klingenfabrik wie auch die Textilindustrie. Verschiedene frühere **Werksgebäude** bestehen noch. Die lange Kultur- und Industriegeschichte des Triestingtales dokumentiert in **Weißenbach** das **Triestingtalmuseum. Furth**, westlich von Weißenbach, besitzt mit der **Steinwandklamm** – eine atemberaubende, 15 Meter hohe senkrechte Leiter – und dem **Türkenloch**, eine Schutzhöhle für die Bevölkerung während der Türkeneinfälle, ungewöhnliche Sehenswürdigkeiten (www.furth-triesting.at).

Von **Neuhaus** nördlich von Weißenbach ist in etwa anderthalb Stunden der steilwandige Kalkberg des **Peilsteins** (716 m) zu erreichen; der Aufstieg im Bereich der Kletterwände ist nicht ganz ungefährlich und nur Könnern anzuraten; das **Peilsteinhaus** bietet Einkehr und Nächtigung. Über den Peilstein zieht sich der Wienerwald-Weitwanderweg 404 nach Baden durch eine der unberührtesten Regionen des Wienerwalds.

▶ Karte S. 313

Im nahen **Altenmarkt** wurde 1136 durch den Babenberger Leopold III. die Benediktinerabtei Klein-Mariazell als Rodungskloster gegründet. Nach der Reformation und insbesondere den Türkenkriegen begann der Niedergang, und 1782, unter Joseph II., wurde die Abtei aufgegeben und verfiel, die Stiftskirche zur gewöhnlichen Pfarrkirche. Die dreischiffige **Basilika** aus dem letzten Viertel des 12. Jahrhunderts besitzt zwei schöne romanische Portale. Ihr Inneres wurde um die Mitte des 18. Jahrhunderts kurz vor der Aufhebung barockisiert, bemerkenswert sind hierbei die großartigen Fresken von Johann Bergl. Seit 2005 besteht in Klein Mariazell wieder ein Kloster, das von den Mariensamaritern unterhalten wird (www.kleinmariazell.at).

Die **Wallfahrtskirche** (1729–1740) im unweiten **Hafnerberg** ist im Inneren von großer Pracht. Die überlebensgroßen Erzengel Raphael und Michael flankieren den gewaltigen Hochaltar. In der ovalen Kuppel existiert auch hier ein großartiges Fresko, wie in Altenmarkt die Himmelfahrt Marias darstellend.

Das **Hocheck** (1037 m) südwestlich von Altenmarkt ist ein beliebtes Ausflugsziel der Wiener und bietet grandiose Fernsichten. Man erreicht es von Altenmarkt zu Fuß (3 Std.) oder mit dem Auto von seiner Südseite her, von Furth. Die Auffahrt ist mautpflichtig. Die Hocheckhütte ist ganzjährig geöffnet (Fr Ruhetag).

Der **Triesting-Gölsental-Radweg** ist einer der großen niederösterreichischen Radwege. Er führt von Leobersdorf südlich von Vöslau das Triestingtal hoch bis Altenmarkt und geht bei Kaumberg in den Gölsental-Radweg über. Nach insgesamt 60 Kilometern endet er in Traisen (www.triesting-goelsentalradweg.at)

Triestingtal

Gasthof-Pension Furthnerwirt, Maierhof 13, 2564 Furth a. d. Triesting, Tel. 02674/88200.

Gasthof zur Bruthenne, Maierhof 14, 2564 Furth a.d. Triesting, Tel. 02674/87310, p.P. im DZ ab 28 €.

Krupp-Stadtmuseum, Bahnhofstr. 4, 2560 Berndorf, Tel. 02672/82253, www.kruppstadtmuseum.at, Do 9–12, Fr 16–20, Sa/So 11–18 Uhr.

Heimatmuseum, Kirchenplatz 3, 2564 Weißenbach, Tel. 02674/87822, Mai bis Okt. So 13.30–16 Uhr bzw. nach Voranmeldung.

Schulen Berndorf, Margaretenplatz 2 und 5, 2560 Berndorf, Tel. 02672/8225352, www.berndorf.gv.at, an Schultagen 13.30–17 Uhr, schulfreie Tagen und So 8.30–12, 13–17 Uhr.

Wanderung um Furth: Der Wanderführer ›Wiener Hausberge‹ (Rother-Verlag) erläutert den Weg.

Peilsteinhaus, Tel. 02674/87333, www.peilsteinhaus.gebirgsverein.at. Ganzjährig Mo/Di.

Das theresianische Industrieviertel

Diese Region trägt ihren Namen nach den Manufakturen, die hier in großer Zahl in der Zeit Maria Theresias entstanden. Dennoch handelt es sich nicht um eine fabriken- und schlotgeprägte Landschaft, im Gegenteil: Viel mehr als einzelne Industrieansiedlungen prägen die weiten, unberührten Ebenen am Rand des pannonischen Tieflands das eigentliche Industrieviertel.

Wiener Neustadt

Die meisten Reisenden halten Wiener Neustadt (gut 40000 Einwohner) für eine wenig anziehende Industriestadt. Daher genießt die Stadt bei weitem nicht das touristische Interesse, das sie verdient. Neben Wien ist Wiener Neustadt die historisch bedeutsamste Stadt Österreichs, und trotz schwerer Kriegszerstörungen hat sie eine Reihe bedeutender Bauwerke zu bieten.

Babenbergerherzog Leopold V. legte am Westsaum des weiten Tieflandes, nicht weit von den letzten Alpenausläufern, aus strategischen Gründen eine Stadt an. Geld genug hatte er dafür, denn das Lösegeld für Richard Löwenherz hatte die Staatskasse mehr als gefüllt. Die ›Newenstat‹ sollte aber nicht nur militärische Funktion haben, sondern auch die weitere Erschließung des öden Umlands – nicht von ungefähr auch heute noch Steinfeld genannt – vorantreiben.

So ist das 1194 gegründete Wiener Neustadt gleichsam eine Stadt vom Reißbrett geworden, wie es die rechtwinklig verlaufenden Straßenzüge noch heute zeigen und wie man es am Hauptplatz mit dem ›Grätzl‹ in der Mitte sieht – eine Anlage, die auf antike Vorbilder fußt. Es entstand ein 600 mal 700 Meter großes Rechteck, das von einer Wehrmauer vollständig umgeben war und über das vier mächtige Ecktürme wachten. Am Verlauf von Babenbergerring, Baumkirchnerring, Grazer Straße und Bahngasse ist der äußerliche Grundriss noch deutlich zu erkennen. Die Stadt war im 15. Jahrhundert als kaiserliche Residenz von großer Bedeutung, und hier hielt sich Friedrich III. (1415–1493) am liebsten auf. Er war seit 1439 Herzog von Österreich und seit 1452

Kaiser des Heiligen Römischen Reichs. In seiner Epoche wurde die Stadt erweitert, und es entstanden bedeutende Bauwerke. Friedrich machte Wiener Neustadt auch zum Bistum. Doch die Bedeutung als Kaiserresidenz war nach dem Tod Friedrichs 1493 vorbei, und 1522 erhob sich der Rat der Stadt gegen den Landesfürsten, da die Rechte der Stadt zu sehr eingeschränkt wurden. Landesherzog Ferdinand I. ließ die aufständischen Ratsherren und den Bürgermeister auf dem Hauptplatz sogleich hinrichten; als ›Wiener Neustädter Blutgericht‹ gingen diese Ereignisse in die Stadtgeschichte ein.

Zwar erfüllte die Stadt nach wie vor ihre Verteidigungsaufgaben, insbesondere während der Türkenkriege, doch war der Niedergang unübersehbar. Erst in der Mitte des 18. Jahrhunderts, als Maria Theresia eine Militärakademie errichten ließ, stieg Wiener Neustadt wieder zu größerer Bedeutung auf, wenngleich ein Erdbeben, das 1768 die Gegend heimsuchte, schwere Schäden verursachte. im Zuge der josephinischen Klosteraufhebungen wurde 1785 das Wiener Neustädter Bistum aufgehoben und nach St. Pölten verlegt. In der Folge wurden in den freigewordenen Klostergebäuden Manufakturen eingerichtet. Dadurch und durch die Eröffnung der Südbahn 1840 erhielt die Industrialisierung der Stadt einen deutlichen Schub. Eine Lokomotivfabrik entstand, die deutschen Daimlerwerke bauten eine Tochterfabrik, zu Beginn des 20. Jahr-

Wiener Neustadt erlitt 1944/45 schwerste Schäden

Buntes Treiben auf dem Marktplatz

hunderts erhielt die Stadt einen Flugplatz, und schließlich wurde sie auch ein Zentrum der Rüstungsindustrie.

Der Zerfall der Monarchie 1918/19 brachte der Industriestadt große Nachteile: Es gab praktisch keine Abnehmer für die Produkte mehr. Erst ab 1938, nach dem ›Anschluss‹ Österreichs an Deutschland, stieg Wiener Neustadt rasch wieder zu einem wichtigen Rüstungsstandort auf. Das Jagdflugzeug Me-109 wurde unter anderem hier produziert, und in der ehemaligen Lokomotivfabrik baute man die A4-Rakete, die als ›V2‹ bekannt wurde. Der für die Kriegswirtschaft so bedeutsame Standort wurde in mehreren Bombenangriffen 1944/45 fast vollkommen zerstört; von 3000 Gebäuden in der Innenstadt blieben nur etwa 20 unbeschädigt. Der Wiederaufbau - und das heißt: die weitgehende Rekonstruktion des historischen Stadtbilds - konnte durch freiwillige Einsätze aller verbliebenen Bewohner aber bereits 1955 abgeschlossen werden, und heute sind die schweren Schäden nicht mehr zu erkennen.

In Wiener Neustadt kamen zahlreiche bedeutende Persönlichkeiten zur Welt. Der früheste ist sicherlich der letzte Babenberger Friedrich der Streitbare (1210), der bedeutendste zweifellos Kaiser Maximilian I. (1452). Daneben sind erwähnenswert der weitgehend vergessene Zwölftonkomponist Josef Matthias Hauer (1883-1959) und die Schauspieler Kurt Jaggberg (1922-1999) und Karl Merkatz (geb 1930).

Orientierung

Die Stadt hat einen **Kulturparcours** angelegt, entlang dessen man in etwa vier bis fünf Stunden alle wichtigen Gebäude in einem Rundgang kennenlernt. Grüne Wegweiser und Ziffern auf dem Pflaster zeigen ihn an.

Hauptplatz

Eine Besichtigung beginnt am besten am Hauptplatz. Das vormals gotische **Rathaus** wurde in der Renaissance umgestaltet und nach einem Brand 1834 klassizistisch wieder aufgebaut. Hier wurde jahrhundertelang der berühmte

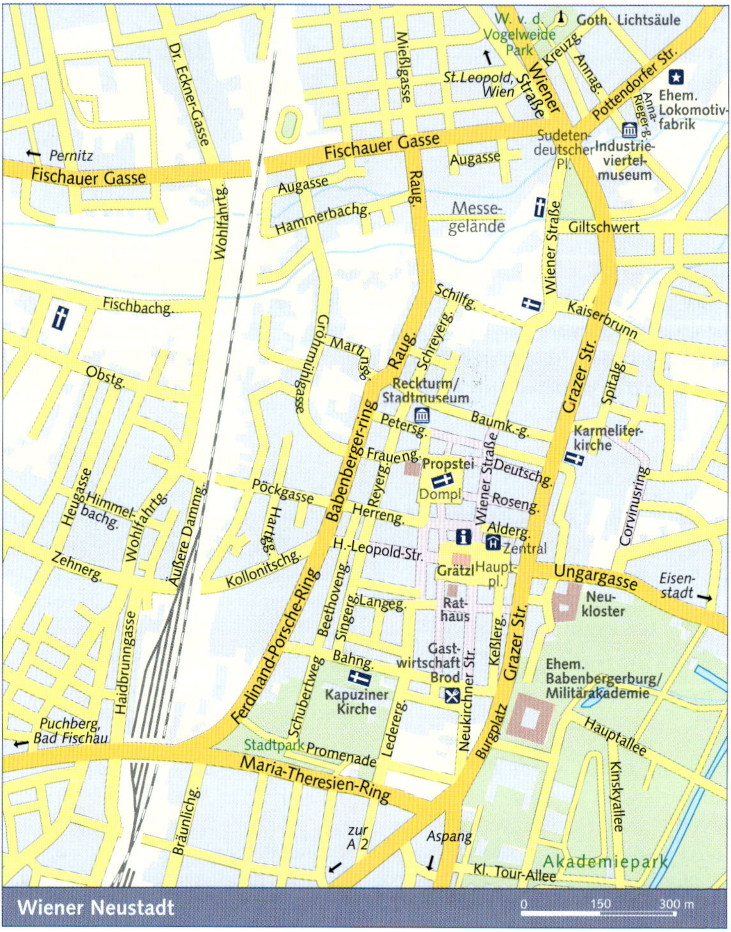

Wiener Neustadt

Corvinusbecher gezeigt; er befindet sich heute im Stadtmuseum. Das **Grätzl** ist ein isolierter Häuserblock, nicht ganz in der Platzmitte, und ist in einigen Städten des Habsburgerreichs öfters anzutreffen, insbesondere in Schlesien. Südöstlich davon erinnert im Straßenpflaster ein Kreis an das Blutgericht von 1522. Die **Mariensäule** stammt von 1678. Bis 1945 war der Platz von Arkadengängen gesäumt, und einige Gebäude wie das Sgraffitohaus an der Nordseite (Nr. 14) und ihm gegenüber die Kronenapotheke aus dem 16. Jahrhundert lassen noch die einstige Pracht spüren.

Domplatz

Links von Sgraffitohaus und Kronenapotheke führt die Böheimgasse nordwärts zum Domplatz. Der gewaltige, weißglänzende **Dom** ist überraschenderweise nicht genau in West-Ost-Richtung erbaut, sondern besitzt eine Südwest-Nordost-Lage. Der Bau wurde wahrscheinlich im 13. Jahrhundert begonnen, aber äußerlich wie im Innern mehrmals im Stil der jeweiligen Epoche umgestaltet. Von 1469 bis 1785 war er Bischofskirche. Die Westfront, Haupt- und Seitenschiffe sind noch deutlich romanisch, die 65 Meter hohen Westtürme im 19. Jahrhundert wegen Baufälligkeit abgerissen und original wiedererrichtet worden. Das spätromanische Südtor, auch Brauttor genannt, ist in seiner ornamentalen Rahmung besonders prächtig. Links daneben ist ein expressionistisches Kriegerdenkmal von 1919 mit dem Wahlspruch der Stadt ›Allzeit getreu‹ überkrönt. Das Nordportal ist weniger kunstvoll gestaltet, dafür voller geheimnisvoller Geschöpfe und Dämonen. Am Chor im Osten zeigen Spitzbogenfenster die gotische Epoche an. Im Innern fällt der frühklassizistische, marmorne Hochaltar (1776) auf. Friedrich III. ließ zwei Kaiseremporen einbauen, an denen sein berühmtes Motto AEIOU deutlich zu

Apostelfiguren flankieren das Mittelschiff des Doms

erkennen ist. An der rechten Chorwand findet man das Grabmal des Bischofs Melchior Khlesl – die Porträtbüste stammt vermutlich von Lorenzo Bernini –, der von 1588 bis 1630 dem Bistum vorstand. Khlesl ließ auch die Kanzel aus rotem Marmor bauen. Hoch oben, an den Säulen des Mittelschiffs, stehen zwölf Apostelfiguren aus dem 15. Jahrhundert; Lorenz Luchsperger hat sie geschnitzt. Sie gelten als bedeutendste Kostbarkeit der Kirche. An einem Pfeiler im südlichen Seitenschiff steht eine bewegende Skulptur des heiligen Sebastian, ebenfalls von Luchsperger.

Die nordwestliche Ecke des Domplatzes nimmt die **Propstei** ein, bischöfliche Residenz zwichen 1469 und 1785, die in den Grundmauern auf den Palast Leopolds VI. aus der Zeit um 1220 zurückgeht. Ihr gewaltiges barockes Eingangsportal stammt etwa von 1700.

Weitere Sehenswürdigkeiten

Von der Propstei führen Khleslgasse und Petersgasse zum Reckturm, der nordwestlichen Bastion der Stadtbefestigung. An der Nordflanke der Stadt sind die alten **Wehrmauern** aus der Zeit Friedrichs III. noch besonders gut erhalten.

Geht man die Petersgasse ostwärts, kommt man am alten **Dominikanerkloster St. Peter an der Sperr** (um 1230) vorbei, einem Befestigungskloster, heute **Stadtmuseum**. Hier gibt es unter anderem ein eindrucksvolles Modell der mittelalterlichen Stadt sowie den Corvinusbecher zu bewundern. Dieser 81 Zentimeter hohe, vergoldete Silberbecher stammt aus der Zeit um 1490. Die knieende Figur auf dem Deckel soll den Ungarnkönig Matthias Corvinus darstellen, obwohl gleichzeitig auch Friedrichs III. ›AEIOU‹ zu lesen ist. Vermutlich war der Bescher ein Geschenk Matthias´ an

Friedrich, der nach dem Ödenburger Frieden die ungarische Stephanskrone Matthias übergeben hatte. Der Becher ist seit 1741 im Besitz der Stadt, doch ist seine Geschichte weitgehend unbekannt.

Das gotische Südtor des Klosters ist besonders hübsch gestaltet. Vor der **Klosterkirche** kann man eine Skulptur Sophia Lorens (1961) staunend betrachten; warum gerade hier an die berühmte Italienerin erinnert wird, ist allerdings etwas rätselhaft.

In der unweit von hier stadtauswärts führenden Wiener Straße sind viele hübsche Häuser des 19. Jahrhunderts erhalten. In der Wiener Straße trifft man nach 400 Metern auf die **Jesuitenkirche St. Leopold**, nach abermals 400 Metern stadtauswärts erreicht man den Sudetendeutschen Platz. Von hier ist es über die Pottendorfer Straße nicht weit zur Anna-Rieger-Gasse, wo das **Industrieviertelmuseum** über die Bedeutung Wiener Neustadts in den letzten zwei Jahrhunderten informiert. Gegenüber der Schleifmühlgasse steht an der Pottendorfer Straße der 1850 erbaute Torbogen des Eingangs zur ehemaligen **Lokomotivfabrik**.

Der Kreuzgang des Neuklosters

Karte S. 340

Über die Schleifmühlgasse geht es nochmals 200 Meter nach Nordwesten zu einer der größten Sehenswürdigkeiten der Stadt im heutigen Walther-von-der-Vogelweide-Park. Hier steht die **Spinnerin am Kreuz**, die bedeutendste gotische Lichtsäule Österreichs, 21 Meter hoch und 1382 – 1384 von Michael Knab als Wegsäule geschaffen. Sie trägt ihren Namen nach einer spinnenden Frau, die sich an das Kreuz Christi lehnt und darin Trost sucht.

Die Ostflanke der historischen Innenstadt ist die Grazer Straße, ihre Kreuzung mit der Deutschgasse markiert in etwa die Nordostecke der alten Stadtbefestigung. Hier, gegenüber der Deutschgasse und etwas zurückgesetzt, steht die ehemalige **Karmeliterkirche**, ein Barockbau von 1663, der nach 1785 als Fabrik diente und heute für Ausstellungen verwendet wird.

Weiter südlich zweigt von der Grazer Straße die Ungargasse nach Osten ab. An ihr steht der Komplex des **Neuklosters** von aus dem 13. Jahrhundert, 1659 barock umgestaltet. Die **Klosterkirche** besitzt einen prächtigen Hochaltar von 1699, hinter diesem – Zugang nur über den Kreuzgang des Klosters, Eingang Neuklostergasse neben der Kirche – befindet sich das Grabmal von Eleonora von Portugal (gest. 1467), der Ehefrau Kaiser Friedrichs III. Es stammt von Niclas van Leyden, der auch die Grabstätte Friedrichs im Wiener Stephansdom geschaffen hat. Hinter dem Hochaltar liegen auch die Grabstellen einiger Kinder des Kaiserpaars. Im Klostergebäude sind besonders der Brunnenhof sowie die Eingangstore mit den schönen mittelalterlichen Wappen sehenswert. Mozarts Requiem wurde hier 1792 von seinem Auftraggeber, dem Grafen von Walsegg, erstaufgeführt.

Die frühere Babenbergerburg

Weiter südwärts erreicht die Grazer Straße den Burgplatz. Hier waren die Kriegszerstörungen besonders groß, doch fast alles wurde wieder aufgebaut. Überwältigend ist die Anlage der **ehemaligen Babenbergerburg**, von 1752 bis heute Militärakademie. Sie ist nicht ohne weiteres zu besichtigen, denn der ganze Komplex ist Militärgebiet, zu dem der Zugang reglementiert ist. Die Burg mit ihren einst vier Türmen sollte die Stadt an deren Südostecke schützen. Doch ist nur noch der Rurm der Nordwest-Ecke, der **Rakoczy-Turm**, erhalten. Die Burgkapelle, die **Georgskirche** (1449–1460 von Peter von Pusika), ist schon von außen zu erkennen und ruht auf einer großen Torhalle. An ihrer Ostseite, im Burghof, ist die Wappenwand mit ihren 107 Herrschaftwappen bemerkenswert. An ihr erscheint unter einem Baldachin Friedrich III. mit seinem Leitmotiv AEIOU. Die Georgskirche wurde 1945 völlig zerstört, nur eine Säule blieb von ihr stehen; doch ist sie originalgetreu rekonstruiert. Zum Glück wurden die Glasfenster vorher ausgelagert. Unter dem Hochaltar ruht Kaiser Maximilian I. (1452–1519), der Sohn Friedrichs. Er hat zwar auch in Innsbruck eine Grablege, doch ist diese leer. Die riesige **Parkanlage** südöstlich der Burg, der heutige **Akademiepark**, ist der Rest eines großen Jagdreviers Friedrichs III.

Der Burg gegenüber stand das Zeughaus, errichtet während der Zeit Ferdinands I. Völlig zerstört, blieb von ihm nur ein schönes **Renaissanceportal** (1524) übrig, das in einen Neubau integriert ist. In der Neunkirchner Straße, der alten Hauptachse der Stadt und heute Fußgängerzone, stehen noch verschiedene **Renaissancehäuser,** teils mit Sgrafitoschmuck (Nr. 19), sowie das ehemalige **Jesuitenkolleg** (Nr. 17) von 1663, nach 1785 aufgelöst und 1898 zum Festsaal umgebaut.

Die Umgebung

In der nahen Umgebung der Stadt gibt es weitere Sehenswürdigkeiten: das **Schloss** von **Katzelsdorf**, ein ehemaliges Franziskanerkloster, nach 1845 im Besitz von Marie Thèrése, der Tochter Marie Antoinettes und Ludwigs XVI. Marie Thèrése gehörten auch die nahen Schlösser Eichbüchl und Frohdorf; auf letzterem starb sie 1851. Auf **Schloss Schwarzau**, gleich neben der Autobahn, vermählte sich am 21. Oktober 1911 Erzherzog Karl, ab 1916 der letzte Habsburgerkaiser, mit Zita von Bourbon-Parma.

Wiener Neustadt und Umgebung

PLZ: 2700.
Vorwahl: 02622.
Stadtinformation Wiener Neustadt, Hauptplatz 3, Tel. 373311, www.wiener-neustadt.at.

Hotel Zentral, Hauptplatz 27, Tel. 2369, www.hotelzentral.at, DZ 75–95 €.
Gastwirtschaft Brod, Bahngasse 1, Tel. 28107.

Stadtmuseum, Petersgasse 2a, Tel. 37 39 50, www.stadtmuseum.wrn.at, Mi, Fr u. Sa/So 10–16, Do 10–20 Uhr.
Militärakademie Wiener Neustadt, Mo–Fr 8–11 u. 14–16 Uhr, Eingang bei der Wache am Südtor, Gruppen ab 10 Pers. nur nach telef. Anmeldung (Tel. 381 20 31).
Industrieviertelmuseum, Anna-Rieger-Gasse 4, Tel. 260 15, www.industrieviertelmuseum.at, Mo–Fr 9–16 Uhr.

Entlang des Leithagebirges

Das Tiefland nordöstlich von Wiener Neustadt ist der südwestlichste Ausläufer des Wiener Beckens. Dieses Gebiet, die ›Feuchte Ebene‹ genannt, war bereits im 18. Jahrhundert ein Zentrum insbesondere der Metall-, Papier- und Textilerzeugung, nicht zuletzt weil die Flüsse Fischa, Leitha, Schwechat und Triesting sehr gut zur Energiegewinnung herangezogen werden konnten. Schon um 1800 stellte ein Besucher der Region fest, dass hier »mehr Fabriken und Industrie zu treffen sind, als in einem Flächenraum von gleicher Größe auf dem ganzen festen Land von Europa.« Vielleicht zählt die Region daher zu den wenig besuchten Niederösterreichs, doch lohnt es hat es wegen seiner eigenwilligen Sehenswürdigkeiten einen Besuch.

Nordöstlich von Wiener Neustadt

In **Lichtenwörth** entstand während der Zeit Maria Theresias eine Metallfabrik, die Nadeln und Drähte herstellte. Dabei wurde auch eine **Arbeitersiedlung** mit 50 Häusern und eine von einer gewaltigen Kuppel überkrönten **Kirche** gebaut, die von einer Mauer mit drei Toren umgeben ist. Im 19. Jahrhundert erfolgte der Umbau dieser ›Nadelburg‹ zu einem Walzwerk, das aber seit 1930 nicht mehr existiert.

In **Ebreichsdorf** finden sich die beeindruckenden Reste einer großen, um 1750 gegründeten **Baumwollmanufaktur**. Es ist eines der ganz seltenen Beispiele barocker Industriearchitektur, neben dem selbst das Schloss aus dem 16. Jahrhundert verblasst. Eine noch größere **Industrieanlage** liegt im nahen Pottendorf, wo noch die Produktionshallen der einst größten Baumwollfabrik (1801) des Kontinents stehen. Südlich von **Pottendorf**, vermutlich bei Ebenfurth, fand 1246 eine folgenschwere Schlacht an der Leitha statt: Friedrich II., der letzte Babenberger, fiel im Kampf gegen den Ungarnkönig Béla IV. Zwar verloren die Ungarn, doch geriet Österreich mit dem Tod Friedrichs innenpolitisch ins Chaos.

Am Fuß des Leithagebirges

Von Südosten schiebt sich das Leithagebirge an die Ebene heran. Es ist das geologische Verbindungglied zwischen Ostalpen und Kleinen Karpaten und erreicht im Sonnenberg 484 Meter Höhe. Es besteht aus Gneisen und Glimmerschiefern des sogenannten Ostalpins, die von Kalken und Kalksandsteinen überlagert werden. Diese Gesteine werden wegen ihrer Reinheit und Festigkeit seit alters abgebaut, die sprechenden Ortsnamen wie Kaiserstein oder Kaisersteinbruch kommen nicht von ungefähr. Über den Kamm des kleinen Massivs verläuft die Grenze zum Burgenland und damit die alte Grenze zu Ungarn. Das reizvolle Mittelgebirge bietet schöne Wandermöglichkeiten, ist jedoch in weiten Teilen dem schon in der Habsburgerzeit bestehenden Truppenübungsplatz Bruckneudorf eingegliedert.

▲ Karte S. 338

Von der **Franz-Josefs-Warte** (443 m) an der Straße Hof–Donnerskirchen, südlich von Mannersdorf, genießt man einen wunderbaren Weitblick über den Neusiedler See hinweg tief nach Ungarn hinein. Nahe Mannersdorf ist die **Donatikapelle** an der Straße nach Wasenbruck bemerkenswert. Hier wurde 1747 eines von Maria Theresias Kutschpferden vom Blitz erschlagen, sie selbst blieb unversehrt. Aus Dank stiftete sie eine Kapelle mit einem Baldachin, der auf Pfeilerarkaden ruht.

An der Straße nach Hof liegt der **Naturpark Mannersdorf Wüste**. Hier gibt es die melancholischen Reste eines lange aufgelassenen Karmeliterklosters, umgeben von einer 4,5 Kilometer langen Mauer. Die Ruine liegt innerhalb herrlicher Eichen- und Hainbuchenwälder. Teiche, Obstbaumwiesen und eine besondere Flora, die sich um die alte Klosteranlage entwickeln konnte, machen den Reiz dieses Naturparks aus.

Eine schöne Sicht hat man von der **Ruine Scharfeneck**, einem gotischen Bau am Nordhang des Leithagebirges. Über einen Rundweg, ausgehend vom nördlichen Ortsrand von Hof oder über die Steinbruchstraße in Mannersdorf, kann

Die ›Nadelburg‹ in Lichtwörth

Das Stadtschloss Prugg

man hier eine erlebnisreiche Kurzwanderung machen.

Weitere bedeutende **industrielle Denkmäler** lassen sich in **Kleinneusiedl** (spätbarocke Papiermühle) und in **Marienthals** (Baumwollmanufaktur mit Arbeitersiedlung) entdecken. Marienthals war in den Jahren bis zur Schließung des Werks gegen 1930 Gegenstand einer berühmten soziologischen Studie, die unter anderem die Arbeitslosigkeit und ihre Folgen erforschte.

Bruck an der Leitha

Als Grenzstadt zu Ungarn war Bruck an der Leitha (7600 Einwohner) jahrhundertelang Angriffen feindlicher Heere ausgesetzt. Die mächtigen **Stadtmauern** künden noch davon. Das **Stadtschloss Prugg**, im Privatbesitz der Familie Harrach, ist ein altes Wasserschloss, das im 18. Jahrhundert durch Lukas von Hildebrandt umgebaut und dabei ein mittelalterlicher Turm einbezogen wurde. Es ist innen nicht zu besichtigen, jedoch ist der sehr schöne **Schlosspark** frei zugänglich. Die majestätische **Dreifaltigkeitskirche** (1696–1702) und zahlreiche schöne **Renaissance- und Barockbürgerhäuser** bestimmen den Hauptplatz.

Mit Bruck ist der östlichste Zipfel Niederösterreichs erreicht. Im Unterschied zu den unweit gelegenen Carnuntum und Hainburg liegen Bruck und sein östliches Umland etwas im touristischen Abseits. Dabei bietet das niederösterreichisch-burgenländische Grenzgebiet für Individualisten genug Sehenswürdigkeiten und vor allem kaum berührte Landschaften.

Entlang des Leithagebirges

Stadtgemeinde Bruck an der Leitha, 2460 Bruck, Hauptplatz 16, Tel. 02162/62354, www.bruckleith.at.

Gasthof Jägerhof, Jägerzeile 56, 2452 Mannersdorf, Tel. 02168/62216.

Hotel Rumpler, Altstadt 86, 2460 Bruck, Tel. 02162/62739, www.hotel-rumpler.at, DZ 55–65 €.

Die Wiener Alpen in Niederösterreich

Unter dem von den Tourismusverbänden geprägten Begriff ›Die Wiener Alpen in Niederösterreich‹ werden die Alpenregion zwischen der steirischen Grenze im Südwesten, dem Piestingtal im Norden und der burgenländischen Grenze im Osten zusammengefasst. Innerhalb dieses Areals sind das Schneeberggebiet, das Rax-Semmeringgebiet, das Wechselland und die Bucklige Welt die markantesten Regionen; manche Touristiker sehen das Wechselland als Teil der Buckligen Welt an, manche als davon getrennte Region. Es sind großartige Gebirgslandschaften, die insbesondere die Wiener wegen der Nähe zur Hauptstadt viel besuchen, die aber außerhalb von Österreich weitgehend unbekannt geblieben sind.

Um das Piestingtal

Das Piestingtal westlich von Wiener Neustadt begrenzt die ›Wiener Alpen‹ im Norden. Biedermeiertal wird das Tal in seinem unteren Abschnitt nicht nur wegen seines idyllischen Charakters genannt, sondern auch wegen seiner zahlreichen malerischen Burgen und Burgruinen, die es säumen. Es gehört zu den sehenswertesten Tälern des Landes. Die Industrialisierung des 19. Jahrhunderts beeinträchtigte das Idyll nur wenig: Die kleinen Sägewerke und Hammerschmieden fügen sich gleichsam unverzichtbar in das Bild des Tals ein.

Von Bad Fischau – vielbesucht wegen seines sein schon 1872 eröffneten Thermalbads (www.kristalltherme.at) – ist die Besteigung des **Größenbergs** (605 m) eine sehr lohnende Ganztageswanderung. Herrliche Blicke ergeben sich auf die Hohe Wand und den Schneeberg. Der Rundweg führt über Winzendorf zurück.

Die kleine Ebene zwischen dem Größenberg und der Hohen Wand wird **Neue Welt** genannt und war schon zur Steinzeit besiedelt. Die machtvoll mit ihrem schroffen Abbruch aufragende **Hohe Wand** ist touristisch ein Höhepunkt in Niederösterreich. Allein die Fahrt auf der mautpflichtigen Bergstraße hoch auf das Plateau ist atemberaubend. Die Hohe Wand ist als Naturpark ausgewiesen, bietet aber neben einem Tiergehege, einem Felsenpfad und einem Kalkofen den phantastischen Ausblick vom **Skywalk**, einer Plattform, die über den Abgrund gebaut wurde. Von der Kleinen Kanzel mit ihrer überwältigenden Aus-

▲ Karte S. 347

sicht am Nordrand der Hochebene überblickt man das ganze Schneebergmassiv. Die Hohe Wand ist für professionelle Kletterer ein Paradies und bietet auch Wanderern eine Fülle herrlicher Spaziermöglichkeiten. Ein **Plateau-Rundwanderweg** führt in drei Stunden über die ganze Hohe Wand und verbindet auf einfachen Wegen stille Bergromantik mit grandiosen Fernsichten. Landschaftlich reizvoll ist die Landstraße am Fuß der Hohen Wand entlang durch die Neue Welt nach Markt Piesting.

In **Maiersdorf** ist die **Pfarrkirche** ungewöhnlich: Sie ist sehr schmal und sehr hoch, war ursprünglich eine Burg und wurde im 14. Jahrhundert zur Kirche geweiht. Der Burgturm verwandelte sich hierbei zum Chor der Kirche.

In **Winzendorf** lohnt ein Blick in die **Pfarrkirche**, die einen prächtigen Renaissancegrabstein einer Dame namens Susanne Teufel zeigt. **Muthmannsdorf** ist die einzige bedeutende **Dinosaurier-Fundstätte** Österreichs. Hier fand der bedeutende Geologe Eduard Suess 1859 in einem aufgelassenen Kohlebergwerk den ›Struthiosaurus Austriacus‹. Abgüsse der Funde zeigen Schaukästen im Dorf, die originalen Relikte befinden sich im Naturhistorischen Museum in Wien.

Markt Piesting ist der Geburtsort von Leopold Kupelwieser (1796–1862). Er war ein bedeutender Maler, ist aber mehr als Freund Franz Schuberts bekannt geworden. Sein Geburtshaus (Minnatal Nr. 3) kann leider nicht besichtigt werden – Privatbesitz.

Wiener Alpen und Bucklige Welt

Der Skywalk an der Hohen Wand eröffnet hinreißende Ausblicke

Das Piestingtal wie auch den Ort bewacht die **Ruine Starhemberg**, einer der Lieblingsaufenthalte des letzten Babenbergers Herzog Friedrich des Streitbaren. Die Burg wurde um 1140 erbaut und war wie die unweite Burg Emmerberg auch Fluchtburg für die Bevölkerung während der Türkenkriege. Architektonisch bedeutsam ist die romanische Kapelle mit Apsis und Bienenkorbgewölbe. Leider hat die Burg seit etwa 1800 kein Dach mehr. Zwar wurde sie in dieser Zeit nicht mehr bewohnt, aber dennoch sollten die Besitzer die neu eingeführte Dachsteuer bezahlen. Daraufhin deckte man das Dach ab, sparte sich die Steuer, und rapide setzte der Verfall ein.

An der landschaftlich äußerst reizvollen Straße nach Berndorf befindet sich nur wenige Kilometer nördlich von Markt Piesing das **Schloss Hernstein**. Von Theophil Hansen im Stil des Historismus 1880 vollendet, erinnert es sehr an englische Landschlösser.

Weiter flussaufwärts empfiehlt sich von Reichental aus die Wanderung auf die **Hohe Mandling** (967 m) und von dort über dichteste Wälder und den Rosenkogel nach **Waldegg** und dann mit dem Bus weiter nach Reichental. Zwar ist der Anstieg etwas anstrengend, doch entschädigt dafür die Waldesstille dieses von Touristen wenig besuchten Berggebiets. Die **Berndorfer Hütte** auf dem Gipfel hat ganzjährig (ausgenommen Juli) am Wochenende geöffnet.

Ein Gegenstück zur Hohen Wand ist das bewaldete Kalkriff der **Dürren Wand**, zu der man von Reichental über die Straße nach Puchberg kommt. Auch sie wird weniger besucht, doch gerade deshalb ist sie wie das nahe Miesingtal von großem Reiz. Der Maler Friedrich Gauermann (1807–1862), der hier aufwuchs, hielt vor 150 Jahren seine Heimat in vielen Ölbildern fest, die sehr kunstvoll mit Licht- und Schatteneffekten geschaffen sind. Im nahen Miesenbach würdigt ein **Museum** diesen viel zu wenig bekannten Künstler. Oberhalb von Scheuchenstein schmiegt sich die kleine **Ruine Scheuchenstein** an den Fels – es ist ein ganz ungewöhnlicher Standort für eine Burg.

Die Bergregion zwischen Pernitz und dem Gölsen- und dem Triesingtal, die **Gutensteiner Alpen**, ist mit dem Kraftfahrzeug nicht zu erkunden, fast alle Wege sind für den Motorverkehr gesperrt. Wer mit dem Auto ins Gölsental möchte, kann das nur westlich von Gutenstein über den Weg durch das Halbachtal machen. Zwar gibt es von Pernitz eine wunderbare Bergstraße über das Waxenegg, doch auch sie ist für den Motorverkehr gesperrt.

Ein landschaftliches Kleinod sind die Mirafälle nordwestlich von Muggendorf bei Pernitz. Wie das Hocheck zählen sie zu den beliebtesten Ausflugsgebieten der Wiener Alpen. Die Miraklamm, durch die der Mirafluss braust, ist 600 Meter lang, der Höhenunterschied be-

▲ Karte S. 347

trägt 70 Meter. Über 19 Brücken und 8 Treppen führt ein Wanderweg durch die Klamm; es ist so schön hier, dass man gerne den kleinen Eintritt zahlt. Beliebt ist auch die Wanderung auf den Kieneck (1107 m); sie ist anstrengend, doch entschädigt die Fernsicht. Vom Wirtshaus Leitner in Thal nordwestlich von Muggendorf erreicht man den Gipfel in gut drei Stunden. Wer nicht wandern will, kann sich in **Pernitz** die europaweit einzigartige Sammlung von **Coca-Cola-Accessoires** ansehen.

Gutenstein

Dass Gutenstein einst eine der beliebtesten Sommerfrischen war, merkt man dem Ort heute nicht mehr an, auch wenn immer noch ein gedämpft aristokratisches Flair herrscht. Die gemütliche Kleinstadt wird von der im 19. Jahrhundert verfallenen **Burg** überragt, auf der 1230 der Habsburger Friedrich der Schöne, Herzog von Österreich und der Steiermark, verstarb. Er war Kontrahent von Ludwig von Bayern beim Kampf um die deutsche Königskrone und für kurze Zeit als Friedrich III. dessen Gegenkönig. Friedrich der Schöne liegt im Wiener Stephansdom begraben. Ferdinand Raimund (1790–1836) dagegen starb zwar nicht in Gutenstein, doch ist er hier, wo er so oft zur Sommerfrische weilte, begraben. Der hochgradig nervöse und depressive Dichter, Schauspieler und zusammen mit Johann Nestroy bedeutendste Vertreter des Wiener Volkstheaters des 19. Jahrhunderts erschoss sich am 2. September 1836 in Pottenstein, nachdem er nach einem Hundebiss glaubte, tollwütig geworden zu sein. Raimunds zahlreiche Bühnenwerke sind häufig verfremdete Märchenspiele mit utopischen Visionen besserer Welten. Damit war er auch für das 20. Jahrhundert richtungweisend. Eine **Gedenkstätte** in der Hauptstraße erinnert an diesen bedeutenden österreichischen Dichter. Auch der expressionistische Lyriker und Erzähler Hans Kaltneker (1895–1919) liegt auf diesem Friedhof. Kaltnekers Stil war durch das Bewusstsein, früh sterben zu müssen – er litt an Tuberkulose – voller Exstase, darin bestenfalls Georg Heym vergleichbar. Auf dem Friedhof fällt noch die Grabkapelle auf, die der Gutensteiner Hubert Aratym (1926–2000), ein Künstler des Minimalismus, bemalt hat.

Das Grab von Ferdinand Raimund auf dem Gutensteiner Friedhof

Die **Aratym-Stiftung** an der Lorbeergasse 2 präsentiert das Schaffen Aratyms, die Traditionen der Gegend werden in der Alten Hofmühle dokumentiert. Das dortige **Waldbauernmuseum** zeigt das Leben der Holzfäller, Köhler und Bauern des Gutensteiner Landes.

Zum Großen Neukogel

Der Große Neukogel (1053 m) ist von Gutenstein und von Vorderbruck in etwa zwei Stunden zu Fuß zu erreichen.

Zwar gibt es von dort keine Aussicht, doch führt der Weg zu ihm führt durch eine idyllische, unberührte Waldlandschaft.

Mariahilferberg

Neben Sonntagsberg und Maria Taferl zählt Mariahilferberg, drei Kilometer südlich von Gutenstein, zu den bedeutendsten Wallfahrtsorten Niederösterreich. Im Jahr 1661 erschien hier dem Hammerschmied Sebastian Schlager die Muttergottes im Traum und beauftragte ihn, ein Bild ihr zu Ehren malen zu lassen. Diese Bild wurde gemäß der Anweisung Marias an einer Buche befestigt. 1664 begann das Bild heilende Wirkungen auszuüben, und schnell verbreitete sich die Mär von den Wunderheilungen. Graf Hoyos, damals Herr der Lande um Gutenstein, ließ alsbald ein Servitenkloster und eine Kirche bauen, die allerdings 1708 abbrannte. Doch sofort begann man mit dem Neubau, der 1724 vollendet war. Ungewöhnlich an der **Kirche** ist die Position des Querschiffes gleich hinter dem Turm und noch vor dem Langhaus. Ebenso selten ist die Darstellung auf dem Armesünder-

Mariahilferberg ist ein europaweit vielbesuchter Wallfahrtsort

▲ Karte S. 347

altar im ersten linken Seitenschiff mit dem lebensnah züngelnden Höllenfeuer. Das Gnadenbild des Sebastian Schlager ist zentraler Teil des Hochaltars von 1766. Gottvater, im oberen Teil in einer Gloriole schwebend, wendet sich in sehr machtvoller Drehung dem Gnadenbild zu.

Eine schöne Wanderung ist der Rundweg von hier um den **Residenzberg**. In etwa einer Stunde passiert man in stiller Waldlandschaft Kreuzwegstationen und künstlich angelegte Einsiedlerhöhlen.

■ Rohr im Gebirge

Bleibt man hinter Gutenstein auf der B 21, erreicht man nach der Passhöhe des Rohrer Sattels (864 m) Rohr im Gebirge. Im idyllischen Ort lohnt ein Halt wegen zwei interessanter **Themenwanderwege**. Der Weg ›Werkstatt Wald und Wasser‹ (7,5 km, 2 Std.) verläuft entlang rieselnder Bäche durch die ortsnahen Wälder, der ›Sagenumwobene Tümpflweg‹ (10 km, 2,5 Std.) führt zu Orten lokaler Sagen und Geschehnisse. Alsbald trifft man auf die B 27, die vom Schwarzatal und dem Raxgebiet heraufkommt und die talabwärts eine der schönsten Panoramastraßen der niederösterreichischen Alpen ist. Vorsicht wegen der vielen Motorradfahrer im Sommer! Für Wohnanhänger ist die Schwarzatalstraße gesperrt.

Im Schwarzatal

Schwarzau im Gebirge ist der erste Ort im Schwarzatal, erkundet man es talabwärts. Die Wanderung zum westlich gelegenen **Obersberg** (1467 m) ist ziemlich anstrengend, dauert knapp drei Stunden, doch ist die Gipfelrundsicht beeindruckend, und die Waldfreundehütte auf dem Gipfel bietet eine Einkehrmöglichkeit (Mitte Mai bis Mitte Sept.

Sa 9 Uhr–So 15 Uhr). Das Tal der Schwarza südlich von Schwarzau wird wegen seiner wilden Felsromantik Höllental genannt.

Eine idyllische Talstraße führt von der B 27 auf Höhe des Gasthauses Singerin, nach **Naßwald.** Hier erinnert eine **Gedenkstätte** in Form einer Holzknechthütte an den Schwemmunternehmer Georg Hubmer. Hubmer ließ großartige Schwemmanlagen bauen und erreichtete an der Wasserscheide zwischen Stiller Mürz und Preinbach einen 430 Meter langen Schwemmtunnel. Als Arbeiter siedelten sich ab 1784 Protestanten aus Gosau an, wodurch Naßwald zu einer protestantischen Gemeinde mit eigener Kirche wurde. Die Museumsbahn Naßwald-Heufußtal ist seit 2008 leider nicht mehr in Betrieb.

Für den Kfz-Verkehr endet die Naßbachtalstraße in Hinternaßwald, einem weltfernen Waldort. Von hier ist der Aufstieg zum **Großen Sonnleitstein** (1639 m) über den Franz-Jonas-Steig möglich. Der Berg wird oft als schönster Gipfel der Wiener Hausberge bezeichnet; leider gibt es oben keine Einkehrmöglichkeit. Trotz beträchtlicher Anstiegshöhe (920 m) ist die Wanderung für Geübte ohne weiteres möglich, wenngleich kräftezehrend. Wegen der teils schlechten Wegmarkierung ist eine Wanderkarte unverzichtbar.

Etwas weiter talabwärts an der B 27 befindet sich das **Weichtalhaus** (www.weichtalhaus.naturfreunde.at). Durch die wilde Steilschlucht der Weichtal klamm, entlang der Westflanke des Schneebergs, führen von dort zwei Wanderwege empor. Der eine, der Ferdinand-Mayr-Weg (Weg 801), verläuft etwas oberhalb der Klamm, verbindet sich weiter oben mit dem Klammweg und führt empor zur **Kienthaler Hütte** auf 1380 Meter Höhe unterhalb des 1416 Meter hohen Turmsteins und damit zur Waldgrenze. Der Turmstein selbst ist aber nur über einen exponierten Klettersteig erreichbar. Die ganze Tour bietet herrliche Landschaftserlebnisse, kann aber nur Geübten empfohlen werden. Vom Weichtalhaus bis zur Kienthaler Hütte sollte man wenigstens 2,5 Stunden veranschlagen, die Kienthaler Hütte ist von Ostern bis Allerheiligen nur am Wochenende bewirtschaftet.

Weiter talabwärts zieht sich das Höllental zwischen Schneebergmassiv und der sich von Südwesten heranschiebenden Rax hindurch. Die Hochquellenwasserleitung Nr. 1, die aus dem Mariazeller Raum kommt, quert hier das Höllental. Nur der Schwerkraft auf einem Höhenunterschied von 280 Metern folgend, legen die 3000 Liter pro Sekunde von hier bis Wien etwa 100 Kilometer zurück. Ein **Museum** in Kaiserbrunn würdigt diese ingenieurtechnische Meisterleistung von 1873, es gibt hier auch einen **Wasserleitungs-Wanderweg**.

Die Rax

Neben dem Schneeberg ist die flache Hochebene der Rax die meistbesuchte Gebirgsregion der Wiener Alpen. Sie zieht sich bis in die Steiermark hinein, ihre höchste Ergebung auf niederösterreichischem Gebiet ist die Scheibwaldhöhe mit 1943 Metern. Von Hirschwang bis zum Raxalpen-Berggasthof existiert seit 1926 die älteste **Personen-Seilschwebebahn** Österreichs, wodurch die Hochalpe für Wanderer, Bergsteiger und Kletterer seit über 80 Jahren sehr beliebt ist. Schneesicher und nur 50 Kilometer von Wien entfernt, zieht die Rax in den Wintermonaten zahlreiche Wintersortler an. Die Fahrt mit der Schwebebahn in nur acht Minuten von 527 Meter empor zur Bergstation auf 1546 Metern und der Blick über das südliche Niederösterreich bis zum Semmering hin sind einfach überwältigend.

Auf der Rax bestehen eine Fülle von **Wandermöglichkeiten** für alle Ansprüche. Zunächst sollte man die Ottohütte auf 1644 Metern Höhe besuchen (Mai bis Ende Oktober, in der Wintersaison bei gutem Wetter, Tel. 02666/52402, www.raxalpe.com). Auch hier ist die Aussicht grandios. Unentwegte machen von der Ottohütte den Abstieg nach Hirschwang über Knappenberg, der aber eine Tour de force für die Kniegelenke darstellt. Bei allen geplanten Wanderungen auf der Rax ist es anzuraten, sich vorher über die Abfahrtszeit der letzten Talfahrt der Seilbahn zu informieren, denn die Übernachtungsmöglichkeiten am Berggasthof sind begrenzt. Und am Wochenende, wenn es voll wird, sollte man die Rax besser meiden.

Reichenau und Payerbach

Die Südbahn, die **Reichenau** am Fuße der Rax mit seinem Umland ab 1840 von Wien schnell erreichen ließ, machte es zu einer beliebten Sommerfrische. Die Wiener Bohème und auch der Wiener Hof ließen es sich nicht nehmen, diese Landschaft und ihre Bewohner in Beschlag zu nehmen. So verbrachten hier etwa Arthur Schnitzler, Peter Altenberg und selbst der spröde Sigmund Freud die Sommermonate; insbesondere wurde das Gasthaus ›Thalhof‹, heute eine Kuranstalt, gleichsam eine Außenstelle der Wiener Salons. Regelmäßig finden hier Schnitzler-Aufführungen statt. Zu Beginn des 20. Jahrhunderts setzte ein höchst mondäner Kurbetrieb ein, 1911 entstand das erste geheizte Freibad der Monarchie. Viele würdevolle, renovierte **Sommervillen** aus der Kaiserzeit – insbesondere am Westrand Reichenaus, an der Straße nach Edlach und Prein – erinnern an jene große Epoche. In der **Kaiservilla Wartholz** lebten Erzherzog Karl und seine Frau Zita, bevor er 1916 Kaiser wurde.

▲ Karte S. 347

Prein liegt im lieblichen Tal des Preiner Bachs und wird von der mächtigen Preiner Wand und der Rax über-ragt. Das Tal bietet viele Wandermöglichkeiten, die schon Heimito von Doderer, dem in Prein ein Denkmal gewidmet ist, zu genießen wusste. Und auch die geistlichen Herren des nahen, aber schon in der Steiermark gelegenen Klosters Neuberg schätzten das untere Schwarzatal. **Schloss Reichenau** ist deren früherer Sommersitz und wird heute als Ort für Ausstellungen genutzt. **Schloss Hinterleiten** im historisierenden Stil, auch Rothschildschloss genannt, blieb 1890 unvollendet und ist heute im Besitz des österreichischen Heers. Mit seinen Sommerfestspielen ist Reichenau eine erstrangige Theateradresse in Österreich.

Payerbach ist etwas weniger mondän, weist aber eine Fülle von Sehenswürdigkeiten auf. Die **Pfarrkirche St. Jakob** mit dem schwarzen Turm stammt aus dem 12. Jahrhundert und wurde später zum Wehrbau umgeformt. Dahinter erhebt sich ein 1873 gepflanzter **Mammutbaum**, der unter Naturschutz steht. Zu den Sehenswürdigkeiten zählt auch der **Schwarzaviadukt** der Semmeringbahn, die sich wie eine Schleife um den Ort herumzieht. Es ist der längste aller Viadukte dieser Strecke, die übrigens nach Payerbach ihren steilsten Abschnitt erreicht (2,5 %).

In diesem Zusammenhang ist auch das **Bahnhofsgebäude** von 1875 zu erwähnen, in dem ein eigener Warteraum für die kaiserliche Familie eingerichtet war. Ein frei zugänglicher **Lokomotiven-**

Im gepflegten Reichenauer Kurpark

Museumspark zeigt hier alte Schienenfahrzeuge.

Ungewöhnlich ist die von Adolf Loos 1930 für den Fabrikbesitzer Paul Kuhner errichtete **Villa**, das heutige Hotel ›Alpenhof‹. Es befindet sich am oberen Ende der Karl-Feldbacher-Straße, die vom Marktplatz hoch auf den Kreuzberg (894 m) führt. Wie für Loos nicht anders zu erwarten, ist das Haus in strengster nüchterner Form gehalten und wirkt in den Bergen wie ein Fremdkörper. Am Kreuzberg, Richtung Prein, findet man auch jene berühmte **Villa**, in der seinerzeit Alma Mahler nach dem Tod ihres Gatten mit verschiedenen Liebhabern gelebt hat.

An der Werningstraße, gegenüber der Bergwerkstraße, steht eines der ältesten originalen **Bauernhäuser** der Region. Es stammt von 1708 und befindet sich seit Generationen im Besitz einer Familie.

Die Umgebung

Die Bergwerkstraße führt ostwärts, oberhalb der Schwarza zum **Bergwerk Grillenstein**. Hier bestand schon in vorgeschichtlicher Zeit der Kupfer- und Eisenabbau, auch wurde hier das gewonnen Erz verhüttet. Aber erst seit 1791 erfolgte der Abbau mit moderneren Methoden, nach dem seitens des Stifts Neuburg, dem Grundherrn, die Auffahrung neuer Stollen angeordnet wurde. Heute gibt es hier ein besuchenswertes **Schaubergwerk**.

In den Wäldern der Umgebung bestanden früher zahllose Kohlemeiler, die die Kohle unter anderem für die Stahlproduktion Österreichs lieferten. Am **Kohlberg** östlich des Schaubergwerks gibt es Reste solcher **Meiler**, daneben einen seltsamen **Menhir**, der vermutlich keltischen Ursprungs ist.

Das Gahns, wie das große Waldgebiet zwischen Schwarzatal und Schneeberg genannt wird, ist ein stilles Revier. Eine **Wanderung zum Friedrich-Haller-Haus** durch die Engklamm und zurück über die merkwürdige Hochfläche der Bodenwiese ist eine sehr empfehlenswerte, doch etwas anstrengende Ganztageswanderung (Weg 834).

Von Payerbach nach Hirschwang fährt sonntags von Ende Juni bis Mitte Oktober die **Höllentalbahn**, eine elektrische Schmalspurbahn; Infos beim Tourismusbüro in Reichenau oder Payerbach.

Der Schneeberg

Ein Besuch des Schneebergmassivs darf bei einer Reise in das Bundesland keinesfalls versäumt werden. Schon Johann Gottfried Seume (1763–1810) war 1801 auf seiner berühmten Fußreise nach Syrakus von der Schönheit dieser Bergwelt hingerissen. Ähnlich wie bei der Rax handelt es sich um einen Gebirgsstock, der im Klosterwappen (2076 m), Niederösterreichs höchstem Berg überhaupt seinen höchsten Punkt erreicht und im Waxriegel (2061 m) und dem Kaiserstein (1888 m) seine nächsthöchsten Ausläufer hat. Das Plateau weist eine Fülle von Wander- und Win-

tersportmöglichkeiten auf, durch eine Sesselbahn wie eine Zahnradbahn ist es von Puchberg aus einfach zugänglich.
Die **Sesselbahn** führt von Losenheim westlich von Puchheim empor zur **Edelweißhütte** am Fadensattel auf 1235 Meter. Zum höchsten Punkt am Klosterwappen gelangt man von hier über den Fadensteig und die Fischerhütte (Weg 801) in drei Stunden. Der Weg ist nur Geübten anzuraten, doch bietet er dafür ein Maximum an landschaftlichen Eindrücken.
Wer nicht zum Gipfel will, kann auf dem Nördlichen Grafensteig den Schneeberg umrunden und unterhalb der Bergstation der Zahnradbahn bis zu deren Haltestelle Baumgartner (Gasthaus, Tel. 02636/2107) laufen und versuchen, von dort nach Puchberg hinabzufahren. Fünf Stunden sollte man von der Edelweißhütte bis Baumgartner kalkulieren und besser das Rückfahrticket vorbestellen. Ansonsten benötigt man für den weiteren Weg bis Puchberg, entlang der Trasse der Zahnradbahn durch das Hengsttal, weitere zwei bis drei Stunden. Von der Edelweißhütte kann man den etwa zwei Stunden benötigenden Abstieg zur Talstation der Sesselbahn über den Kamm der Dürren Leiten und über die Mamauhütte machen, was von prächtigen Blicken auf den Schneeberg begleitet wird.
Die 1897 fertiggestellte **Zahnradbahn** am Schneeberg ist Österreichs höchstführende Bahn und kombiniert auf einer Strecke von zehn Kilometer Länge und 1220 (!) Höhenmetern Unterschied Bahnromantik mit grandiosen Ausblicken. Kein Wunder, dass sie zu jeder Jahreszeit so beliebt ist, dass man besser vorher die Tickets reservieren sollte und sich dabei aber für eine bestimmte Auf- und Abfahrzeit entscheiden muss. Zu meiden ist der Schneeberg mit seiner Bahn grundsätzlich am Wochenende und an Feiertagen – es ist aussichtslos, ohne Voranmeldung mitfahren zu können. Und wer mit dem Auto anreist, wird in und um Puchberg kaum Abstellmöglichkeiten finden.
An der Bergstation der Zahnradbahn, am Bahnhof Hochschneeberg, wurde nach der Ermordung der Kaiserin Elisabeth (1898) die **Elisabethkirche** gebaut, auch entstand das **Berghotel**, ein Bau der berühmten Wiener Architekten Ferdinand Fellner und Hermann Hartner. Doch auch von hier ist es noch eine

Der ›Salamander‹ bei der Ankunft am Hochschneeberg auf 1800 Metern Höhe

▲ Karte S. 347

ziemlich weite Strecke, die nur zu Fuß zurückgelegt werden kann. Aber es ist der einfachste Weg zum Klosterwappen. Zwei Stunden benötigt man für die einfache Strecke. Dass die Rundblicke schier überwältigend sind, braucht nicht besonders betont werden. Bis zum Dachstein, zum Neusiedler See, ja bis zum Plattensee in Ungarn darf das Auge schweifen.

Die **Mamauwiese** mit ihrem hübschen Gasthaus (Tel. 02634/7455), zu erreichen von Sonnleiten am Gasthof Wasserfallwirt, ist ein beliebtes Ausflugsziel (Wanderzeit etwa 1,5 Std.) und von der Klostertaler Gscheid auch mit dem Auto zugänglich. Der einfache Aufstieg führt durch den Fadengrund mit seinem zischenden 40 Meter hohen Sebastians-Wasserfall.

Puchberg selbst ist Zentrum für alle Aktivitäten rund um den Berg. Ein **Schneeberg-Museum** dokumentiert Geschichte, Geologie und Volksleben der Region. Viele berühmte Persönlichkeiten besuchten Puchberg oder lebten hier sogar; der Philosoph Ludwig Wittgenstein war hier von 1923 bis 1925 Lehrer an der Volksschule.

Um den Semmering

Die Passhöhe des Semmering (984 m) bildet die Grenze zur Steiermark. Als sichere und einfacher Alpenübergang war der Semmering schon in frühgeschichtlicher Zeit bekannt. Die historische Bernsteinstraße überquerte hier die Alpen auf ihrem Weg von der Ostsee zum Mittelmeer.

Luftkurort Semmering

Die Nähe zu Wien und das bevorzugte Klima ließen hier eine große Zahl nobler Kurhotels entstehen. Der Luftkurort Semmering war vor hundert Jahren eine der nobelsten Adressen Österreichs, viele **Villen** und **Hotels** erinnern insbesondere an der Straße nach Breitenstein an jene Zeit. Berühmte Hotels wie das ›Südbahnhotel‹ oder das Hotel ›Panhans‹ und das Kurhaus Semmering (erbaut 1909) sowie das Hotel ›Erzherzog Johann‹ auf der Passhöhe (1945 zerstört) waren bis 1945 viel besucht. Im April 1945 wurden viele Hotels durch Kampfhandlungen zerstört, die russische Besatzungszeit tat das Ihrige, und durch das Fehlen der großbürgerlich-jüdischen Klientel erfolgte ein rascher Niedergang. Am Semmering findet heute überwiegend Wintersport statt.

Die Semmeringbahn

Weltberühmt und UNESCO-Erbe ist die vom Ingenieur Carl Ritter von Ghega (1802–1860) geplante und am 17. Juli 1854 für den allgemeinen Verkehr freigegebene Teilstrecke der Südbahn von Gloggnitz bis Mürzzuschlag über den Semmering. Sie führt an einigen Stellen durch den Semmering, denn Ghega baute eine Anzahl von Tunnels von insgesamt 4500 Meter Länge, die bis dahin im Eisenbahnwesen unbekannt waren. Erzherzog Johann (1782–1859), der große Förderer der Steiermark, öffnete damals dem damals ganz jungen Verkehrsmittel in Österreich die Zukunft, denn er schlug vor, eine Bahntrasse zum Mittelmeer zu legen, zum wichtigen österreichischen Hafen Triest. Diese sollte jedoch nicht über Ungarn, sondern über Slowenien verlaufen. 1844 waren zumindest die Strecken Wien–Gloggnitz und Mürzzuschlag–Graz fertiggestellt. Doch es fehlte noch der schwierige Abschnitt über den Semmering. Ingenieur Ghega verzichtete von vornherein auf die Zahnradtechnik und ließ eine besondere Gebirgs-Dampflokomotive entwi-

Viadukt der Semmeringbahn über die Kalte Rinne, Foto um 1890

ckeln. Fast 20 000 Arbeiter vollendeten das Projekt in knapp zehn Jahren. Die Strecke hat eine Länge von 41 Kilometern auf 400 Höhenmetern, 16 Tunnels, ebensoviele Viadukte und über hundert Brücken; es ist ein einzigartiges technisches Wunderwerk. Der letzte Abschnitt bis Trist ist 1857 vollendet worden.

Auf steirischem wie auf niederösterreichischem Gebiet kann man auf einem **Bahnwanderweg** die Baugeschichte der Bahn an vielen Stationen erleben. In Niederösterreich sind auf dem Hauptabschnitt vom Bahnhof Semmering bis zur Station Klamm-Schottwien 15 Kilometer zurückzulegen. Dabei muss man unbedingt den gewaltigen Viadukt über die Straße nach Reichenau an der Kalten Rinne unweit des Gasthauses ›Blunzenwirt‹ gesehen haben. Doch noch interessanter ist eine Fahrt mit der Semmeringbahn selbst (www.semmeringbahn.at). Vom Eselstein hat man trotz dessen geringer Höhe (1004 m) den wohl beeindruckensten Blick auf die Semmeringbahn wie auf Rax und Schneeberg. Man erreicht den Eselstein von Greis, vom Parkplatz am Bärensattel, unterhalb des Passes in knapp einer Stunde über den Gebirgsjäger-Gedächtnisweg.

Wanderungen und weitere Sehenswürdigkeiten

Eine beliebte Höhenwanderung führt auf den **Sonnwendstein**, dessen pyramidenähnliche Form und seine Sendemasten ihn gleichsam zum Wahrzeichen des Lands um den Semmering machen. Vom Kirchplatz in Maria Schutz braucht man etwa drei Stunden bis zum Gipfel mit seinem überwältigenden Bergpano-

▲ Karte S. 347

rama. Leider sind der Sessellift zum Gipfel wie auch die dortige Pollereshütte zur Zeit geschlossen. Von der Semmering-Passhöhe (985 m) verläuft ein für Autos gesperrter Fahrweg ebenfalls zum Sonnwendstein empor, es ist der angenehmere Aufstieg.

Von dort gibt es hoch zum **Hirschenkogel** (1340 m, schon in der Steiermark) eine Kabinenbahn, wo das Liechtensteinhaus mit guter Küche einlädt (Tel. 026 64/23 43, www.liechtensteinhaus.at). Nahe der Talstation der Kabinenbahn befindet sich eine riesige bekrönte **Weltkugel**. Mit deren Erbauung bedankten sich 1726 die Stände Österreichs bei Kaiser Karl VI. für den Ausbau der Semmeringstraße.

Oberhalb des Adlitzgrabens, nahe des früheren Südbahnhotels an der Straße nach Breitenstein, liegt die **Doppelreiterwarte**. Auch von hier ist die Sicht auf das Semmeringgebiet unglaublich schön. Unter www.zauberberg.at findet man weitere Hinweise zum Wandern und Biken am Semmering.

Die **Kirche Maria Schutz** im gleichnamigen Dorf, zu dem von der Semmeringstraße eine gute Landstraße abgeht, wurde um 1730 durch den Grafen Josef von Walsegg über einer wundertätigen Quelle erichtet und ist mit ihrer Doppelturmfassade wie der Sonnwendstein ein Wahrzeichen der Semmering-Landschaft. Die strategische Bedeutung des Weges über den Semmering zeigt sich an einigen mächtigen **Burgen** wie der Ruine Klamm bei Schottwien.

Gloggnitz

Das auf 442 Meter Höhe am Fuße des Eichbergs gelegene Gloggnitz (6000 Einwohner) zieht durch sein großartiges **Schloss**, ein ehemaliges Kloster, die Aufmerksamkeit auf sich. 1094 als Bendiktinerabtei gegründet, wurde das Kloster später barockisiert, 1803 säkularisiert und zum Schloss umgebaut. Dass das Kloster im Mittelalter auch der Verteidigung diente, zeigen die mächtige Mauern mit den Schießscharten. Im Klosterhof steht die barocke **Kirche Maria Schnee** mit ihren schönen Stuckdecken. Deutlich ist noch die Abkunft aus der Gotik zu sehen. Der Eingang des Schlosses liegt an der Nordseite, von der Straße nach Payerbach her; die Öffnungszeiten erfrage man beim Stadtamt Gloggnitz.

Sehenswert sind daneben die P**farrkirche St. Othmar** mit ihrem schönen gotischen Chor und die 1962 vollendete **Christkönigskirche** von Clemens Holzmeister, die ungewöhnliche Bilder und Plastiken aufweist. An den Politiker Karl Renner (1870 – 1950), der viele Jahre in Gloggnitz lebte, erinnert ein **Museum**. Renner, Rechtssoziologe und erster Präsident Österreichs der zweiten Republik nach 1945, war ein aus Mähren stammender Sozialdemokrat, der 1919 in St. Germain die österreichische Delegation vertrat. Er wurde wegen seines großen Ansehens im Dezember 1945 zum Präsidenten gewählt, nachdem er diplomatisch erfolgreich Österreichs Interessen gegenüber der Sowjetunion durchgesetzt hatte.

Auf **Schloss Stuppach** am östlichen Stadtrand lebte einst jener mysteriöse Graf von Walsegg-Stuppach (1763 – 1827), der Mozart 1791 mit der Komposition jenes Requiems beauftragte, über dessen Fertigstellung der Komponist verstarb. Es wurde von seinem Schüler Süßmayr vollendet. 1997 wurde hier das Schauspiel ›Mozarts Requiem‹ aufgeführt, wodurch Stuppach etwas irreführend als ›Mozarts letztes Schloss‹ bekannt wurde.

Ternitz und Neunkirchen

Das 1356 erstmals erwähnte Ternitz wurde insbesondere als Industriestandort bekannt. 1847 an die Südbahn angeschlossen, etablierte sich hier ab 1854 die Theresienhütte. Aus ihr entwickelten sich die Vereinigten Edelstahlwerke Schoeller-Bleckmann und die Walzwerke Ternitz. Dieser Betrieb lieferte im 19. Jahrhundert gut ein Drittel des österreichischen Stahlbedarfs und war bis 1945 florierend, aber dann wurden 80 Prozent der Produktionslanlagen von den Sowjets demontiert. Zwar kam es in der Nachkriegszeit nochmals zu einem Aufschwung – noch 1973 waren hier über 4000 Stahlarbeiter beschäftigt –, doch ging diese Zahl bis in die 90er Jahre auf unter 1000 zurück. Ein **Stahlstadtmuseum** im ehemaligen Betriebsgebäude der Schoeller-Bleckmann-Werke erinnert an den einst blühenden Stahlstandort.

Das schon 1094 erwähnte Neunkirchen (12 200 Einwohner) war im Mittelalter ein bedeutender Handelsort an der wichtigen Passstraße über den Semmering. Doch schwand seine Bedeutung nach der Gründung und dem Aufstieg von Wiener Neustadt. Immerhin konnte es sich als Industriestadt behaupten, denn hier wie im östlichen Industrieviertel wurde die Kraft der aus dem Gebirge heruntereilenden Flüsse ausgenutzt. Allerdings erfolgte auch hier ein Niedergang in den letzten 20 Jahren. Das führte zur Umwandlung alter Fabrikgebäude zu Shopping-Centern und zu Verwaltungs- und Dienstleistungsgebäuden.

Die Pfarrkirche in Neunkirchen

Aber Neunkirchen hat nicht nur eine interessante Historie zubieten, sondern rund um den Hauptplatz und die Herrengasse historisches Flair und einige Bauten, die eine Besichtigung der Stadt lohnen. Die **Stadtkirche Mariä Himmelfahrt** aus dem 14. Jahrhundert wurde mit Torturm, Wassergraben und Tabor zur Zeit der Türkenkriege zur Wehr- und Fliehkirche umgestaltet und gleichzeitig Klosterkirche des 1630 gegründeten Minoritenklosters. 1907 erhielt die Kirche nach einem Brand am Chor einen ungewöhnlichen Zinnengiebel. Außerdem gibt es eine sehr prachtvolle, 14 Meter hohe **Pestsäule** von 1725.

▶ Karte S. 347

Wiener Alpen

Gemeindeamt Gutenstein, Markt 21, 2770 Gutenstein, Tel. 026 34/72 20, www.gutenstein.at.

Wiener Alpen in der Niederösterreich Tourismus AG, Schlossstr. 1a, 2801 Katzelsdorf, Tel. 026 22/789 60, www.wieneralpen.at.

Raxalpen-Tourismus, Hauptstr. 35, 2651 Reichenau, Tel. 02666/52295, www.incoming.raxalpe.com.

Tourismusbüro Reichenau, Hauptstr. 63, 2651 Reichenau, Tel. 026666/52865, www.reichenau.at.

Tourismusbüro Payerbach, Ortsplatz 4, 2650 Payerbach, Tel. 02666/5242312, www.gemeindepayerbach.at.

Tourismusbüro Puchberg, Stickler-gasse 3, Tel. 02636/2256, www.tiscover.at/puchberg-am-schneeberg.

Tourismusbüro Semmering, 2680 Semmering Passhöhe 248, Tel. 02664/20025, www.semmering.at.

Stadtamt Gloggnitz, Wiener Str. 85, Tel. 02662/4210124, www.gloggnitz.at.

Stadtgemeindeamt Neunkirchen, Hauptplatz 1, 2620 Neunkirchen, Tel. 02635/60119, www.neunkirchen.gv.at.

Gasthof Karnerwirt, Thal 1, 2763 Muggendorf, Tel. 02632/74307, www.karnerwirt.at.

Gutensteiner Hof, Vorderbruck 21a, 2770 Gutenstein. Tel. 02634/7276.

Gasthof Pension Dammelhart, Mariahilferberg 39, 2770 Gutenstein, Tel. 02634/8620, www.bikers-treff.at, p. P. im DZ 23 €.

Raxalpen-Berggasthof, 2651 Reichenau, Tel. 02666/52450, www.raxseilbahn.com, p.P. im DZ 26–34 €.

Café Reichenau, Hauptstr. 43, 2651 Reichenau.

Hotel Payerbacherhof, Hauptstr. 2, 2650 Payerbach, Tel. 02666/52430, www.payerbacherhof.at. Traditionelles Haus, seit 100 Jahren im Besitz der Familie, eine der ersten Adressen der Region. Günstig; Preise auf Anfrage.

Wirtshaus zum Wasserfall, Wasserfallweg 10, 2734 Puchberg, Tel. 02636/24940, www.wasserfallwirt.at. Bekannt für seine Jazzkonzerte und Forellen.

Hotel Forellenhof, Losenheimer Str. 132, 2734 Puchberg, Tel. 02636/3611, www.forellenhof-puchberg.at, p.P. im DZ 37 € (Sommertarif).

Gasthof Brunnenstöckl, Hauptplatzpassage, 2620 Neunkirchen, Tel. 02635/61844, www.brunnenstoeckl.at.

Gauermann-Museum, Scheuchenstein 127, 2761 Miesenbach, Tel. 02632/8267, Sa/So 10–17 Uhr, www.miesenbach.at/KKV

Coca-Cola-Privatmuseum, Hauptstr. 34, 2763 Pernitz, Tel. 0664/9626211, www.coca-cola-privatsammlung.at, am Wochenende und an Feiertagen 10–17 Uhr.

Raimund-Gedenkstätte, Hauptstr. 21, 2770 Gutenstein, Tel. 02634/7484, Mai bis Sept. Sa/So 10–12 u. 14–17 Uhr.

Waldbauernmuseum, Markt 31 (Alte Hofmühle), 2770 Gutenstein, Tel. 02634/7313, www.waldbauernmuseum.at, Mai bis Mitte Okt. Sa 14–17, So 10–12 u. 14–17, Juli und August auch Mo–Fr 14–17 Uhr.

Wasserleitungsmuseum Kaiserbrunn, 2651 Hirschwang Nr. 67, Tel. 02666/52548, Mai bis 26. Okt. Sa/So 10–17 Uhr.

Schaubergwerk Grillenberg, Bergwerkstraße, 2650 Payerbach, Tel. 02666/52611, Führungen Mai bis Sept. Sa 15 u. 16, So 10, 11, 15 und 16 Uhr bzw. nach Vereinbarung.

Schneebergmuseum, Kirchenplatz, 2734 Puchberg, 15. Juni bis 15. Sept.;

genaue Öffnungszeiten erfährt man beim Tourismusbüro.

Dr.-Karl-Renner-Museum, Rennergasse 2, 2640 Gloggnitz, Tel. 02662/42498, www.rennermuseum.at, März bis November Fr/Sa/So 9–17 Uhr.

Stahlstadtmuseum, Ternitz, Besichtigung nur nach Voranmeldung unter Tel. 02630/3824034 und 20486.

Rax-Seilbahn, Hirschwang 86, 2651 Reichenau, Tel. 02666/52497, www.raxseilbahn.com. Betrieb ganzjährig, tgl. Fahrzeiten gemäß Fahrplan.

Schneeberg-Sesselbahn, 2734 Puchberg, Tel. 02636/366192, www.schneebergbahn.at, Juli bis Sept. tgl. 8.30–17 Uhr, in den übrigen Monaten 9–16 Uhr.

Schneeberg-Zahnradbahn, 2734 Puchberg, Tel. 02636/366120, www.schneebergbahn.at, Fahrplanauskunft sowie Sonder- und Nostalgiefahrten siehe Homepage.

Gutensteiner Festspiele, www.festspielegutenstein.at.

Meisterklassen Gutenstein, www.meisterklassen-gutenstein.at. Junge künstlerische Talente tragen mit etablierten Größen klassische Werke vor.

Schnitzler-Aufführungen, Gasthof ›Thalhof‹ in Reichenau, www.helgadavid.at.

Kunst in der Landschaft, alljährliches Kunstprojekt in Prigglitz, verschiedene modernistische Installationen auf dem Gelände des Guts Gasteil, das dem Künstlerehepaar Seidl gehör, http://web.utanet.at/seidljo9/kidl4.html).

Wanderungen um Bad Fischau: Rother Wanderführer ›Wiener Hausberge‹.

Naturpark Hohe Wand, Tel. 02638/88545, www.naturpark-hohewand.at. Zu den Wanderungen in diesem Gebiet: Wanderkarte 012, Hohe Wand-Schneebergland, Freytag & Berndt.

Berndorfer Hütte, Tel. 0664/12222973.

Zur Wanderung zum **Großen Sonnleitstein**: Wanderkarte 22, Semmering-Rax-Schneealpe von Freytag & Berndt.

Kienthaler Hütte, Tel. 0664/7117110, www.kienthaler.at.

Zu den Wanderungen auf der Rax: Wanderkarte 22 von Freytag & Berndt.

Friedrich-Haller-Haus, Tel. 0664/4450932, www.friedrich-hallerhaus.at, April bis Dez.

Edelweißhütte, Tel. 02636/3616, www.edelweisshuette.at. Zu den Wanderungen in diesem Gebiet: Wanderkarten 022 oder 012 bzw. 5012 von Freytag & Berndt.

Das Schneebergmassiv

Karte S. 347

Die Bucklige Welt

Der äußerste Südosten Niederösterreichs zwischen der Grenze zum Burgenland und zur Steiermark im Osten und Süden sowie der Autobahn S6 über den Semmering nach Leoben–Klagenfurt wird als ›Bucklige Welt‹ bezeichnet und wirbt für sich mit dem Slogan ›Land der tausend Hügel‹. Es ist einer der abgelegensten Landstriche Niederösterreichs. Sein westlicher Teil ist das Wechselmassiv, das mit dem Hochwechsel 1743 Meter erreicht. Dieses Massiv wird durch das Pittental vom Ostteil, der eigentlichen ›Buckligen Welt‹ getrennt, die sich dort bis auf knapp 1000 Meter erhebt. Denn oft wird das Wechselmassiv nicht zur Buckligen Welt gezählt. Als Ostflanke des Heiligen Römischen Reiches war die Bucklige Welt, genau wie der Osten der Steiermark, als Grenzzaun angelegt, an dem entlang eine große Zahl von Burgen und hier insbesondere Wehrkirchen entstanden sind, die bis heute die Region prägen. Denn während in anderen Regionen die Wehrkirchen nach Ende der Türkenzeit barock umgebaut wurden, blieben sie in der armen, dünnbesiedelten Buckligen Welt bestehen, auch weil keine Durchgangsstraßen das Gebiet queren. Eine fast 100 Kilometer lange Wehrkirchenstraße verbindet die schönsten Kirchen und Orte.

Kirchberg am Wechsel

Zentraler Ort der Buckligen Welt ist Kirchberg (581 m), dank seiner unberührten Umgebung beliebt als Sommerfrische und Wintersportort. Hier entstand 1271 ein Nonnenkloster, das heute die **Pfarrkirche** des Ortes darstellt. Etwas außerhalb steht am östlichen Ortsrand die ungewöhnliche spätgotische **Wehrkirche St. Wolfgang**, in die eine 1339 gebaute Kapelle als Nordschiff integriert ist. Der Legende nach hat sie der heilige Wolfgang selbst gegründet. Der Heilige thront im Bogenfeld über dem Eingang, ihm huldigen zwei – beschädigte – Figuren. Die Kirche gilt als eine der größten Sehenswürdigkeiten der Region und birgt kostbare Kunstwerke, insbesondere die 2,25 Meter hohe Kanzel, die auf Sandstein- und Marmorpfeilern ruht. Sie entstammt der 1799 abgerissenen Capella Speciosa in Klosterneuburg. Wertvoll ist weiterhin das Christophorus-Fresko an der Wand hinter der Kanzel aus dem 15. Jahrhundert. In der Ortsmitte steht neben dem gleichnamigen Gasthaus eine tausendjährige **Linde** mit einem Umfang von 7,20 Metern.

Die Kirchberger **Hermannshöhle** ist die größte Tropfsteinhöhle Niederösterreichs. Über vier Kilometer Gänge gibt

Sprechender Name: die Bucklige Welt

St. Wolfgang wurde unverkennbar als Wehrkirche errichtet

es, jedoch sind davon nur 400 Meter eines Erlebniswegs für das Publikum freigegeben. Dieser Weg – beworben mit dem Slogan mit ›Gute Wege - elektrische Beleuchtung – Buffet‹ – bietet tatsächlich eine verschwenderische Fülle an Sehenswertem.

Das nahe **St. Corona** ist ein im 17. Jahrhundert gegründeter Wallfahrtsort. Seine Kirche ist schlicht, sein Freizeitangebot aber attraktiv: Sessellift, Rodelbahn und anderes (www.corona.at).

Burgen im Wechselland

Nördlich von Kirchberg, bei Haßbach, liegt die **Burg Steyersberg**, eine Wehrburg der steirischen Herzöge gegen Österreich aus dem späten 11. Jahrhundert. Sie ist von einer Wehrmauer umgeben, im Norden begrenzt das ›Neue Schloss‹ die Anlage. 1622 wurde sie zu unter einem Grafen von Wurmbrand-Stuppach zu einem Renaissanceschloss mit vier eindrucksvollen Höfen und Wohntürmen umgebaut. Das Wappen des Bauherrn, ein Wurm (Drache) schmückt das äußere Burgtor. Die Innenbesichtigung ist leider nicht möglich.

Eine weitere sehenswerte Burg ist die **Burg Kranichberg** an der Straße nach Neunkirchen. Sie stammt aus dem 12. Jahrhundert und ist in der Renaissancezeit zum Sommersitz der Wiener Bischöfe umgebaut worden. Heute beherbergt sie ein vornehmes Hotel. **Burg Wartenstein** an der Straße nach Gloggnitz bietet einen besonders beeindruckenden Anblick. Sie wurde 1945 zerstört und nicht vollständig wieder aufgebaut. Heute ist sie in Privatbesitz. Sie soll durch unterirdische Gänge mit dem Schloss Gloggnitz verbunden sein. **Burg Feistritz** ist trotz ihres sehenswerten Rittersaals leider ebenfalls nicht zu besichtigen. Sie ist heute ein Hotel, in dem auch Kongresse, Konzerte und andere Veranstaltungen stattfinden.

Wanderungen im Wechselgebiet

Das Wechselgebiet bietet nicht nur den Burgenliebhabern lohnenswerte Ziele, sondern auch den Wanderern einige Möglichkeiten. Die Schweirigkeitsgrade sind ganz unterschiedlich, eine Besonderheit stellen die Themenwege dar.

Rundwanderung um Kirchberg

Ein vielbeschrittener Wanderweg, der sich insbesondere als Familienauflug eignet, führt von Kirchberg in der Ortsmitte hoch zur Kernstockwarte (853 m), weiter über den Eselberg zum Ramssattel (Einkehrmöglichkeit beim Ramswirt, Tel. 02641/69490, geschlossen nur 15.1. bis 15.3., www.ramswirt.at) und an der Hermannshöhle vorbei zurück nach Kirchberg. Für die wenig anstrengende Route auf gut markiertem Weg

▲ Karte S. 347

sollte man drei Stunden ansetzen. Fast überflüssig zu erwähnen, dass es hier wunderbare Aussichten gibt.

Rundwanderung um St. Corona

Eine weitere wenig anstrenge Wanderung geht von St. Corona aus. Man fährt von dort mit dem Sessellift (Mai bis Anfang Okt. 9–16 Uhr, im Okt. nur Sa/So) hoch zur Almrausch-Hütte (1216 m). Von dort geht es weiter zur Hütte Kampsteiner Schwaig (1400 m) und dann ostwärts durch den sturmzerzausten Wald hoch zum Kampstein (1467 m), wo der kahle Hochwechsel herübergrüßt. Über die Franz-Kaupe-Hütte dann wieder hinab nach St. Corona; Gesamtwanderzeit drei bis vier Stunden.

Auf den Hochwechsel

Der Hochwechsel (1743 m) ist der östlichste Gipfel der kristallinen Alpen. Auf den Gneisen, Glimmerschiefern und Graniten gedeihen Flechten, Moose und Heidelbeeren. Besonders im Herbst werden Wanderungen in dieser nordisch anmutenden Landschaft zu einem besonderen Erlebnis. Allerdings sollte man zum Hochwechsel nur bei guter Witterung aufbrechen. Der einzig zu empfehlende Aufstieg beginnt in Mariensee westlich von Aspang-Markt. Von Mariensee (825 m) geht es empor zur Marienseer Schwaig (1478 m) und dann zum Wetterkogler Haus auf dem Gipfel des Hochwechsel. Auf dem flachen, felsdurchsetzten Wiesenkamm, gleichzeitig die Grenze zur Steiermark, läuft man ostwärts über das Hallerhaus zur Mönichkirchener Schwaig und von hier direkt ins Tal zurück nach Mariensee. Anstrengende Wanderung, etwa sieben Stunden, Einkehrmöglichkeiten im Wetterkogler Haus (1. Mai–15. Nov. tgl., außerhalb nur Sa/So), im Hallerhaus (ganzjährig, nur Nov. geschlossen) und auf den beiden Schwaigen.

Themenwege

Das Wechselland mit seinen 19 Bächen und 250 Quellen ist eine der wasserreichsten Regionen Österreichs. Der **Wildwasserpfad**, der ebenfalls in Mariensee beginnt, zeigt diesen Wasserreichtum und zählt zu den besonderen Attraktionen des Wechsellands. Er verläuft auf vier Kilometer Länge vom Parkplatz am Infozentrum in Mariensee (982 m) über verschiedene ›Erlebnispunkte‹ hoch zur Marienseer Schwaig und von dort direkt zurück; gut für Familien mit Kindern geeignet.

Das Wechselgebiet bietet Wanderern ausgezeichnete Möglichkeiten

Einen weiteren Themenweg erreicht man über die Autostraße von Kirchberg über den Feistritzsattel (1298 m). Hier beginnt der **Forst- und Jagdweg**, der auf knapp sechs Kilometer Länge ostwärts auf die Steyersberger Schweig (1357 m) führt und auf 15 Stationen den Wald als Lebensraum, als Kraftort, als Rohstofflieferenat und als Ort der Sagen würdigt. Die Autostraße führt vom Feistritzsattel weiter ins Steirische nach Rettenegg und ist wegen ihrer landschaftlichen Schönheit viel gerühmt. Von Rettenegg geht eine ebenso reizvolle Straße zum Semmering, von wo man über Gloggnitz zurück nach Kirchberg gelangt. Auch dieser Themenweg ist sehr gut für Familien mit Kindern geeignet.

Ein dritter **Themenweg** widmet sich dem Wasser als Lebenselixier. Er beginnt in Mönichkirchen beim Informationszentrum und geht an Schauquellen und Teichen empor zur Mönichkirchener Schwaig (Gasthof) auf 1200 Meter und zeigt anhand von sechs Stationen auf 2,7 Kilometern zum Beispiel den Wasserkreislauf der Natur, Wasser als Wirtschaftsfaktor und als heilende Kraft. Die Mönichkirchener Schwaig ist auch mit einem Sessellift erreichbar und der Weg daher auch umgekehrt begehbar.

Mönichkirchen und Aspang-Markt

Der Kurort und Wintersportplatz Mönichkirchen, auf der Höhe des Wechselpasses und an der Grenze zur Steiermark gelegen, ist die südlichste Gemeinde Niederösterreichs und ein traditioneller Erholungsort. Von hier lassen sich viele weitere Wanderungen unternehmen. Vielbesucht ist die Rollerbahn; mit dem Sessellift geht es hoch zur Schwaig und auf 2,5 Kilometer Länge mit dem Roller ins Tal (www.schischaukel.net). Viele Villen aus der habsburgischen Zeit schmücken das Ortsbild.

Viele Jahre lebte der Dichter Anton Wildgans (1881–1932) in den Sommermonaten in Mönichkirchen. Er hat in

Aktie der k.k. priv. Eisenbahn Wien–Aspang, 1886

▲ Karte S. 347

seinem merkwürdigen Hexameter-Epos ›Kirbisch oder Der Gendarm, die Schande und das Glück‹ Mönichkirchen unter dem Namen ›Übelbach‹ verewigt und dabei die Bewohner keineswegs wohlwollend gezeichnet. Trotzdem gedenkt man ihm immer noch jährlich in vielen Lesungen.
Aspang-Markt ist ein hübscher Ort, der ebenfalls viel als Sommerfrische besucht wird. Hier ist die spätgotische **Florianskirche** sehenswert. In Unteraspang umgibt eine Wehrmauer die auf die Romanik zurückgehende **Johanneskirche**; auffallend ist der burgähnliche Kirchturm.
Die Fahrstraße nach Mariensee, die gleich nach der Eisenbahnbrücke vom Weg nach Kirchberg abgeht, ist für Motorradfahrer und Automobilisten ein besonderer – auch landschaftlicher – Fahrgenuss entlang des Großen Piestingbachs.

Pitten

Seine Lage hat dem Ort Pitten (2300 Einwohner) zu einer gewissen Bedeutung verholfen. Er befindet sich zwischen der Buckligen Welt und der im Mittelalter öden Ebene des Steinfeldes am Pittenbach, entlang dessen die Semmeringstraße entlangführte. Dazu kamen die günstigen klimatischen Bedingungen, die schon in der Mitte des 19. Jahrhunderts zur Entstehung vieler Sommerfrischen führten. Nicht von ungefähr hieß die Bucklige Welt bis zum Beginn des 20. Jahrhunderts ›Pittener Waldmark‹ oder ›Grafschaft Pitten‹. Der Name kommt von slawischen ›buda‹ (Schilf), was auf das versumpfte Tal des Flusses hinweist. 1042 besiegte hier Gottfried von Wels die Ungarn, worauf die Leitha östliche Grenze des Reiches wurde und hier eine Markgrafschaft entstand. Pitten wurde als äußerer Grenzposten des Reiches für über hundert Jahre eine bedeutende Burgstadt, und die Babenberger überlegten sogar, die Residenz von Klosterneuburg dorthin zu verlegen. An diese mittelalterliche Blütezeit erinnert noch die **Burg** mit ihrem 140 Meter tiefen Brunnen, die die Türken nie einnehmen konnten. Die Burg wurde im 16. Jahrhundert verändert und im 19. Jahrhundert zu einem Jagdschloss umgebaut. Die **Pfarrkirche St. Georg** schmiegt sich eng an den Burgberg. Die **Felsenhöhle** hinter ihr gilt als eine der ältesten christlichen Kultstätten im Land. Die Höhle ist mit mittelalterlichen Wandfresken geziert, der zugehörige reich ausgestaltete **Pfarrhof** besitzt einen schönen Arkadenhof.

Seebenstein

Die **Burg** in Seebenstein unweit von Pitten stammt ebenfalls aus dem Mittelalter und wurde 1604 im Renaissancestil umgebaut. Der Bauteil aus dieser Zeit ist renoviert, der mittelalterliche Teil liegt in Ruinen; dennoch ist sie prächtiger als die Pittener Burg. Auch diese Burg konnten die Türken nicht einnehmen. Ein vermögender Bergwerksunternehmer pachtete sie 1790 und gründete einen romantisch-idealistischen Verein, die ›Wildensteiner Ritterschaft zur Blauen Erde‹, der allerdings 1824 während der Metternich-Ära von der argwöhnischen Polizei verboten wurde. Kurz darauf erwarb Johann von Liechtenstein die Burg, 1942 wurde sie von der Kunsthändlerfamilie Nehammer gekauft, die hier bedeutende Kunstwerke ausstellte, unter anderem von Riemenschneider und Dürer. Die Sammlungen lohnen eine Besichtigung. Sehenswert ist auch die **Pfarrkirche St. Andreas** mit ihrem schönen spätgotischen Tor.

Naturpark Seebenstein-Türkensturz

Im Pittental gibt es südlich von Seebenstein den Naturpark Seebenstein-Türkensturz. Er ist über einen sehr schönen Waldpfad vom Parkplatz am Seebensteiner Parkbad aus zu erreichen. Am höchsten Punkt des Türkensturz, im südlichen Teil des Naturparks, steht seit 1824 eine künstliche **Ruine** mit dem Zeichen des Halbmonds auf den Zinnen. Johann von Liechtenstein ließ sie zur Erinnerung an die erfolglose Türkenbelagerung von Pitten und Seebenstein errichten. Die Legende erzählt, dass 1532 ein Türkenheer beim nahen Enzesfeld vernichtend geschlagen und ein Reitertrupp bei seinem Rückzug in das Pittental versprengt wurde. Dieser soll von erbitterten Bauern über die Felsen bei Gleißenfeld gehetzt und somit in den Tod gestürzt worden sein.

Von der Ruine geht es oberhalb der ersten Wanderroute zurück nach Seebenstein und zur Burg Seebenstein, von der schnell wieder der Ausgangspunkt erreicht ist. Es ist ein besonderes Mosaik aus Auwäldern, Eichenwäldern und Schwarzföhrenbeständen, durch die eine landschaftlich sehr abwechslungsreiche, etwa zweieinhalb Stunden lange Rundwanderung führt (www.naturparke.at).

Scheiblingkirchen

In Scheiblingkirchen steht eine der in Niederösterreich sehr seltenen romanischen **Rundkirchen**; die anderen befinden sich in Petronell an der Donau, in Starhemberg im Piestingtal und in Markersdorf bei Neulengbach. Die in Scheiblingkirchen wurde 1147 geweiht, besitzt einen Durchmesser von elf Metern und trägt ein Kegeldach. Um 1750 wurde sie barockisiert und später noch ein Glockenturm hinzugefügt, der aber die mittelalterliche Harmonie stört.

▲ Karte S. 347

Entlang der Wehrkirchenstraße

In Edlitz beginnt mit der Wehrkirchenstraße eine touristische Route, die die schönsten dieser Wehrbauten des 16. Jahrhunderts miteinander verbindet und von der man auch diese fast unberührte, aber infrastrukturell erschlossene Landschaft erkunden kann. Das **Freilicht-Dokumentationszentrum** im Ort informiert über Geschichte und Kultur der Wehrkirchen in der Buckligen Welt.

Die Wehrkirche St. Veit in **Edlitz** ist durch ihre Schießscharten, das Wehrobergeschoss und die Pechnase sofort als solche zu erkennen. Der Pfarrhof ist direkt mit der Kirche verbunden, wie es bei solchen Anlagen üblich war.

Im zehn Kilometer entfernten **Krumbach** wurde die Wehrkirche zwar barock umgetaltet, doch sind die typischen Attribute noch deutlich erkennbar. Rund um das alte Bürgerspital besteht eine schönes **Ensemble** historischer Gebäude, in denen eine **Mostgalerie** eingerichtet ist. Das Krumbacher **Schloss** mit seinen neuen Rundtürmen und dem 25 Meter hohen Bergfried ist heute ein nobles Hotel.

Blick von der Rosalienkapelle ins Burgenland

Die Wehrkirche von **Hochneukirchen** hat ein zugängliches Wehrobergeschoss. Hier ist man in der südlichsten Ecke Niederösterreichs angekommen. Rundherum erstreckt sich ein herrliches, kaum vom Tourismus berührtes Wandergebiet. Von der Aussichtswarte am **Hutwisch** (896 m), der höchsten Erhebung der Buckligen Welt, einen Kilometer nordöstlich von Hochneukirchen, hat man einen reizvollen Rundblick über diese Hügellandschaft. An klaren Tagen reicht der Blick bis zum Neusiedlersee, zum Schneeberg sowie bis nach Slowenien. Die Aussichtswarte weist eine Höhe von 22 Metern auf und wurde erstmals im Jahre 1882 errichtet.

Bad Schönaus Wehrkirche zeigt deutliche Spuren des Kuruzzenangriffs von 1708. Die Kuruzzen waren antihabsburgisch eingestellte Bauernkrieger aus Ungarn, die während einem ihrer Aufstände die Kirche plündern wollten. Axthiebe in die Sakristeitür zeugen von jener wilden Zeit.

Mit **Kirchschlag** ist das touristische Zentrum der Buckligen Welt erreicht. Über dem Ort thront die malerische **Ruine** einer im 12. Jahrhundert errichteten Grenzburg, die von den Türken 1683 zerstört wurde. Der Aufstieg zu ihr – links vom Hotel ›Post‹ – lohnt allemal. Die Wehrkirche besitzt einen wuchtigen Turm mit barockem Helm, besonders bemerkenswert ist das gotische Kirchhoftor. Berühmt ist Kirchschlag durch seine Passionsspiele.

Von dort verläuft die Wehrkirchenstraße nodwestlich nach **Lichtenegg**. Hier ist die Kirche fast unverändert erhalten und besitzt im Turm ein besonderes Zwischengeschoss mit einem Backofen. Das **Haus** des Südamerikaforschers und Diplomaten Johann Jakob von Tschudi (1818–1889) besitzt einen seltsamen

Auf der Ruine der Burg Kirchschlag

hölzernen Erker, den der Besitzer nach peruanischen Vorlagen gestalten ließ. Sein Sohn Hugo von Tschudi (1852–1911) begündete in München die großen bayerischen Kunstsammlungen. Beide liegen auf dem Lichtenegger Friedhof begraben.

Das Wahrzeichen der Buckligen Welt ist die **Wallfahrtskirche Maria Schnee** in **Kaltenberg**. Die Kirche stammt von 1879, doch bereits 1756 wurde in einem Vorgängerbau eine Gnadenstatue verehrt. Aus Dankbarkeit ließ Frau Antonia Winter nach dem Wiener Börsenkrach 1872, bei dem nicht ihr ganzes Vermögen vernichtet wurde, diese Kirche bauen.

Die Wehrkirchenstraße verläuft nun ostwärts, weitere Wehrkirchen befinden sich in **Hollenthon** (barockisiert), **Wiesmath** (mit Viehhof zur Unterbingung des Viehs in Notzeiten), **Bromberg** (Kirchturm mit Tresorkammern) und **Hochwolkersdorf**. Dieser Ort besitzt für Österreich große geschichtliche Bedeutung. Der Sozialdemokrat und spätere erste Nachkriegspräsident Karl Renner war seitens der Sowjets vorgesehen, eine provisorische Regierung zu bilden und verhandelte in Hochwolkersdorf mit ihnen, da sie hier ihre Kommandozentrale für den Sturm auf Wien eingerichtet hatten. Es gelang Renner zusammen mit Vertretern der österreichischen Widerstandsgruppe 05, seine Vorschläge für ein neues Kabinett durchzusetzen, Wien vor der Vernichtung zu schützen und insbesondere auch die Zerstörung der beiden wichtigen Hochquellwasserleitungen zu verhindern. Ein kleines Museum im Haus Nr. 10, wo damals der sowjetische Stab residierte, erinnert an die kritischen Tage im April 1945. Hochwolkersdorf wird seither etwas pathetisch als ›Geburtsort der Zweiten Republik‹ bezeichnet.

In **Schwarzenbach**, etwa sieben Kilometer weiter östlich, hat die Auffindung einer **keltischen Stadtanlage** von 15 Hektar Fläche, die seit 1925 nach und nach erforscht wurde, einen wahren Keltenboom hervorgerufen. Er zeigt sich neben einem Freilichtmuseum auch im dreitägiges Keltenfestival, das alljährlich zur Sommersonnenwende veranstaltet wird. Im 2. Jahrhundert vor unserer Zeitrechnung entstand hier eine der größten Ansiedlungen des Ostalpenraums. Seine Bewohner waren Adelige, Händler, Handwerker und Bauern; eine zehn Meter hohe Mauer schützte ihre Stadt. Sie war aus einer massiven Reihe von blockbauartig zusammengefügten Holzkästen errichtet, die mit Erd- und Steinmaterial verfüllt waren. An der Außenseite wurden mächtige Eichenstämme mit Abständen von etwa 150 Zentimetern aufgestellt, die man an ihrer Unterseite bis zu zwei Meter tief im Boden verankert hatte. Die Struktur des Ortes ist heute noch gut als Wallanlage im Gelände erkennbar, ein besonderer **Urgeschichtswanderweg** führt zu allen wichtigen Stätten.

Weit schweift der Blick über die Idylle der Buckligen Welt

▲ Karte S. 347

Ein besonders lohnender Aussichtspunkt liegt an der Straße von Hochwolkersdorf nach Mattersburg auf der Passhöhe am Rosaliengebirge, an der burgenländischen Grenze. Hier steht auf dem **Heuberg**, der mit 746 Metern höchsten Erhebung des Rosaliengebirges, die **Rosalienkapelle**. Von hier hat man einen schönen Blick auf die Burg Forchtenstein, das Burgenland und Eisenstadt. Das Kirchlein von 1666 zeigt am Hochaltar die Pestheilige Rosalia in einer Grotte liegend. Sehr schön ist die schwarzgoldene Kanzel.

Bucklige Welt und Wechselland

Tourismusbüro, Markt 63, 2880 Kirchberg am Wechsel, Tel. 02641/2460, www.kirchberg-am-wechsel.at.

Tourismusverband Wechselland, Hauptplatz 12, 2870 Aspang-Markt, Tel. 02642/52470, www.wechselland.cc.

Marktgemeinde Edlitz, Markt 10, 2842 Edlitz, Tel. 02644/7250.

Gasthof Fernblick, 2880 St. Corona, Tel. 02641/2276, www.fernblick.at, p.P. im DZ 30 €. Sehr empfehlenswertes Haus, das seinem Namen in bester Weise gerecht wird.

Landgasthof Höller, Gschaidt Nr. 20, 2852 Hochneukirchen, Tel. 02648/290, http://scifi.pages.at/landgasthofhoeller, p.P. im DZ 23 €.

Hotel Post, Günserstr. 2, 2860 Kirchschlag, Tel. 02646/2216, www.hotel-post-hoenig.at, p.P. im DZ ab 35 €.

Gasthof Maria Schnee, Kaltenberg 19, 2813 Lichtenegg, Tel. 02643/2205.

Wehrkirchendokumentation Edlitz (an der Kirche), 2842 Edlitz, Tel. 02644/7250, Mo–Fr 8–12, Mo–Do 13–16, Sa/So 9–12 Uhr. Hier Infos zu den Öffnungszeiten der einzelnen Kirchen.

Wehrkirche St. Wolfgang, Kirchberg, nur nach Voranmeldung unter Tel. 02641/2945.

Hermannshöhle Kirchberg, Tel. 02641/2326 und 6892, www.hermannshoehle.at, Anf. April bis Mitte Nov. tgl. 9–17 Uhr.

Burg Seebenstein, 2824 Seebenstein, Tel. 0676/7366049, Besuch nur mit Führung, Karsamstag bis zum 2. Sonntag im Oktober Sa/So 10.30, 14 u. 15 Uhr bzw. nach Vereinbarung.

Mostgalerie, Krumbach, Tel. 02647/42238.

Gedenkraum 1945, Hohwolkersdorf, Tel. 02645/8222.

Keltisches Freilichtmuseum, 2803 Schwarzenbach, Tel. 02645/5201, www.celtovation.at und www.schwarzenbach.gv.at.

Mönichkirchen, Infos zu den Lesungen unter www.moenichkirchen.at.

Die **Pitten classics** ziehen alljährlich mit klassischen Konzerten eine große Menge Publikum auch überregional an; www.kkk-pitten.at.

In einer alten Fabrik in Pitten zeigt **loftlinx** ebenfalls jährlich zeitgenössische Malerei, Fotografie, Skulpturen und Performances. Wegen Baufälligkeit der Fabrik ist die Zukunft des Projektes jedoch fraglich; www.loftlinx.at.

Passionsspiele, Kirchschlag, seit 1932 alle fünf Jahre, wieder 2015; www.passion.at.

Reisetipps von A bis Z

Allgemeine Informationen

Niederösterreich-Werbung GmbH
Niederösterreichring 2, Haus C,
3100 St. Pölten
Tel. 00 43/27 42/900 01 98 00,
office@noe.co.at,
www.niederoesterreich.at.

Niederösterreich-Information
Palais Niederösterreich
Herrengasse 13
1014 Wien
Tel. 00 43/1/536 10,
info@noe.co.at.

Austria-Info Urlaubsservice
Postfach 83
1043 Wien
Tel. 00 43/08 10/10 18 18
www.austria.info.at,
urlaub@austria.info.

Ärztliche Versorgung

Es gibt ein flächendeckendes Netz von allgemeinen und fachärztlichen Praxen. Im allgemeinen muss man als Ausländer die Kosten zunächst selbst tragen und nach der Rückkehr die Rechnung bei seiner Krankenversicherung einreichen. Ambulanz oder Notarzt sind aus jedem Netz unter der 144 erreichbar.

Camping

In Niederösterreich gibt es insbesondere im Alpenraum des Mostviertels und im Wienerwald eine Fülle von Campingplätzen; im Waldviertel gibt es Campingplätze insbesondere in Gmünd, Waidhofen/Thaya, Litschau und an den Kamptalstauseen, im Weinviertel nur in Poysdorf, im Donauraum bei Ybbs, Melk, Krems, Tulln und Klosterneuburg. Mehr Info unter www.campingferien.at bzw. www.camping.info/österreich/niederösterreich.

Einreiseformalitäten

Der Schengenstaat Österreich ist von Schengen-Staaten umgeben, so dass keine Passkontrollen – auch an der Grenze zur Schweiz – mehr bestehen; Zollkontrollen sind allerdings möglich. Bei Anreisen aus Nicht-EU-Ländern informiere man sich speziell.

Essen und Trinken

Die traditionell vorzügliche Küche ist in kleinen und großen, teuren und preiswerten Gasthöfen anzutreffen. Die Empfehlungen Lokalen im Textteil stellt daher eine Auswahl dar: Es ist unmöglich, alle wunderbaren Gasthäuser und -höfe des Landes kennenzulernen. Zu empfehlen sind jene regionaltypischen Gastronomiebetriebe, die landesweit eine Interessengemeinschaft bilden und u.a. besondere Angebote wie ›Essen für zwei‹ zum Preis von einem bereithalten (alle Lokale unter www.dorfwirt.at). Fast 300 Lokale im Land haben sich der Wirthauskultur verschrieben und bieten authentische Regionalküche. An grünen Schildern sind diese Gasthöfe leicht zu erkennen (www.wirtshauskultur.at).
Wie überall, sind Trinkgelder beim Servierpersonal gern gesehen. Wer mit dem Service zufrieden war, darf rund 10 Prozent dazulegen. Kulinarische Besonderheiten sind in diesem Reiseführer im Abschnitt Land und Leute erwähnt.

Feiertage

Neujahr (1.1.)
Heilige Drei Könige (6.1.)
Karfreitag und Ostermontag
Staatsfeiertag (1.5.)
Christi Himmelfahrt
Pfingstmontag
Fronleichnam

Maria Himmelfahrt (15.8.)
Nationalfeiertag (26.10.)
Allerheiligen (1.11.)
Maria Empfängnis (8.12.)
Weihnachten

Gesundheit

Die Wälder und Wiesen Niederösterreichs gelten als Zeckengebiet. Deshalb ist eine Zeckenschutzimpfung angeraten.

Golf

Mit 39 Golfplätzen besitzt Niederösterreich die landesweit größte Dichte an solchen Einrichtungen. Die Vielfalt an Landschaftsformen ließ hierbei eine ebenso große Fülle an phantasievoll gestalteten Golfplätzen entstehen. Die Saison dauert von April bis Oktober (www.golfland.at, Kataloge unter Tel. 0043/1/536100).

Haustiere

Hunde und Katzen benötigen ein tierärztliches Zeugnis und den Nachweis einer Tollwutimpfung. Hunde müssen angeleint sein und in Bussen und Bahnen einen Maulkorb tragen.

Öffentliche Verkehrsmittel

Niederösterreich, auch seine ländlichen Gebiete, sind von einem flächendeckenden Netz von Bussen und Regionalbahnen erfasst. Allerdings fahren in manchen dünn besiedelten Regionen Bahn und Bus nur selten. Alle regionalen Fahrpläne und Verbindungen unter www.busbahnbim.at.

Öffnungszeiten

Nur in den großen Städten haben die Geschäfte durchgehend geöffnet. Große Supermärkte haben dabei von 9 oder 9.30 Uhr bis 19 und 19.30 Uhr offen. In Österreich besteht in kleineren Orten meist eine Mittagspause von 12 bis 14.30 Uhr. Geöffnet wird dabei meist um 8, spätestens um 9 Uhr, geschlossen wird um 18 Uhr. Samstag wird meistens um 12 Uhr geschlossen, sonntags ist generell nicht geöffnet. Ausnahme: Museums-, Kirchen- und Klosterläden sowie Spezialitätengeschäfte, die an gastronomische Einrichtungen bzw. Hotels angeschlossen sind. Museen haben fast immer montags geschlossen. Vom 1.11. bis zum 31.3. haben die meisten der Museen, Klosteranlagen, Burgen, Schlösser etc., aber auch viele kleinere Hotels und Pensionen geschlossen. Das gilt insbesondere für abgenere Regionen.

Post

Briefmarken erhält man auf Postämtern und in den Tabaktrafiken, wie die Verkaufsstellen von Zigaretten und Zigarren heißen. Die Briefmarke für eine Postkarte in ein EU-Land kostet 55 Cent.

Radfahren

Sieben große Radwege gibt es im Land. Der wegen der landschaftlichen Vielfalt beliebteste unter ihnen, wahrscheinlich sogar der beliebteste Radweg Europas, ist der **Donauradweg**. Er verläuft auf niederösterreichischem Gebiet über 250 Kilometer, unter anderem durch die Weltkulturerbe-Landschaft der Wachau und durch den Nationalpark Donauauen (www.donauradweg.at).

111 Kilometer durch das Mostviertel (von der Donau bis Mariazell) zieht sich der **Traisental-Radweg**, der teilweise alten Pilgerwegen folgt (www.traisentalradweg.at) und von den Weingärten des Traisentals bis hoch zu den alpinen Gefilden des Ötschers verläuft.

Etwas für Individualisten ist der große **Kamp-Thaya-March-Radweg**, der auf seinen 422 Kilometern fast ganz Niederösterreich nördlich der Donau durchzieht. Auch hier beeindruckt die gewaltige Vielfalt der Landschaften: die Weinberge um Krems, die nordischen Fjorde um die Kampstauseen und insbesondere die arkadischen Haine des Weinviertels (www.ktm-radweg.at).

Der **Eurovelo 9** verbindet Ostsee und Adria. Auf niederösterreichischem Gebiet geht es von der tschechischen Grenze durch stille Weinviertelwege nach Wien, von dort auf der Trasse des Tries tingau-Radwegs und des Thermenradwegs weiter über das Pittental hoch zum Wechsel und dort in die Steiermark hinein (www.eurovelo.com).

Der **Biedermeier-Radweg** verläuft durch das Piestingtal nach Gutenstein (kaum Steigungen). Er erinnert an die Künstler jener Epoche, die von Wien aus oft in diesem Tal zu Gast waren (www.fahr-radwege.com/biedermeierradweg).

Unweit liegt der **Triestingtal-Gölsental-Radweg**, der mit atemberaubenden Landschaftserlebnissen aufwartet. Er besteht aus zwei Trassen von 34 bzw. 20 Kilometern Länge (www.triesting-goelsentalradweg.at).

Ohne Steigungen ist auch der letzte der großen Radwege, der **Thermenradweg**. Er führt von Wien-Inzersdorf zu den großen Badeorten Baden und Vöslau, weiter nach Wiener Neustadt und endet nach 68 Kilometern in Schwarzau am Steinfeld (www.fahrradwege.com/Thermenradweg.htm).

Fahrradtransfer ist mit der Eisenbahn teilweise möglich. Infos dazu unter www.mobilzentral.at bzw. Tel. 050/789 10.

Skifahren

In Niederösterreich existieren 235 Pistenkilometer in insgesamt 40 größeren und kleineren Skigebieten mit allen Schwierigkeitsgraden für Langlauf und Abfahrt. Erwähnt sei hierbei besonders das Skigebiet um Mönichkirchen, das durch seine 48 Schneekanonen immer für beste Schneeverhältnisse bekannt ist. Hohe Schneesicherheit findet man am Königsberg nahe Hollenstein/Ybbs. Die Forsteralm bei Waidhofen/Ybbs ist ein besonders feines Skigebiet. Die bedeutendsten traditionellen Skigebiete liegen am Semmering, auf der Rax und am Schneeberg, am Hochkar und um den Ötscher. In Annaberg am Ötscher wird die Garantie gegeben, dass hier Anfänger in drei Tagen das Skifahren erlernen können. In Lunz am See ist am Helmilift – besonders elternfreundlich – der ganze Skihang von unten überseh-bar. Die Gemeindealpe bei Mitterbach zählt am Ötscher zu den meistbesuchten Skigebieten. Viel besucht sind auch die Skigebiete um das Wechselmassiv. In Kirchberg am Wechsel bezahlen die Wirte den Kindern ihrer Wintergäste sogar einen Skikurs.

Wer den Langlauf vorzieht, sollte ins Waldviertel fahren. Um Harmanschlag, Karlstift und Langschlag finden sich dort herrliche Langlaufbedingungen, doch sind auch Abfahrten möglich.

Mehr Information unter www.winter.niederoesterreich.at und in den Kapiteln im Reiseteil dieses Buches.

Souvenirs

Es gibt eine Fülle regionaltypischer Spezialitäten, die die Suche zwar leicht, aber auch durch die Vielzahl der jeweiligen Sorten schwer machen. Natürlich kauft man in der Wachau und im Weinviertel die hervorragenden Weißweine der Region (Grüner Veltliner, Riesling), daneben sind die Marillenbrände aus der Wachau weltweit begehrt. Obstbrände, Schokolade, Schinken, daneben

Holzschnitzerei und handgemachte Textilien, zählen zu den beliebtesten Mitbringseln.

Straßen

Österreich besitzt ein sehr gut ausgebautes Straßennetz, insbesondere die Autobahnen sind in einem hervorragenden Zustand. Die Benutzung der Autobahnen ist gebührenpflichtig. Man benötigt eine Plakette, die beim ADAC, an österreichischen Tankstellen, bei den Touristenämtern u.ä. erworben werden kann. Für zehn Tage kostet sie derzeit 7,80 €. Sie ist auch für zwei Monate bzw. ein Jahr erhältlich. Man sollte unbedingt beim Fahren auf den österreichischen Autobahnen eine solche Plakette besitzen, denn es gibt zahlreiche Kontrollen, die bei Nichtbesitz der Plakette hohe Geldstrafen nach sich ziehen.

Größere Autobahntunnels sind zusätzlich mautpflichtig. Im Gebirge sind zahlreiche Nebenstraßen, die zu touristisch interessanten Lokalitäten bzw. Panoramapunkten führen, ebenfalls mautpflichtig (meist 2–4 €). Reisende in den jeweiligen Regionen erhalten oft von ihren Vermietern bestimmte Karten, die während des ganzen Aufenthalts verschiedene Vergünstigungen beinhalten. Mit solchen Karten ist die Benutzung der kleinen Bergstraßen fast immer kostenlos.

Telefonnummern

Vorwahl Österreich: 0043
Medizinischer Notdienst: 144
Feuerwehr: 122
Polizei: 133
Rettung: 112
Internationaler Notdienst: 112
Bergrettung: 140
ÖAMTC-Autopannendienst: 120.

Verkehrsvorschriften

In Österreich besteht die Gurtpflicht, die Promillehöchstgrenze liegt bei 0,5. Die Höchstgeschwindigkeit auf Autobahnen beträgt 130 km/h (22–5 Uhr 110 km/h), 100 km/h auf Landstraßen und 50 km/h innerorts. Das Mitführen einer Warnweste für den Pannenfall ist Pflicht. Im Winter dürfen manche Strecken nur mit Schneeketten befahren werden. Pannendienste: ÖAMTC, Tel. 120, und ARBÖ, Tel. 123.

Wandern

Für alle Ansprüche bestehen großartige Möglichkeiten. Wandern im hochalpinen Raum in den Wiener Alpen erfordert gute Kondition, Schwindelfreiheit und Trittsicherheit. An Wechsel, Semmering, Rax, Schneeberg und in der Buckligen Welt präsentiert sich in den Wiener Alpen eine faszinierende Bergwelt. Insbesondere sind die Canyons um den Ötscher eine grandiose Sehenswürdigkeit – vor allem aber sind sie ohne große Anstrengungen zu erkunden. Überall im Gebirge gibt es Einkehr- und Übernachtungsmöglichkeiten in zahllosen Berghütten. In der Saison empfiehlt sich unbedingt eine Bettenreservierung. Einige der schönsten Wanderrouten sind im Textteil dieses Buches an den jeweiligen Stellen empfohlen. Sehr attraktiv sind auch das Weinviertel, die Buchenwälder des Wienerwalds und die karg-herben Höhenzüge des Waldviertels. Auf www.niederoesterreich.at/wandern gibt es unzählige Hinweise auch für kindergerechte Familientouren, Klettersteige, Themenwege etc.

Als besonders hilfreich haben sich die Wanderbücher des Bergverlags Rother (s. Literaturhinweise) und die Wanderkarten des Kompass-Verlages bzw. die von Freytag & Berndt erwiesen.

Literaturhinweise

Gutkas, Karl, Geschichte Niederösterreichs. Verlag für Geschichte und Politik, Wien 1984.

Hauleitner, Franz und Rudolf, Wiener Hausberge. Rother Wanderführer. Bergverlag Rother, München 2006.

Hauleitner, Franz und Rudolf, Wachau mit Waldviertel. Rother Wanderführer. Bergverlag Rother, München 2008.

Hannau, Hans W., Wachau. Mit einer Einführung von Mirko Jelusich. Wilhelm Andermann Verlag, München 1967.

Mehling, Franz N. u.a., Knaurs Kulturführer Österreich, Droemer Knaur, München 1980.

Krenn/Schipflinger/Schnait, Das Waldviertel-Kochbuch. Mit Südböhmen. Hubert Krenn VerlagsgesmbH, 2008.

Lenzenweger, Johann, Eisenwurzen. Rother Wanderführer. Bergverlag Rother, München 2009.

Mehling, Marianne (Hg.), Knaurs Kulturführer Wachau-Nibelungengau-Waldviertel. Droemersche Verlagsanstalt, München 1985.

Merian, Wachau, Wald- und Weinviertel. Jahrgang 29, Heft 11/1976. Hoffmann und Campe Verlag, Hamburg.

Merian, Wien und Niederösterreich. Jahrgang 60, Heft 7/2007. Jahreszeiten Verlag Hamburg.

Leitner, Thea, Habsburgs vergessene Kinder. Piper Verlag, München und Zürich 1994.

Peterka, Fritz, Rund um Wien. Rother Wanderführer, Bergverlag Rother, München 2006.

Pruckner, Othmar, Das Waldviertel. Falters Feine Reiseführer, 3. Aufl., Falter Verlag, Wien 2009.

Sternthal, Barbara, Niederösterreich. Kultur, Natur und Freizeit. NP Buchverlag, St. Pölten 2004.

Stöckl, Marcus und Rosemarie, Das Weinviertel. Mit Marchfeld und Donauauen. Rother Wanderführer. Bergverlag Rother, München 2005.

Trost, Ernst, Die Donau. Lebenslauf eines Stroms. Amalthea Verlag, Wien und München 1984.

Niederösterreich im Internet

www.aeiou.at Das sogenannte Austria-Forum, eine Art österreichische Wikipedia mit vielen Kuriosa und Details über das ganze Land. Die fünf Vokale waren das Motto von Kaiser Friedrich III – was sie bedeuten, ist nicht eindeutig geklärt.

www.noel.gv.at Offizielle Informationsseite des Landes Niederösterreich. Daten zu Politk, Wirtschaft, Kultur etc., daneben Bürgerservice.

www.niederoesterreich.at offizielle Tourismus- und Kulturseite des Landes, auch Reise- und Urlaubsangebote.

www.ausflug.at Informationen über die 41 Top-Ausflugsziele des Landes.

www.n-online.at Veranstaltungen und Aktuelles aus allen Landesteilen.

www.noeweb.at Alles über Städte und Gemeinden, Betriebe, Veranstaltungen, Vereine u.v.m.

www.noen.at Online-Ausgabe der Niederösterreichischen Nachrichten, einer katholisch gefärbten Wochenzeitung, ähnlich ist www.noeweb.at.

www.bote-aus-der-buckligen-welt.at Online-Zeitung für die Bucklige Welt (Kultur, Sport, Touristik, Regionales).

www.urlaubambauernhof.net Ländliche Urlaubs- und Übernachtungsmöglichkeiten, Bio- und Reiterhöfe.

www.travelxalps.com Seit März 2009 existierendes Online-Buchungsportal für Österreich und andere Alpenregionen. Es existiert ein ständig wachsendes Angebot von Übernachtungs- und Wellnessmöglichkeiten bzw. Pauschalpaketen insbesondere auch für Niederösterreich. Die Österreichische Verkehrsbüro Group wendet sich mit diesem Online-Portal vorrangig an Individualreisende, die mit eigenem Fahrzeug ankommen. Die Tiefstpreise sind in der Tat unschlagbar.

Der Autor

Gunnar Strunz, Jg. 1961, ist promovierter Geologe und seit vielen Jahren journalistisch tätig, arbeitet in der Erwachsenenfortbildung und leitet Studienreisen insbesondere nach Polen, Russland, ins Baltikum und in die alten Habsburgerlande. Er ist Autor der Reiseführer ›Königsberg-Kaliningrader Gebiet‹, ›Bratislava‹ und ›Steiermark‹ (alle im Trescher Verlag) und zusammen mit seiner Frau Alla Herausgeber der Anthologie ›Königsberg-Kaliningrad. Ein Reise-Lesebuch‹. Als Gemeinschaftsprojekt mit dem renommierten Fotografen Wolfgang Korall entstanden für das Verlagshaus Würzburg eine ›Reise durch Ostpreußen‹ sowie ein Band über die Burgen des Deutschen Ritterordens. Gunnar Strunz lebt abwechselnd in Berlin und Feilitzsch (Oberfranken) sowie am Kurischen Haff.

Danksagung

Das vorliegende Buch wäre ohne das großzügige Entgegenkommen der niederösterreichischen Tourismusorganisationen und deren Förderung des Aufenthalts im Land nicht zustandegekommen. An erster Linie sei hier Frau Karin Weihs von der Niederösterreich Werbung in St. Pölten gedankt, durch die auch der Kontakt zu den einzelnen Regionen des Landes hergestellt wurde. Den Vertretern von Waldviertel- und Weinviertel-Tourismus, Herrn Gerwald Hierzi und Herrn Hannes Weitschacher, sei Dank für die informativen Gespräche sowie für die Überlassung zahlreichen Bildmaterials gesagt. Frau Patrizia Engelhart vom Mostviertel-Tourismus ist für ihr besonderes Entgegenkommen bei der Beschaffung spezieller Bildvorlagen besonderer Dank ausgesprochen. Frau Jutta Mucha-Zachar vom Tourismusverband Donauland nahm sich viel Zeit und führte mich durch Krems und die Wachau. Herr Stefan Gabritsch vom Tourismusverband Wienerwald stand stets als Ansprechpartner zur Verfügung, und nicht zuletzt sei allen Vertretern des Tourismusverbandes Wiener Alpen sowie Herrn Felix Wiklicky aus Retz herzlichst gedankt. Nicht zuletzt soll auch Herr Heinz Janauschek vom Österreich Tourismus in Leipzig und Berlin erwähnt sein, ohne dessen Initiierung der Kontakt zu allen genannten Einrichtungen nicht hätte aufgenommen werden können.

Ortsregister

Personen- und Sachregister

Bildnachweis

Alle Fotos Gunnar Strunz, außer:

Archiv Ruine Aggstein (85)
Archiv Schloss Artstetten (73)
Hinnerk Dreppenstedt (Titel)
Klaus Foehl (317)
Wolfgang Glock (344, 354, 358, 360)
Gryffindor (329)
KoeppiK (345)
Lois Lammerhuber (47)
Alexander Mayerhofer (28)
Mostviertel-Tourismus/Weingartner (28, 256/57, 273, 287, 288, 296)
Mostviertel-Tourismus/Bauer (308)
Mostviertel-Tourismus/Calauer (258, 261, 262, 274, 298)
Mostviertel-Tourismus/Klementschitz (279u., 280, 314)
Niederösterreich-Tourismus/Haider (4, 12, 374, 61, 66/67, 78, 96, 107, 129, 142)
Niederösterreich-Tourismus/Lachlarn (84)
Niederösterreich-Tourismus/Weiss (129, 127)
Niederösterreich-Tourismus/Wurz (60)
Herbert Ortner (272)
Pfarrei Maria Taferl (72)
Stift Heiligenkreuz (322)
Waldviertel Tourismus/Mandl (144/45, 150, 160, 161, 172, 182, 213)

Titel: Stift Melk (Wachau)
Vordere Umschlagklappe: Langau (Waldviertel)
S. 18/19: Die Wachau bei Dürnstein
S. 66/67: Die Donau bei Weißenkirchen
S. 144/45: Schloss Grafenegg
S. 222/23: Kellergassen in Hadres
S. 256/57: Panorama bei St. Aegyd
S. 310/11: Das Schneebergmassiv
Hintere Umschlagklappe: Riegersburg (Waldviertel)

Kartenlegende

- Autofähre
- Bahnhof
- Bank
- Brunnen
- Burg/Festung
- Busbahnhof
- Campingplatz
- Denkmal
- Dorfkirche
- Fähre
- Flughafen
- Hafen
- Höhle
- Hotel
- Kirche
- Kloster
- Museum
- Post
- Restaurant
- Ruine/Ausgrabungsstätte
- Synagoge
- Sehenswürdigkeit
- Theater
- Tor
- Touristeninformation
- Turm
- Autobahn
- Autobahn im Bau
- sonstige Straßen
- 243 Straßennummern
- Eisenbahn
- Grenzübergang
- Staatsgrenze
- Hauptstadt
- Stadt/Ortschaft

Kartenregister

Stadtpläne

Übersichtskarten

Grundrisse

Sonstige Karten